DIE FREIHEIT DER LINIE

CALLOT, DELLA BELLA, CASTIGLIONE
UND DIE RADIERUNG IM 17. JAHRHUNDERT

Deutscher
Kunstverlag

Die Freiheit der Linie

CALLOT, DELLA BELLA, CASTIGLIONE
UND DIE RADIERUNG IM 17. JAHRHUNDERT

INHALT

Sehr geehrte Damen und Herren,

schon vor der offiziellen Eröffnung des Mainzer Kupferstichkabinetts gab es in Mainz Ausstellungen zu seinen vielfältigen Beständen. Sowohl den Mainzerinnen und Mainzern als auch dem Land war und ist es bis heute ein wichtiges Anliegen, seine Schätze zu zeigen. Das beweist auch die Vielzahl an gut besuchten Ausstellungen, die das Landesmuseum Mainz in den letzten Jahren präsentieren konnte. Ein weiteres Alleinstellungsmerkmal ist, dass die Graphische Sammlung des Landesmuseums heute die größte ihrer Art in Rheinland-Pfalz ist. Zu verdanken hat sie das den zahlreichen Stiftungen der Bürgerinnen und Bürger dieser Stadt, die den Grundbestand der Sammlung ausmachen und die die Wurzeln des Kupferstichkabinetts im 19. Jahrhundert bildeten. Die Graphische Sammlung des Landesmuseums in ihrer heutigen Konstitution ist daher ein Ergebnis der Sammelleidenschaft vieler Einzelpersönlichkeiten, die diese Bestände einer breiten Öffentlichkeit zur Verfügung stellen wollten.

Mit der Ausstellung „Die Freiheit der Linie“ wird der Blick in die historischen Bestände nun für alle Gäste des Landesmuseums möglich. Dabei erscheinen Fragen zur Bedeutung von Drucktechniken, ihres künstlerischen Potenzials und ihrer historischen Geltung nirgendwo von größerer Dringlichkeit und Relevanz als in der Druckerstadt Mainz, in der neben Gutenbergs Buchdruck in beweglichen Lettern auch die Mezzotinto-Technik ihre Anfänge fand.

Es freut mich außerordentlich, dass nun erstmals auch die herausragenden Bestände des Museums an barocker Druckgraphik in so umfassender und ihrer Bedeutung angemessener Form dem Publikum präsentiert werden können. Ich wünsche den Besucherinnen und Besuchern bei ihrem Rundgang durch die Ausstellung und der Lektüre des Katalogs viel Vergnügen und neue Anregungen sowie der Ausstellung viel Erfolg und guten Zuspruch!

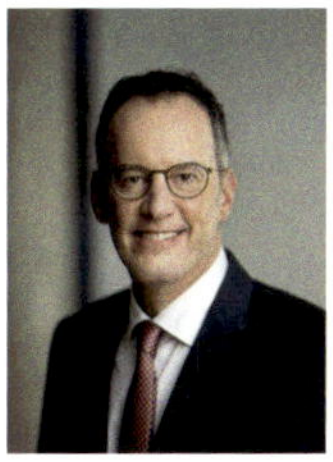

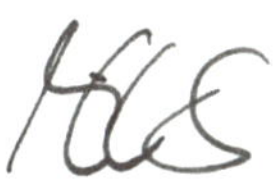

MICHAEL EBLING

MINISTER DES INNERN UND FÜR SPORT DES LANDES RHEINLAND-PFALZ

Der frühere Direktor des Mainzer Landesmuseums Prof. Wilhelm Weber (Dir. 1978–1983) schrieb 1979 über die Notwendigkeit, dem Publikum druckgraphische Techniken möglichst anschaulich nahezubringen: „Erfahrungsgemäß haben – trotz des Booms der Druckgraphik – die wenigsten Kenntnis davon, wie Radier-Verfahren oder Lithographieherstellung und Druck praktiziert werden." Leider hat diese Aussage bis heute ihre Gültigkeit bewahrt. Es ist daher für unser Haus und seine Graphische Sammlung nach wie vor von größter Wichtigkeit, seine druckgraphischen Bestände nicht nur auszustellen, sondern auch die Techniken, ihre Bedeutungen und Unterschiede explizit zu thematisieren und zu vermitteln. Die Ausstellung „Die Freiheit der Linie", mit ihrem Fokus auf den technischen Neuerungen der Radierung im 17. Jahrhundert, knüpft damit an zahlreiche Vorgängerausstellungen wie diejenigen zur Mezzotinto-Technik (2009) oder zur barocken Graphik (2002, 2014) an. Die Radierung steht in ihrer Form und den Bedingungen ihrer Umsetzung der Zeichnung nicht nur nahe, sondern ist reproduzierbare Zeichenkunst und damit der möglichst freie Ausdruck des künstlerischen Geistes. In der Radierung flitzt die spitze Nadel ebenso zügig und ungehemmt über den Ätzgrund der Kupferplatte wie der Stift oder die Feder über ein Blatt Papier. So hat Max Friedländer, der langjährige Leiter des Berliner Kupferstichkabinetts, einmal von der Radierung als der „zweiten Sprache der Maler" geschwärmt. Nun gilt es, dieser Sprache der Künstlerinnen und Künstler des 17. Jahrhunderts in einem Museum des 21. Jahrhunderts eine Stimme zu verleihen.

Dass diese Ausstellung möglich wurde, ist der Unterstützung zahlreicher Kolleginnen und Kollegen, Leihgeberinnen und Leihgebern und vor allem Sponsorinnen und Sponsoren zu verdanken, die hier nicht unerwähnt bleiben sollen. Das Ausstellungsprojekt fand großen Zuspruch bei einer Vielzahl von Förderinstitutionen und Stiftungen, denen wir allen für ihren spontanen Beistand und ihr Einspringen von Herzen danken möchten. In Zeiten steigender Papierpreise und Transportkosten haben sie wesentlich dazu beigetragen, dass die Ausstellung und der begleitende Katalog zustande gekommen sind. Zu größtem Dank sind wir der International Music and Art Foundation und ihrem Vorsitzenden Walter Feilchenfeldt verpflichtet, welche die Publikation dieses Ausstellungskatalogs überhaupt erst ermöglicht haben. Die Tavolozza Foundation unter der Ägide von Katrin Bellinger steht für die Förderung von Ausstellungen und Publikationen zu Kunst auf Papier und hat auch unsere Schau großzügig bedacht. Auch der Kythera Kultur-Stiftung, Düsseldorf, gilt unser außerordentlicher Dank für die Unterstützung, die vieles ermöglicht hat, was sonst nicht umsetzbar gewesen wäre. Kultur ist heute mehr denn je von privaten Fördermitteln und bürgerlichem Engagement abhängig, für beides vorbildlich steht die Karin und Uwe Hollweg Stiftung, der wir ebenfalls zu größtem Dank für ihre spontane finanzielle Förderung verpflichtet sind. Auch der Hamburger Rudolf Augstein Stiftung muss hier entsprechend gedankt werden, die sich breitgefächert für Kunstschaffende und Kulturbetriebe einsetzt und auch unsere Ausstellung bedacht hat. Bei der Rheinhessen Sparkasse und der

Mainzer Volksbank möchten wir uns für ihren wiederholten Beistand sowie die langjährige Zusammenarbeit ausdrücklich bedanken. Schließlich gilt unser Dank auch der Lotto-Stiftung, die das museumspädagogische Begleitprogramm mit einem Zuschuss unterstützt.

Viele Museen und Sammlungen haben unsere Ausstellung durch die Leihgaben ihrer Schätze unterstützt. Wir möchten diesen unseren besonderen Dank aussprechen: dem Gutenberg-Museum und seinem Direktor Dr. Ulf Sölter, dem Hessischen Landesmuseum Darmstadt und seinem Direktor Dr. Martin Faass, dem Museum Pfalzgalerie Kaiserslautern und seinem Direktor Steffen Egle, der Staatlichen Graphischen Sammlung München und ihrem Direktor Dr. Michael Hering und der Stiftung Museum Kunstpalast Düsseldorf und ihrem Generaldirektor Dr. Felix Krämer. Gedankt sei auch allen anderen Mitarbeiterinnen und Mitarbeitern dieser Häuser, die die Leihvorgänge mit betreut und Ausleihen ermöglicht haben.

Außerdem gilt unser Dank allen Mitarbeiterinnen und Mitarbeitern unseres Hauses, die uns bei der Realisierung des Ausstellungsprojekts und des Katalogs unterstützt haben. Besonders möchten wir der Kuratorin Dr. Maria Aresin danken, die das Ausstellungsthema in kürzester Zeit entwickelt und äußerst ansprechend umgesetzt hat. Das Ergebnis ist eine einzigartige Schau mit vielen detailreichen Highlights, die Einblicke in die technischen und stilistischen Neuerungen der Radierung im 17. Jahrhundert gewährt und besonderen Wert auf Anschaulichkeit und Vermittlung legt. In den letzten Monaten vor Ausstellungsbeginn hat Dr. Eva Brachert die Organisation, die Abwicklung des Leihverkehrs sowie den Aufbau der Ausstellung übernommen. Für ihre Routiniertheit und ihre stets konstruktive Herangehensweise sei ihr besonders gedankt. Die Schau vereint viele fragile Arbeiten auf Papier, von denen die Mehrzahl noch nie oder seit Langem nicht ausgestellt wurde. Der verantwortlichen Papierrestauratorin Madlon Gunia sei deshalb herzlich gedankt für die zahlreichen neu aufgelegten, frisch ‚herausgeputzten' und gerahmten Meisterwerke, ihre Beratung sowie ihre restauratorische Betreuung während der heißen Phase des Aufbaus. Eine Ausstellung, die ein so komplexes und auf den ersten Blick schwer zugängliches Thema wie die Drucktechnik der Radierung behandelt, benötigt ein besonders gut ausgearbeitetes Vermittlungskonzept; und hinter jedem erfolgreichen Vermittlungskonzept steht ein kreatives Team. Andreas Hawner, Ann-Kathrin Grube und allen Mitarbeiterinnen und Mitarbeitern der Museumspädagogik des Landesmuseums sei deshalb dafür gedankt, dass sie das Projekt von Beginn an begleitet und mit immer wieder neuen Ideen und Impulsen dazu beigetragen haben, ein vielseitiges Konzept zur Vermittlung der Inhalte an alle Zielgruppen zu entwickeln. Der Künstlerin und Mainzer Stadtdruckerin Veronika Weingärtner sei für ihre Bereitschaft gedankt, die Ausstellung durch ihre gefilmten Radierkünste, die gezeigten Druckstufen und die Vermittlung ihres Wissens im Rahmen von Radierworkshops zu bereichern. Marvin Menné und Svenja Döbert verdanken wir den Ausstellungskurzfilm, durch den die

Technik der Radierung besonders anschaulich wird. Bedanken möchten wir uns auch bei der Photographin Astrid Garth für die wunderbaren Aufnahmen aller Werke und Gernot Frankhäuser für die Unterstützung und Koordination der Photosessions. Viviane Schür, die während der Vorbereitungszeit am Landesmuseum ein Praktikum absolvierte, danken wir für ihre Zuarbeit zum Katalog. Darüber hinaus möchten wir allen Mitarbeiterinnen und Mitarbeitern der Verwaltung, des Veranstaltungsmanagements und der Werkstätten besonders danken, ohne deren volle Unterstützung im Hintergrund die Schau nicht hätte entstehen können. Auch den Kolleginnen und Kollegen der GDKE-Stabstellen Finanzen unter der Leitung von Noelia Wostry und Marketing unter der Leitung von Birgit Stuhlmacher sei an dieser Stelle gedankt.

Ein herzlicher Dank für die stets positive und produktive Zusammenarbeit gilt dem Deutschen Kunstverlag, der den Ausstellungskatalog professionell betreut und ansprechend umgesetzt hat. Ihre äußere Form verdanken Katalog und Ausstellungsgraphik dem gestalterischen Gespür von Sarah Nöllenheidt, die beides äußerst stimmig konzipiert und dem Thema entsprechend realisiert hat, wofür ihr besondere Anerkennung gebührt. Unser abschließender Dank gilt den Autorinnen und Autoren dieses Katalogs – neben Maria Aresin, Ad Stijnman, Marion Heisterberg und Stefan Morét –, die den Leserinnen und Lesern durch ihre Texte einen vertieften Zugang zu den in der Ausstellung präsentierten Werken ermöglichen. Das Ergebnis ist ein Katalog, der über die Dauer der Ausstellung hinaus einen neuen Forschungsstand zur Radierung im 17. Jahrhundert und den drei Hauptprotagonisten dieser Technik – Jacques Callot, Stefano della Bella und Giovanni Benedetto Castiglione – bietet.

Wir wünschen der Ausstellung viele begeisterte Besucherinnen und Besucher. Wir hoffen, dass die schwungvoll ausgeführten Figuren der barocken Radierer Ihre Phantasie ebenso anregen wie unsere und diejenige des Schriftstellers E.T.A. Hoffmann, der voller Bewunderung über Callot schrieb: „Warum kommen mir deine Gestalten, oft nur durch ein paar kühne Striche angedeutet, nicht aus dem Sinn?“ Mögen die „tausend und tausend Figuren“ auch Sie auf Ihrem Gang durch die Ausstellung in die Welt der barocken Graphik entführen.

H. Otto

DR. HEIKE OTTO
GENERALDIREKTORIN, KULTURELLES ERBE RHEINLAND-PFALZ (GDKE)

B. Heide

DR. BIRGIT HEIDE
DIREKTORIN, LANDESMUSEUM MAINZ (GDKE)

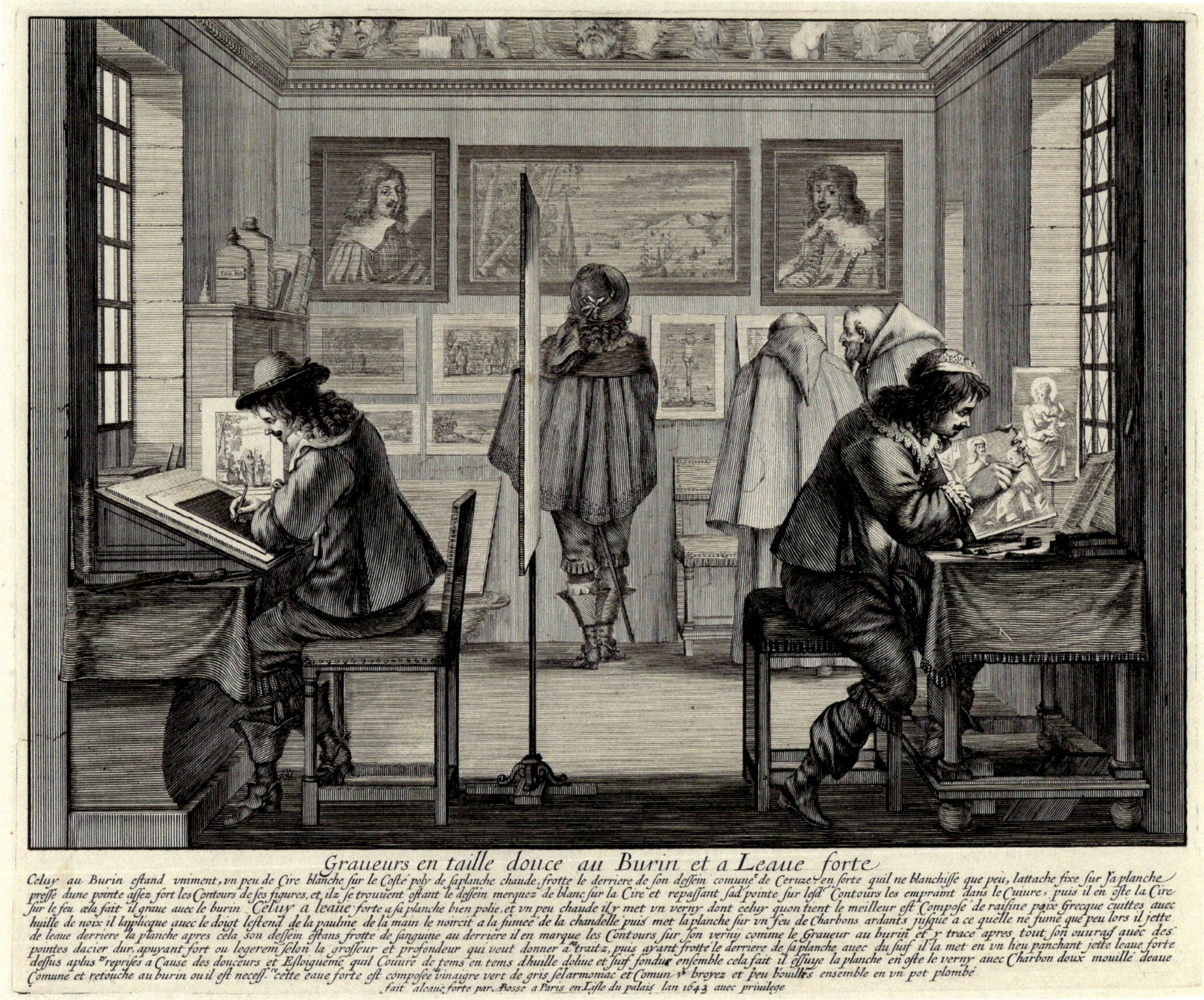

ABB. 1 ABRAHAM BOSSE *Graueurs en taille douce au Burin et a Leaue forte*, 1643
Radierung, 312 × 380 mm (Blatt) Braunschweig, Herzog Anton Ulrich-Museum, Inv.-Nr. ABosse AB 3.40

MARIA ARESIN
KURATORIN DER AUSSTELLUNG, LANDESMUSEUM MAINZ

DIE BLÜTEZEIT DER RADIERUNG IM 17. JAHRHUNDERT

Henri Focillon, Kunsthistoriker und selbst Sohn eines Radierers, schrieb über die Bewegung der Radiernadel, diese gleite über die Kupferplatte wie die Feder über das Papier.[1] Tatsächlich zieht er dadurch nicht nur einen Vergleich zwischen dem Akt des Zeichnens und demjenigen des Radierens, er beschreibt auch die Prämisse für die große Beliebtheit dieser Tiefdrucktechnik unter den Maler-Radierern des 17. Jahrhunderts.

Die Radierung, deren Ursprünge als Tiefdrucktechnik am Beginn des 16. Jahrhunderts liegen, entfaltet ihre volle Pracht nach einer Verfeinerung und Weiterentwicklung der Möglichkeiten ihrer Umsetzung in der ersten Hälfte des 17. Jahrhunderts.[2] Noch von berühmten Stechern wie Albrecht Dürer (1471–1528) als dem Kupferstich unterlegene Technik verworfen, erlebt die Radierung ein Jahrhundert später ihre barocke Blüte. Ihren wenngleich späten Erfolg verdankt die Radiertechnik der Freiheit der Linie. Anders als in der mühsamen Manier des Kupferstichs, bei dem die Linien mit einem Grabstichel kraftvoll in die Metallplatte getrieben werden müssen, kann die Hand die Zeichnung des Künstlers auf der mit Wachs überzogenen Radierplatte spielerisch leicht umsetzen (Abb. 1). Die Bewegung entspricht dabei derjenigen des Zeichnens, die flüssig vom Künstlergeist auf das Papier übergeht. Ihr Prozess ist nicht, wie etwa beim Kupferstich oder Holzschnitt, von der relativen Beschwerlichkeit und Härte des zu schneidenden Materials gehemmt, sondern frei in ihrer künstlerischen Entfaltung. Die persönliche Handschrift des Künstlers wird von der Radierung in idealer Weise unterstützt. So nannte schon Giorgio Vasari (1511–1574), der Urvater der Kunstgeschichtsschreibung, die Radierung ein „disegno stampato“, eine gedruckte Zeichnung.[3] Im Anschluss an das Zeichnen in den Wachsgrund der Platte werden die entstandenen Linien mittels einer Säure in das Metall geätzt und können anschließend über eine Druckerpresse mehrfach auf Papier abgezogen werden. Neben der Schnelligkeit in der Umsetzung und der künstlerischen Freiheit war der explosionsartige Erfolg der Radierung auch mit einer zeitgleich stattfindenden Aufwertung von Kunst auf Papier im Allgemeinen und der Ausbildung eines Marktes und einer breiten Käuferschicht für Druckgraphiken im Speziellen verbunden.[4] Seit der Mitte des 16. Jahrhunderts bildeten sich daher neben den eigentlichen Künstlern auch die spezialisierten Stecher und Verleger heraus, die arbeitsteilig die Produktion von Druckgraphik professionalisierten und beschleunigten.[5]

Drei Protagonisten prägten die Popularität der Radierung im 17. Jahrhundert in Italien und Westeuropa entscheidend mit: Jacques Callot (1592–1635), Stefano della Bella (1610–1664) und Giovanni Benedetto Castiglione (1609–1664). Dabei steht jeder dieser Druckgraphiker für eine eigene künstlerische Position, verlieh der Radierung durch seine persönliche Handschrift einen neuen stilistischen Zugang und Gestaltungszweck.

Der aus der lothringischen Residenzstadt Nancy stammende Jacques Callot entschied sich schon früh für eine künstlerische Ausbildung zum Kupferstecher im entfernten Italien. Anders als viele seiner Zeitgenossen begeisterte sich der junge Callot nicht für die Malerei, sondern für das technisch feinere Handwerk der Druckgraphik. Nachdem er anfänglich vorrangig im Kupferstich arbeitete, widmete er sich später verstärkt der Radiertechnik und ihrer Verfeinerung. So beschreibt Abraham Bosse (1604–1676) in seinem bedeutenden Traktat, einer Anleitung und Einführung in die verschiedenen Tiefdrucktechniken, Callot als den Erfinder eines eigenen Radierwerkzeugs (Échoppe) und eines Rezepts für einen Ätzgrund (*vernis dur*), die wenig später in allen Werkstätten Europas Verwendung finden sollten.[6] Callot schuf im Laufe seines Lebens über 1400 Druckgraphiken. Sein Stil zeichnet sich durch den Einsatz kräftiger schwarzer Linien und Konturen im Vordergrund und miniaturartig feiner Schraffurengewebe im Hintergrund aus. Dicht bevölkert, sind die theaterartigen Szenerien in ihrer Fülle nur durch langes, genaues Beobachten zu erfassen und so wurden Callots Arbeiten schon von E.T.A. Hoffmann als „sonderbare fantastische Blätter" bewundert.[7]

Stefano della Bella, der im von Callots Radiermanier geprägten Florenz aufwuchs, fiel früh durch sein außerordentliches Talent im Zeichnen auf. In solcher Weise für die Stecherlaufbahn prädestiniert, schuf er feine, federleicht anmutende Figuren, die in dynamischer Bewegung begriffen über das Papier zu flitzen scheinen. Die Freiheit und Leichtigkeit seiner Skizzen vermochte Della Bella ohne Verluste in das Medium der Druckgraphik zu übertragen. So schrieben Sue Welsh Reed und Richard Wallace, dass Della Bella die Radierung als Äquivalent zur Zeichnung ansah.[8] Mittels der radierten Linien, die in Della Bellas Arbeiten wie mit der Feder gezogen wirken, vervielfältigte der Florentiner Skizzenbuchentwürfe und gestand diesen *disegni non finiti* dadurch eine eigene Bedeutung und Bildhaftigkeit zu. Als Erster wagte er es, das Reproduktionsmedium nicht für finale, lang erprobte Szenerien zu verwenden, sondern für die Verbreitung skizzenhaft hingeworfener Ideen, die üblicherweise ein Eremitenleben in den geheimen Skizzenbüchern der Künstler fristeten und nun erstmals in ihrer Spontanität dem breiten Publikum zugänglich gemacht wurden.

Der Genueser Giovanni Benedetto Castiglione experimentierte zeit seines Lebens aus einem beinahe als alchimistisch zu bezeichnenden Interesse mit unterschiedlichsten künstlerischen Techniken und Materialien. Als einzige der drei Schlüsselfiguren der Ausstellung war Castiglione zuallererst Maler und nur an zweiter Stelle Radierer. Damit zählte er zu der Gruppe der von Adam Bartsch um 1800 so bezeichneten „peintres graveurs", der „Maler-Stecher", das heißt der hauptberuflichen Maler, die auch zum Grabstichel oder zur Radiernadel griffen. Die Einfachheit und Artverwandtheit der Radiertechnik mit der Zeichnung, die die Grundlage aller Künste ist, erleichterte vielen Malern des 17. Jahrhunderts den Zugang zu diesem Medium druckgraphischer (Re-)produktion. Deutlich mehr als andere Maler seiner Zeit, wie beispielsweise Guido Reni (1575–1642), nahm sich Castiglione nicht nur der bekannten Druckverfahren an, sondern dachte diese neu. Er entwickelte sogar eine eigene Drucktechnik, die Monotypie, die der zeichnerischen Radierung eine komplett malerische Wirkung entgegensetzt.[9] Castigliones Radierungen dagegen sind stark geprägt und inspiriert von den zickzackförmigen Liniengewittern des wohl wichtigsten nordalpinen Radierers des 17. Jahrhunderts, Rembrandt van Rijn (1606–1669). Beinahe zeitgleich mit diesen entstanden, findet sich insbesondere die dichte gleichmäßige Art der Linienführung Rembrandts in Castigliones Radierungen wieder. Tapisserieartig ziehen sich die schwarzen Striche wie Kettfäden über den weißen Hintergrund. Die Motivwelt Castigliones ist wie auch die Della Bellas und Rembrandts stark von der Orientfaszination geprägt. Castigliones Linien sind in ihrer Struktur gänzlich anders als die Callots und Della Bellas.[10] So schrieb später Charles Baudelaire in seinem Essay über die *Peintres et Aqua-Fortistes* seiner Zeit (1862), dass diese Technik besonders die Individualität des Künstlers zum Vorschein brächte: „Nicht nur dient die Radierung zum Ruhm der Individualität eines Künstlers, sondern es würde dem Künstler selbst schwerfallen, nicht auf der Kupfertafel seine intimste Persönlichkeit zu entfalten. Daher kann man sagen, dass es seit der Entdeckung der Radierung so viele Arten ihrer Ausübung gegeben hat, wie es Radierer gab. Beim Stichel ist dies nicht der Fall oder zumindest ist der Anteil des Ausdrucks der Persönlichkeit viel geringer."[11]

Der vorliegende Katalog umfasst vier Essays, die den Inhalt der jeweiligen Ausstellungskapitel zwar aufgreifen, diese aber eher suchend umkreisen als sich minutiös an den gezeigten Werken entlangzuhangeln. Ziel dieser den Autoren überlassenen Freiheit ist es, über das in der Ausstellung Gezeigte und im Katalog Abgebildete hinaus tiefergehende Inhalte zu vermitteln und neue Erkenntnisse zur Druckgraphikforschung beizusteuern. Ad Stijnmans einleitender Essay bietet eine Heranführung an die Technik der Radierung und ihre Geschichte, Arbeitspraxis und Entwicklung im 17. Jahrhundert. Marion Heisterbergs Beitrag beschäftigt sich mit Jacques Callot und seinen ab- und anschwellenden Linien und unternimmt dabei den Versuch, dessen künstlerische Karriere anhand ausgewählter Meisterblätter nachzuvollziehen. Im dritten Essay geht Stefan Morét der Frage nach, wie sich Stefano della Bellas druckgraphisches Œuvre aus seinen Zeichnungen entwickelte. Im letzten Essay setzt sich Maria Aresin mit der *materia prima* der Radierung, den Kupferplatten und ihrer ökonomischen Verwendung und Wiederverwendung anhand ausgewählter Beispiele und ausgehend von einem Probedruck Giovanni Benedetto Castigliones auseinander. Hier wurde aufgrund des soeben erschienenen umfangreichen Katalogs zur Züricher Castiglione-Ausstellung (2021/22) auf einen Beitrag, der sich nur mit dem Genueser Künstler beschäftigt, verzichtet.

Beim vorliegenden Band handelt es sich nicht um einen Bestandskatalog aller Radierungen des 17. Jahrhunderts im Landesmuseum, sondern vielmehr um eine Auswahl an gut erhaltenen Hauptwerken, die zudem für die Ausstellung um einige zentrale Leihgaben aus Partnerinstitutionen und Sammlungen ergänzt werden konnten.

DIE SAMMLUNG BAROCKER RADIERUNGEN IM LANDESMUSEUM MAINZ

Die Graphische Sammlung im Landesmuseum Mainz ist mit ihrem Umfang von etwa 50 000 Blatt die größte ihrer Art in Rheinland-Pfalz. Ihre Bedeutung und die Vielfalt ihrer Bestände verdankt sie zahlreichen bürgerlichen Stiftungen, Spenden der Mainzer Bürgerinnen und Bürger an ihre Heimatstadt.[12] So setzt sich auch die Sammlung barocker Druckgraphiken aus derartigen Stiftungen zusammen:

Der überwiegende Teil der ausgestellten Druckgraphiken, besonders die Radierungen Federico Baroccis (1528/35–1612), Callots, Castigliones und Della Bellas, stammen aus dem Vermächtnis des Rechtsanwalts und Notars Adolf Maria Georg Richard Laské (1855–1903), dem Sohn des späteren Mainzer Stadt- und

ABB. 2 Nachlassstempel Laské im Landesmuseum Mainz, Lugt 6092 (auf dem Verso von Kat. 91 Castiglione, Inv.-Nr. 11805)

Dombaumeisters Joseph Laské (1816–1865) und dessen Frau Margarethe ‚Gertrude‘, geborene Goldschmidt (1821–1867).[13] In Mainz geboren, war Laské später hauptsächlich in Frankfurt tätig. Er entschied sich jedoch, seine umfangreiche Graphiksammlung nach seinem Tod seiner Geburtsstadt zu hinterlassen. Zum sogenannten „Vermächtnis Laské“ von 1903 gehörten insgesamt 13 400 Druckgraphiken (Kupferstiche, Radierungen, Lithographien, Holzschnitte), 670 Aquarelle und Zeichnungen sowie ein Barbetrag von über 80 000 Mark, der sogenannte „Laské-Fond“, die dem Kupferstichkabinett zugutekommen sollten, dazu noch 182 Bücher für die Museumsbibliothek. Laskés Vermächtnis legte damit gewissermaßen den Grundstein für den Ausbau der bis dahin recht überschaubaren Sammlung des Kupferstichkabinetts, die zuvor nur wenige Graphiken umfasste. Die von ihm gestifteten Werke tragen den Stempel „Galerie Mainz Vermächtnis A. M. Laské 1903“ (Lugt 6092 in Rot-Braun, Abb. 2) sowie – einige, aber nicht alle – seinen eigenen Sammlungsstempel „A. M. Laské“ (Lugt 6091 in Dunkelblau-Schwarz). Laské sammelte Graphiken aller Schulen, hatte jedoch persönliche Schwerpunkte. Besonders in der Technik bevorzugte er Kupferstiche und Radierungen gegenüber etwa der Lithographie. Seiner Sammlung verdanken sich in den Bereichen beider favorisierten Techniken die bis heute herausragendsten Bestände. Viele dieser Highlights wurden bereits zuvor in kleineren Kabinettausstellungen präsentiert und teilweise in der von Norbert Suhr herausgegebenen Reihe der Sammlungshefte publiziert, jedoch nie in der hier vorgestellten Anzahl abgebildet oder aufgearbeitet.[14]

Schon vor Laskés äußerst großzügiger Stiftung, die noch am Beginn der 1920er Jahre etwa zwei Drittel des Gesamtbestandes ausmachte, waren jedoch bedeutende barocke Druckgraphiken in die Sammlung gelangt. Einen wichtigen Grundstock bildete ein heute als „Alter Bestand“ bezeichnetes Konvolut von Graphiken – Druckgraphiken und Zeichnungen – die noch vor der offiziellen Gründung des damaligen Kupferstichkabinetts 1895 als Überweisungen der Stadtbibliothek an die damalige Mainzer Galerie kamen (ab 1892 und in den Folgejahren sukzessive).[15] Dies entsprach dem Versuch, die städtischen Kunst- von den Buchbeständen und Archivalien stärker zu trennen, wie es auch andernorts im 19. Jahrhundert üblich war. Dass dies nicht konsequent und vollständig umgesetzt wurde, beweisen die noch heute in der Stadtbibliothek befindlichen Restbestände an Graphiken aus Sammlungen wie derjenigen des berühmten Architekten Maximilian von Welsch (1671–1745), die bis heute kaum aufgearbeitet oder erschlossen sind. Eine Bereicherung des späteren Kupferstichkabinetts bildete Ende des 19. Jahrhunderts das Vermächtnis des Mainzer Oberbürgermeisters Dr. jur. Konrad Alexis Dumont (1819–1885) mit dreißig Radierungen von und nach Salvator Rosa (1615–1673) sowie weitere Graphiken von Marco Alvise Pitteri (1702–1786), Carlo Maratta (1625–1713), Martino Rota (um 1520–1583) und

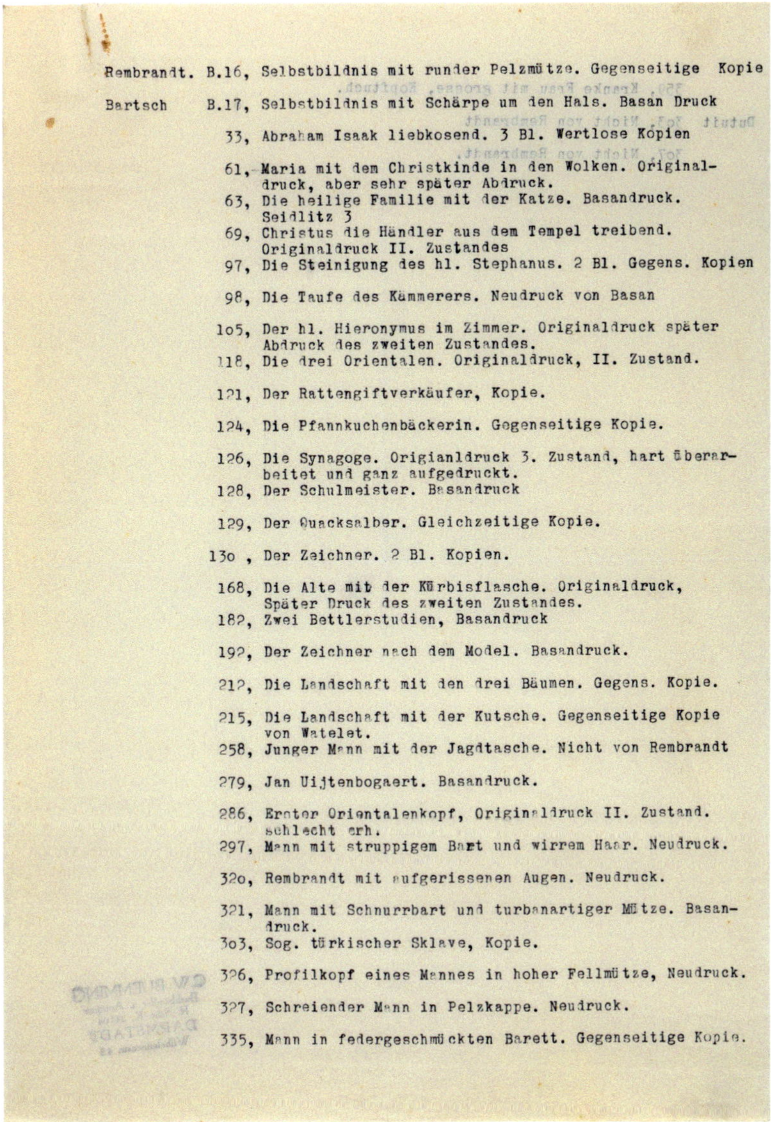

Rembrandt. B.16, Selbstbildnis mit runder Pelzmütze. Gegenseitige Kopie
Bartsch B.17, Selbstbildnis mit Schärpe um den Hals. Basan Druck
33, Abraham Isaak liebkosend. 3 Bl. Wertlose Kopien
61, Maria mit dem Christkinde in den Wolken. Originaldruck, aber sehr später Abdruck.
63, Die heilige Familie mit der Katze. Basandruck. Seidlitz 3
69, Christus die Händler aus dem Tempel treibend. Originaldruck II. Zustandes
97, Die Steinigung des hl. Stephanus. 2 Bl. Gegens. Kopien
98, Die Taufe des Kämmerers. Neudruck von Basan
1o5, Der hl. Hieronymus im Zimmer. Originaldruck später Abdruck des zweiten Zustandes.
118, Die drei Orientalen. Originaldruck, II. Zustand.
121, Der Rattengiftverkäufer, Kopie.
124, Die Pfannkuchenbäckerin. Gegenseitige Kopie.
126, Die Synagoge. Origianldruck 3. Zustand, hart überarbeitet und ganz aufgedruckt.
128, Der Schulmeister. Basandruck
129, Der Quacksalber. Gleichzeitige Kopie.
13o , Der Zeichner. 2 Bl. Kopien.
168, Die Alte mit der Kürbisflasche. Originaldruck, Später Druck des zweiten Zustandes.
182, Zwei Bettlerstudien, Basandruck
192, Der Zeichner nach dem Model. Basandruck.
212, Die Landschaft mit den drei Bäumen. Gegens. Kopie.
215, Die Landschaft mit der Kutsche. Gegenseitige Kopie von Watelet.
258, Junger Mann mit der Jagdtasche. Nicht von Rembrandt
279, Jan Uijtenbogaert. Basandruck.
286, Erster Orientalenkopf, Originaldruck II. Zustand. schlecht erh.
297, Mann mit struppigem Bart und wirrem Haar. Neudruck.
32o, Rembrandt mit aufgerissenen Augen. Neudruck.
321, Mann mit Schnurrbart und turbanartiger Mütze. Basandruck.
3o3, Sog. türkischer Sklave, Kopie.
326, Profilkopf eines Mannes in hoher Fellmütze, Neudruck.
327, Schreiender Mann in Pelzkappe. Neudruck.
335, Mann in federgeschmückten Barett. Gegenseitige Kopie.

ABB. 3 Liste der Rembrandt-Druckgraphiken im Landesmuseum Mainz von 1937

Giovanni Domenico Tiepolo (1727–1804).[16] Aus diesem Legat und demjenigen des Mainzer Kunsthändlers Martin von Metzler (1783–1841), der als erster schon 1841 seine große Gemälde- und Zeichnungssammlung der Stadt vermachte, setzte sich die erste Kupferstichausstellung im Jahr 1885 zusammen, bei der 150 Werke der Öffentlichkeit präsentiert wurden. Später kamen weitere kleine Beiträge hinzu, wie beispielsweise aus dem Nachlass des Präsidenten der hessischen Landesbahn und geheimen Kommerzienrates Christian Louis Lauteren (1811–1888), dessen Sammlung 1893 teilweise für das Haus erworben, teilweise dem Haus geschenkt wurde. Daraus stammen einige Radierungen Stefano Della Bellas.[17]

Leider wurden insbesondere die Bestände aus der ehemaligen Sammlung Laské während des Zweiten Weltkriegs durch einen Kunstraub stark dezimiert. 1943 wurde das gesamte Inventar des Kupferstichkabinetts in zehn verzinkten Kisten auf die Veste Heldburg in Thüringen ausgelagert.[18] Direkt nach Kriegsende bemühte sich der städtische Beigeordnete Dr. Wilhelm Haenlein um die Rückführung dieser Bestände, von denen man befürchtete, dass sie sonst in den Wirren des Kriegsendes und der Besatzung verlorengehen könnten. Haenlein sah persönlich nach den Kisten, die er intakt auf der Veste vorfand. Ein Transport wurde unmittelbar veranlasst, die Kisten kamen jedoch aufgebrochen in Mainz an. Die unbekannten Diebe wurden nie gefasst. Es waren große Verluste insbesondere bei den Druckgraphiken Dürers und Rembrandts sowie den Zeichnungen Johann Adam Ackermanns (1781–1853) zu verzeichnen. Da auch die Inventare des Kupferstichkabinetts seit dem Krieg verloren beziehungsweise zerstört sind, lassen sich diese Bestände heute nur noch mühsam rekonstruieren. Zu den Rembrandt-Druckgraphiken, ebenfalls aus Laskés Sammlung stammend, existiert jedoch eine recht genaue Liste von 1937, die uns über die vorhandenen Motive unterrichtet (Abb. 3).[19] Von vormals über hundert Rembrandt zugeschriebenen Radierungen befindet sich heute nur noch eine – ein kleines Blatt mit der *Steinigung des hl. Stephanus* (Kat. 119) – in der Graphischen Sammlung. Während zwei der Zeichnungen Ackermanns, die mit dem Stempel der Mainzer Galerie versehen waren, wieder ihren Weg zurück ins Museum fanden, fehlt von den Druckgraphiken Rembrandts und Dürers bis heute jede Spur.

1 Focillon 1969, S. 82 (Castiglione): „courant sur le cuivre comme la plume sur le papier".
2 Zu den Anfängen der Radierung siehe v.a.: New York/Wien 2019. Zu ihrer Entwicklung im 17. Jahrhundert u.a.: Welsh Reed/Wallace 1989; Philadelphia/Sarasota/Northampton 2006.
3 Vasari 1966–87, Bd. V, S. 468 (Vita Battista Franco).
4 Landau/Parshall 1994; Bury 2001.
5 Lincoln 2000.
6 Stijnman 2012, S. 199; Bosse 1645, S. 9.
7 Hoffmann [1808/15] 2016, S. 9.
8 Welsh Reed/Wallace 1989, S. xxix: „In his mind etching was equivalent to spontaneous drawing."
9 Beyer 2021.
10 Focillon 1969, S. 96: „Ce qui est bien à lui, c'est cette espèce de fourrure dont il aime à velouter les surface et qui sont faites d'un curieux réseau de tailles bouclées. Nous nous trouvons à l'extrême opposé de Callot, de Stefano della Bella et de tous les graveurs dits à taille unique, qui ne croisaient jamais leurs travaux."
11 Baudelaire 1885, S. 121–122 (14. September 1862): „Non-seulement l'eau-forte sert à glorifier l'individualité de l'artiste, mais il serait même difficile à l'artiste de ne pas décrire sur la planche sa personnalité la plus intime. Aussi peut-on affirmer que, depuis la découverte de ce genre de gravure, il y a eu autant de manières de le cultiver qu'il y a eu d'aqua-fortistes. Il n'en est pas de même du burin, ou du moins la proportion dans l'expression de la personnalité est-elle infiniment moindre." (Deutsche Übersetzung durch die Autorin.)
12 Zur Gründung des ehemaligen Kupferstichkabinetts (heutige Graphische Sammlung) siehe: Mainz 1995.
13 Zum 100-jährigen Jubiläum der Schenkung Laské richtete das Landesmuseum Mainz unter ihrem langjährigen Leiter und ersten Kustoden der Graphischen Sammlung, Norbert Suhr, eine Ausstellung (ohne Katalog) aus, zu deren Anlass vierzig ausgewählte Druckgraphiken aus diesem bedeutenden Bestand gezeigt wurden (Von Dürer bis Liebermann. Zum 100-jährigen Jubiläum der Schenkung Adolf M. Laské, 20.–31. Juli 2003); vgl. die Eröffnungsrede zur Ausstellung von Norbert Suhr, Archiv der Graphischen Sammlung. Im Jahresbericht der Mainzer Zeitschrift von Samuel Levi sind viele Werke der Laskéschen Sammlung erwähnt (Levi 1917/18, S. 88).
14 Siehe besonders die von Norbert Suhr herausgegebenen Hefte: Mainz 2002; Mainz 2014.
15 Vgl. Zur Sammlungsgeschichte: Mainz 1995, S. 6–13 (Norbert Suhr).
16 Zu Dumonts Sammlung: *Mainzer Tagblatt* 273, 22. November 1885; Levi 1917/18, S. 88.
17 Zu Lauteren: Börckel 1890, S. 34.
18 Zu diesem Vorgang vgl. die Rede von Norbert Suhr zum 100-jährigen Bestehen der Graphischen Sammlung: Landesmuseum Mainz, Archiv der Graphischen Sammlung.
19 Die Druckgraphiken wurden 1937 dem Darmstädter Kunsthändler Carl Buemming zum Tausch gegen einige Porzellane und ein Marmorrelief angeboten, wofür diesem eine Liste geschickt wurde. Buemming lehnte den Tausch nach Begutachtung der Radierungen ab, da sich unter diesen, seiner Ansicht oder Behauptung nach, zu viele Kopien befänden. Tatsächlich hatte es Buemming auf die vier Landschaftszeichnungen Rembrandts abgesehen, die er nach einigen politischen Schachzügen 1938 im Tausch erhielt. Diese vier Rohrfederzeichnungen Rembrandts, ehemals Bestandteil der Graphischen Sammlung des Mainzer Landesmuseums, befinden sich heute in der Morgan Library, New York (Inv.-Nr. 2017.212), im Ackland Art Museum, North Carolina (Inv.-Nr. 2017.1.67), Nelson-Atkins Museum of Art, Kansas City (Inv.-Nr. 60-20) und einer amerikanischen Privatsammlung. Siehe dazu: Landesmuseum Mainz, Archiv der Graphischen Sammlung.

VORBEMERKUNGEN ZUM KATALOG

Die Bildunterschriften in den vier Abbildungsteilen des Katalogs folgen dem Schema: Künstler, Werktitel (Folge), Datierung, Technik (Zustand), Blattmaß, Plattenmaß, Werkverzeichnisnummer (Lieure bezieht sich auf die Ausgabe 1969), Provenienz bzw. Stempel nach Lugt, (Ort, Sammlung), Inventarnummer.

Insofern nicht anders vermerkt, handelt es sich um Werke der Graphischen Sammlung im Landesmuseum Mainz. Leihgaben sind mit Ort und Namen der leihgebenden Institution versehen. Provenienz/Sammlungsstempel (sofern vorhanden) sind nur bei den Werken des Landesmuseums Mainz aufgeführt.

Alle Maße sind in der Form Höhe mal Breite angegeben.

Insofern kein Druckzustand gesondert angegeben ist, handelt es sich um den einzigen bekannten Zustand entsprechend dem jeweiligen Werkverzeichnis. Werkverzeichnisnummern sind ausschließlich für die Druckgraphiken angegeben.

Das generische Maskulinum wird im gesamten Katalog verwendet (z.B. Künstler, Betrachter). Personen weiblichen oder diversen Geschlechts sind jedoch stets mit gemeint.

Redaktion der Abbildungsteile und Bildunterschriften: Viviane Schür

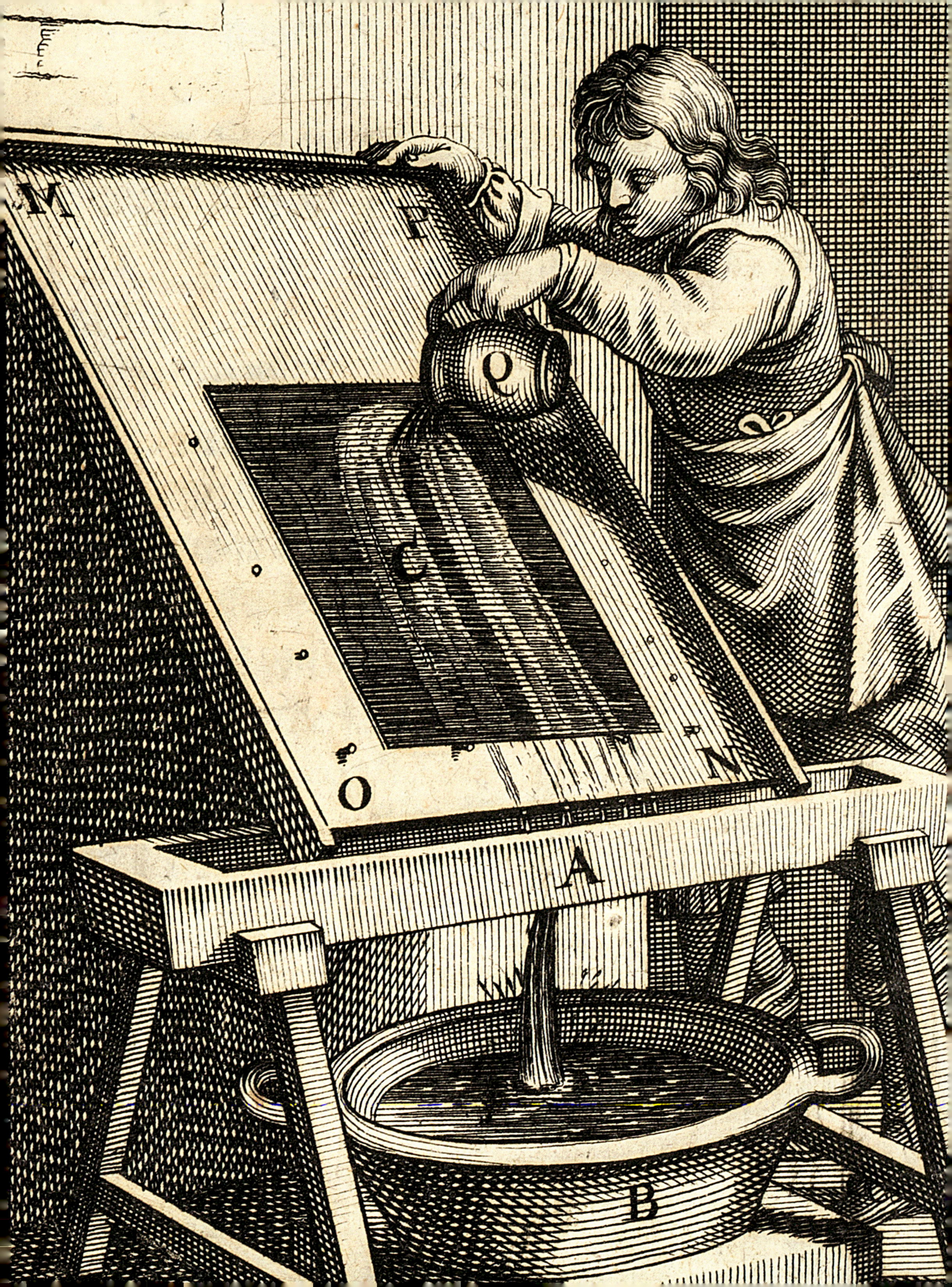
M
P
Q
C
O
N
A
B

AD STIJNMAN

Die Technik der Radierung

... UND IHRE NEUERUNGEN IM 17. JAHRHUNDERT
„WIE MAN NEMLICH MIT SCHEIDWASSER IN KUPFFER ETZEN [...] SOLLE“

Um 1495 erfunden, hatte sich die Technik der Radierung von Tiefdruckplatten im Verlauf des 16. Jahrhunderts weiterentwickelt zu einem Druckverfahren, das von professionellen Künstlern verwendet wurde. Ab dem frühen 17. Jahrhundert erfuhr die Radierung eine Reihe von Neuerungen, von denen sich die meisten bis heute in der Praxis bewährt haben.[1]

BOSSE & BÖCKLER

Ein eindrucksvolles Dokument dieser Entwicklungen ist das *Traicté des manieres de graver en taille douce sur l'airin* (Paris 1645) von Abraham Bosse (1602/04–1676), als die erste vollständige monographische Anleitung zu den Tiefdrucktechniken – Radierung und Kupferstich. Bald nach ihrem Erscheinen wurde eine deutsche Übersetzung von Georg-Andreas Böckler (um 1617–1687) herausgegeben, das *Kunstbüchlein handelt von der Radier- und Etzkunst, wie man nemlich mit Scheidwasser in Kupffer etzen, das Scheid- oder Etzwasser, wie auch den harten und weichen Etzgrund machen solle, beneben kurtzer Beschreibung, wie man die Kupffer-Platten abdrucken, die Truckerpreße machen, und was sonsten bey dieser Kunst nöthig zu wissen, in acht nehmen solle* (Nürnberg 1652) (Kat. 2).[2] Das Traktat behandelt also alles, was man über Radieren, Kupferstechen und den Kupferdruck wissen musste. Es verwundert daher nicht, dass im 17. Jahrhundert gleich drei deutsche (1652, 1669, 1689), eine niederländische (1662) und eine englische (1662) Übersetzung veröffentlicht wurden – und noch weitere vierzehn Ausgaben und Übersetzungen bis ins 19. Jahrhundert folgten; dazu zehn moderne Faksimileausgaben.[3]

LINKE SEITE ABRAHAM AUBRY (Kopie nach Abraham Bosse)
Ätzen der Platte, Detail
Kat. 2, Tafel 6, S. 43

EISEN & KUPFER

Daniel Hopfer (um 1470–1536) und seine Nachfolger haben ab der Mitte der 1490er Jahre bis um 1540 Eisenplatten radiert. Um 1520 zeigten Lucas van Leyden (1489/1494–1533) und Marcantonio Raimondi (um 1475–vor 1534), dass Kupferplatten auf die gleiche Weise und sogar mit besseren Ergebnissen radiert werden konnten. Ein Vorteil wurde darin erkannt, dass Kupferplatten nicht rosten, wie es bei Eisenplatten schon bald nach ihrer Anfertigung der Fall ist. Roststrukturen werden im Druck sichtbar und stören die Darstellung. Hinzu kommt, dass sich das weichere Kupfer viel einfacher als Eisen nach dem Radieren mit dem Grabstichel weiterbearbeiten lässt. Ab 1540 wurden deshalb fast nur noch Kupferplatten radiert.

Wie bei der schon länger praktizierten Ätzung von Rüstungen und Waffen bedeckte man bei der Eisenradierung eine Platte mit Bienenwachs oder Ölfirnis und kratzte das Motiv mit einer Nadel in die Wachsschicht. Die Platte wurde dann in eine Wanne mit einer Lösung aus Kupfersulfat ($CuSO_4$), Kochsalz und Essig gelegt, bis die Linien ausreichend tief in die Eisenplatte geätzt waren. Hopfers besondere Erfindung war es, dass er die Abzüge von Eisenradierungen mittels einer Walzenpresse im Tiefdruck herstellte, wie dies zuvor nur beim Kupferstich üblich war.

Kupfer lässt sich mit einer derartigen Lösung nicht ätzen, dafür benötigt man Salpetersäure (HNO_3). Diese war schon seit dem 14. Jahrhundert bekannt; jedoch bedurfte es zur Destillation von Salpetersäure Salpeter (KNO_3) und Vitriol ($CuSO_4$, häufig mit $FeSO_4$ gemischt). Vitriol war einfach zu erwerben und wurde in vielen Gewerben benutzt. Salpeter war damals jedoch schwierig zu bekommen und wurde erst in größerem Stil gehandelt, nachdem um 1500 die Artillerie im Krieg an Bedeutung gewann. Da Salpeter auch für die Herstellung von Schießpulver gebraucht wurde, begann man es gewerbsmäßig zu produzieren. Dabei fiel eine ausreichend große Menge für die Herstellung von Salpetersäure ab, sodass ab 1520 auch Kupferplatten radiert werden konnten.

POLIEREN & PUTZEN

In Großstädten wie Paris konnte man bereits polierte Kupferplatten kaufen.[4] „Jedoch weilen man sich an Ort und End befinden kan, da außer dem jenigen, so die Rodschmid kauffen, kein anders überkommen mag“, schreibt Bosse, müsse man die Platten auch selbst präparieren können, weswegen er die dafür notwendigen Arbeitsschritte beschreibt:[5] Man bestellte sich beim Kupferschmied eine Platte in der gewünschten Größe, die flach gehämmert und deshalb beidseitig verbeult und zerkratzt war. Zum Polieren muss man zunächst die Plattenoberfläche mit einem Stück Sandstein und Wasser scheuern. Die übrigen Kratzer werden mit einem feinkörnigen Stein und Wasser und anschließend mit einem Stück Holzkohle und Wasser weiter gescheuert. Kleine Löcher werden mit einem Polierstahl geglättet und die Oberfläche mit Filz und Öl poliert, bis die Platte wie ein Spiegel glänzt. Zum Entfetten putzt man die Platte mit trockenem Brosamen oder Kreidepulver.

VERNIS DUR & VERNIS MOL

Wichtig war die Entwicklung eines Radiergrunds, den die Salpetersäure nicht angriff. Eine Möglichkeit war, die Platte mit Ölfirnis zu bedecken oder durch Bienenwachs mit einigen weiteren Zutaten zu schützen.

Ölfirnis wurde aus Leinöl – vermischt mit ein wenig Harz – und bei Temperaturen um 300° C gekocht; erkaltet bildete es eine zähflüssige Substanz. Heute sind alle im Text genannten Materialen, mit Ausnahme von Frankfurter Schwarz, im Handel erhältlich. Die Platte wurde mit diesem Ölfirnis bedeckt und dann so lange erhitzt, bis der Firnis nicht mehr rauchte.[6] Dann war die Schicht hart genug, dass die Darstellung mit einer Nadel eingekratzt werden konnte.

Um 1630 beschrieb der Arzt Théodore Turquet de Mayerne (1573–1655) den Radiergrund, den der lothringische Druckgraphiker Jacques Callot (1592–1635) benutzte: *Methode de Calot, La Vernix de Calot vient de Florence ou il se nomme Vernice grossa de Lignaiuolo* – also dicker Leinölfirnis, oder nach Berger ‚grober Schreinerfirnis'.[7] Das Rezept sieht zwei Pfund Harz, zwei Pfund griechisches Pech und zwei Pfund Walnussöl oder Leinöl vor. De Mayerne war jedoch der Ansicht, dass dieser Ölfirnis als Radiergrund zu flüssig sei und empfahl stattdessen, nur ein halbes Pfund Leinöl zu verwenden. Bosse wiederum war Callot begegnet, der ihm eine Probe seines *Vernicè grosso da Lignaiolij* geschenkt hatte, mit dem Bosse danach zwanzig Jahre arbeitete.[8] Er beschreibt in seinem Traktat, wie eine Platte mit dem Ölfirnis bestrichen werden muss und nennt diesen *vernis dur* – „harter Firnis" –, da er hart und dauerhaft war, geeignet für präzise Nadelführung.

Statt Öl zu einem zähen Firnis zu erhitzen, konnte auch Leinöl mit Bleiweiß oder Bleirot kalt gemischt werden. Das bildet eine Art von Ölfarbe, deren Bleianteil eine trocknende Wirkung besitzt, sodass derartige Mischungen kalt auf die Platte aufgetragen werden können. Die Trocknung kann jedoch eine Woche oder länger in Anspruch nehmen.

Der allmähliche Wechsel vom reinen Wachsgrund zu einer Wachs-Harz-Asphalt-Mischung wird ab 1590 greifbar, als zunächst in Italien Rezepturen mit Wachs und Harz auftauchen.[9] Anthonis van Dyck (1599–1641) notierte um 1630 die Zusammensetzung eines Radiergrunds aus Bienenwachs, Kiefernharz und Asphalt: „eine Unze weißes Wachs, eineinhalb Unze Asphalt, eine viertel Unze Kolophoniumharz, eine halbe Unze Terpentin(-harz)".[10] Zur selben Zeit, 1632, vermerkte De Mayerne ein ähnliches Rezept von Jacques Mussart: „eine Unze weißes Wachs, zwei Unzen Asphalt, eine Unze Mastikharz in Tränen".[11] Bei Bosse heißt es dann wieder: „anderthalb Untz Jungfrauen Wachs, welches wol weiß, sauber und zart seyn solle. Ein Untz Mastix, welcher schön hell und klar ist. Ein halb Untz Aspaltum oder Spalt."[12] Dieser Grund wurde von ihm *vernis mol* – „weicher Firnis" – genannt, da es sich leicht in die Schicht kratzen ließ, wodurch man mit der Nadel so flüssig wie mit Feder und Tinte auf dem Papier zeichnen konnte.

Bis heute haben sich die Rezepturen für den Ätzgrund mit diesen drei Zutaten nicht wesentlich verändert. Lediglich die Mischungsverhältnisse und Harzsorten unterscheiden sich bisweilen.

Zur Herstellung des Radiergrunds wird zunächst das Wachs in einem Topf auf kleiner Flamme geschmolzen. Das Harzpulver wird hinzugefügt bis es vollständig mit dem Wachs vermengt ist; danach folgt das Asphaltpulver. Wenn alles vollständig geschmolzen und gründlich mit einander vermischt ist, gießt man die heiße Substanz vorsichtig in kaltes Wasser. Hierdurch gerinnt der Grund und kann im Wasser zu einer Stange geknetet werden. Nach dem Erhärten verpackt man die Stange Radiergrund in Seide oder eine feine Leinwand. Das Gewebe funktioniert beim Anschmelzen des Grundes auf der erwärmten Kupferplatte wie ein Filter, der gröbere Rückstände und eingeschlossene Wassertropfen abfängt, sodass diese keine Bläschen oder Rückstände auf dem Radiergrund verursachen können.

UNSCHLITT & BAUMÖL

Zum Schutz von Schwachstellen im Radiergrund, zum Ausbessern von Fehlern beim Zeichnen und zum Abdecken der Ränder und der Rückseite einer Platte gibt es Deckfirnisse oder Deckgründe. Diese sind flüssig und werden mit einem Pinsel aufgetragen. Die überlieferten Rezepte nennen entweder Fett, Wachs oder Unschlitt (Talg zur Herstellung von Kerzen), das in Baumöl geschmolzen wird.[13] Am einfachsten war es, einen mit Terpentinöl getränkten Pinsel über eine Stange Radiergrund zu reiben und mit dieser Lösung die Platte zu bestreichen.

Van Dyck war zwar ein ausgezeichneter Porträtist, doch war er kein ausgebildeter Kupferstecher und daher nicht besonders professionell in der Anwendung der Radiertechnik. Pinselspuren in den von ihm selbst hergestellten Radierungen zeigen, wie er direkt vor dem Ätzen versuchte, Schwachstellen im Radiergrund mit einem Pinsel und flüssigem Deckfirnis zu beheben (Abb. 1).

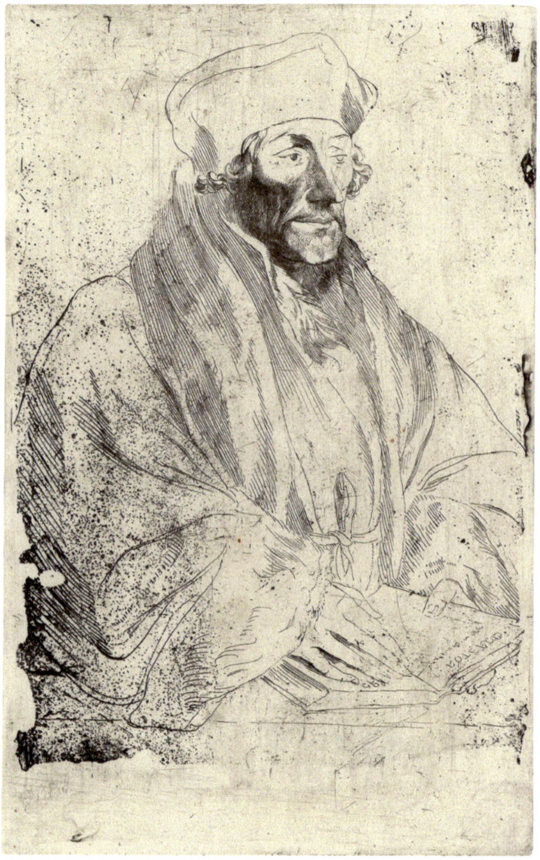

ABB. 1 ANTONIS VAN DYCK (nach Hans Holbein d.J.)
Erasmus von Rotterdam, 1630–32
Radierung (I. Zustand), 243 × 153 mm
Amsterdam, Rijksmuseum, Inv.-Nr. RP-P-OB-11.723

Man beachte die durchgefressenen Schwachstellen im Radiergrund und die weißen Pinselspuren des Deckfirnisses.

SALPETER & GRÜNSPAN

Ab spätestens 1520 wurde zum Radieren von Kupferplatten Salpetersäure verwendet. Salpetersäure zu destillieren war eine aufwändige Prozedur, weswegen sie von den Künstlern nicht selbst hergestellt, sondern bei *affineurs* (Destillateuren) gekauft wurde.[14] Diese Säure ist in frischem Zustand kräftig und ätzt in einer Viertelstunde schmale, flache, aber druckbare Linien in eine Kupferplatte. Ein Nachteil ist, dass die Säure auch den Radiergrund angreift und eine dünne Schicht rasch durchfressen kann, wie dies deutlich in Van Dycks *Porträt des Erasmus von Rotterdam* zu sehen ist (siehe Abb. 1). Nur ein sorgfältiges Abdecken der Schwachstellen am Plattenrand bereits vor dem Zeichnen der Platte, kann dem Durchfressen des Grundes vorbeugen. Ein weiterer Nachteil sind die aggressiven Dämpfe, die beim Ätzen mit Salpetersäure ausdünsten.

Einfacher und auch sicherer war die Ätzung mit einer Lösung aus verschiedenen Salzen in Essig. Das Kupfer wird dadurch zwar langsamer angegriffen, doch der Grund hält länger und es entstehen keine schädlichen Dämpfe.

Auch hier hatte wiederum Callot großen Anteil an der Neuerung der Radiertechniken nördlich der Alpen, da er seine in Italien erworbenen Kenntnisse nach Frankreich mitnahm. 1616, während seiner Tätigkeit am Medici-Hof, bestellte er drei Pfund scharfen Essig, zwei Unzen Grünspan ($Cu(CH_3COO)_2$) und drei Unzen Ammoniaksalz (NH_4Cl). Zwei Jahre später bestellte er nochmals sechs Pfund Weißweinessig, vier Unzen Grünspan, sechs Unzen Ammoniaksalz sowie sechs Unzen Meersalz. Dieselben Bestandteile und ein ganz ähnliches Mischungsverhältnis finden sich kurz darauf in vielen Säurerezepten.[15] Bei Bosse etwa liest man: „3. Echtmaas Eßig./ 6. untzen Salarmoniacum./ 6. untzen gemein Salz./ 4. untzen Kupfferwasser".[16]

Eine kalt hergestellte Lösung der Salze in Essig, ähnlich der Salzlösung, wie sie zum Ätzen von Eisen verwendet wurde, ist zum Radieren von Kupfer nicht geeignet. Sie ist zu schwach und lässt erst nach Wochen spürbare Vertiefungen entstehen. Wird die Mischung stattdessen, wie Bosse erklärt, zu einer konzentrierten Lösung eingekocht, kann eine Kupferplatte in nur wenigen Stunden ausreichend tief geätzt werden.[17]

FEDER & FLAMME

Nach diesen Vorbereitungen lagen bereit: eine blankpolierte und entfettete Platte, eine in Seide eingewickelte Stange Radiergrund und eine Vogelfeder, flüssiger Deckfirnis und ein Pinsel, eine Pfanne mit glühenden Holzkohlen und einem Rost darüber. Man legte die Platte zum Erwärmen auf den Rost über den glühenden Kohlen. Dann betupfte man ihre Oberfläche mit dem Radiergrund, wobei dieser schmolz und durch die Seide auf die Platte lief. Mit einer einzigen fließenden Bewegung verteilte man den Grund mit der Feder gleichmäßig über die Oberfläche.

Nach dem Abkühlen der Platte betupfte man mit flüssigem Deckfirnis alle Stellen, die etwas dünn aussahen. Danach konnte man mit einer Nadel in den Radiergrund zeichnen.

Der Radiergrund ist nach diesem Vorgang braun und das Kupfer rosafarbig, sodass sich beim Zeichnen nur ein geringer Farbunterschied zwischen beiden ergibt. Zur Verbesserung des Kontrasts gab es im 17. Jahrhundert zwei Möglichkeiten. Zum einen hielt man die trockene Platte mit der grundierten Seite nach unten und bewegte eine brennende Wachskerze unter der Platte hin und her, wodurch die Flamme den Radiergrund berußte (Kat. 2, Taf. 1 unten). Dies hatte den Vorteil, dass beim Zeichnen die Linien glänzend im dunklen Grund hervorschimmern. Das Bild erscheint also negativ mit hellen Linien im schwarzen Grund. Statt zu berußen, konnte man den Radiergrund aber auch mit einer Schicht weißer Wasserfarbe einfärben. Diese Farbe wird mit einem Tropfen Ochsengalle angesetzt, die bewirkt, dass sich die Wasserfarbe auf dem fetten Grund nicht zusammenzieht (retikuliert). In diesem Fall zeigen sich die rosafarbigen Linien des Kupfers in einer weißen Fläche – vergleichbar etwa mit einer Rötelzeichnung auf weißem Papier.

ABKLATSCHEN & CALQUIREN

Es gab viele verschiedene Techniken, mit denen eine Vorlage auf den Radiergrund übertragen wurde.[18] Im Folgenden werden nur die verbreitetsten aufgeführt.

Das Abklatschverfahren ist geeignet für Zeichnungen in roter oder schwarzer Kreide. Hierzu wird das Papier leicht mit Wasser befeuchtet, mit der Darstellung auf den Radiergrund gelegt und zusammen durch eine Walzenpresse geführt. Dabei hinterlässt das körnige Zeichenmaterial ein wenig Pulver auf dem

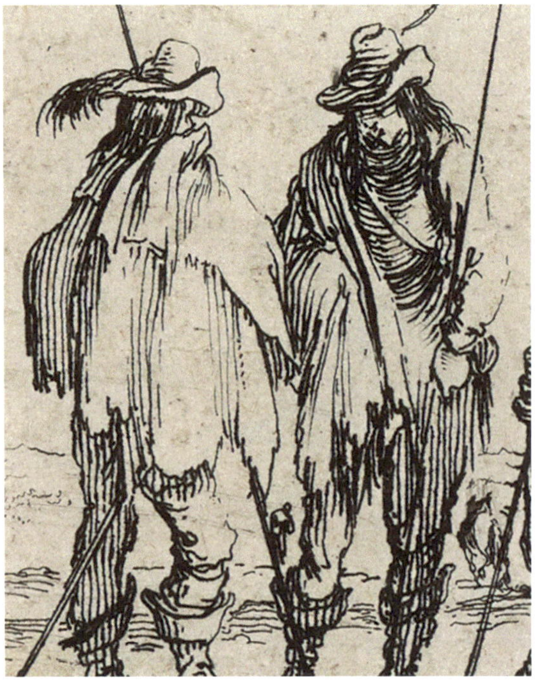

ABB. 2 STEFANO DELLA BELLA
Drei stehende Soldaten (Detail), um 1640 (?)
Radierung, 53 × 77 mm
Amsterdam, Rijksmuseum, Inv.-Nr. RP-P-OB-34.363

Beispiel der abwechselnden Breite der mit einer Échoppe gezeichneten Linie.

Radiergrund, sodass die Zeichnung seitenverkehrt sichtbar wird und mit der Nadel nachgefahren werden kann.

Für das sogenannte ‚Calquiren' oder Durchzeichnen (Abpausen) gibt es verschiedene Methoden. Am einfachsten ist es, die Rückseite einer Zeichnung mit Rötel oder Holzkohle einzureiben, das Blatt mit der Darstellung oben auf die Platte zu legen und die Umrisslinien und Details der Zeichnung mit einer stumpfen Nadel nachzuziehen.[19] Beim Durchzeichnen werden Kreidepartikel der Rückseite des Blattes auf den Radiergrund gedrückt; diese haften an und die Linien können wiederum mit einer (scharfen) Nadel nachgezogen werden. In diesem Fall verhält sich die Nachzeichnung zum Original seitenrichtig, während die gedruckte Darstellung später seitenverkehrt ausfällt. Statt die Rückseite des Blattes mit Kreide oder Kohle einzureiben, benutzte man wohl auch häufig ein separates Blatt Papier dessen Rückseite mit Rötel überzogen oder geschwärzt war, ähnlich dem späteren Kohlepapier.[20] In beiden Fällen hinterlässt die Nadel Eindrücke in den Linien.

Deutlich schonender für das Original ist es, zunächst ein Blatt Transparentpapier (im 17. Jahrhundert mit Öl transparent gemachtes Papier) auf die Zeichnung zu legen und die Linien nachzuzeichnen. Das Transparentpapier wird anschließend umgedreht und zusammen mit einem Blatt Kohlepapier, wie oben, auf die Oberseite der Platte gelegt, bevor man die Linien durchzeichnet. So erscheint die Darstellung seitenverkehrt auf der Platte, im Druck zeigt sie sich dann wieder seitenrichtig zur Zeichnung. Dieser Vorgang hinterlässt keine erkennbaren Spuren.

NADEL & ÉCHOPPE

Normalerweise zeichnet man mit einer Nadel mit feiner Spitze in den Radiergrund. Der Grund wird hierdurch weggekratzt und so das blanke Metall freigelegt, das anschließend von der Säure geätzt werden kann.

Schon im frühen 16. Jahrhundert hatte man Radiertechniken für dünnere und dickere Linien entwickelt. Hopfer zeichnete seine frühesten Radierungen mit normalen Nadeln; für breitere Linien zog er mehrere von diesen nebeneinander. Bald aber, so kann man in seinen Drucken erkennen, verwendete er auch Nadeln mit meißelartigen Spitzen, mit denen er die breiteren Linien im Radiergrund in einem Vorgang zu ziehen vermochte. Dieses Verfahren fand Nachahmer bei anderen wie den Kupferradierern Nicolaus

Hogenberg (um 1500–1539) und Augustin Hirschvogel (1503–1553). Nach ihnen geriet dieses Instrument jedoch in Vergessenheit.

Die Idee, unterschiedlich viel Radiergrund wegzukratzen, tauchte im 17. Jahrhundert in anderer Form wieder auf. Bosse erklärt, wie dünnere und dickere Nadeln herzustellen sind (Kat. 2, Taf. 3, oben).[21] Im Prinzip macht es beim Zeichnen allerdings keinen Unterschied, wie dick eine Nadel ist, da alle Spitzen gleich scharf sind: ein Punkt ist ein Punkt. Unterschiedlich war aber der mehr oder weniger breite Querschnitt der Nadel oberhalb der Spitze. Für breitere Linien zog Bosse eine zuvor mit einer dünnen Nadel gezeichnete Linie nochmals mit einer dickeren Nadel nach. Die Spitze der zweiten Nadel dringt dabei ein wenig tiefer ins Metall ein und drückt mehr Metall und Radiergrund zur Seite, sodass beim Ätzen mehr Metall weggefressen wird und sich eine breitere Linie bildet.[22]

Anschließend beschreibt er, wie man eine dickere, runde Nadel schräg abzuschleifen hat, damit sich eine ovale Spitze bildet: die sogenannte Échoppe (Kat. 2, Taf. 3, unten). Durch Drehen und mehr oder weniger stark ausgeübten Druck kann man mit verschiedenen Seiten der ovalen Spitze mehr oder weniger Radiergrund tilgen.[23] Das Ergebnis ist eine Linie wechselnder Breite, vergleichbar der sogenannten ‚schwellende Taille' einer mit dem Grabstichel gestochenen Linie im Kupferstich (Kat. 2, Taf. 5). Derartige kupferstichähnliche Linien finden wir in Radierungen von Callot und Stefano della Bella (1610–1664) (Abb. 2). Mit Hilfe der Échoppe konnten Darstellungen mit Linien unterschiedlicher Breite mit einem Mal gezeichnet und auch die Platte in einem Ätzvorgang hergestellt werden.

Die Échoppe wurde zwar regelmäßig beschrieben und in Anleitungen abgebildet, man findet aber nur selten eindeutige Spuren ihrer Benutzung in Radierungen. Stattdessen bildeten sich in der zweiten Hälfte des 17. Jahrhunderts Arbeitsvorgänge heraus, bei denen man mit bis zu sechs Nadeln unterschiedlicher Breite arbeitete: mit dünnen Nadeln für dünne Linien und dicken für breitere Linien.[24] Mit diesen hatte der Radierer nun die Möglichkeit, frei wie mit Tinte und Feder auf dem Papier mit der Nadel auf der Platte zu zeichnen, entweder wie eine frei gestaltete Skizze mit Linien verschiedener und wechselnder Breite, oder mit geraden, gleichbleibenden und präzisen Linien wie in einer Architekturzeichnung.

Was sich im 17. Jahrhundert verfeinerte, war das Radieren in mehreren Durchgängen. Dieses Verfahren verleiht der gedruckten Darstellung mehr Tiefe und Lebendigkeit. Schon ab der Mitte des 16. Jahrhunderts hat Hieronymus Cock (um 1518–1570) seine Platten in mehreren Stufen hergestellt. Er hat dabei zunächst jene Linien gezeichnet und geätzt, die am breitesten sein sollten, also die Teile des Bildes, die perspektivisch im Vordergrund stehen und am kontrastreichsten erscheinen würden. Darauf folgten die Objekte des Mittelgrunds, die weniger breit wirken. Zuletzt wurden die Linien des Horizonts gezeichnet und nur kurz geätzt: sie sind am dünnsten und zeigen sich entsprechend blass.

Cocks Lehrlinge und Nachfolger, die Brüder Jan (gest. 1630) und Lucas van Doetechum (tätig 1558–um 1586), scheinen einen umgekehrten Weg gewählt zu haben. Sie zeichneten zunächst die ganze Darstellung auf die Platte, ätzten diese kurz und nahmen sie wieder aus dem Säurebad heraus. Sie spülten und trockneten die Platte, bevor sie die Teile (im Hintergrund), die nicht weiter geätzt werden sollten, abdeckten. Danach kam die Platte zum zweiten Mal und vielleicht noch ein weiteres Mal ins Säurebad, bis auch die Ätzung der kräftigen Linien im Vordergrund abgeschlossen war.

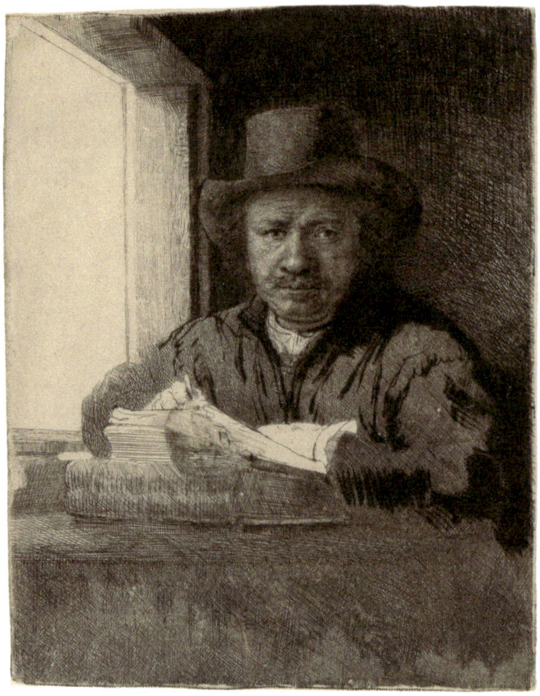

ABB. 3 REMBRANDT VAN RIJN
Selbstbildnis radierend am Fenster, 1648
Radierung mit Kaltnadel (I. Zustand von IX),
160 × 130 mm
Amsterdam, Rijksmuseum, Inv.-Nr. RP-P-OB-39

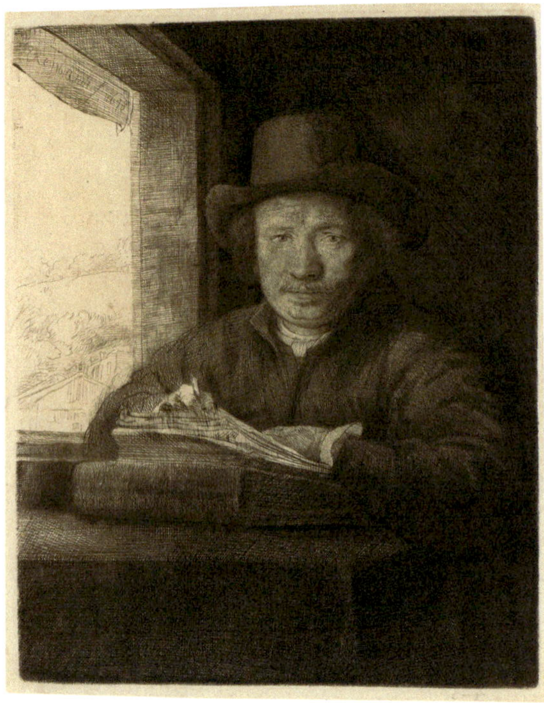

ABB. 4 REMBRANDT VAN RIJN
Selbstbildnis radierend am Fenster, 1648
Radierung mit Kaltnadel auf Japanpapier (VII. Zustand von IX),
160 × 130 mm
Amsterdam, Rijksmuseum, Inv.-Nr. RP-P-1987-158

Rembrandt van Rijn (1606–1669) hat seine Kupferplatten immer wieder aufgenommen und weiterbearbeitet. Er verfeinerte eine Darstellung, indem er Teile abdeckte, andere Teile zeichnete und die Platte nochmals ätzte. Jeder Abdruck einer weiterbearbeiteten Platte bildete einen neuen ‚Zustand', wie sein *Selbstbildnis radierend am Fenster* in letztendlich neun Zuständen zeigt (Abb. 3, 4).

Der niederländische Maler und Radierer Hercules Segers (1589/90–1633/40) entwickelte eine Art ‚Aussprengtechnik', bei der er die Darstellung mit der Feder und einer Art Tinte auf die blanke Platte zeichnete.[25] Die getrocknete Zeichnung überstrich er anschließend mit einem Deckfirnis und legte die Platte nach dessen Trocknung ins Wasser. Die Tinte unter dem Firnis löste sich im Wasser auf, sprengte den Firnis an dieser Stelle auf, und legte das Metall dort frei, wo zuvor die Zeichnung war. Beim Ätzen kam eine Darstellung mit Linien unterschiedlicher Breite zustande, die im Druck wie eine Federzeichnung anmutet (Abb. 5). Diese Technik fand zunächst keine Nachahmer, wurde aber in den 1770er Jahren vom englischen Radierer Paul Sandby (1725–1809) aufs Neue erfunden.[26]

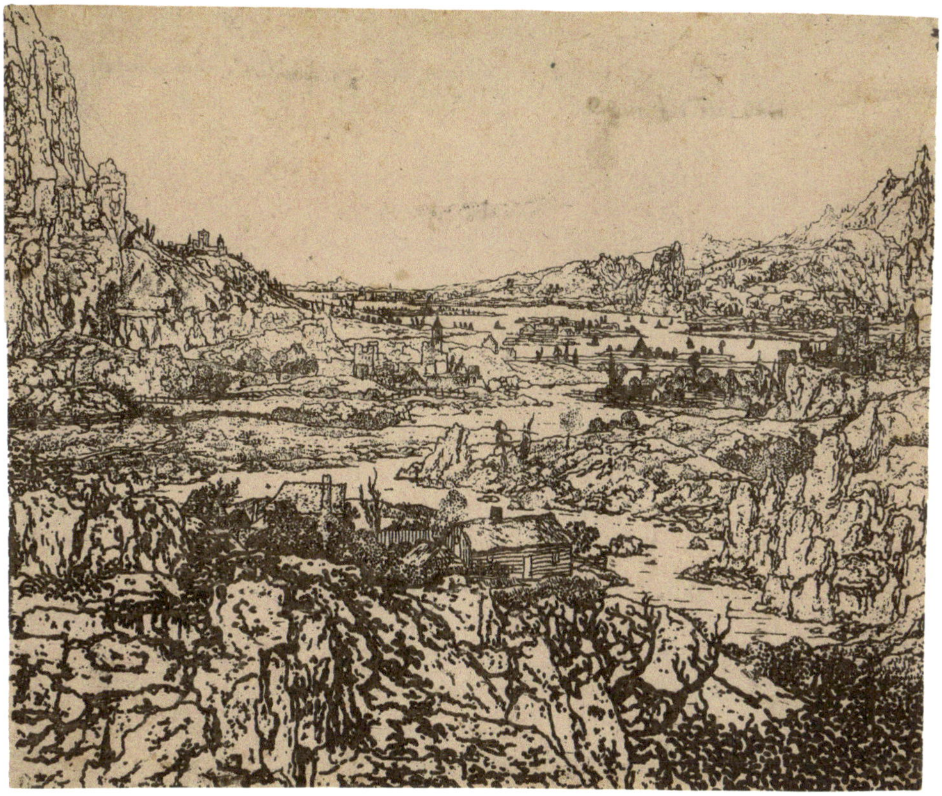

ABB. 5 HERCULES SEGERS *Bergtal mit meandrierendem Fluss*, um 1622–25
Aussprengtechnik (I. Zustand), 176 × 213 mm Amsterdam, Rijksmuseum, Inv.-Nr. RP-P-H-OB-831

PULT & STAFFELEI

Die Radierplatte lag beim Zeichnen meist flach auf dem Arbeitstisch. In Rembrandts *Selbstbildnis* zeigt er uns, wie er einige Bücher aufeinanderstapelte, um nicht nur die Platte näher vor Augen zu haben, sondern auch, um sich durch die Schräglage die Arbeit etwas zu erleichtern (siehe Abb. 3, 4). Bosse selbst arbeitete „auff ein erhabenes Bret, gleich einem Pult“, wie er es auch in seiner Gegenüberstellung eines Kupferstechers und eines Radierers zeigt (hier Abb. 6, sowie in der Einführung Abb. 1).[27]

Laut Bosse hat Callot seine Platte auf einer Tischstaffelei bearbeitet, „damit es demselbigen, wie er geglaubet, zu seiner Gesundheit desto mehr dienen möchte, wann er auffrichtig dargegen sitze, als wann Er sich auff die Seite oder über seine Arbeit gleichsam mit dem obern Leib bücken oder hengen müsse, und derowegen ihme solches auß vielen Ursachen schädlich seyn möchte“.[28] In dieser ergonomischen Haltung wurde Callot auch von seinem Lehrling François Collignon (1610–1687) in seiner Werkstatt gezeigt (Abb. 7).

PUNKT & TUPF

Es wurde nicht nur mit Linien radiert; viele Künstler arbeiteten auch mit Flächen verschiedenster

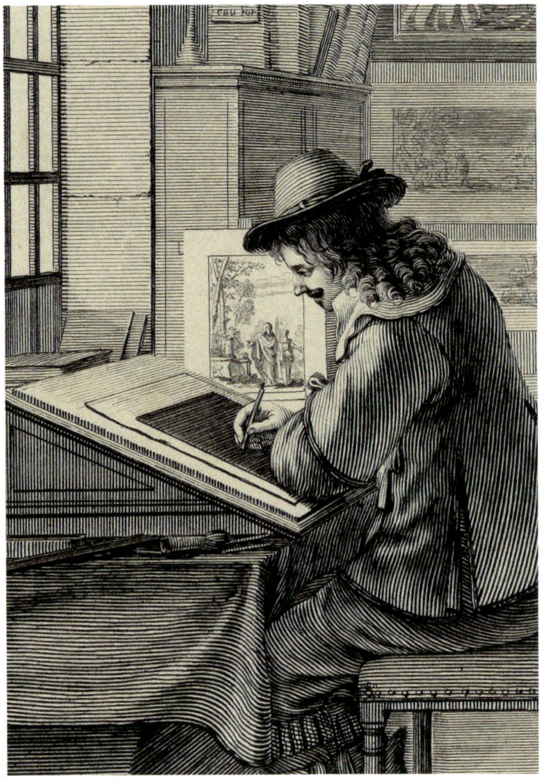

ABB. 6 ABRAHAM BOSSE
Graueurs en taille douce au Burin et a Leaue forte (Detail), 1643
Radierung, 312 × 380 mm
Braunschweig, Herzog Anton Ulrich-Museum, Inv.-Nr. ABosse AB 3.40

Der Radierer arbeitet auf einem Pult.

Grauintensitäten. Am einfachsten war es, wie beim Zeichnen mit Feder und Tinte, Schraffuren anzufertigen, bei denen der Abstand der Linien größer oder kleiner ausfiel, wodurch die schraffierten Flächen heller oder dunkler wirkten. Niederländische Radierer entwickelten dazu am Anfang des 17. Jahrhunderts unterschiedliche Punktiertechniken.[29]

Segers hat eine Art Kreuzschraffur erfunden, bei der er die Platte mit einem Netz feinster Linien überzog. Weiße Teile der Darstellung deckte er direkt, noch vor dem Ätzen ab. Diese blieben blank, wonach er die Schraffur zwei oder dreimal ätzte, abdeckte und so weiter, bis die Platte ebenso viele Graustufen aufwies (Abb. 8).[30]

Die Direktätzung ist ein Verfahren, das in der Geschichte der Radierung immer wieder auftaucht, und die meisten, die das Radieren erlernen, versuchen sich darin. Das ohne Schutzschicht radierte Kupfer wird zwar vom Ätzen ein wenig grob, nutzt sich jedoch beim Drucken rasch ab, sodass nur ein blassgrauer Ton zurückbleibt. Schon Hopfer hat so geätzt, doch mit guten Ergebnissen, da er ja Eisenplatten benutzte. Zum einen weist Eisen eine grobe Innenstruktur auf, die beim Ätzen freigelegt wird, zum anderen ist es viel härter und beständiger als Kupfer. Daher hielten die tonal radierten Stellen seiner Platten viel mehr Druckfarbe fest und nutzten sich nur langsam ab. Auf den frühen Abzügen erscheinen die Flächen Tiefgrau (Abb. 9).

Pieter Fransz. de Grebber (um 1600–1652) kam ebenfalls auf die Idee, mit tonalen Flächen auf Kupfer zu arbeiten. In seiner *Verspottung Christi* radierte er zunächst nur mit Linien. Später reinigte er die Kupferplatte, wonach er die Figuren und den Nimbus mit Ätzgrund abdeckte und die Platte erneut ätzte (Abb. 10).

Ein weiterer Erfinder war Jan van de Velde IV. (tätig 1650–1680). Vermutlich ausgebildet als Silberschmied hat er in den 1650er bis 1670er Jahren vier Porträts radiert, die alle eine Fülle von weißen Tupfen aufweisen, ähnlich der im 18. Jahrhundert entwickelten Aquatinta-Technik mit Harzstaub (Abb. 11). Ein wesentlicher Unterschied zu Segers Arbeitsweise besteht darin, dass er nicht stufenweise mit Deckfirnis gearbeitet hat, wie es später auch im 18. Jahrhundert üblich werden sollte. Stattdessen hat er, wie die unterschiedlichen Texturen belegen, für jeden Grauton die Platte gereinigt, aufs Neue bestäubt, den Harzstaub festgeschmolzen und die Platte geätzt.

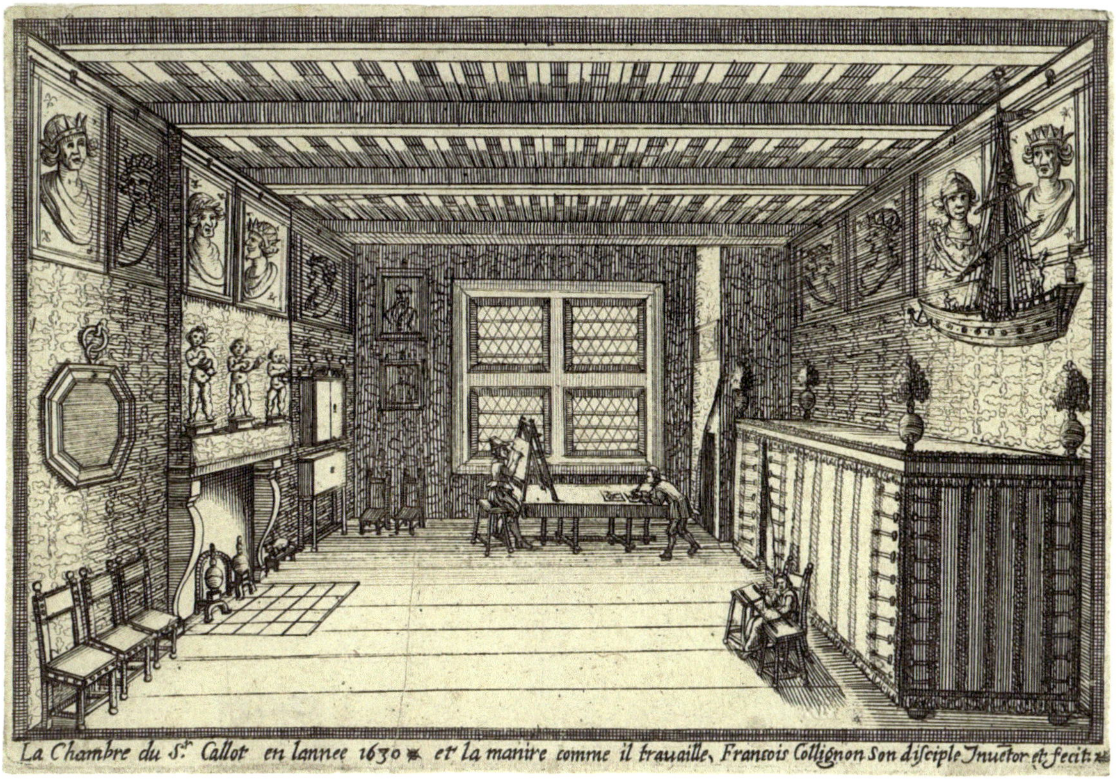

ABB. 7 FRANÇOIS COLLIGNON *La Chambre du Sr. Callot en lannee 1630 et la manire comme il travaille*, 1630
Radierung, 91 × 142 mm Nancy, Musée des Beaux-Arts, Donation Jacques et Guy Thuillier, Inv.-Nr. TH.99.15.61

Am Fenster sitzt Callot an seiner Tischstaffelei.

ÄTZEN & FRESSEN

Ist die Platte fertig gezeichnet, werden die freiliegenden Ränder und – wenn notwendig – die Rückseite der Platte abgedeckt. Dann ist sie bereit zum Ätzen.

Dafür gab es im 17. Jahrhundert drei Varianten. Die einfachste war, eine glasierte Schüssel mit Salpetersäure zu füllen und die Platte hineinzulegen. Die Säure reagiert chemisch mit dem freiliegenden Metall, das sich langsam auflöst. Aufgrund der chemischen Reaktion bilden sich in der Salpetersäure Stickstoffoxid-Bläschen von etwa zwei Millimeter Durchmesser. Diese müssen direkt entfernt werden, damit sie den Fortgang der chemischen Reaktion nicht beeinträchtigen. Mit einer Vogelfeder wischt man die Bläschen weg, von denen sich immer wieder neue bilden, die ebenfalls entfernt werden müssen. Wenn das nicht kontinuierlich geschieht, verzögert sich das Ätzen oder stoppt sogar ganz, was sich im späteren Abdruck als blasse oder dünne Stellen in den Linien zeigt. In einer Schraffur erscheinen solche Versäumnisse als runde, kaum radierte, blasse Stellen von zwei bis drei Millimetern Durchmesser. Wenn die Linien hinreichend tief geätzt sind, wird die Platte aus dem Bad herausgenommen und die Säure mit Wasser abgespült.

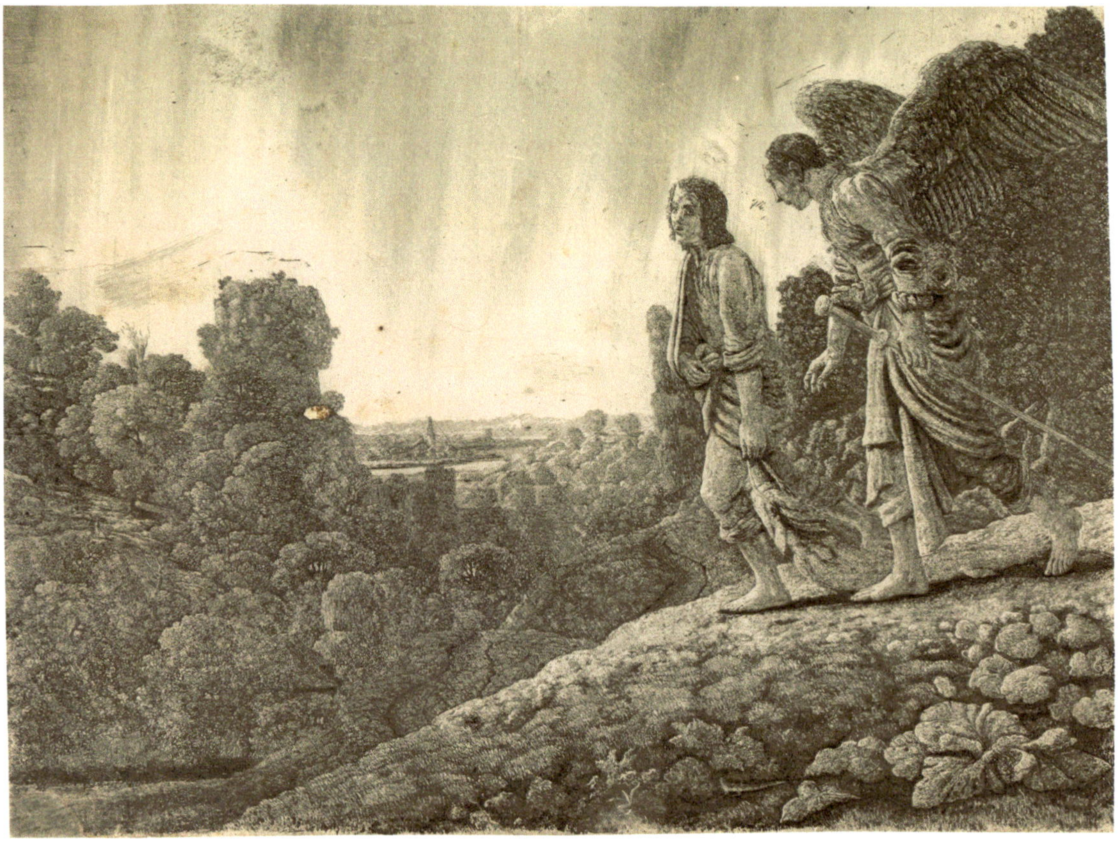

ABB. 8 HERCULES SEGERS *Tobias und der Engel* (Detail), um 1630–33
Radierung, 202 × 276 mm Amsterdam, Rijksmuseum, Inv.-Nr. RP-P-OB-796

Man beachte die feine Kreuzschraffur und die unterschiedlichen Grautöne der Flusslandschaft.

Eine andere Art der Ätzung bestand darin, dass die Darstellung auf der Platte mit einem Rand aus Wachs umgeben wird; die Rückseite der Platte blieb dabei unbedeckt.[31] In das auf diese Weise geschaffene Becken wird die Salpetersäure hineingegossen, die sich auf die beschriebene Weise in die Platte frisst. Beide genannten Verfahren sind geeignet zum Radieren mit Salpetersäure.

Bosse beschreibt noch einen dritten Arbeitsvorgang für das Ätzen mit einer Salzlösung.[32] Danach wird die Platte auf hölzerne Knöpfe in einer fast vertikal stehenden hölzernen, gut gefirnissten Wanne gestellt. Zum Radieren wird die Salzlösung mit einer Kanne über die Platte gegossen (Kat. 2, Taf. 6). Dieser Prozess war gleichwohl sehr viel langsamer als das Ätzen mit Salpetersäure. Mit frischer Salpetersäure dauert es ungefähr eine Viertelstunde, um eine druckbare Linie zu erzielen, mit einer Salzlösung hingegen an die zwei Stunden. Der Vorteil einer langsameren Ätzung besteht darin, dass man es rechtzeitig erkennt, wenn der Radiergrund durchlässig wird, sodass man eventuelle Ätzschäden verhindern kann.

Wenn die Linien und Punkte ausreichend tief in das Kupfer hineingefressen sind, wird die Platte vollständig gereinigt. Sie wird dafür ein wenig erhitzt, damit sich der Radiergrund

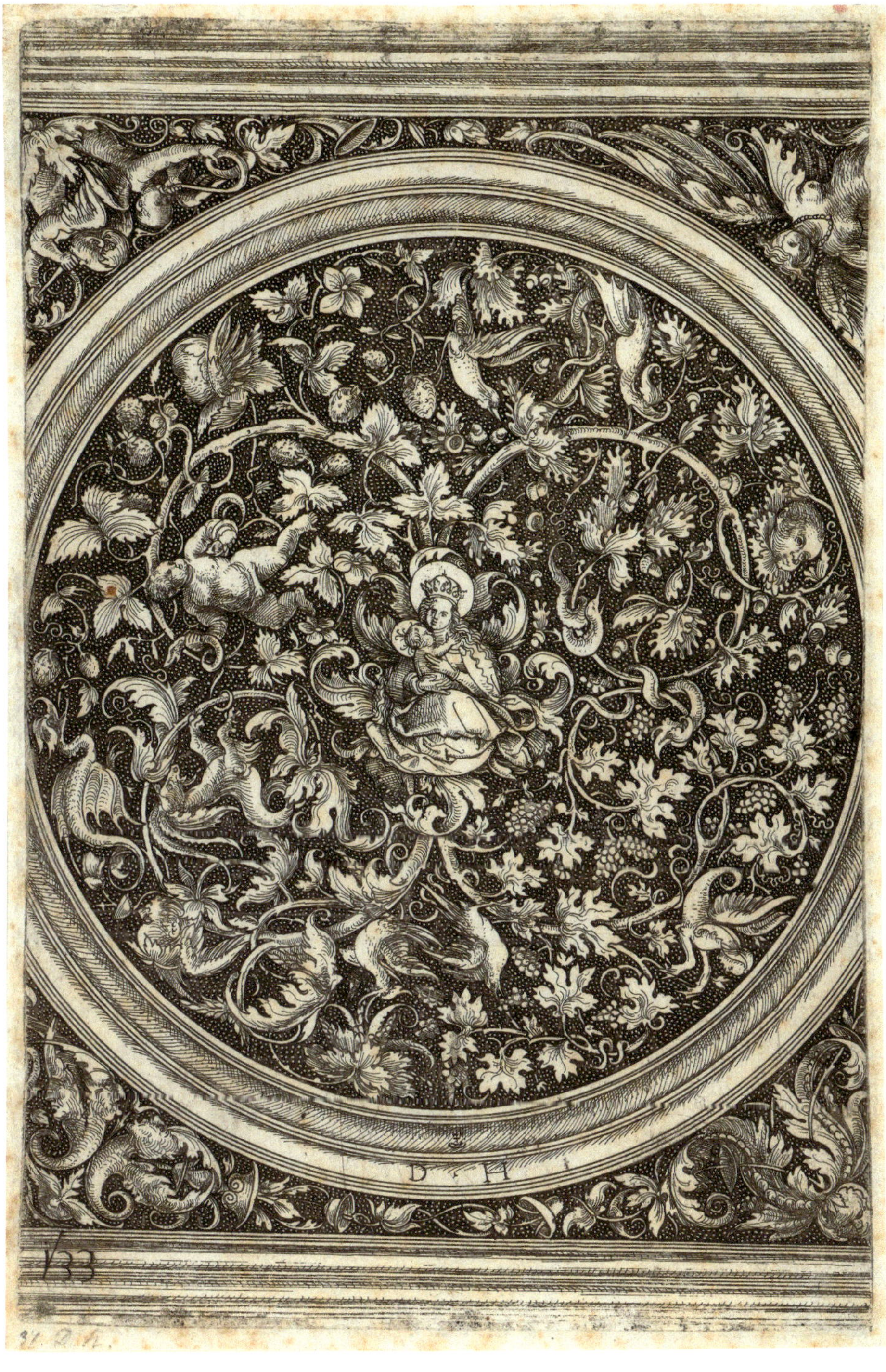

ABB. 9 DANIEL HOPFER *Medaillon mit Maria und Kind umgeben von Traubenranken, Erdbeerpflanzen und Grotesken,* um 1500–1536
Eisenradierung, 206 × 137 mm Amsterdam, Rijksmuseum, Inv.-Nr. RP-P-1919-2007

Der schwarze Hintergrund ist als Direktätzung gestaltet.

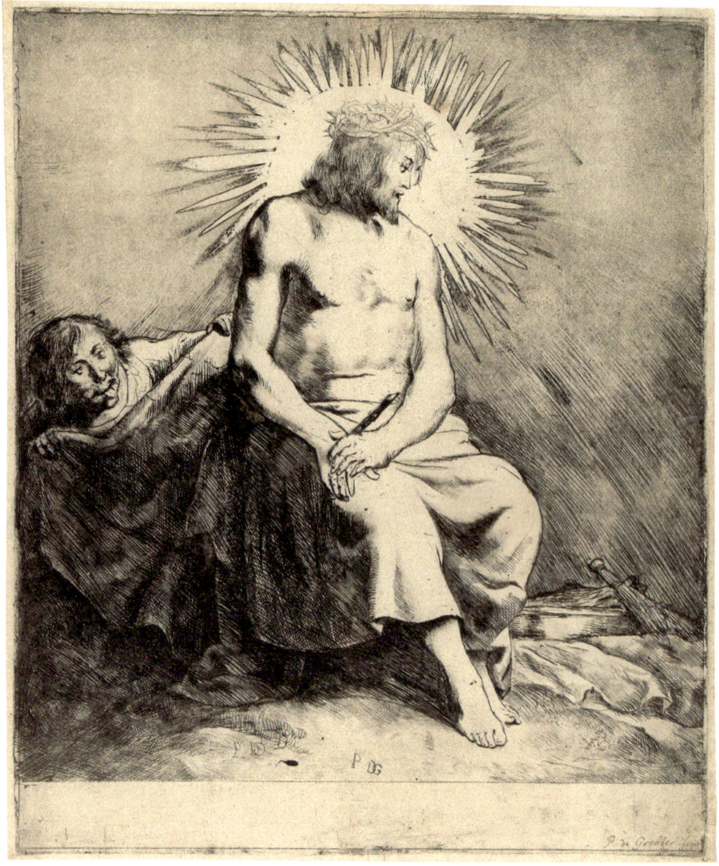

ABB. 10 PIETER FRANSZ. DE GREBBER
Verspottung Christi, um 1630 (?)
Radierung (II. Zustand), 343 × 295 mm
Amsterdam, Rijksmuseum,
Inv.-Nr. RP-P-1902-A-22387

Die Figuren und der Nimbus wurden abgedeckt, wonach der freiliegende Hintergrund geätzt wurde.

verflüssigt und anschließend mit einem Lappen und Pflanzenöl geputzt bis sie sauber und bereit zum Drucken ist.

FRANKFURTER SCHWARZ

In der Frühen Neuzeit bestand die schwarze Druckfarbe für Kupferstiche und Radierungen aus einer Mischung von erhitztem Leinöl und verkohltem pflanzlichen Material beziehungsweise verkohlten Tierknochen.[33] Die Bestandteile wurden zu einer dicken Paste verrieben. Für die Herstellung wurde das Öl in einem Kessel auf mehr als 300° C bis zum Entzündungspunkt erhitzt. Durch ein kürzeres oder längeres Brennen oxidiert und polymerisiert das Öl. Je länger man es erhitzt, desto zäher oder viskoser ist das Ergebnis: der Ölfirnis (diesmal ohne Harz). Der Plattendrucker benötigte zur Anfertigung von Druckfarbe immer Firnis von zweierlei Viskosität, einen leicht dickflüssigen und einen sehr zähen. Das Mischungsverhältnis der beiden Firnisse war meistens abhängig von der jeweiligen Raumtemperatur in der Druckwerkstatt. Bei warmem Sommerwetter war der Ölfirnis – und damit auch die Druckfarbe – eher flüssig und man benutzte einen zäheren Firnis. Die Konsistenz war jedoch auch abhängig von der Struktur der Platte. Bei einer eher oberflächlichen Ätzung, wie etwa einer ganz feinen Schraffierung, sollte die Druckfarbe tendenziell etwas dünner angemischt sein.

Als Schwarzpigment kamen mehrere Arten von Pflanzenkohle in Frage, aber auch verkohlte Knochen, die zu feinstem Pulver gerieben und gesiebt wurden. Spätestens seit dem Ende des 16. Jahrhunderts bevorzugte man das sogenannte ‚Frankfurter Schwarz', das aus verkohlten Weintrestern hergestellt wurde. Die beste Qualität wurde östlich von Frankfurt entlang des Mains zwischen Schweinfurt und Würzburg produziert. Seinen Namen erhielt die Farbe daher, dass es von Frankfurt am Main aus – und weiter über Mainz und Straßburg – in ganz Europa verkauft wurde.

‚Frankfurter Schwarz' ist ein tieferes Schwarz als jedes andere Pflanzenschwarz und die Pigmentkörnchen sind weniger scharfkantig als Knochenschwarz. Die besondere Qualität dieser ‚Schwärze' rührt nach Bosse daher, dass „dieselbige Sammetschwarz ist, und wann man sie zwischen den Fingern reibet, so bricht sie wie gute Kreide".[34] Aus diesem Grund nutzte das Pigment die Kupferplatte weniger ab, wodurch der Plattendrucker mit einer mit ‚Frankfurter Schwarz' angemischten Druckfarbe eine größere Menge Abzüge, das heißt eine höhere Auflage von einer Platte drucken konnte, was aus ökonomischer Sicht von Vorteil war.

WISCHEN & DRUCKEN

Der Drucker legt die Platte auf einen Rost über einer mit glühenden Holzkohlen gefüllten Pfanne.[35] Wenn man die Druckfarbe über die warme Platte reibt, wird sie durch die Wärme geschmeidiger und lässt sich einfacher in die Vertiefungen hineinreiben. Wenn die Platte ganz mit Farbe bedeckt ist nimmt der Drucker sie vom Rost, legt sie daneben ab und wischt mit Lappen die überstehende Druckfarbe von der Oberfläche, die nur in den Vertiefungen zurückbleiben soll. Als Letztes wischt man die Platte mit dem Handballen ab und reinigt die Ränder der Platte. Dann legt der Drucker sie auf die Tafel zwischen die Walzen der Presse, bedeckt sie mit leicht angefeuchtetem Papier, auf das er Filzlappen legt, und führt alles zusammen durch die Presse. Das Papier wird mit hohem Druck in die vertieften Linien gegen die Druckfarbe gepresst, wodurch der Abdruck entsteht (Kat. 2, Taf. 16).

EINFARBIG & MEHRFARBIG

Tiefdruck in Farbe ist schon ab den 1470er Jahren in Deutschland und Italien nachweisbar.[36] Es gab einfarbig blau, rot oder braun gedruckte Kupferstiche und Radierungen, nur selten finden sich zweifarbige Beispiele. Callot hat eine Reihe europäischer Münzen und ein Andachtsbildchen des hl. Franziskus radiert, von denen Exemplare in Rotdruck überliefert sind (Kat. 59). Gegen Ende des 17. Jahrhunderts hat Johannes Teyler (1648–1709?) eine Mehrfarbentiefdrucktechnik entwickelt.[37] Seine Drucker waren imstande, eine Platte mit bis zu zehn Farben einzufärben, die dann in einem einzigen Vorgang gedruckt wurden (Abb. 12). Diese später so genannte *à la poupée*-Technik wurde zu einer festen Arbeitsweise in Druckwerkstätten.

Das ganze 17. Jahrhundert hindurch findet man immer wieder Versuche zum Drucken in mehreren Farben. Dabei wurden entweder zwei Platten, jede in einer eigenen Farbe eingefärbt, neben- oder ineinander gelegt und in einem einzigen Druckvorgang als eine Art ‚Platten-Puzzle' gedruckt; oder aber es wurden zwei Platten, auch wieder jede in einer eigener

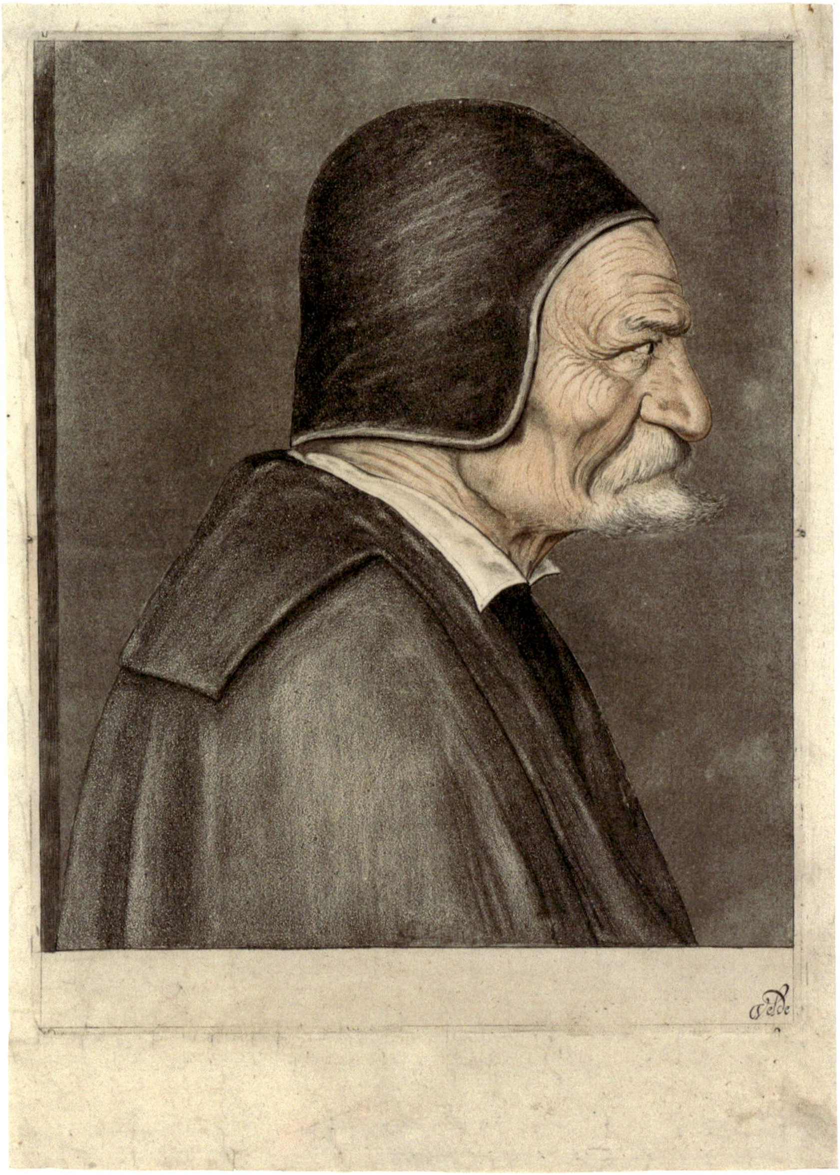

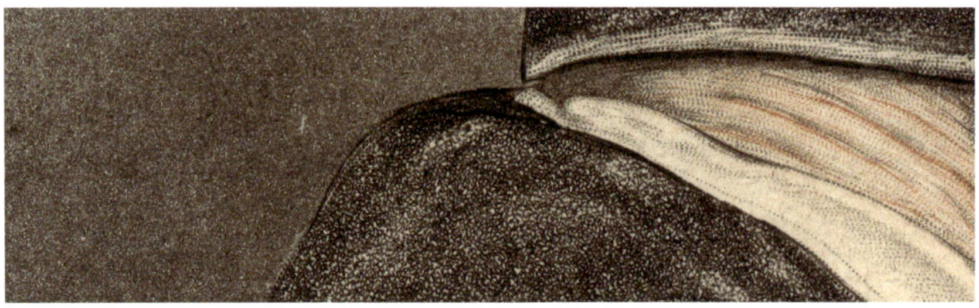

Detail

ABB. 11 JAN VAN DE VELDE IV. *Bildnis eines alten Mannes nach rechts*, um 1670 (?)
Radierung mit Aquatinta, von zwei Platten in Rot und Schwarz in Registern gedruckt, 265 × 215 mm
Amsterdam, Rijksmuseum, Inv.-Nr. RP-P-1972-106

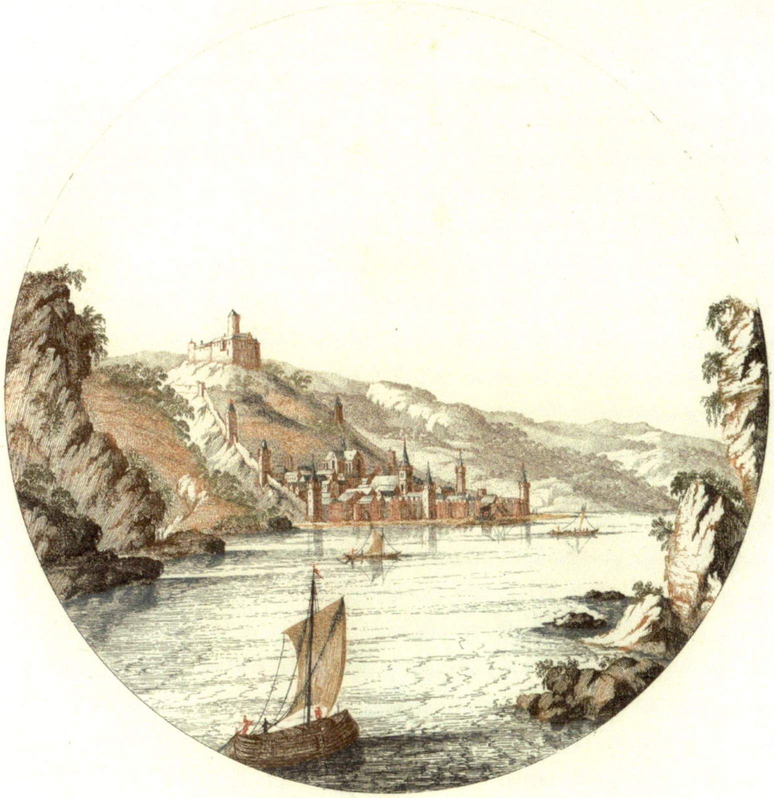

ABB. 12 JAN VAN CALL *Bacharach am Rhein*, um 1690
Radierung, *à la poupée* in sechs verschiedenen Farben eingefärbt, 266 × 325 mm Amsterdam, Rijksmuseum, Inv.-Nr. RP-P-1955-264

Farbe, nacheinander in Registern auf dasselbe Blatt gedruckt, sodass sich die Farbschichten überlagern (siehe Abb. 11).

PERGAMENT & SEIDE

Man druckte meist auf weißes Papier. Für Sonderausgaben wurden aber auch Abzüge auf gefärbten oder farbigen Papieren, Pergament oder Seide gedruckt.

Rembrandt und einige seiner Nachfolger haben ihre radierten Platten auf Japanpapier gedruckt (siehe Abb. 4). Diese Drucke sind selten, weil es keinen regulären Import von japanischen Papiersorten gab. Pergamentdrucke gab es schon im 15. Jahrhundert. Drucke auf blauem oder braunem Papier findet man ab dem zweiten Viertel des 16. Jahrhunderts. Weißes, bedrucktes Papier konnte auch nachträglich gelb, grün oder rosa gefärbt werden.

Ab dem dritten Viertel des 16. Jahrhunderts begann man in Italien, Kupferstiche und Radierungen auf fein gewobene Textilien wie Seide zu drucken.[38] Nach 1600 verbreitete sich diese Technik nördlich der Alpen, wo insbesondere Seidendrucke wegen ihrer schimmernden Textur sehr geschätzt wurden (Abb. 13).

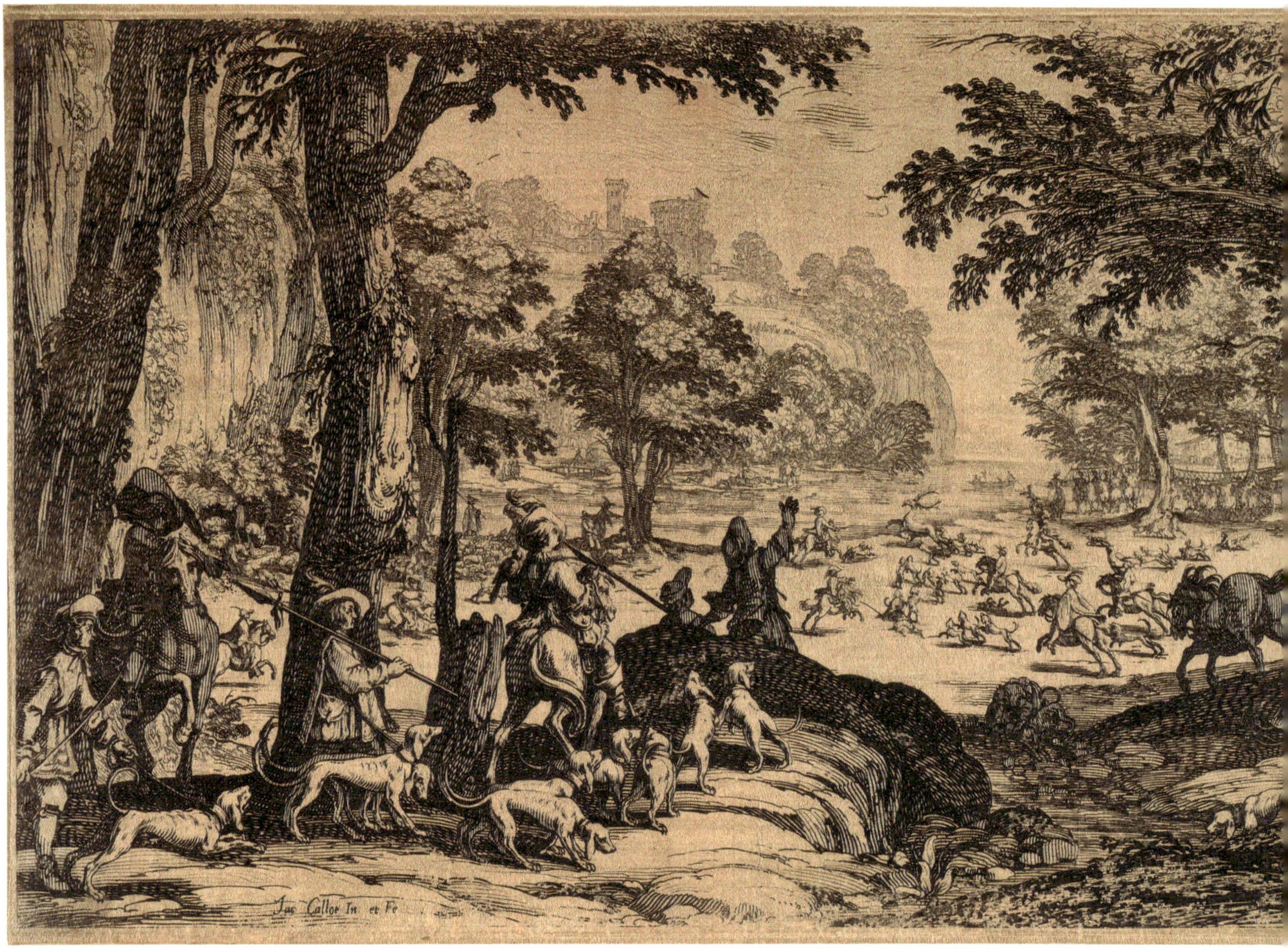

RESÜMEE

Die Radierung entstand im späteren Mittelalter als Verfahren, Waffen und Rüstungen zu verzieren. Im 17. Jahrhundert entwickelte sie sich zu einer eigenständigen, häufig von Künstlern benutzten graphischen Technik, die mit dem Kupferstich konkurrieren konnte. Ihre großen Vorteile waren, dass eine Radierplatte schneller als ein Kupferstich hergestellt werden konnte, dass der Künstler keine jahrelange Ausbildung (wie im Fall des Kupferstichs) benötigte und dass Ätzen und Stechen auf derselben Kupferplatte kombiniert werden konnten. Man entwickelte verschiedene Arten des Radiergrunds, die einerseits abhängig von den Temperaturen in der Werkstatt, andererseits abhängig von der Darstellung und der charakteristischen Linienführung waren. Besonders geformte Radiernadeln und tonale Radiertechniken ermöglichten ein malerisches Arbeiten. Die Qualität der Druckfarbe verbesserte sich und verfeinerte Farbdrucktechniken entstanden. Diese Neuerungen in der Radierung führten zu einer großen künstlerischen Freiheit in der Bildgestaltung und deswegen zu einer geradezu explosionsartigen Zunahme der Graphikproduktion im 17. Jahrhundert.

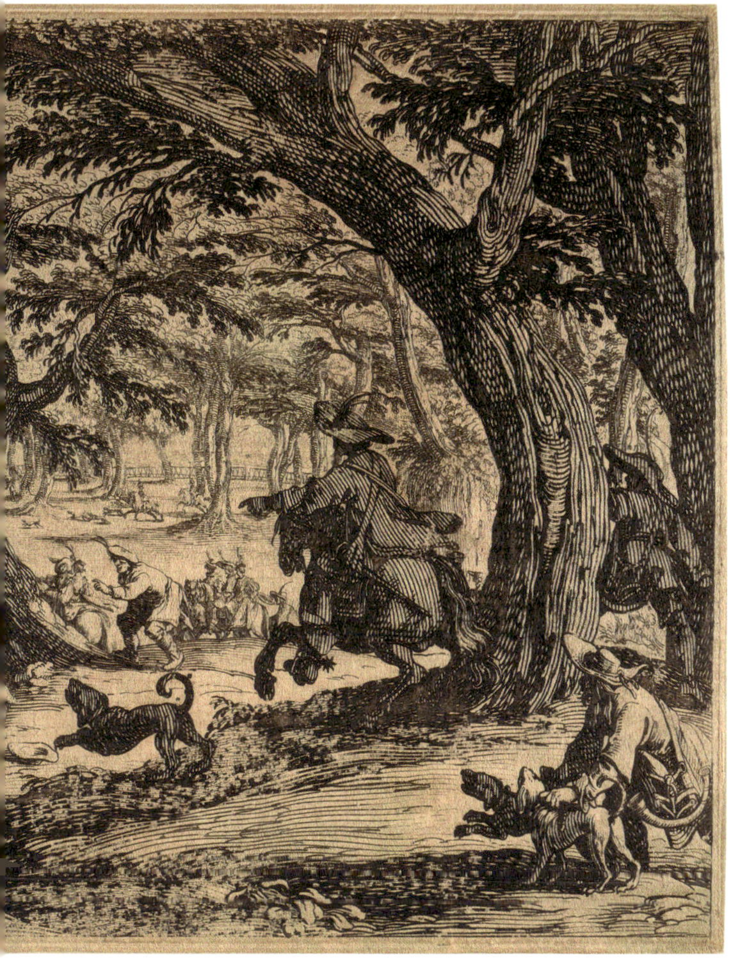

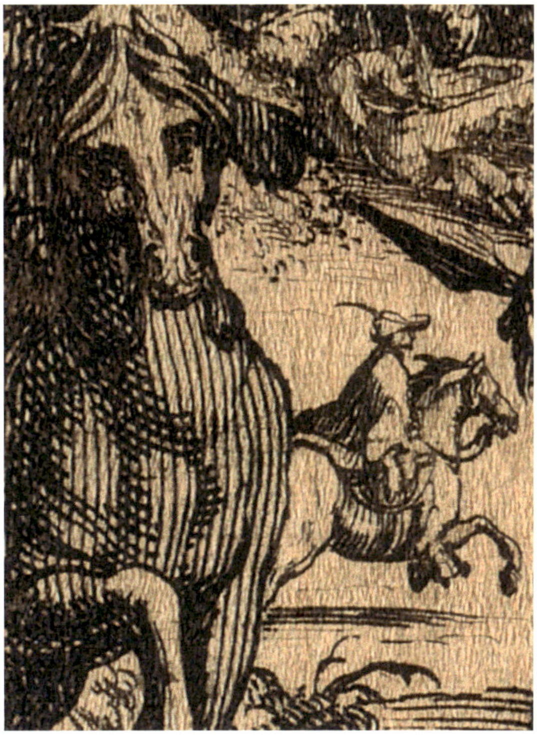

Detail

ABB. 13 JACQUES CALLOT
La Grande Chasse, um 1619
Radierung mit Échoppe, Druck in Schwarz auf rosafarbener Seide, 197 × 469 mm
Cambridge, The Fitzwilliam Museum, Inv.-Nr. 24.I.9-882

* Diesen Beitrag widme ich Christian (†) und Monika von Heusinger (†). Ich danke Hole Rößler sehr herzlich für die Textredaktion.

1 Für eine Auseinandersetzung mit der Radiertechnik siehe Stijnman 2012, S. 131–256.

2 Böcklers Übersetzung folgt Bosses Originaltext fast buchstäblich, deshalb sind alle Hinweise und Zitate im vorliegenden Beitrag der Ausgabe Nürnberg 1652 entnommen. Auch die hier abgebildeten (gestochenen) Darstellungen reproduzieren die (radierten) Bilder der Originalausgabe präzise: Bosse [1645] 1652.

3 Stijnman 2012, S. 420 (Box 1) und 447–454, Nr. 42.1–42.41.

4 Siehe Beitrag von Maria Aresin in diesem Band.

5 Bosse [1645] 1652, S. 16 [= 8]–13.

6 Bosse [1645] 1652, S. 16–19, fig. 2.

7 ‚Arbeitsweise von Callot, der Firnis von Callot, kommt von Florenz wo es dicker Leinölfirnis heisst'; in: Berger [1901] 1973, S. 160–163.

8 Bosse [1645] 1652, *Vorrede des Authoris*, S. [4]–[5] und 1f.

9 Rezepte in einer Handschrift in Padua (1590–1625), siehe Merrifield [1849] 1967, S. 666f., und weitere italienische Quellen, mit Nachklang in deutschen, englischen und niederländischen Rezepten bis zu den 1660er Jahren.

10 Jaffé 1966, siehe Tl. 2, Nr. 28, S. 209f.: „een ons witen was ende onderhalf ons aspaltum ende een quaertien reusen herdst ende een half ons terrementijn".

11 Berger 1973, S. 164: „une once cire vierge, deux onces Asphaltum, une once mastic en larme".

12 Bosse [1645] 1652, S. 65.

13 Bosse [1645] 1652, S. 2.

14 Bosse 1645, S. 5, 45.

15 Stijnman 2012, S. 201, Tab. 2.

16 Bosse [1645] 1652, S. 12.

17 Bosse [1645] 1652, S. 13.

18 Stijnman 2004.

19 Bosse [1645] 1652, S. 21.

20 Bosse [1645] 1652, S. 20f.

21 Bosse [1645] 1652, S. 22.

22 Bosse [1645] 1652, S. 33.

23 Bosse [1645] 1652, S. 34–40.

24 Janssen et al. 2010, siehe S. 148–150, 161f.

25 Stijnman 2016, S. 79.

26 Stijnman 2012, S. 217.

27 Bosse [1645] 1652, S. 70.

28 Bosse [1645] 1652, S. 73.

29 Boston 1981, S. xxi–xxiii.

30 Stijnman 2016, S. 80–82.

31 Bosse [1645] 1652, S. 73–78.

32 Bosse [1645] 1652, S. 46–52.

33 Für eine detaillierte Auseinandersetzung mit der frühmodernen Tiefdrucktechnik siehe Stijnman 2012, S. 257–401.

34 Bosse [1645] 1652, S. 109.

35 Bosse [1645] 1652, S. 91–123.

36 Stijnman/Upper 2014.

37 Stijnman 2017.

38 Bury 2001, S. 48f.

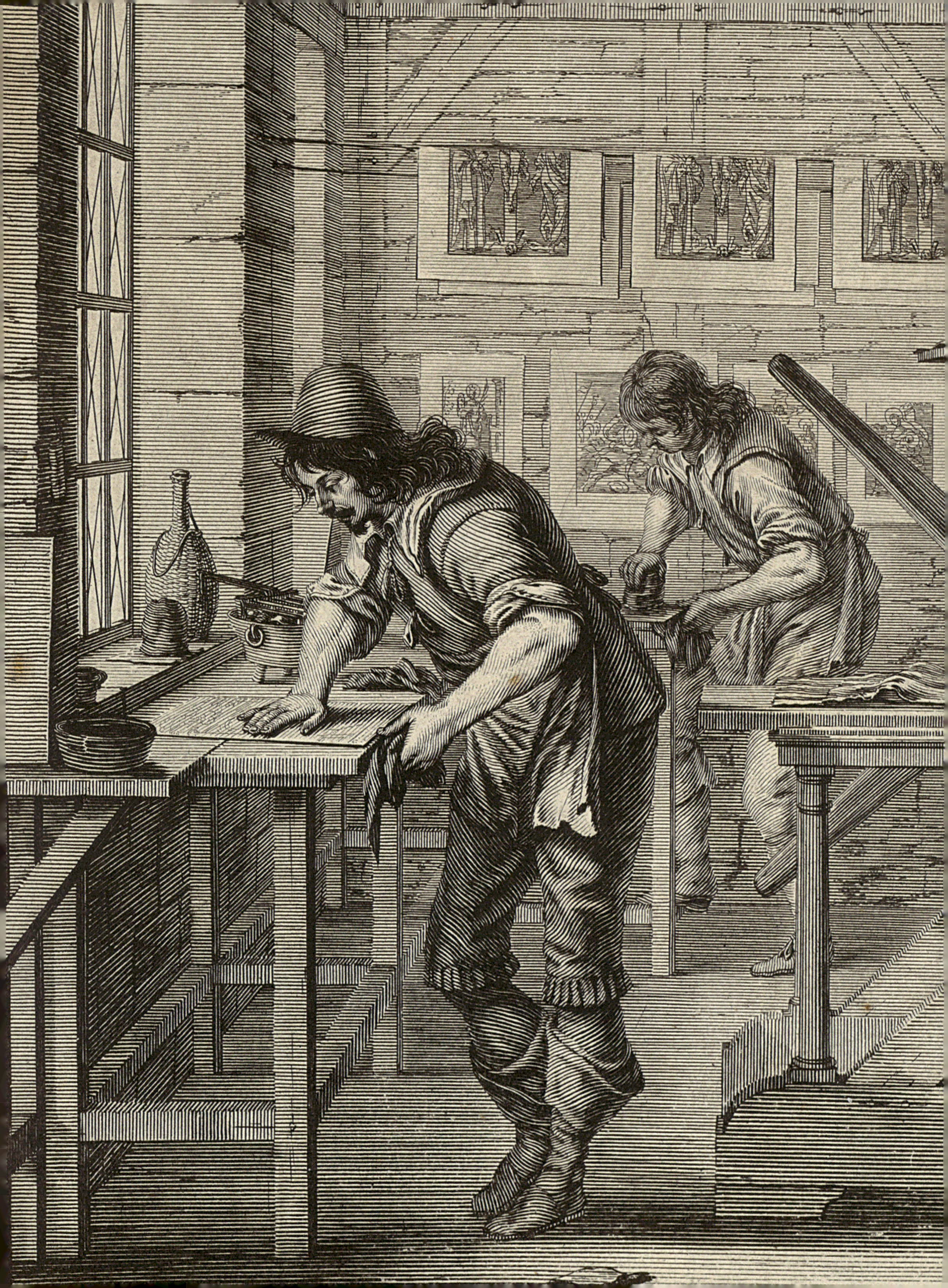

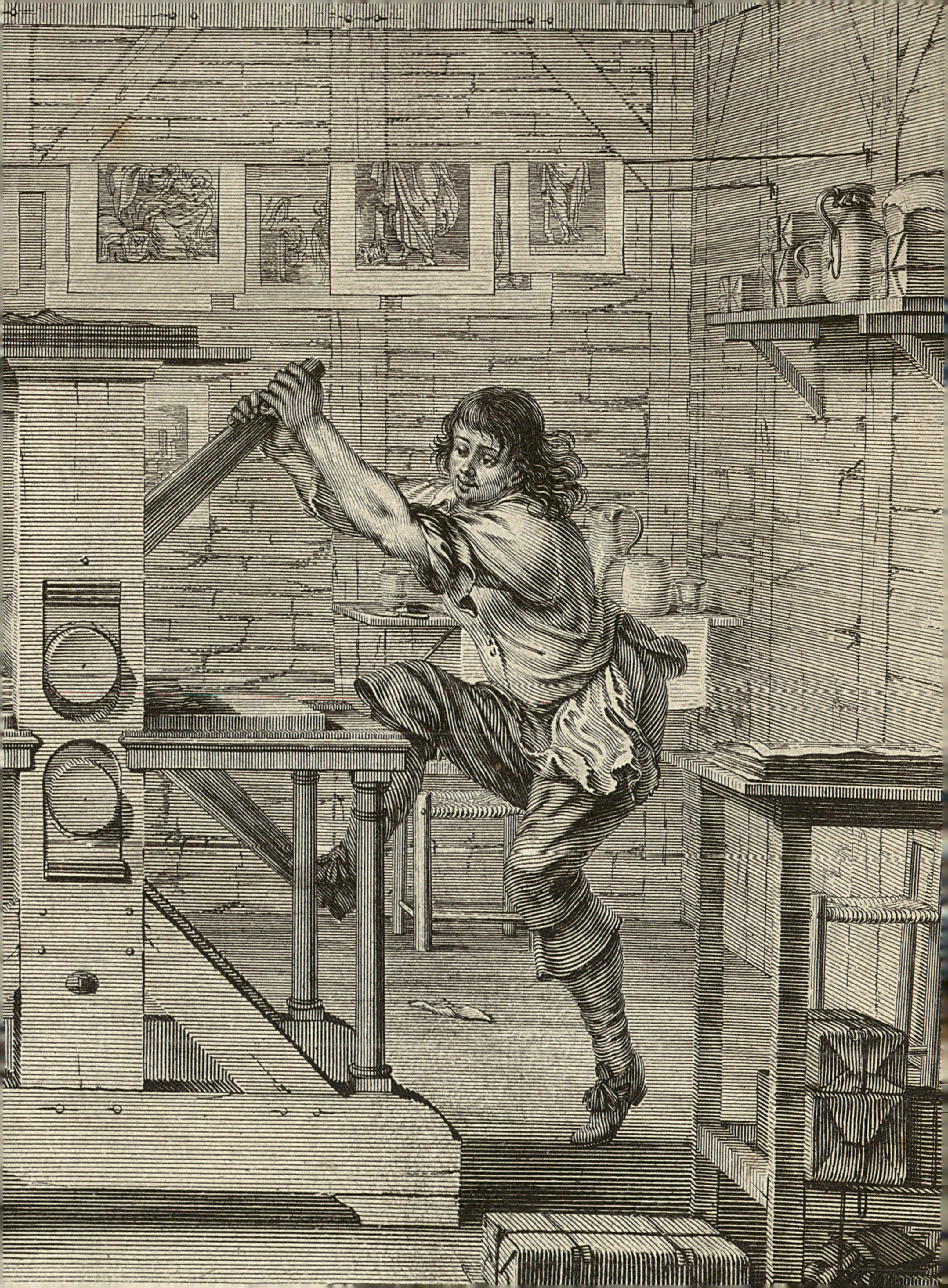

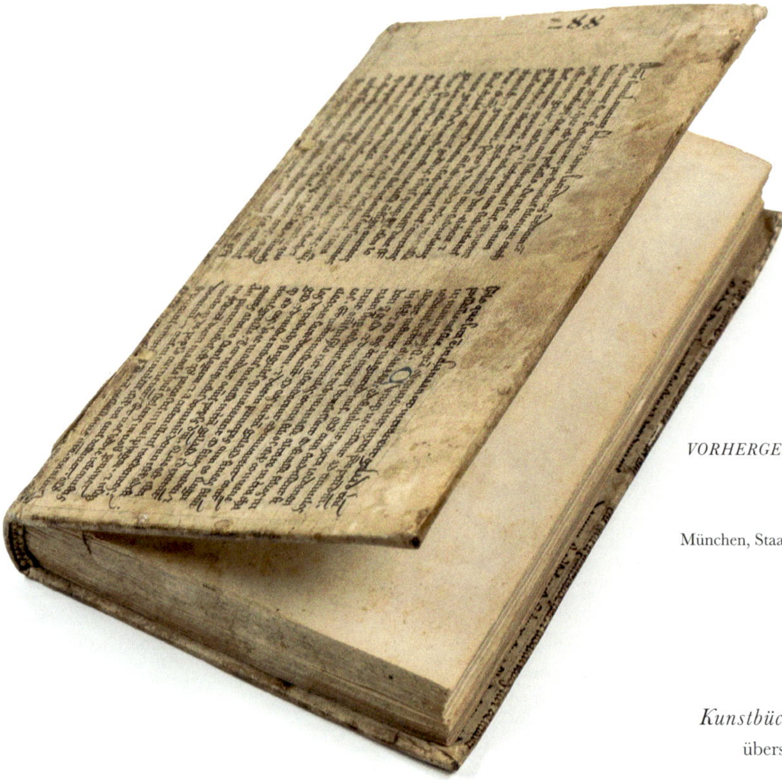

KAT. 1

VORHERGEHENDE DOPPELSEITE ABRAHAM BOSSE
Die Druckerwerkstatt, 1642
Radierung, 256 × 323 mm (Blatt/Platte)
München, Staatliche Graphische Sammlung München, Inv.-Nr. 1957:1149 D

KAT. 2

ABRAHAM BOSSE
Kunstbüchlein handelt von der Radier- und Etzkunst
übers. von Georg-Andreas Böckler, Nürnberg 1652
Mainz, Gutenberg-Museum, Inv.-Nr. 18/2554

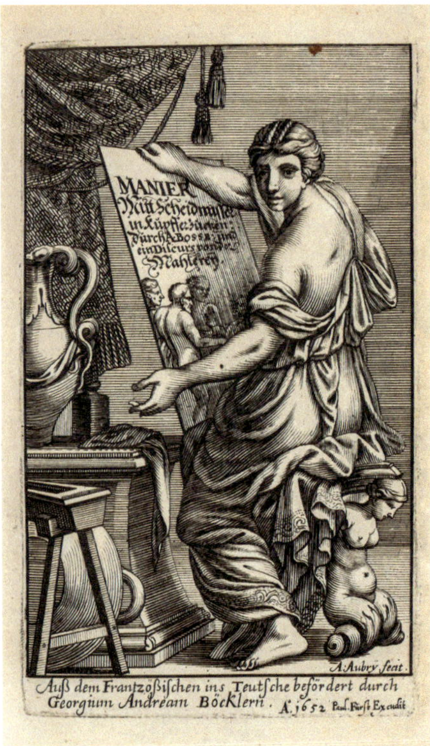

ABRAHAM AUBRY
(Kopie nach Abraham Bosses Erstausgabe)
Frontispiz

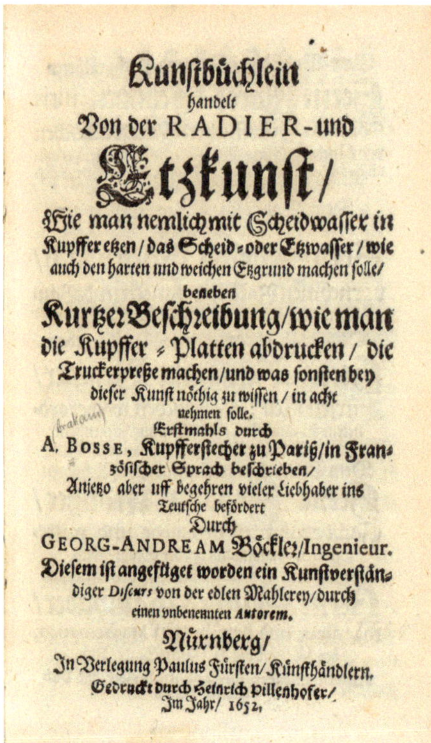

Kunstbüchlein
handelt
Von der RADIER-und
Etzkunst/
Wie man nemlich mit Scheidwasser in Kupffer etzen/das Scheid-oder Etzwasser/wie auch den harten und weichen Etzgrund machen solle/
beneben
Kurtzer Beschreibung/wie man die Kupffer-Platten abdrucken/die Truckerpreße machen/und was sonsten bey dieser Kunst nöthig zu wissen/in achte nehmen solle.
Erstmahls durch
A. Bosse, Kupfferstecher zu Pariß/in Frantzösischer Sprach beschrieben/
Anjetzo aber uff begehren vieler Liebhaber ins Teutsche befördert
Durch
GEORG-ANDREAM Böckler/Ingenieur.
Diesem ist angefüget worden ein Kunstverständiger Discurs von der edlen Mahlerey/durch einen unbenennten Autorem.
Nürnberg/
In Verlegung Paulus Fürsten/Kunsthändlern.
Gedruckt durch Heinrich Pillenhofer/
Im Jahr/1652.

Titelblatt von Bosses *Kunstbüchlein*

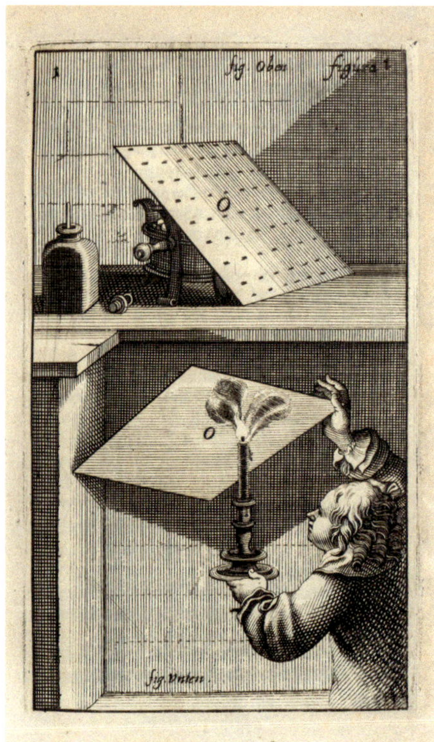

Berußen des Radiergrunds (unten)
Taf. 1

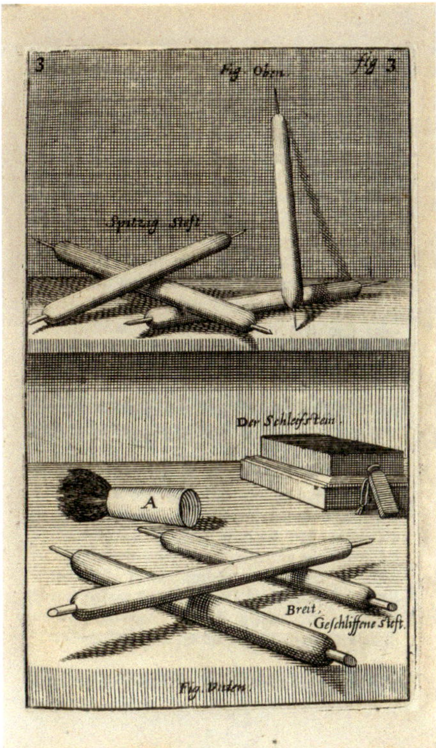

Radiernadel (oben) und Échoppe (unten)
Taf. 3

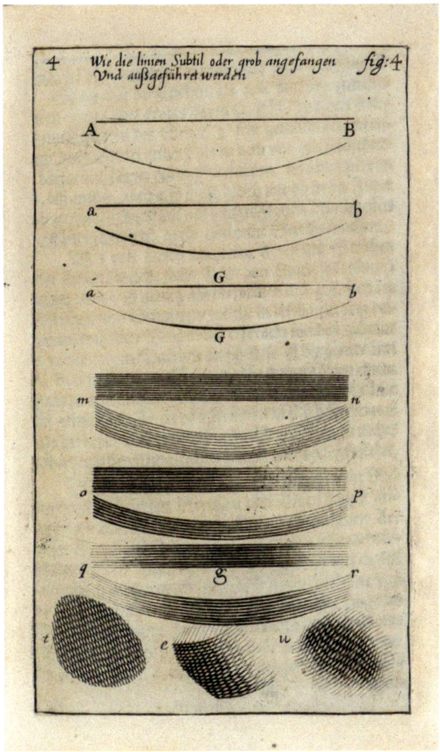

Linienführung der Échoppe-Nadel
Taf. 4

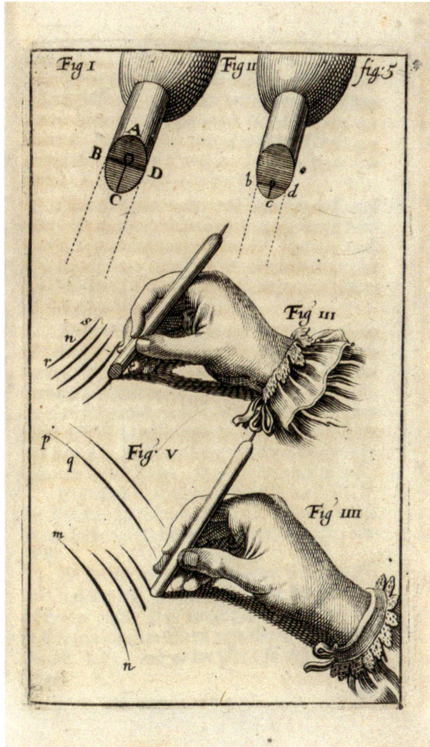

Zeichnen mit der Echoppe
Taf. 5

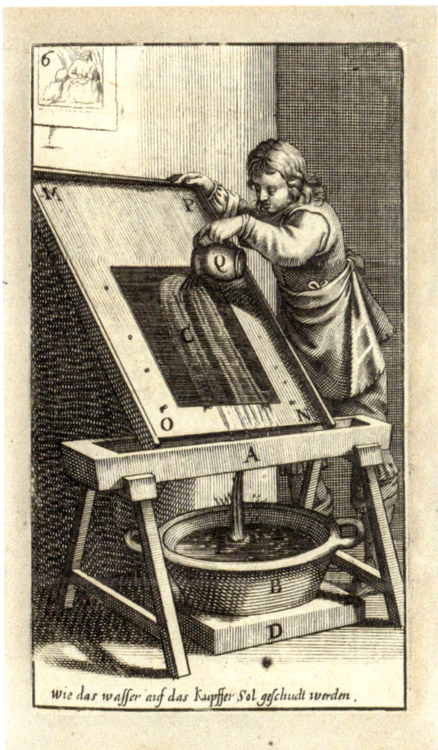

Ätzen der Platte
Taf. 6

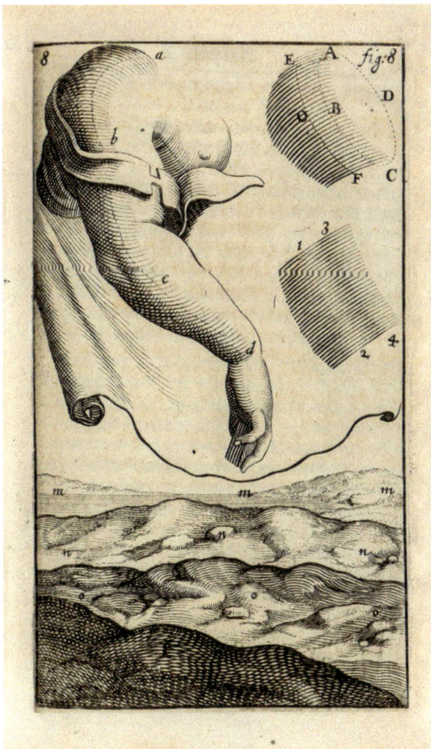

Radierbeispiele
Taf. 8

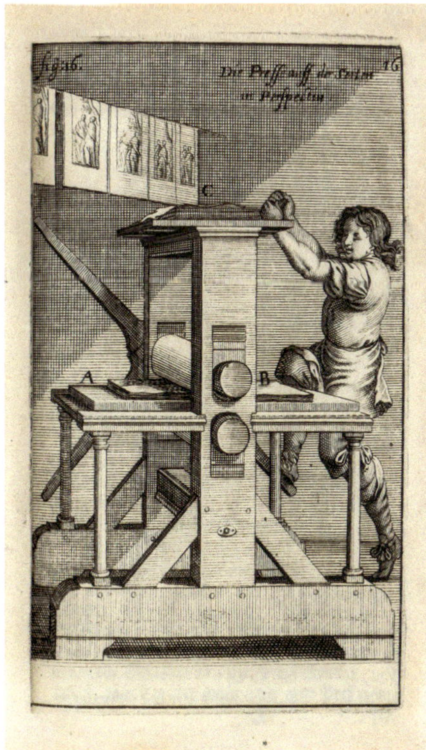

Drucker an der Druckerpresse
Taf. 16

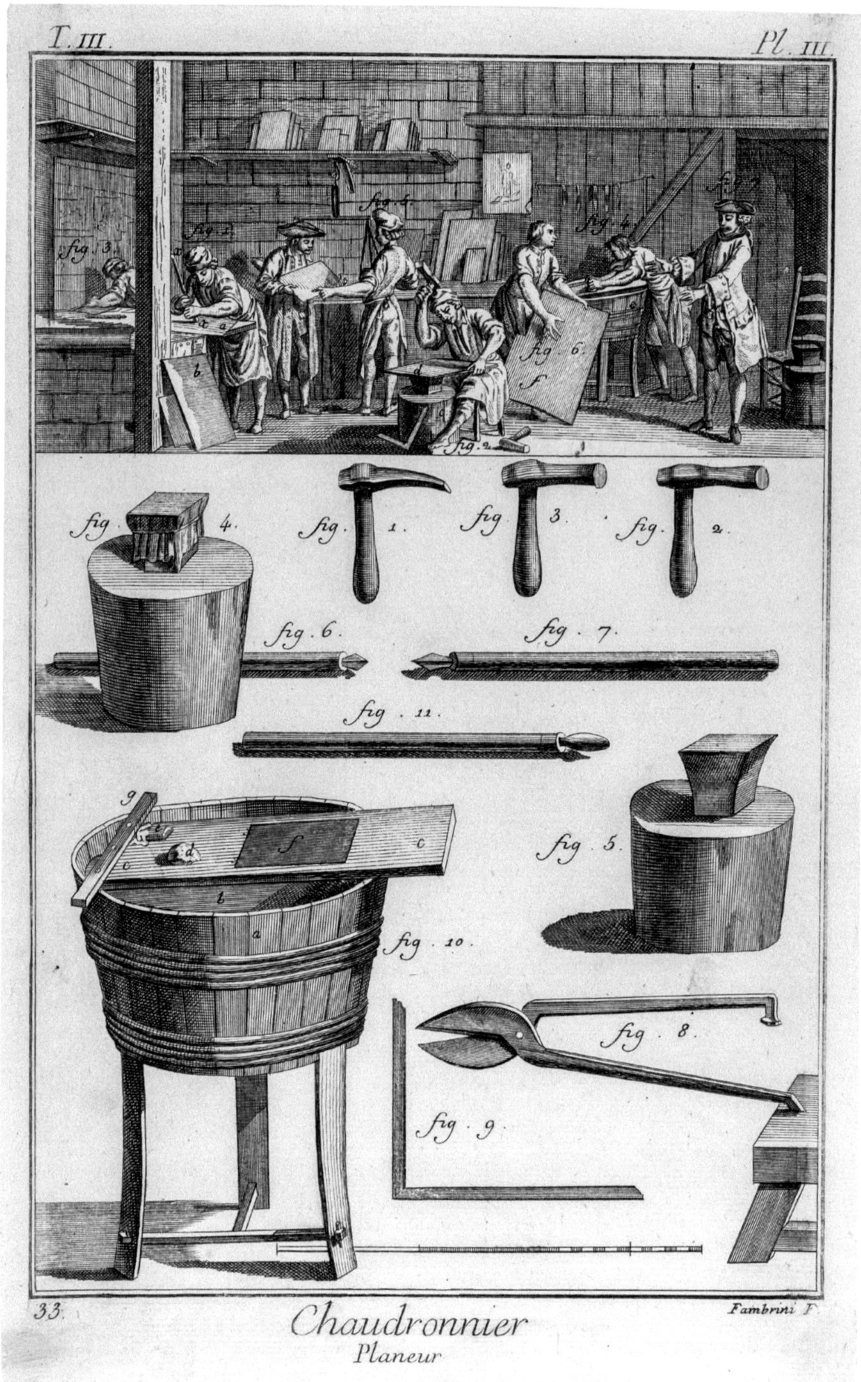

KAT. 3

FERDINANDO FAMBRINI

Der Kupferschmied (Chaudronnier Planeur), 18. Jh.

Radierung, 396 × 268 mm (Blatt), 335 × 228 mm (Platte)

in: Diderot/D'Alembert, Encyclopédie, 1696 (Nachdruck), Ankauf aus dem Kunsthandel 2023, Inv.-Nr. GS 2023/249

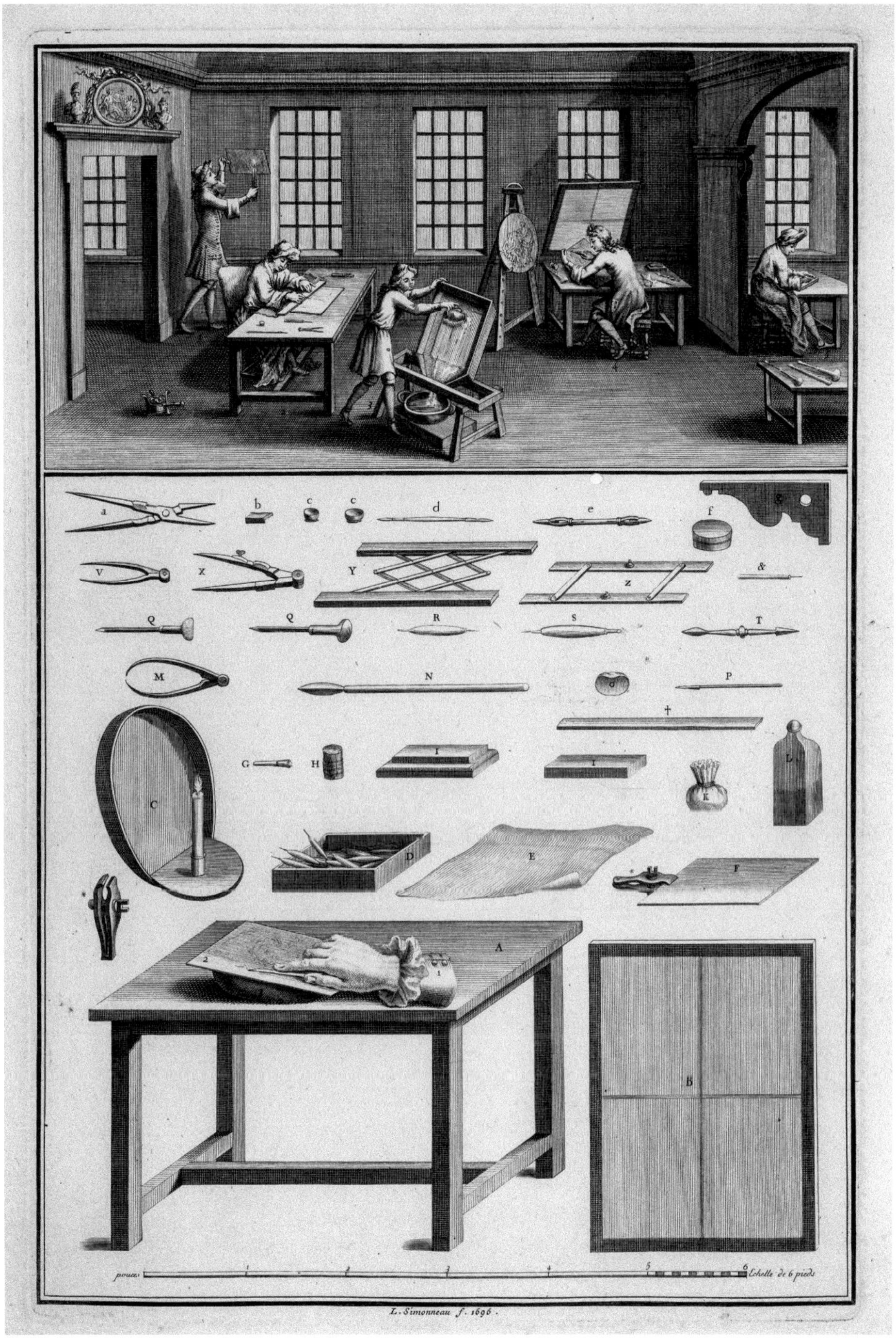

KAT. 4

LOUIS SIMONNEAU

Die Tiefdruckwerkstatt und ihre Instrumente, 1696

Radierung, 472 × 315 mm (Blatt), 333 × 222 mm (Platte)

in: Diderot/D'Alembert, Encyclopédie, 1696, Mainz, Gutenberg-Museum, Inv.-Nr. GM GS 05.0032

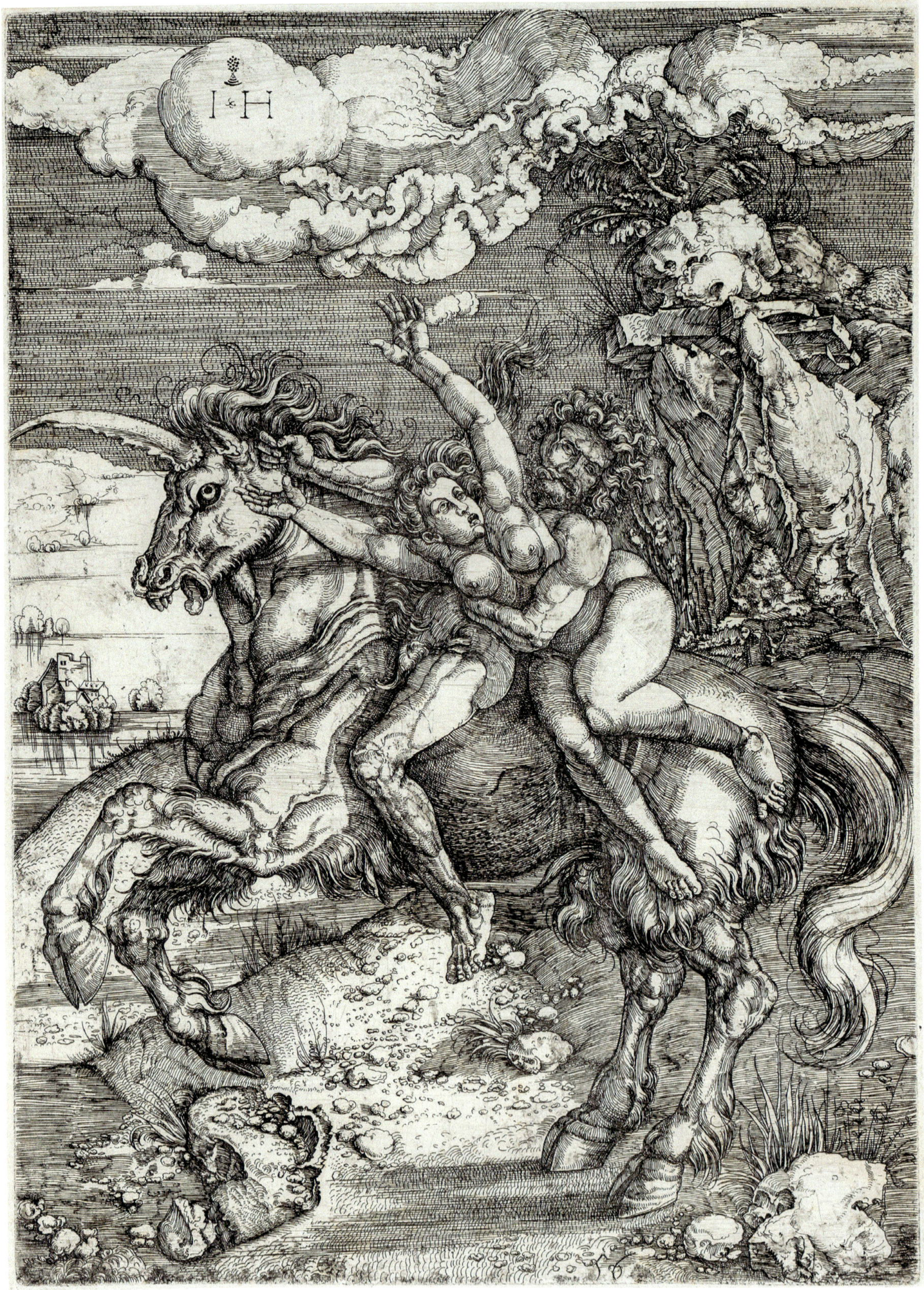

KAT. 5

HIERONYMUS HOPFER (gegenseitige Kopie nach Albrecht Dürer)
Die Entführung auf dem Einhorn, um 1528–50
Eisenradierung (II. Zustand), 292 × 218 mm (Blatt/Platte)
Hollstein 47, TIB 17.042, L. 6092, L. 1777b, Inv.-Nr. GS 11536

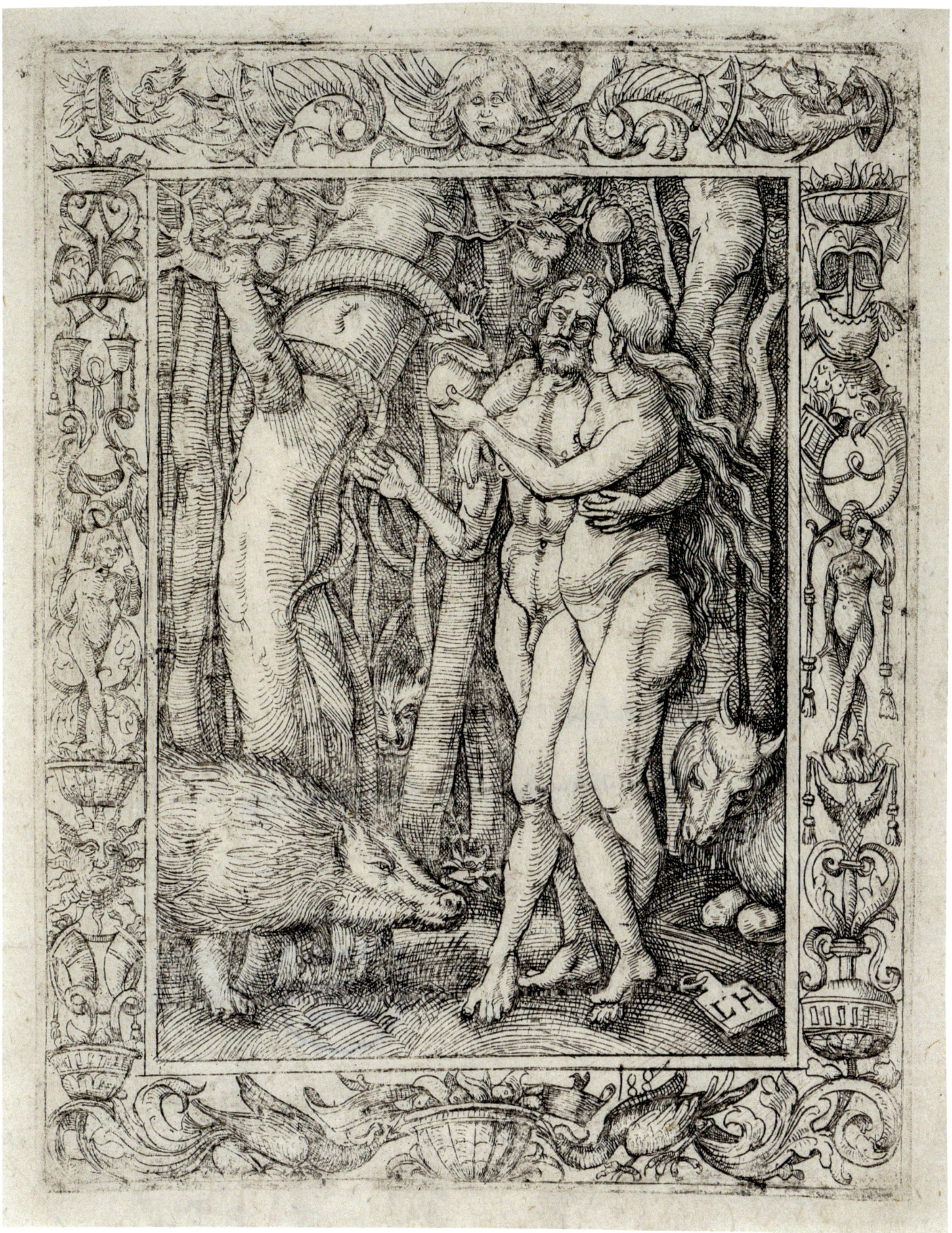

KAT. 6

LAMBERT HOPFER (Kopie nach Albrecht Dürer)
Adam und Eva beim Sündenfall, um 1520–50
Eisenradierung (II. Zustand), 180 × 145 mm (Blatt), 169 × 134 mm (Platte)
Hollstein 1, TIB 17.001, L. 1777b, Inv.-Nr. GS 11538

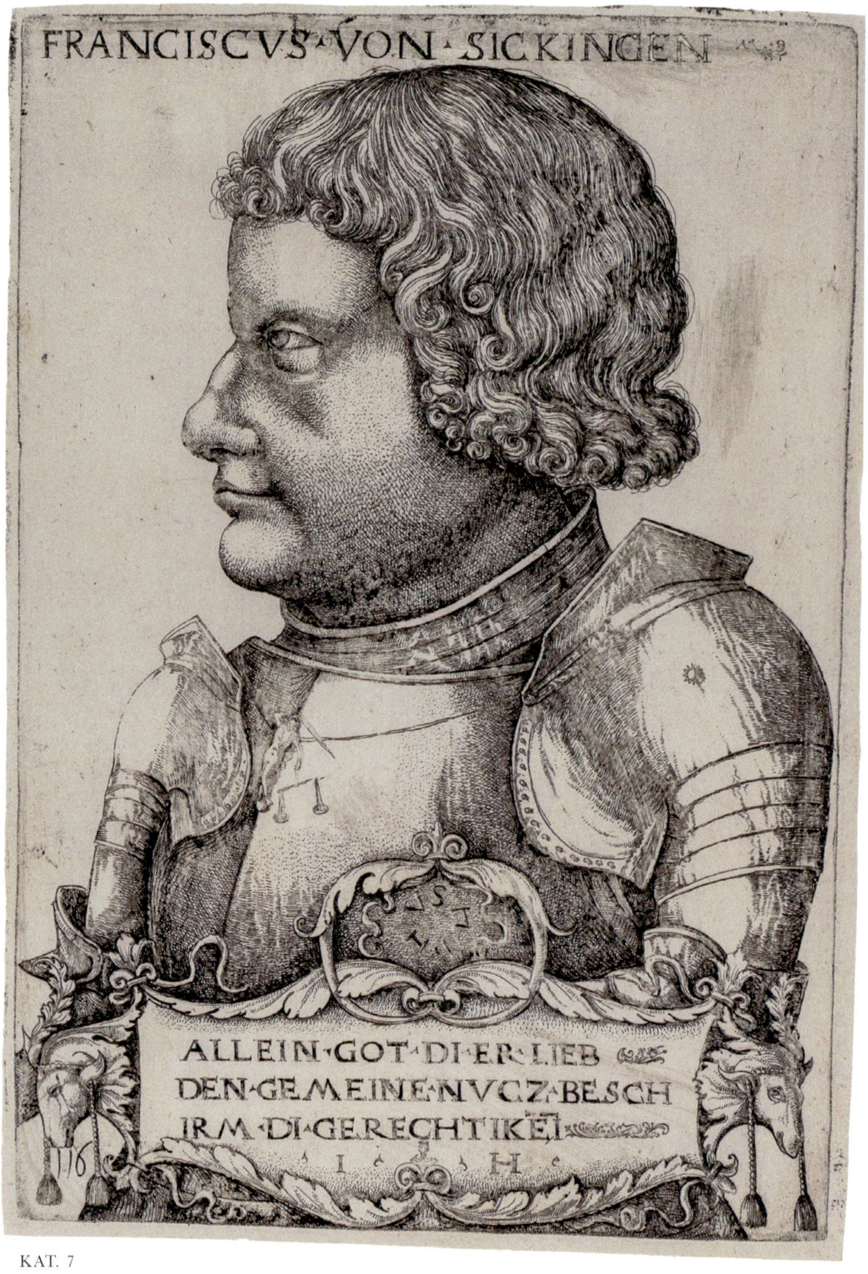

KAT. 7

HIERONYMUS HOPFER
Bildnis des Franz von Sickingen, um 1528–50
Eisenradierung (II. Zustand), 232 × 165 mm (Blatt), 226 × 160 mm (Platte)
Ankauf aus dem Kunsthandel 1990, Hollstein 70, TIB 17.065, Inv.-Nr. GS 1990/4

RECHTE SEITE FEDERICO BAROCCI gen. Il Fiori
Die Verkündigung, ca. 1588–1600
Radierung (II. Zustand), Kupferstich und Kaltnadel, 435 × 308 mm (Blatt/Platte)
TIB 34.001, L. 6092, L. 1777b, Inv.-Nr. GS 11459

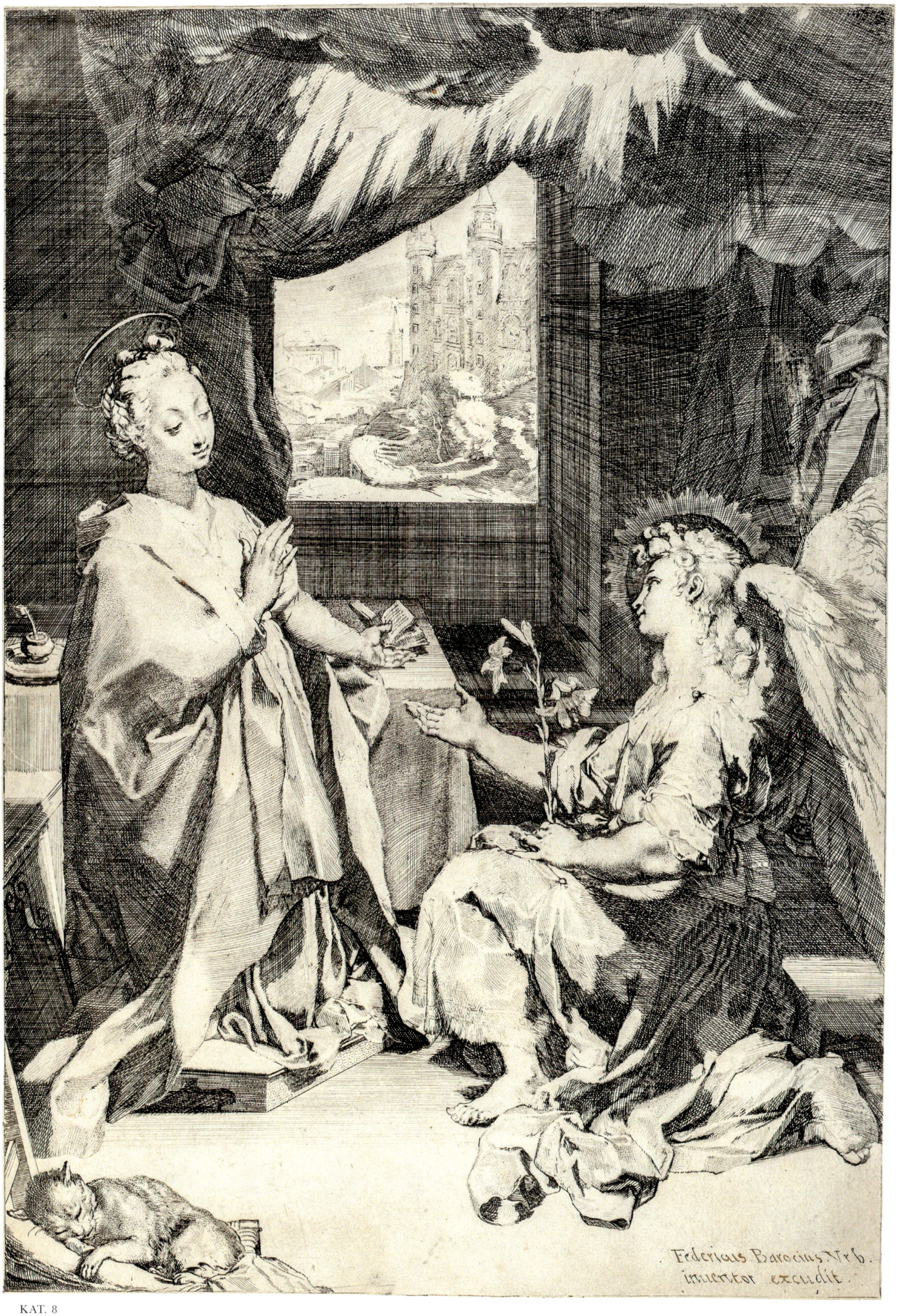

KAT. 8

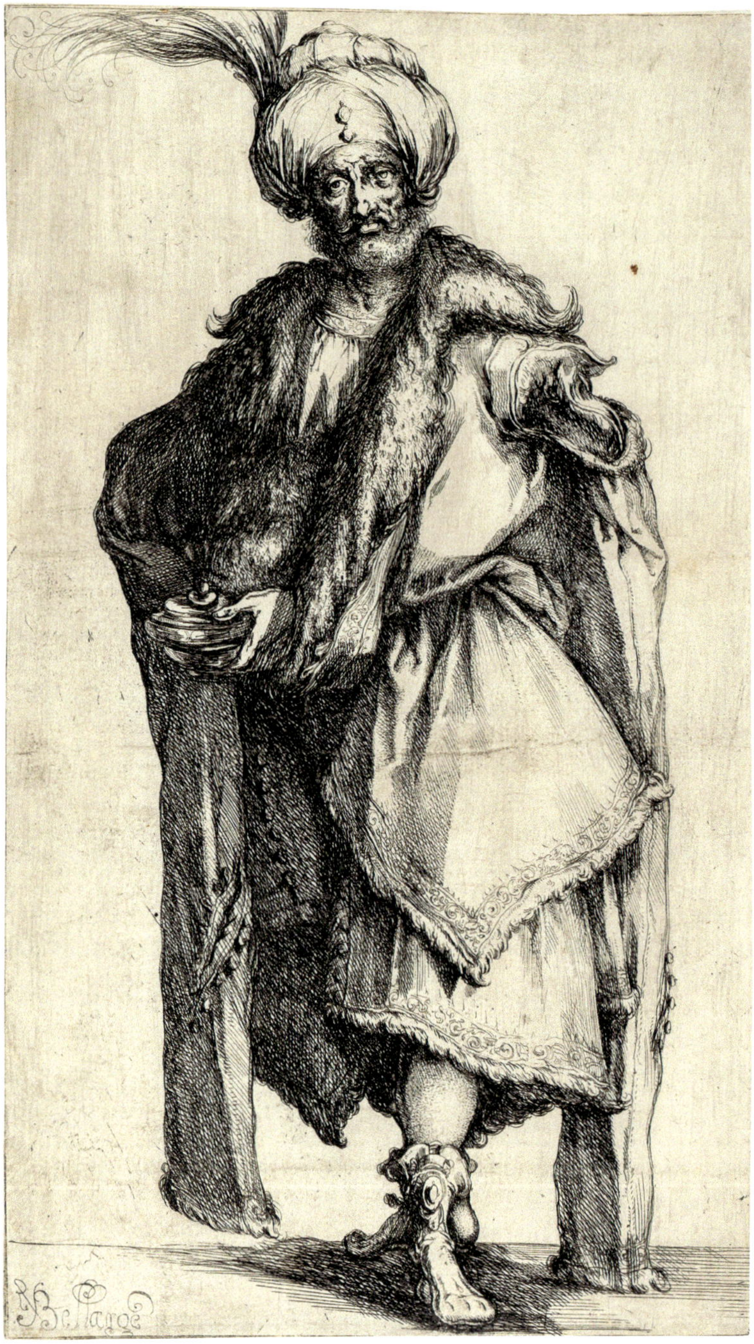

KAT. 9

JACQUES BELLANGE

Kaspar (aus der Folge „Die hl. drei Könige"), 1602–1616

Radierung (I. Zustand), 280 × 163 mm (Blatt/Platte)

Robert-Dumesnil XI.11.33, L. 6092, Inv.-Nr. GS 11572

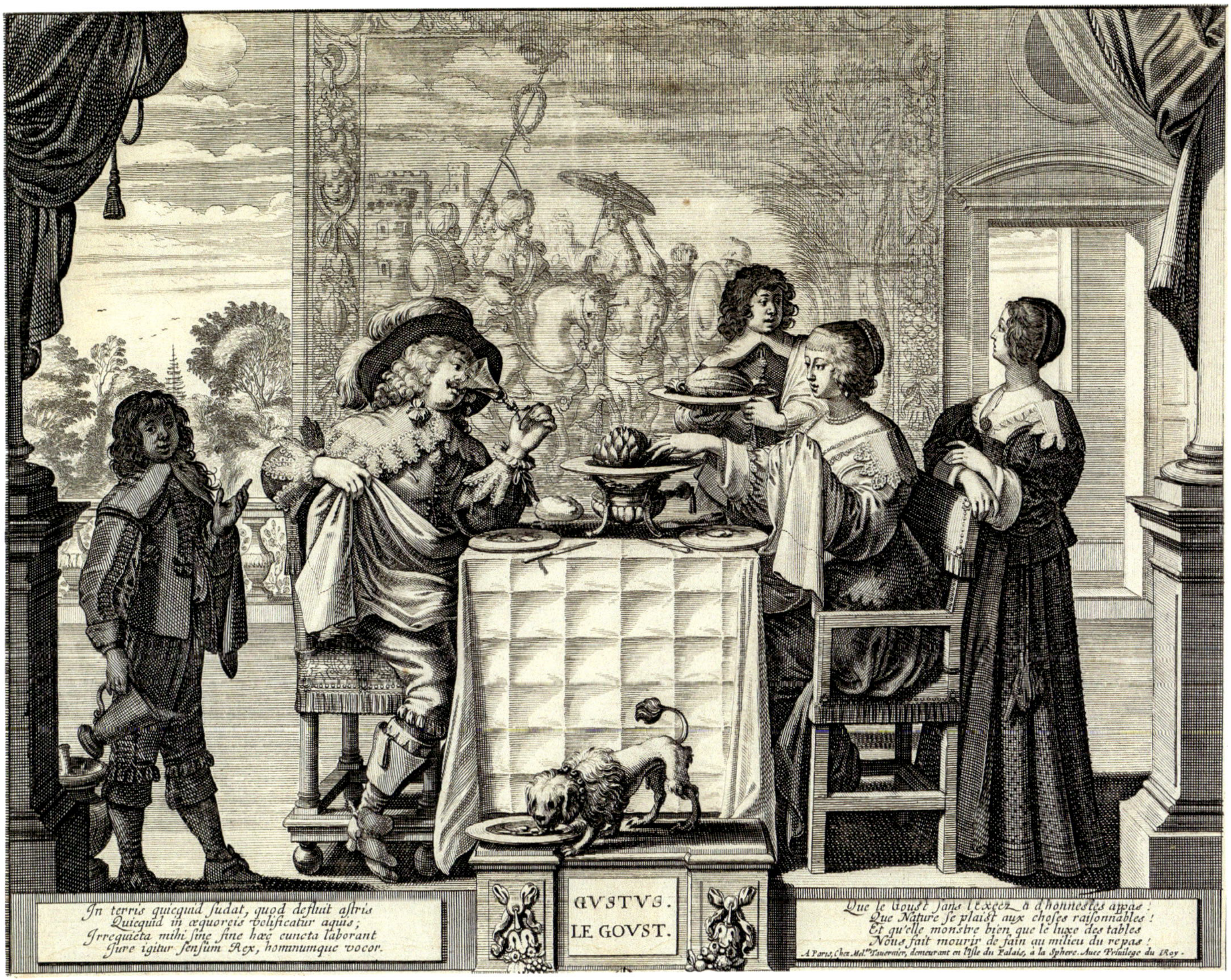

KAT. 10

ABRAHAM BOSSE

Der Geschmack (Blatt 3 aus der Folge „Die fünf Sinne"), um 1638

Radierung, 227 × 297 mm (Blatt/Platte)

Le Blanc 563, Blum 1031, L. 6092, Inv.-Nr. GS 11636

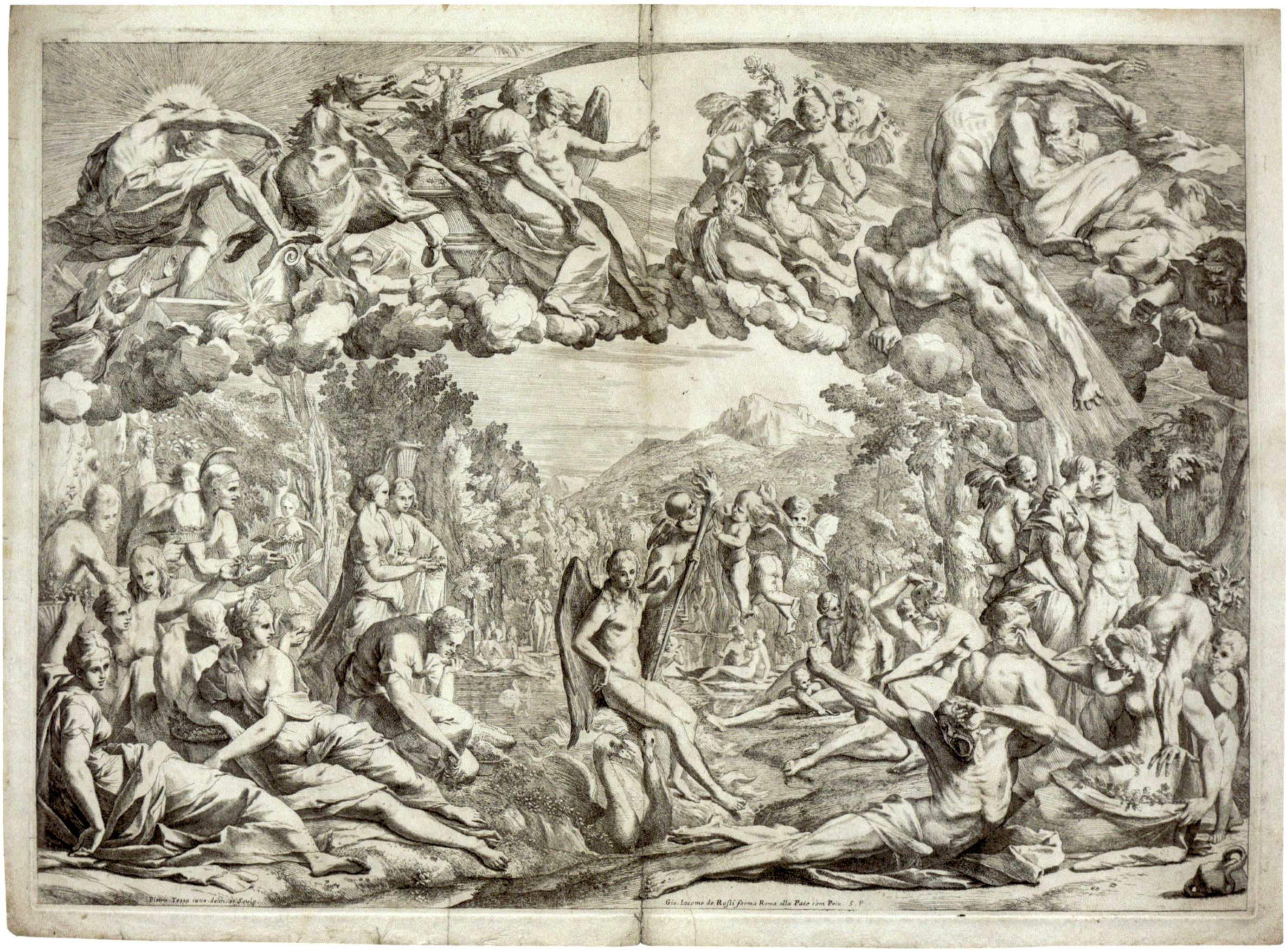

KAT. 11

PIETRO TESTA

Der Frühling, um 1642–44

Radierung (II. Zustand), 532 × 754 mm (Blatt), 497 × 723 mm (Platte)

TIB 4506.036, Cropper 75, L. 1777b, Inv.-Nr. GS D 0/911

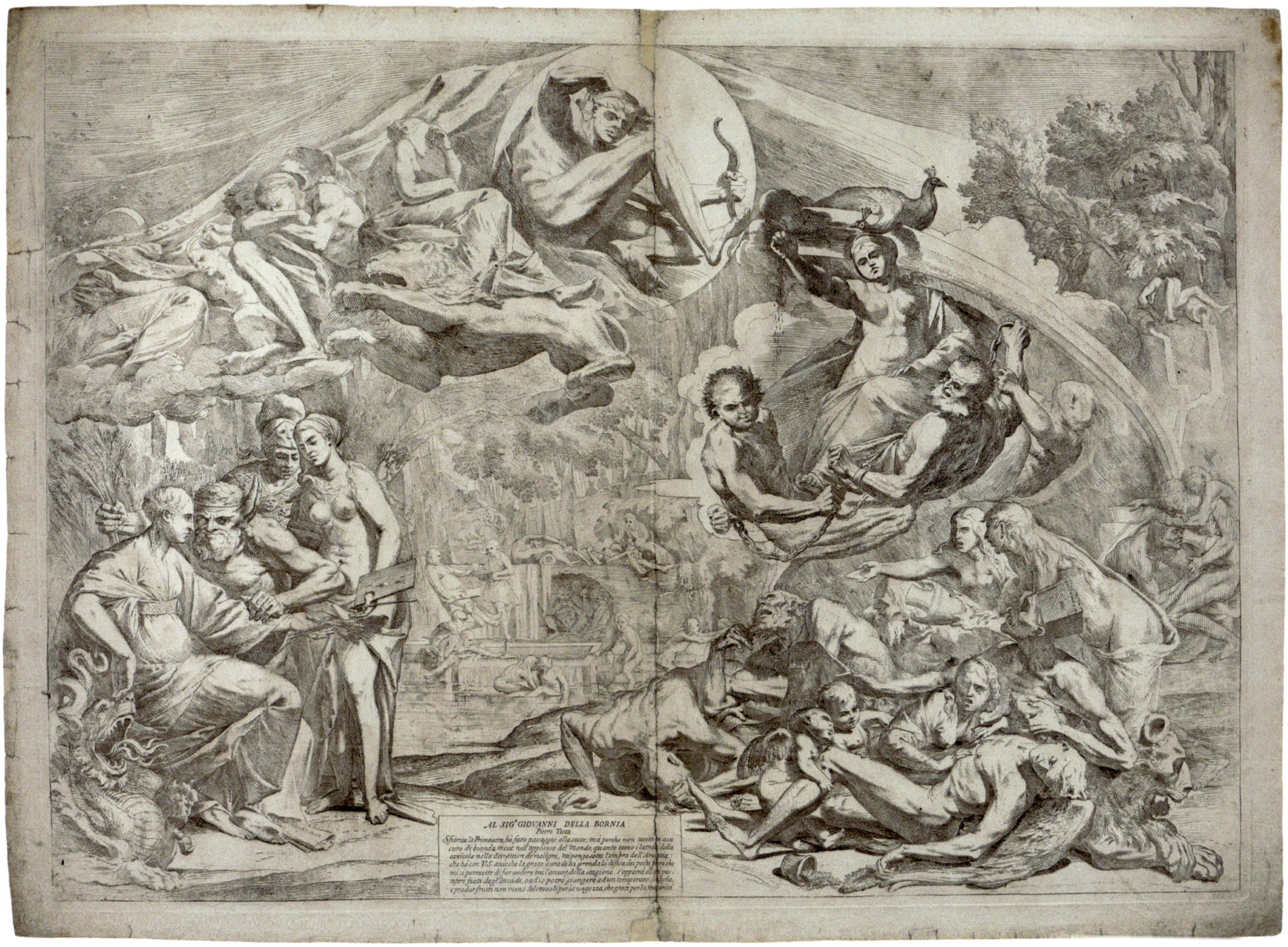

KAT. 12

Der Sommer, um 1642–48

Radierung (II. Zustand), 538 × 756 mm (Blatt), 507 × 718 mm (Platte)

TIB 4506.037, Cropper 76, L. 1777b, Inv.-Nr. GS D 0/912

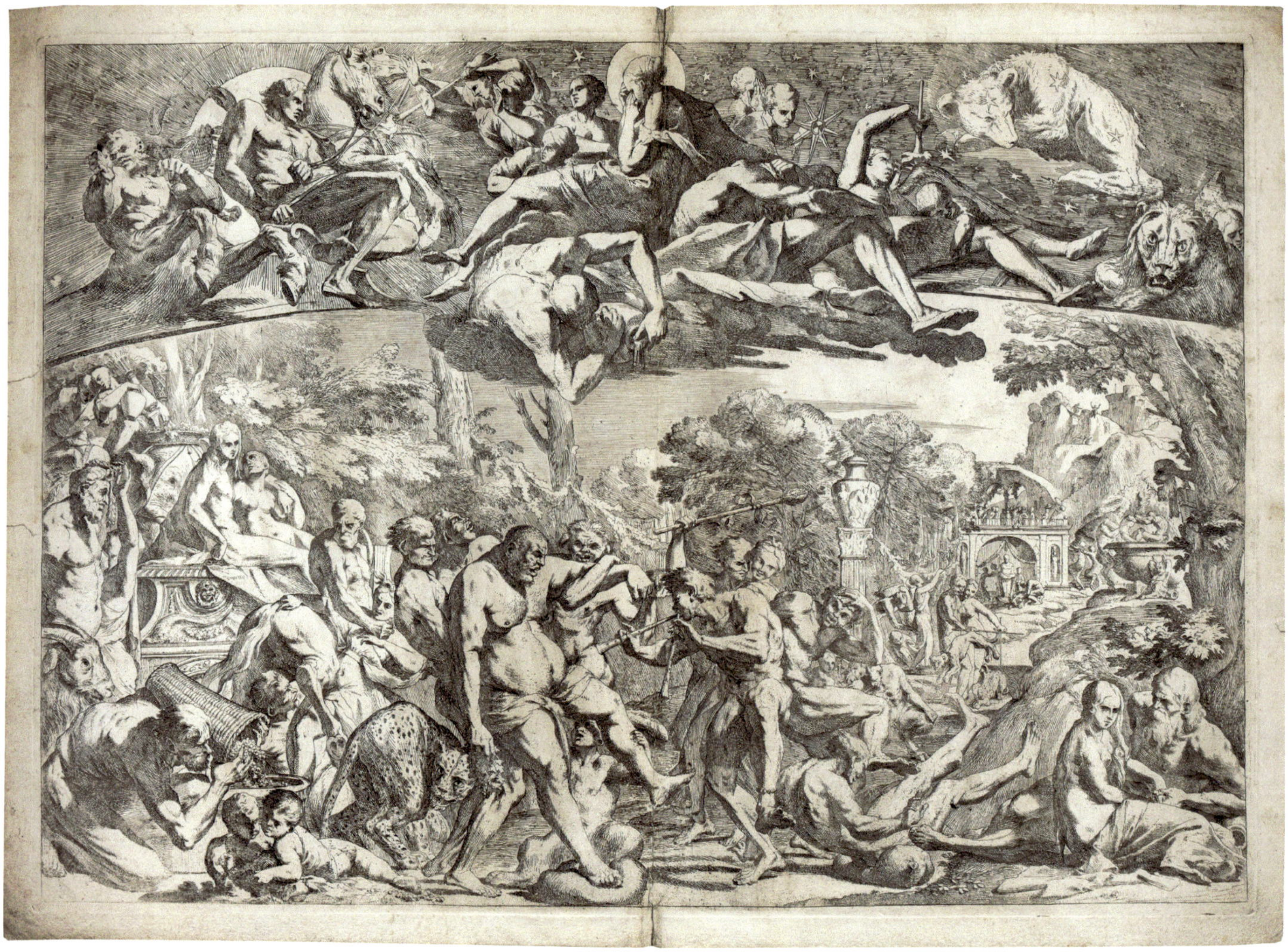

KAT. 13

PIETRO TESTA

Der Herbst, um 1642–44

Radierung (einziger Zustand [?]), 534 × 757 mm (Blatt), 500 × 723 mm (Platte)

TIB 4506.038, Cropper 79, L. 1777b, Inv.-Nr. GS D 0/913

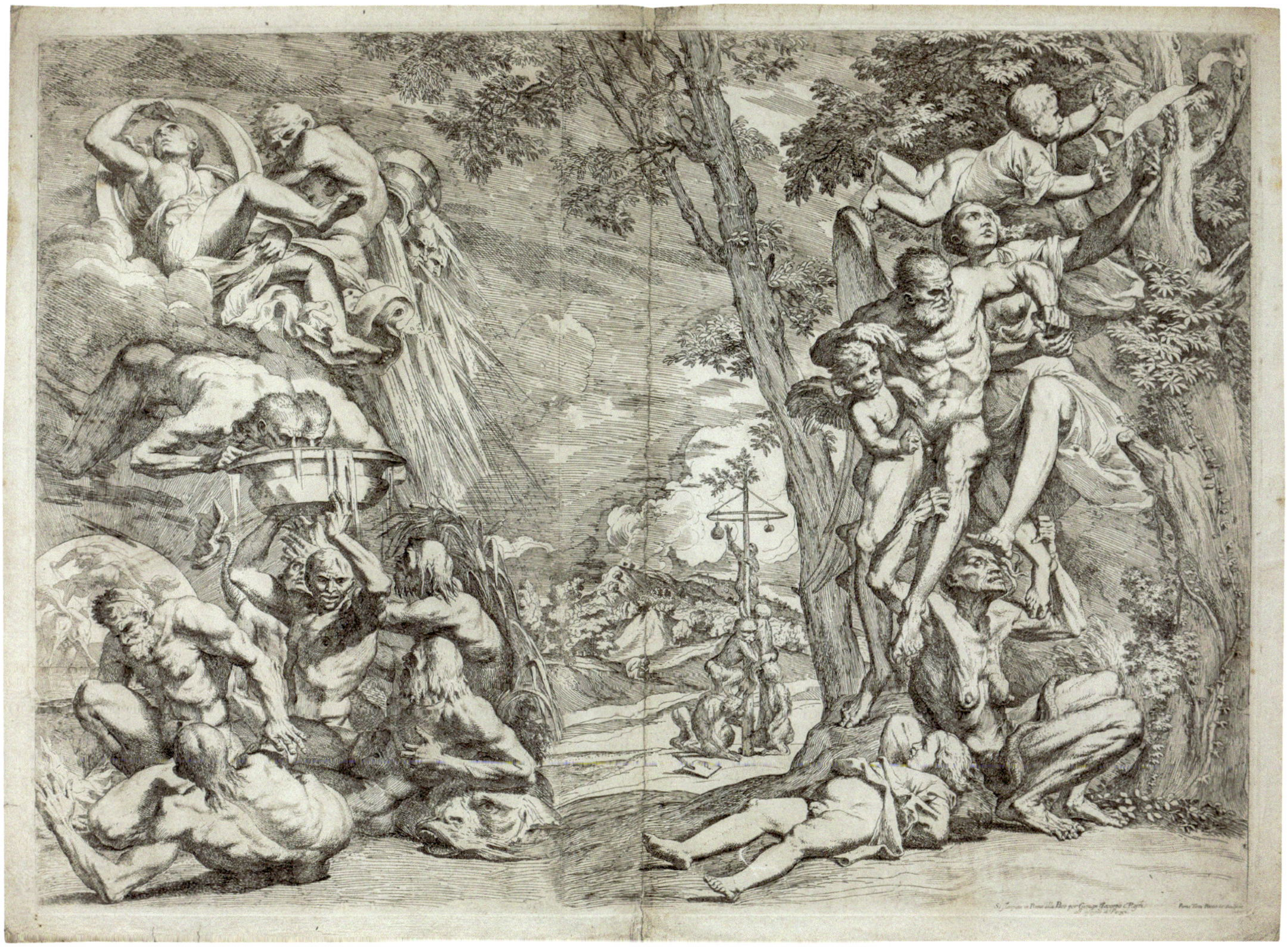

KAT. 14

Der Winter, 1644
Radierung (III. Zustand), 533 × 749 mm (Blatt), 498 × 717 mm (Platte)
TIB 4506.039, Cropper 81, L. 1777b, Inv.-Nr. GS D 0/914

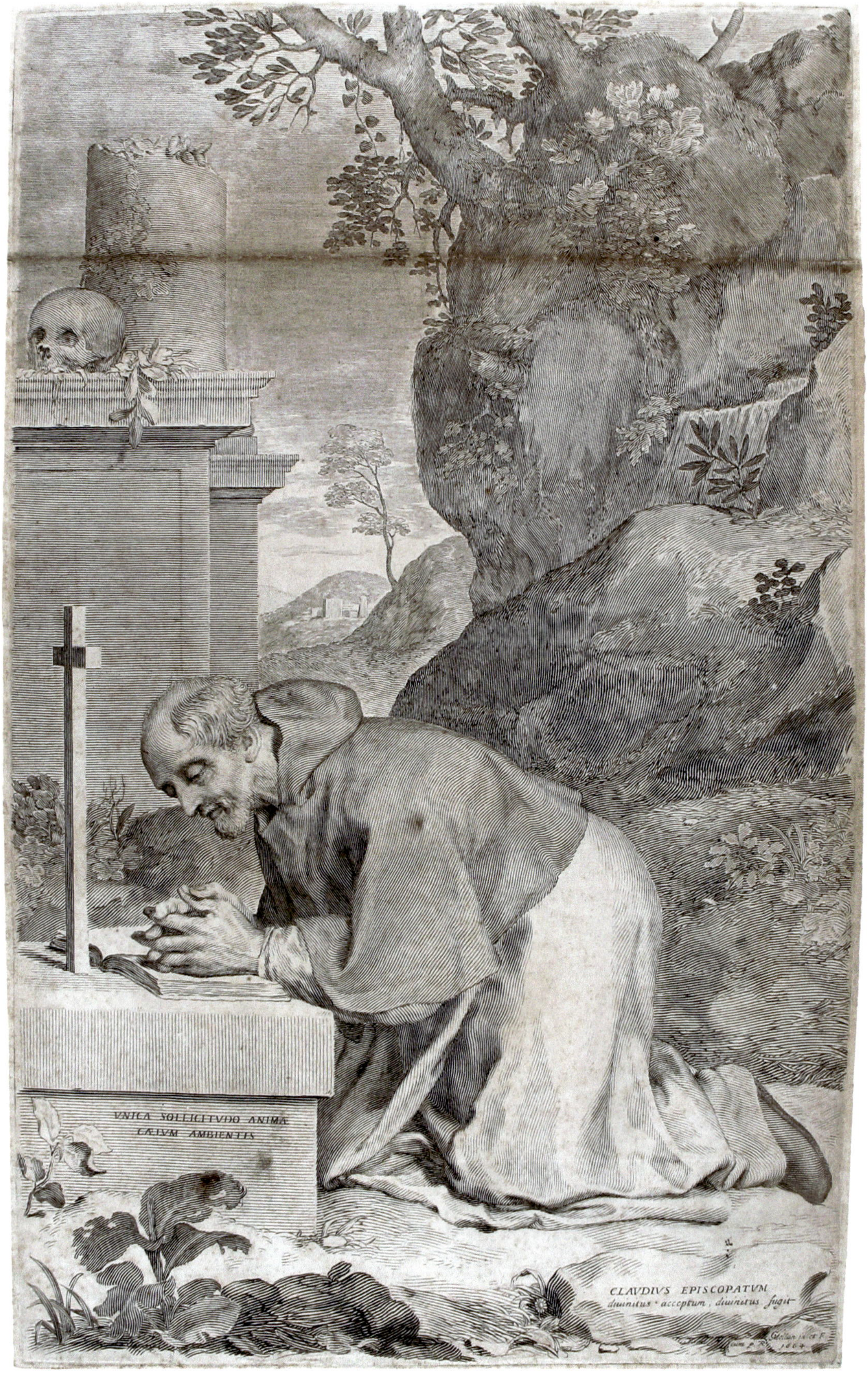

KAT. 15

CLAUDE MELLAN
Hl. Claudius, 1664
Kupferstich (II. Zustand), 456 × 228 mm (Blatt), 450 × 282 mm (Platte)
Montaiglon 64, Darmstadt, Hessisches Landesmuseum, Inv.-Nr. LHB-GR 289

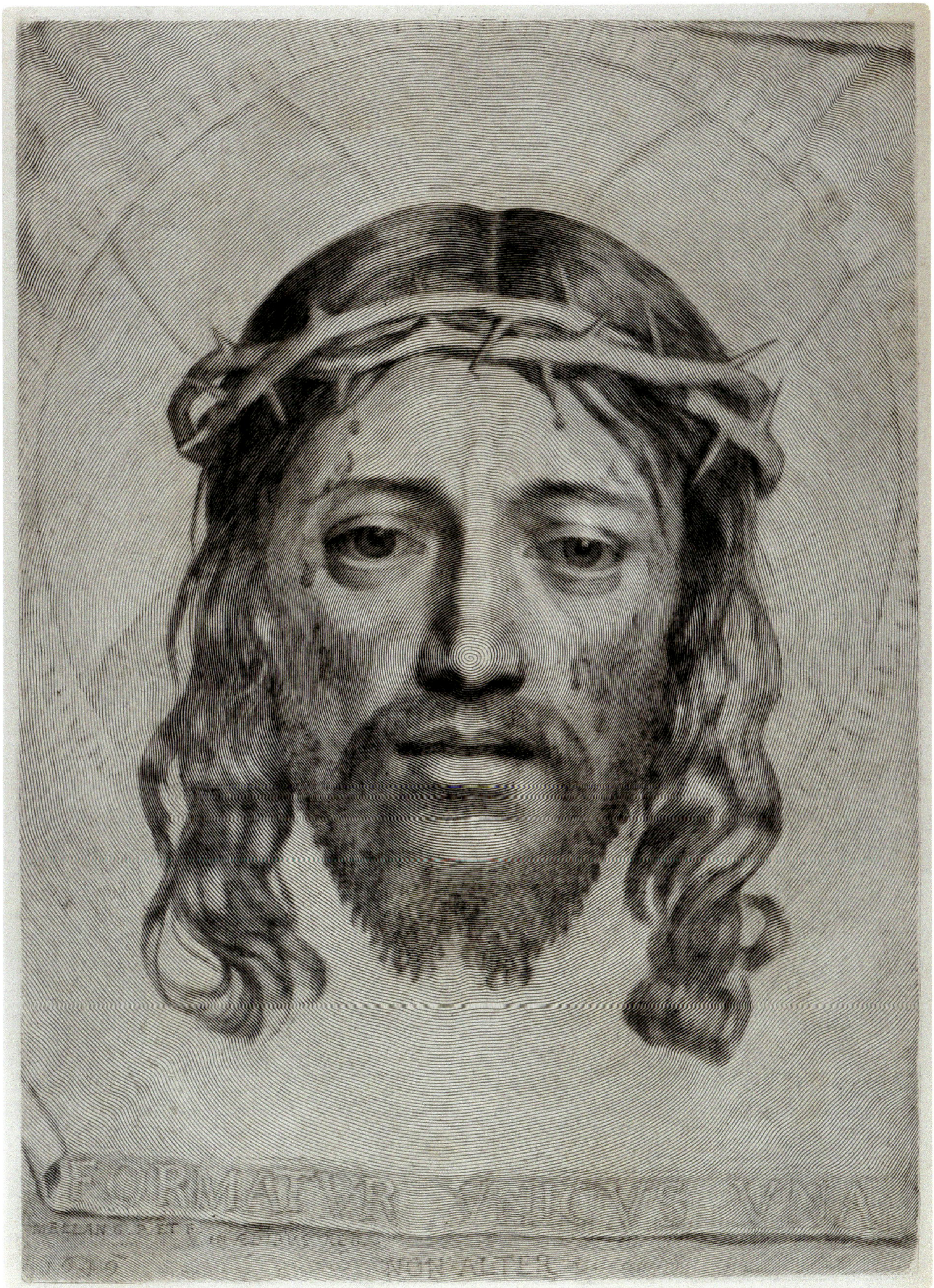

KAT. 16

Das Schweißtuch der hl. Veronika, 1649
Kupferstich, 457 × 347 mm (Blatt), 434 × 324 mm (Platte)
Montaiglon 25, L. 6092, Inv.-Nr. GS 11700

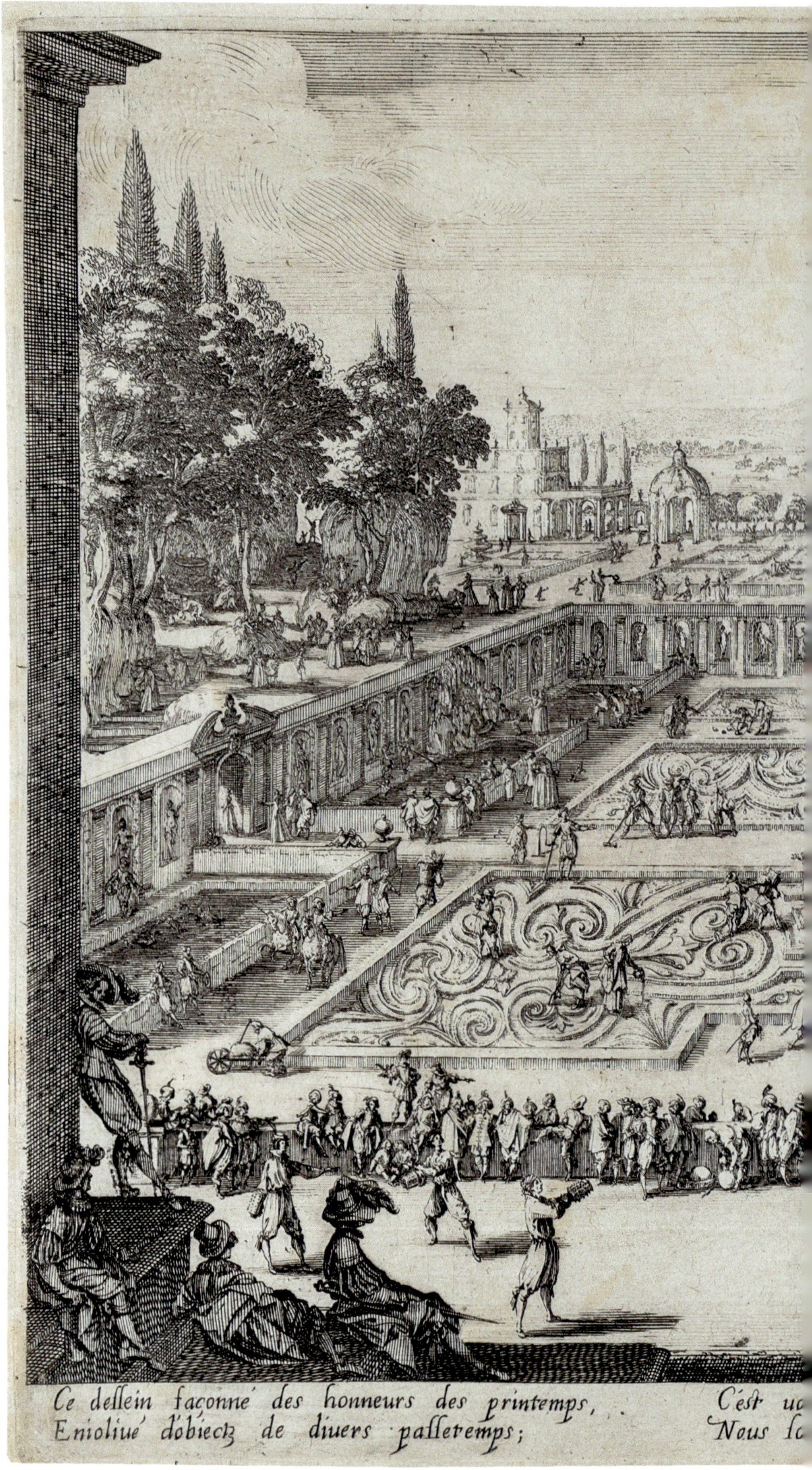
Ce dessein façonné des honneurs des printemps,
Enioliué d'obiectz de diuers passetemps;
C'est
Nous

KAT. 17

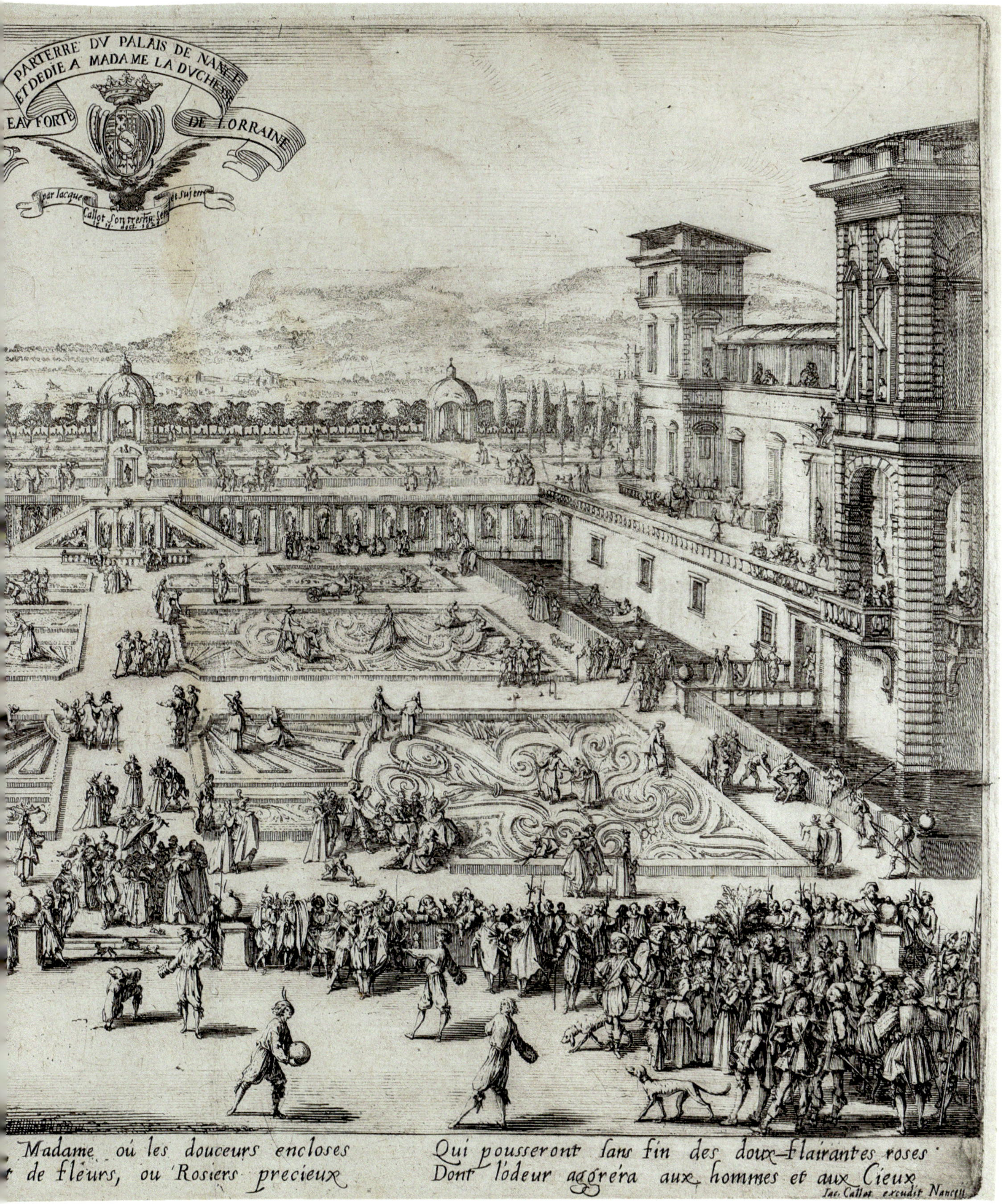

JACQUES CALLOT

Der Schlosspark von Nancy, 1625

Radierung (I. Zustand), 262 × 393 mm (Blatt), 258 × 387 mm (Platte)

Lieure 566, L. 6092, Inv.-Nr. GS 11672

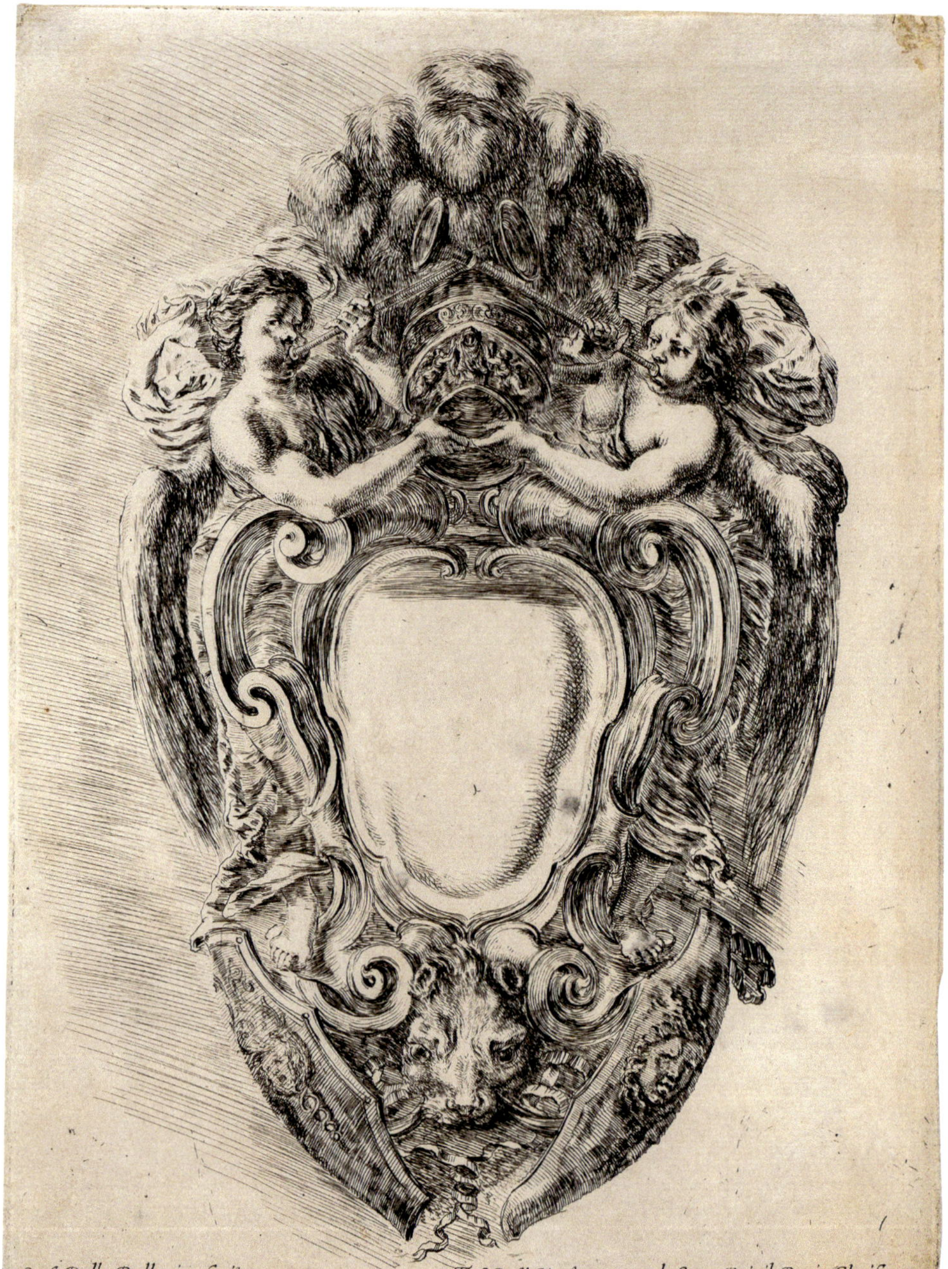

KAT. 18

STEFANO DELLA BELLA

Kartusche (Blatt 3 aus der Folge „Raccolta di varii cappricii et nove inventioni di cartelle et ornamenti“), 1646

Radierung (I. Zustand), 250 × 187 mm (Blatt/Platte)

De Vesme/Massar 1029, L. 6092, Inv.-Nr. GS 11799

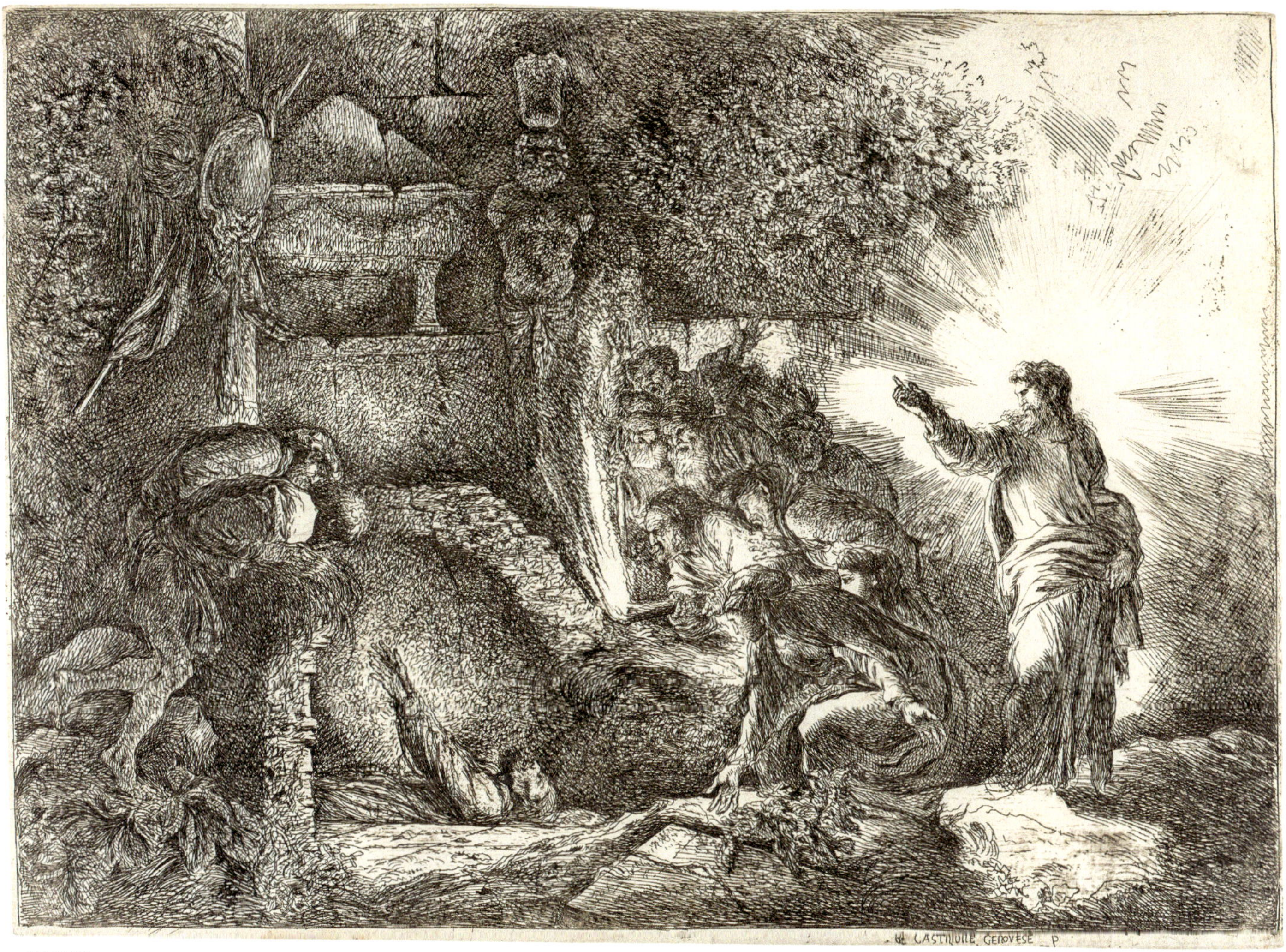

KAT. 19

GIOVANNI BENEDETTO CASTIGLIONE

Die Auferweckung des Lazarus, 1647–51

Radierung (III. Zustand [?]), 222 × 316 mm (Blatt/Platte)

TIB 4602.006, L. 6092, Inv.-Nr. GS 11803

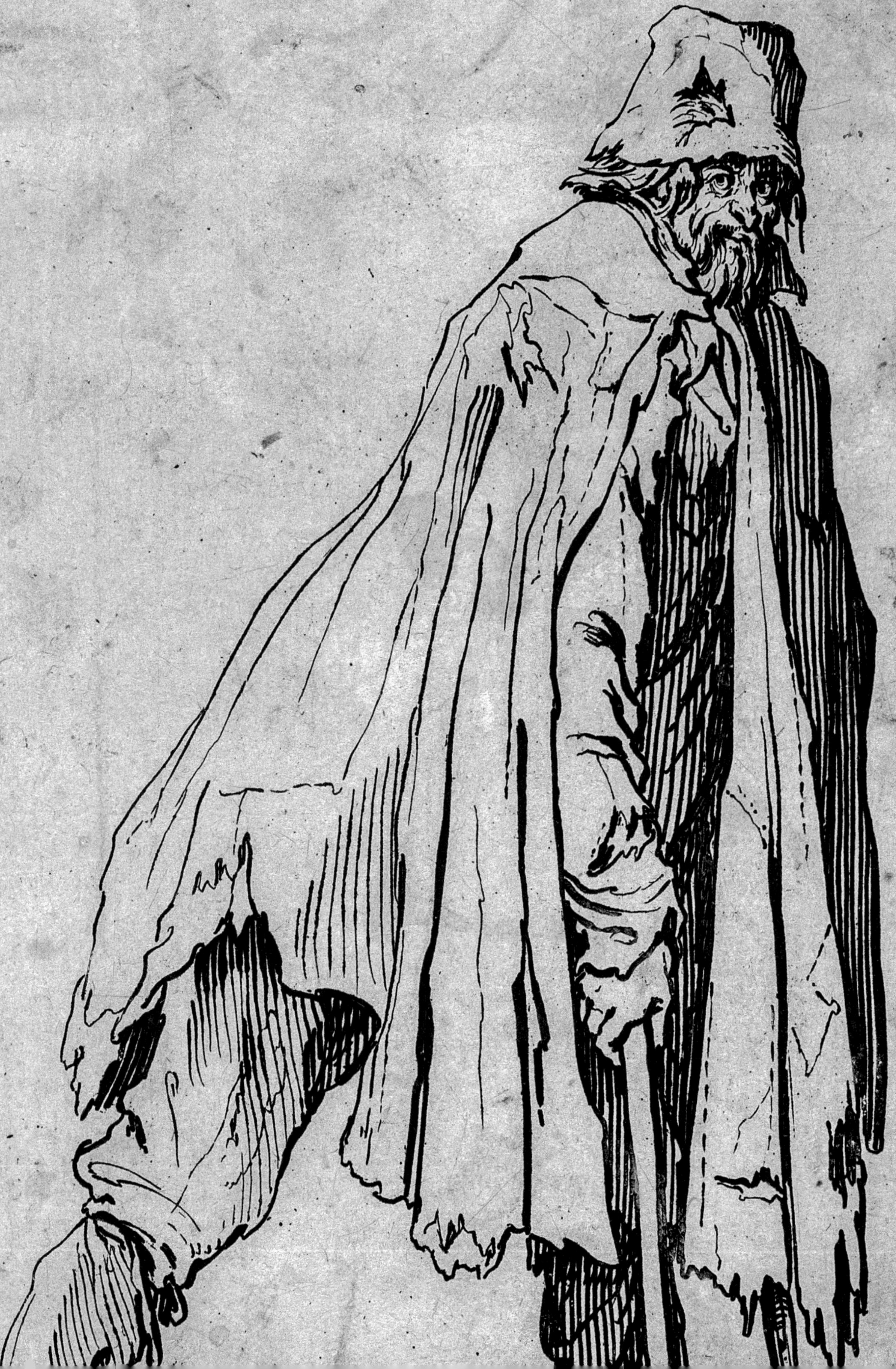

MARION HEISTERBERG

Callots Radierungen

SCHWELLENDE LINIEN ZWISCHEN MANIER UND DRASTIK

Das 17. Jahrhundert gilt als Blütezeit der Radierung. Rein technisch betrachtet wird für dieses Druckverfahren eine Metallplatte mit einer säurefesten Schicht bedeckt, in die ein Künstler mit der Nadel kratzt. Im Anschluss wird die Platte geätzt.[1] An den Stellen, an denen die Nadel die Kupferplatte freigelegt hat, greift die Säure an und frisst das Relief des späteren Druckbilds in die Platte. Beim verwandten (und rund 150 Jahre älteren) Kupferstich hingegen ist Kraft vonnöten: Mit dem Grabstichel „spant" hier der Künstler mit der Hand scharfe Furchen in die Druckplatte – im Gegensatz zur Radierung, ist hier jede Linie kontrolliert ausgeführt.

Leichtigkeit, Flexibilität und Schnelligkeit der Linien – die „Freiheit", die der Ausstellung und dem vorliegenden Katalog ihren Titel verleiht – sind folglich Merkmale, die der Technik der Radierung innewohnen und sie wie vor einer Kontrastfolie vom älteren Verfahren des Kupferstichs unterscheiden.

Jacques Callot (1592–1635) beherrschte beide Techniken und wusste sie je nach Auftragsbedingung und individuellem Nutzen (mitunter auch kombiniert) einzusetzen. Der Blick auf Callots über 1400 Blatt umfassendes graphisches Werk legt offen, wie nach ersten Anfängen im Kupferstich die Radierung zu seinem präferierten graphischen Ausdrucksmedium wird.[2] In dieser Technik entwickelt Callot Neuerungen, mit denen er in ganz charakteristischer Weise Bildwelten des höfisch-gegenreformatorischen Umfelds kreiert. Callots radierter Bildkosmos wird in Figurenvokabular und Stil rasch zu seinem Markenzeichen und zum inspirierenden Ausgangspunkt nachfolgender Künstlergenerationen.[3]

LINKE SEITE JACQUES CALLOT
Der Bettler mit Krücken und Hut, um 1621–23
Kat. 38, S. 93

In einem einführenden Essay kann ein Parcours entlang der Callot'schen Radiertätigkeit deren Leitlinien nur skizzieren, sein Werk in diesem Medium aber keinesfalls erschöpfend beschreiben.[4] Ziel ist es, bei lockerer historischer Überschau pointiert einige technische und inhaltliche Merkmale im radierten Bilderkosmos des Künstlers scharf zu stellen – ähnlich, wie das Auge des Betrachters von Callots kleinteiligen Monumentalblättern vom atmosphärischen Ganzen zu besonders interessanten Details springt.

NACH FLORENZ UND ZUR RADIERUNG

Jacques Callots künstlerische Anfänge, zunächst in seiner lothringischen Geburtsstadt Nancy und schon bald darauf in Rom, zeigen ihn hauptsächlich als Reproduktionsstecher.[5] Ende 1611 ereilt den Neuzehnjährigen jedoch ein Auftrag, der für seine künstlerische Entwicklung von zentraler Bedeutung sein sollte: Der Tod der spanischen Königin Margarete von Österreich am 3. Oktober 1611 veranlasst Cosimo II. de' Medici (1590–1621), Großherzog der Toskana und mit der Schwester der Habsburgerin verheiratet, eine Exequienfeier in der mediceischen „Hauskirche" San Lorenzo in Florenz auszurichten. Der hierzu im Februar 1612 erscheinenden Begleitschrift werden 29 Radierungen beigefügt, von denen Callot 15 verantwortet.[6] Der Auftrag brachte Callot in Kontakt mit den deutlich älteren und etablierteren Florentiner Künstlern Giulio Parigi (1571–1635), Antonio Tempesta (1555–1630) und Raffaello Schiaminossi (1572–1622). Ersterer war seit über zwei Jahrzehnten leitender Architekt am Hofe der Medici und in dieser Funktion auch für die Ausstattung der höfischen Theateraufführungen, ephemeren Umzüge und anderer temporärer Prunkinszenierungen zuständig. Zu diesem Arbeitsbereich gehörte gleichsam auch eine bildliche „Öffentlichkeitsarbeit", die die mediceischen Feierlichkeiten in Form von Festberichten druckgraphisch dokumentierte und verlegte.[7] Unter Parigi vollzog sich dabei eine Art höfische Institutionalisierung der künstlerischen Praxis für die Medici: Er versammelte einen Kreis von Künstlern – darunter eben auch Graphiker –, welche durch eine spezialisierte Ausbildung und die Einrichtung höfischer Werkstätten gefördert und an den Hof gebunden werden sollten.[8]

Wohl über diesen ersten Auftrag von 1611/12 gelangte Jacques Callot in die Florentiner Werkstattkreise. Mehrheitlich entstehen hier zunächst einmal weiterhin Kupferstiche; gleichzeitig erhält Callot offenbar aber auch eine weiterführende, qualitätvolle Ausbildung im Zeichnen und Radieren. Vieles weist darauf hin, dass es die Zeichenschule des großherzoglichen Hofarchitekten und Festausstatters Giulio Parigi ist, in der Callots Ausbildung diese Fortsetzung findet.[9] 1614 schließlich wird Callot eine eigene Werkstatt in den großherzoglichen Uffizien eingerichtet, in der er für sieben Jahre kontinuierlich tätig sein wird.[10] Unter Parigis Anleitung wird er – wie nach ihm Stefano della Bella (1610–1664) – ein Spezialist für die graphische Dokumentation der höfischen Festkultur, deren Medium traditionell die Radierung ist (Kat. 23–26).[11]

Neben dem Zweck, Prunk- und Prachtentfaltung am Hofe des Großherzogs in Bildern festzuhalten, bieten Callots kleinteilige Fest- und Theaterdokumentationen den Betrachtern einen zweifachen ästhetischen Genuss: Sie transportieren die atmosphärische Gesamtwirkung eines vergangenen Spektakels bei gleichzeitig detailliert ausgearbeiteter Kleinteiligkeit. Für den tiefenräumlichen Effekt des mediceischen Theaters etwa (Abb. 1), in welchem sich das Ballett im

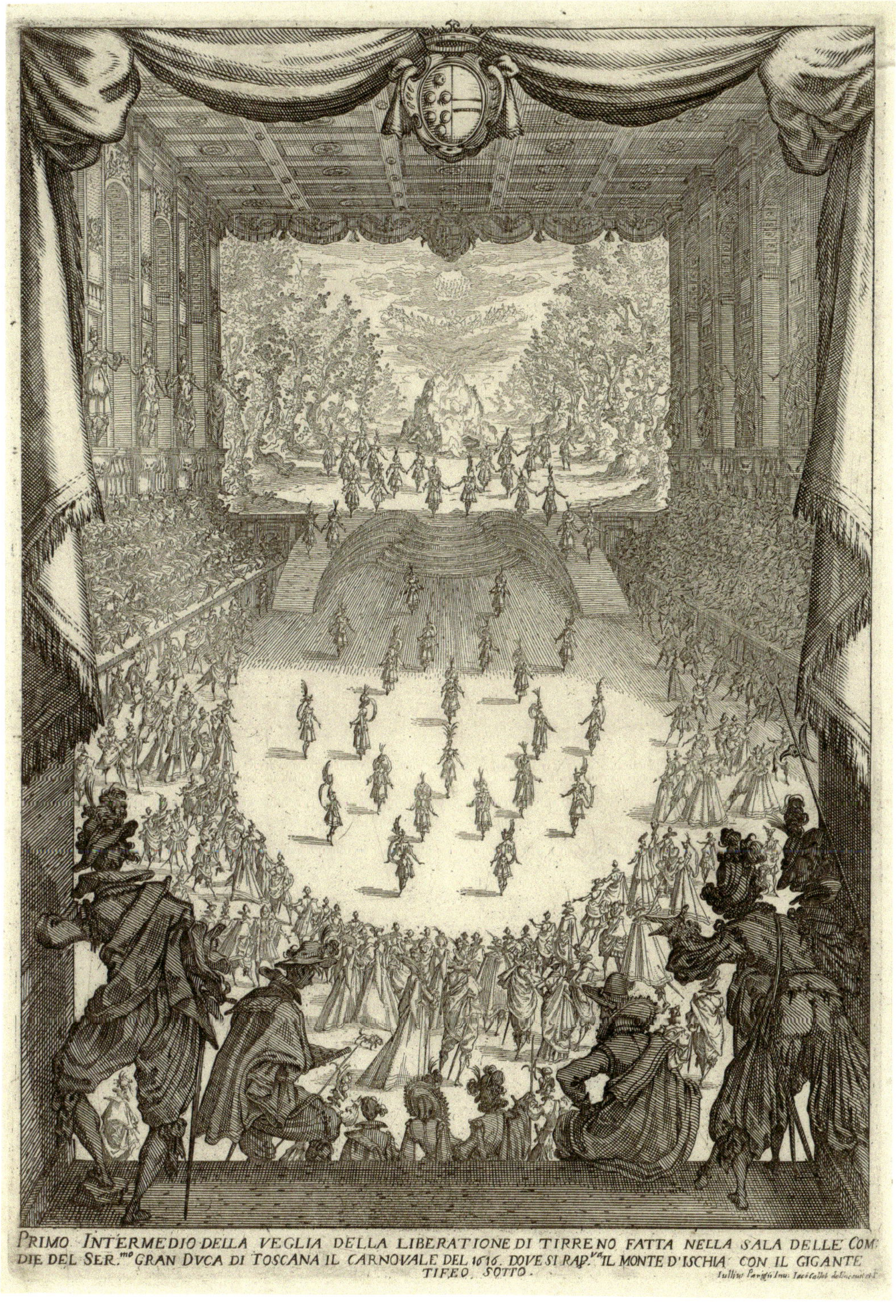

ABB. 1 JACQUES CALLOT *Der Riese Typhon wird vom Berg Ischia begraben*
(1. Zwischenspiel zum Theaterstück „Befreiung des Thyrrenischen Meeres und Arnea"), 1617 Radierung (IV. Zustand), 296 × 211 mm (Blatt)
Berlin, Staatliche Museen Preußischer Kulturbesitz, Kupferstichkabinett, Inv.-Nr. 393–55

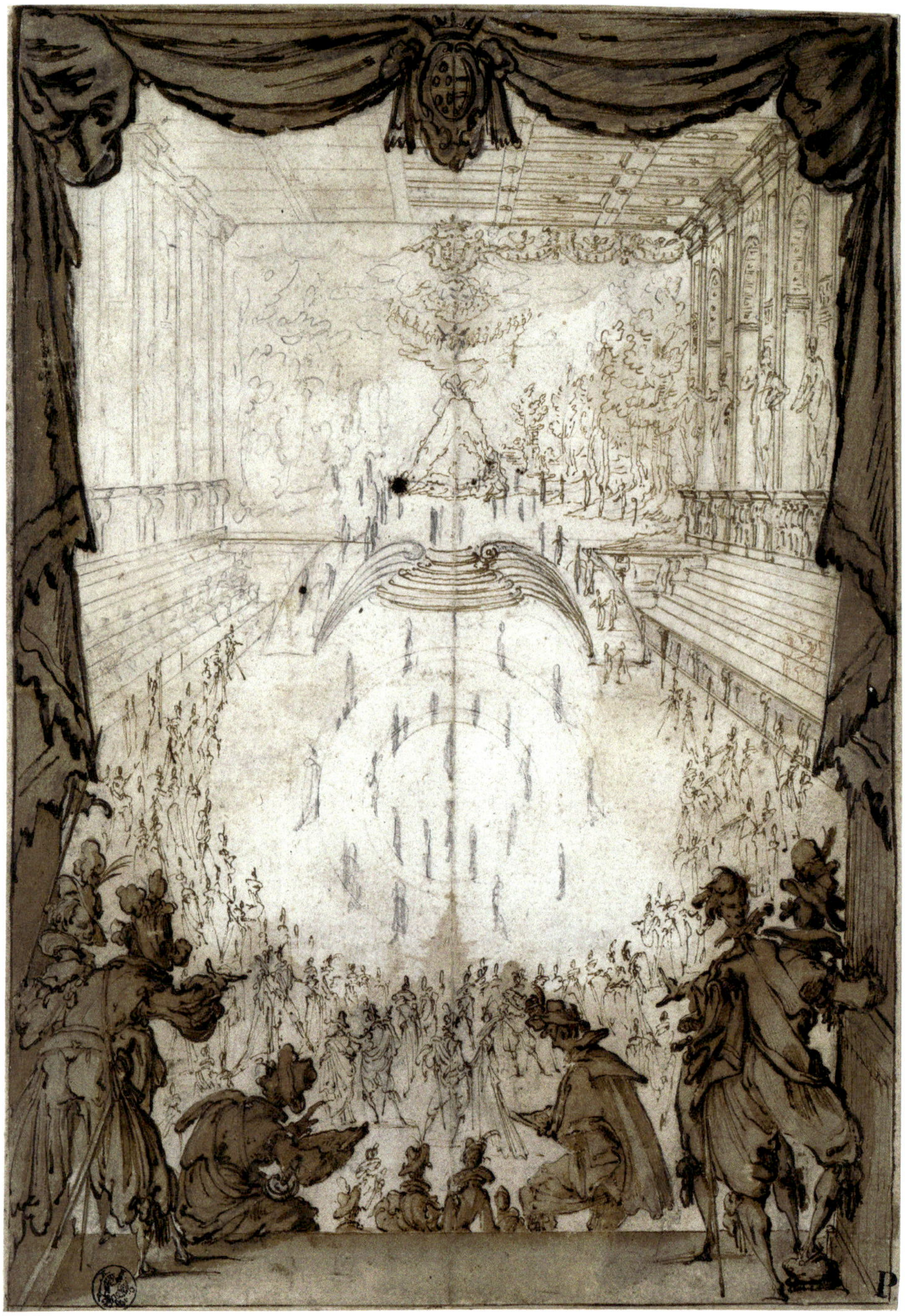

ABB. 2 JACQUES CALLOT Vorstudie zu *Der Riese Typhon wird vom Berg Ischia begraben*, 1617
Feder in Braun, braun laviert, über schwarzem Stift und kreisförmigen Blindlinien (durchgegriffelt), eigenhändige Ergänzungen mit roter Kreide, 280 × 201 mm (mittig vertikal gefaltet) Berlin, Staatliche Museen Preußischer Kulturbesitz, Kupferstichkabinett, Inv.-Nr. KdZ 425

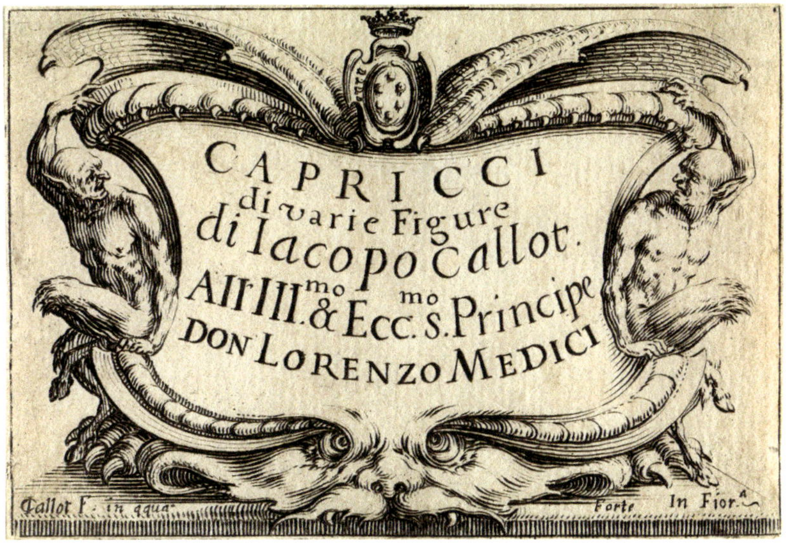

ABB. 3 JACQUES CALLOT
Frontispiz der Folge
„Capricci di varie Figure", 1617
Radierung, 57 × 85 mm (Blatt)
Paris, Louvre
Inv.-Nr. L 45 LR–787

Zwischenspiel zu einem Stück von Andrea Salvadori (1588–1634) gruppiert, nutzt Callot einen mehrstufigen Arbeitsprozess. Um die zartesten Linien zu erzeugen – im vorliegenden Falle beim Himmel über dem Berg Ischia auf der Theaterbühne – wurden diese Stellen nach kurzem Ätzbad früh mit säurefester Tinktur abgedeckt; im Mittelgrund – bei den Balletttänzern – erfolgte dies erst nach einem weiteren Ätzgang. Die Linien der Elemente im Vordergrund – Theaterrahmen und Repoussoirfiguren im Gegenlicht – wurden durch wiederholtes Ätzen am Stärksten vertieft, so dass sie im Druckbild den größten Kontrast bilden. Stufenweises Ätzen war an sich keine Neuerung und lässt sich etwa auch schon bei Giulio Parigis Radierungen beobachten. Nie zuvor jedoch wurde eine tiefenräumliche Illusion mittels einer auf Stufenätzung basierenden Gegenüberstellung von Hell und Dunkel derart zugespitzt wie hier. Dass diese Anlage Callots eigener künstlerischer Erfindung entsprang, macht eine vorbereitende Zeichnung deutlich, die sich im Kupferstichkabinett Berlin befindet (Abb. 2).[12]

Den Aufträgen im Festspielkontext verdankt sich auch ein bestimmter Figurentypus, der sich in Callots ersten Florentiner Werken bemerkbar macht: Die Körper sind in ondulierenden Schwüngen biegsam gelängt, die Köpfe klein und mit puppenartigen Gesichtschiffren versehen. Die Gestik ist dafür umso raumgreifender. In einer im Sommer desselben Jahres 1617 erscheinenden Serie – den *Capricci* – ist dieser Typus ebenfalls anzutreffen (vgl. Abb. 4).

TECHNISCHER UND BILDLICHER EINFALLSREICHTUM – DIE *CAPRICCI*

Im Hochsommer 1617 erscheint in Florenz eine Serie von 50 kleinformatigen Radierungen, die nicht nur zu den berühmtesten Callots zählen, sondern auch für die Geschichte der Radiertechnik einem Paukenschlag gleichkommen:[13] die *Capricci di varie Figure*. Der Begriff *Capricci* bezeichnet allgemein Erfindungen, die raschen, fantasievollen Volten und Launen entspringen; die Originalität dieser Erfindungen ist dabei zentral.[14]

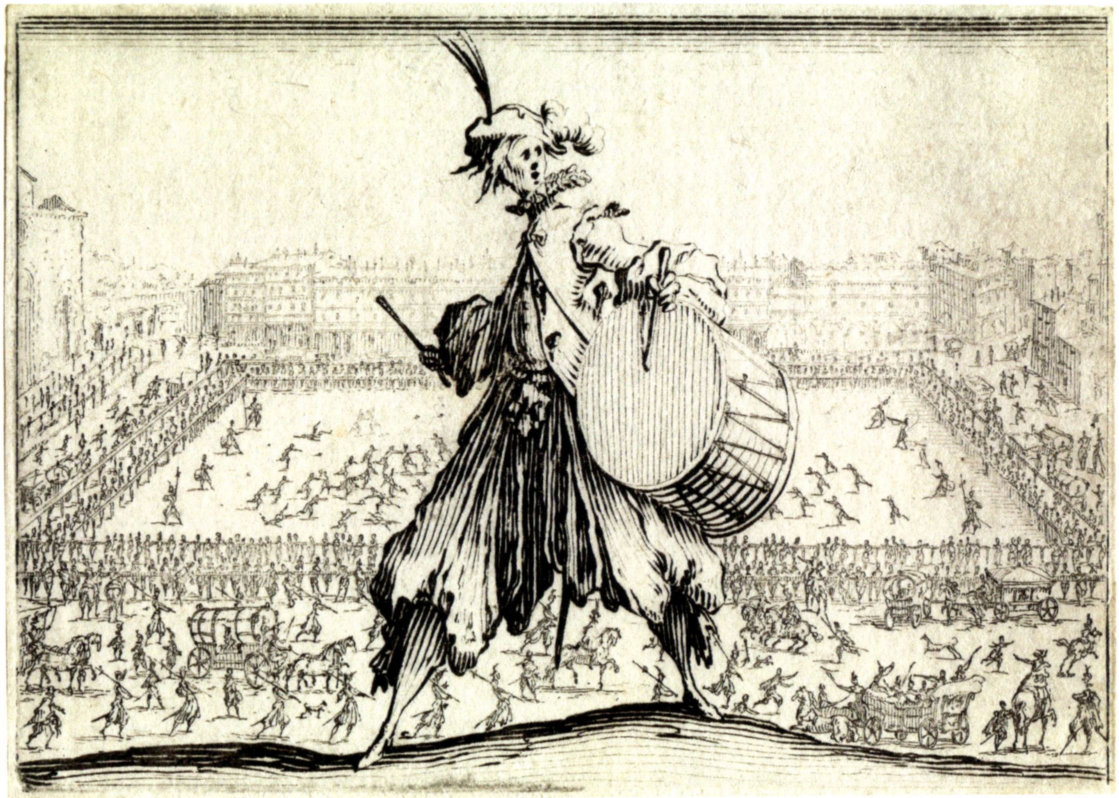

ABB. 4 JACQUES CALLOT *Das Schlagballspiel auf der Piazza Santa Croce* (aus der Folge „Capricci di varie figure“), 1617
Radierung (I. Zustand), 56 × 81 mm (Blatt) Paris, Louvre, Inv.-Nr. L 45LR–933

Dass Callot sich aber auch der technischen Bedeutung seiner Serie durchaus bewusst ist, zeigt sich bereits im Frontispiz der dem sechzehnjährigen Bruder des Großherzogs Cosimo II., Prinz Lorenzo di Ferdinando de' Medici (1599–1648), gewidmeten Serie (Abb. 3). Callot nennt hier zudem zum ersten Mal ausdrücklich die verwendete Technik, und zwar in bedeutungsvollem Zeilenumbruch: „ICallot F[ecit] in aqua / Forte in Fior[en]za.“ Auf dem Folgeblatt ist die Serie in zeitgemäß rhetorischem Unterstatement als „erste Blüten seines […] Geistes“ und „frühe Erträge seiner Mühen“ ausgewiesen, die er dem Prinzen als Geschenk darböte.[15]

Callots Hinweis auf die eigene Technik ist sinnträchtig, erzeugt er in den *Capricci* doch erstmals etwas, was vormals nur mit dem Kupferstich möglich war: Linien, die in einem Zug in sich an- und abschwellen, also in ihrem Verlauf leichter und stärker werden (Abb. 4). Der Künstler gelangte zu diesem Ergebnis durch die Kombination eines für die Radierung bis dato nicht angewandten Abdecklacks mit einem ebenfalls für die Radierung neu eingesetzten Werkzeug, der Échoppe.[16] Wohl aufgrund des Austauschs, den Callot mit den in den Werkstätten der Uffizi tätigen Schreinern pflegte, übernahm er für seine Zwecke einen Lack aus dem Florentiner

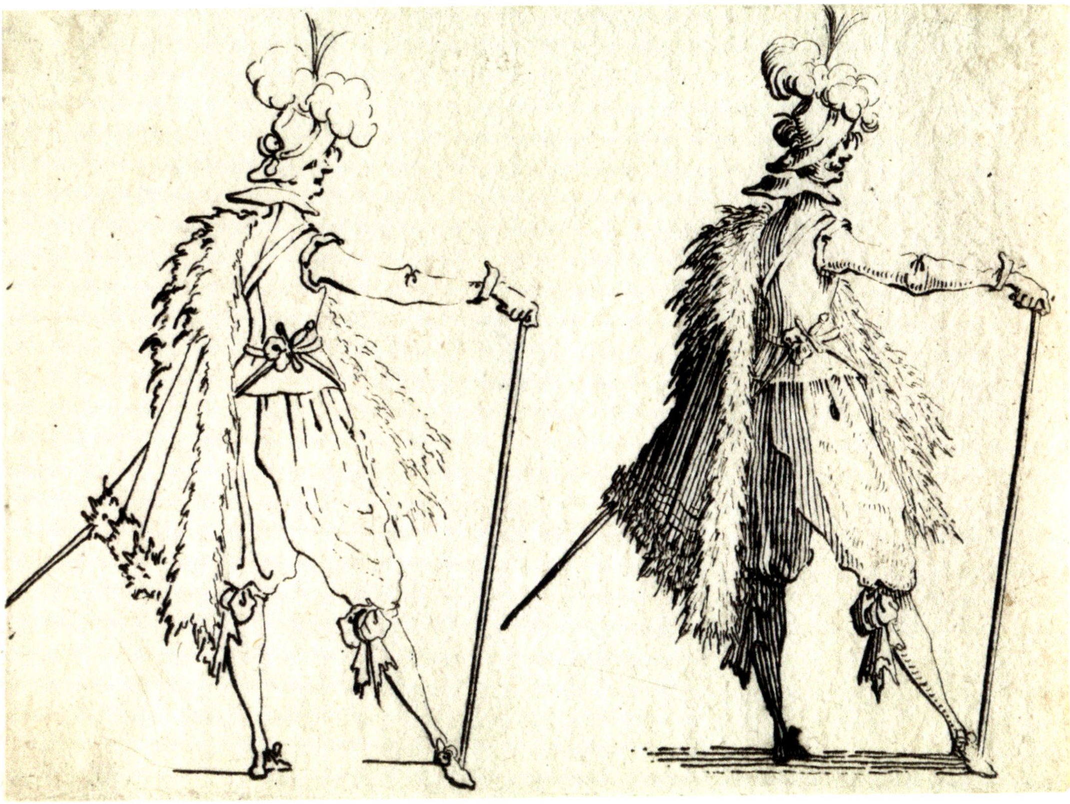

ABB. 5 JACQUES CALLOT *Der Edelmann mit dem langen Stock* (aus der Folge „Capricci di varie figure"), 1617
Radierung (I. Zustand), 57 × 79 mm (Blatt) Paris, Louvre, Inv.-Nr. L 45 LR–832

Schreinerhandwerk (*vernice grossa da lignaioli*), anstatt weiter auf den weichen und damit empfindlichen Abdeckgrund aus Bienenwachs zu setzen. Callots neuer Hartlack, zu dem mehrere Rezeptversionen überliefert sind, besteht in der Basis aus Harzpulver, das in Öl unter Hitze verflüssigt wird.[17] Getrocknet ist dieser Lack gegenüber zufälliger Berührung unempfindlich, kann aber mit scharfen Metallgegenständen durchdrungen werden.[18] Das Radierwerkzeug, mit dem dabei gearbeitet wird, ist die Échoppe (it. *ciappola*): ein metallener Stift mit scharfkantiger Schräge (Kat. 2, Taf. 3). Durch gleichzeitiges Führen und Drehen dieses Werkzeuges in schrägem Winkel, können die Linien mal dünner, mal breiter ausfallen, ähnlich wie mit einer schräg angeschnittenen Gänsefeder mal breiter und mal dünner geschrieben werden kann.

Exemplarisch und quasi wie zur Verdeutlichung wird diese Kunstfertigkeit der schwellenden Linien an einer Zeichnungsgruppe innerhalb der Serie vorgeführt, in denen höfische Figuren zunächst mit Konturlinien und daneben dann in Helldunkelmodulation zu sehen sind (Abb. 5). Die Gesamtanlage seiner äußerst kleinformatigen Radierungen bereitete Callot bisweilen in großformatigen Zeichnungen vor, wie etwa im Fall einer Zeichnung der *Piazza della Signoria* deutlich wird (Kat. 21–22).

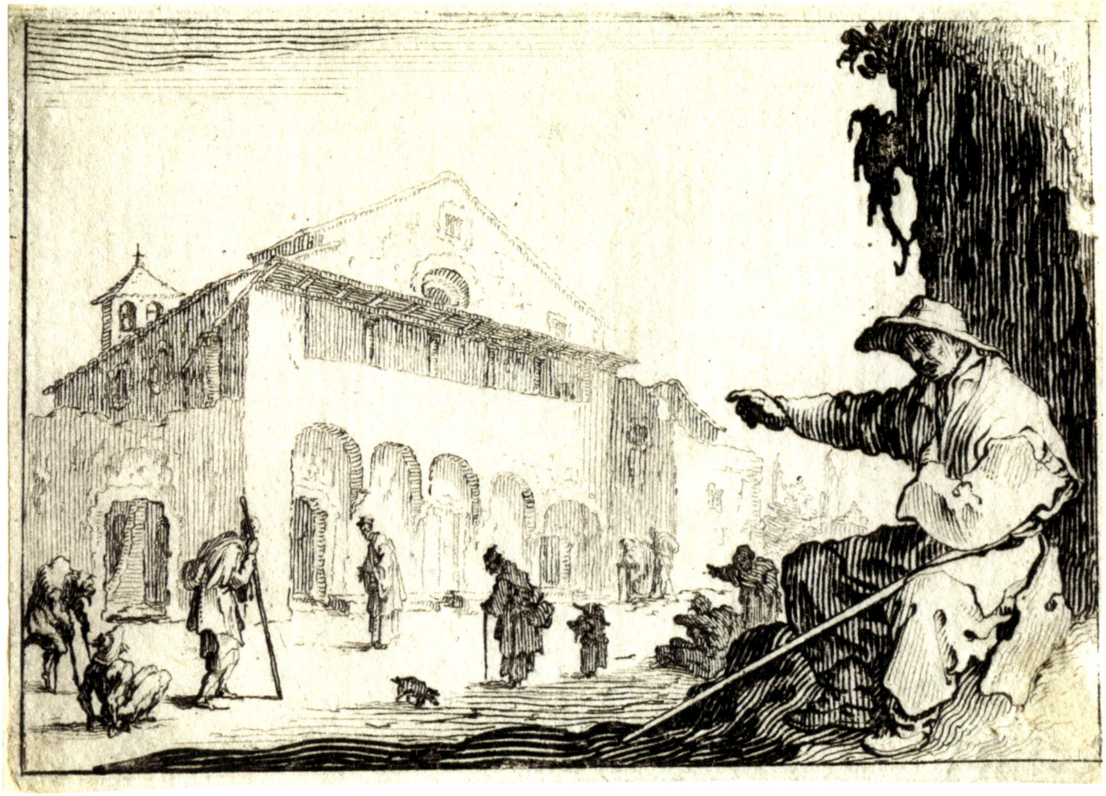

ABB. 6 JACQUES CALLOT *Das Hospiz* (aus der Folge „Capricci di varie figure“), 1617
Radierung (I. Zustand), 57 × 83 mm (Blatt) Paris, Louvre, Inv.-Nr. L 45 LR–898

Ein Beweggrund, die Serie der *Capricci* Lorenzo di Ferdinando de’ Medici zu widmen, war neben der Vermittlung von Freude an Vielfalt und Kunstfertigkeit, die in diesen Blättern liegt, wohl auch ihre Nutzbarkeit im Sinne einer Anleitung des jungen Prinzen zum Zeichenunterricht. Seit der Renaissance gehörte das dilettantische Zeichnen zur Ausbildung eines Höflings.[19] Hinzu kommt die inhaltliche Auseinandersetzung mit den dargebotenen Themen. Militärische Übungen für die Tauglichkeit im Zweikampf und das Studium der Exempla guter und schlechter Regierungsformen, die sich im Stadtbild niederschlagen, sind klassische Gegenstände sogenannter „Fürstenspiegel“.[20]

Callots Serien, zu denen die *Capricci* gehören, waren wohl zunächst überwiegend zu Büchlein (*libretti*) geheftet oder gebunden.[21] Die serielle Klammer, deren Vollständigkeit Sammlern einen hohen Mehrwert bedeutete, wird jedoch gleichzeitig von einer freien Fluktuation der Einzelblätter zu Muster- und Sammlerzwecken begleitet – eine wirtschaftliche Nische, die Callot ab 1621, als er wieder nach Nancy zurückgekehrt ist, noch stärker bedienen wird.

Noch in der Florentiner Zeit beginnt Callot charakteristische Protagonisten seiner wimmelbildartigen Theater- und Gesellschaftsdarstellungen, vereinzelt und paarweise gefasst, als Serien

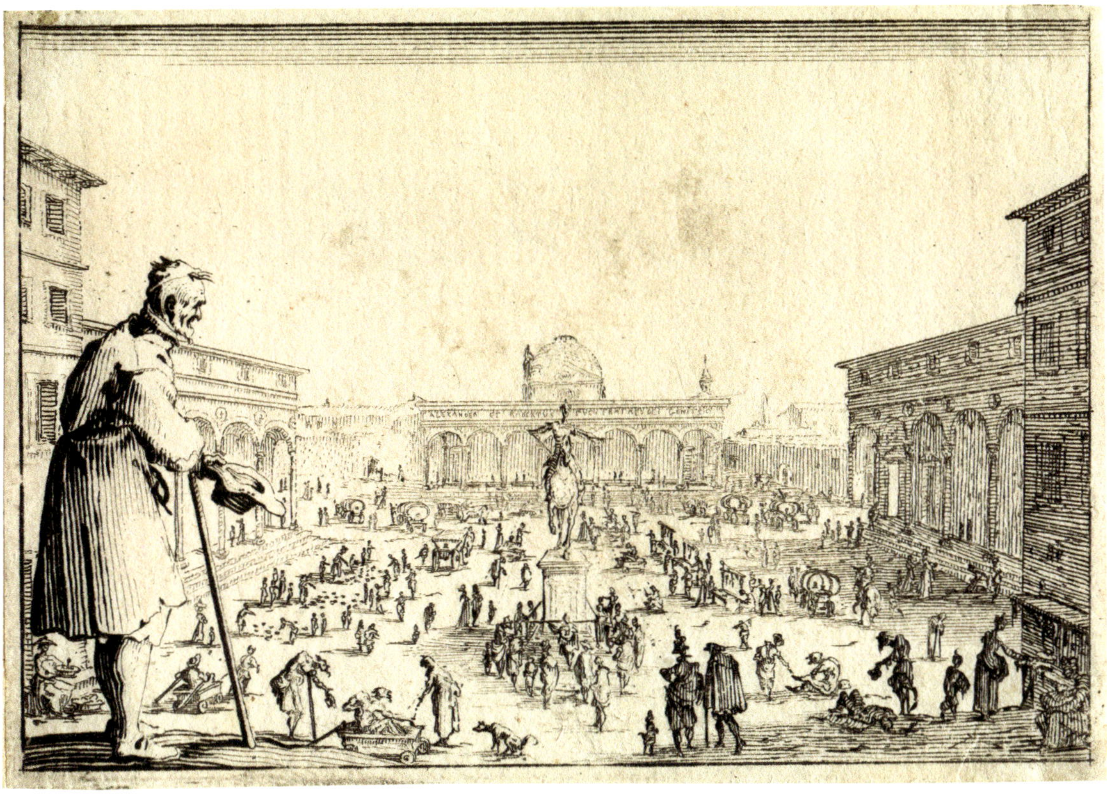

ABB. 7 JACQUES CALLOT *Markt auf der Piazza SS. Annunziata* (aus der Folge „Capricci di varie figure"), 1617
Radierung (I. Zustand), 55 × 81 mm (Blatt) Paris, Louvre, Inv.-Nr. L 45 LR–916

anzulegen: Es finden sich hier etwa Figuren aus der *Commedia dell'arte* oder phantastische *Hofzwerge*.[22] Am einflussreichsten unter diesen figuralen Serien ist jedoch die der *Bettler* (vgl. Kat. 35–40, 42–43).[23]

DIE BETTLERSERIE – RANDEXISTENZEN IM RAMPENLICHT

Bereits in den *Capricci* waren Bettler – oft chiffreartig verkürzt– als Randnotizen innerhalb von Callots vielfigurigen Szenen des Florentiner Stadtlebens anzutreffen: Als gebrechliche Hilfesuchende nähern sie sich einem Hospital als Anlaufstelle institutioneller Nächstenliebe (Abb. 6) oder sie fungieren als anekdotische Randnotiz, etwa, wenn auf einem Fest auf dem Florentiner Domvorplatz ein Edelmann einem am Rande des Geschehens stehenden Bettler ein Almosen in den Hut wirft. Auf einer Schilderung des Treibens auf der Piazza Santissima Annunziata dominieren die Bettler den Vordergrund; eine Bettlerfigur stellt sogar die rahmende Repoussoirfigur (Abb. 7).

Im Italien des 16. und 17. Jahrhunderts ist die Darstellung von Bettlern als Teil von größeren Menschenansammlungen – im städtischen Gefüge, als Rollentypus und Adressat wohltätiger

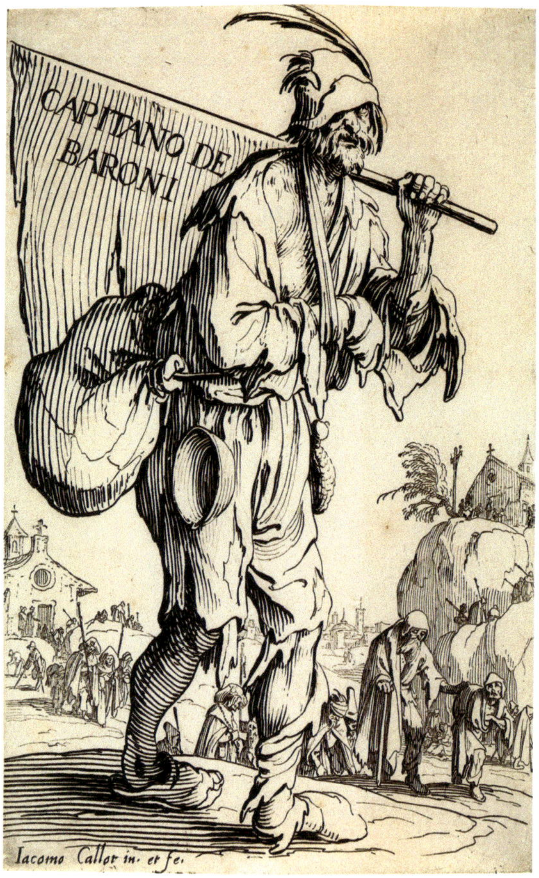

ABB. 8 JACQUES CALLOT
Capitano de' Baroni (Frontispiz der Folge „Die Bettler"), 1620–23
Radierung (I. Zustand), 144 × 92 mm (Blatt)
Paris, Louvre, Inv.-Nr. L 45 LR–686

Gesten – nicht unüblich.[24] Eine Vereinzelung der Figuren unter weitgehendem Verzicht auf Kontextualisierung, wie sie uns in der 25-teiligen Serie *Die Bettler* begegnet, ist jedoch außergewöhnlich.

Die wenigen Darstellungen, die sich bis dato in der Druckgraphik in Italien finden, binden die Figuren argumentativ ein, etwa als Marktschreier oder als Gauner.[25] In nordalpinen Darstellungen sind Einzelfiguren von Bettlern verbreiteter, wobei auch hier die Armut oft mit moralisierendem Unterton (als selbstverschuldet oder von den Bettlern nur vorgetäuscht) gezeigt wird. Zu nennen wären hier etwa ein Flugblatt mit zwölf Vagantentypen von der Hand Barthel Behams (1502–1540) oder illustrierte Ausgaben des erstmals 1510 erschienenen *Liber Vagatorum* (dt.: *Der Bettler Orden*).[26]

Das einzige Blatt der Callot'schen Serie auf dem eine abwertende Konnotation auftaucht, ist das Frontispiz, bei der ein Bettler eine Fahne mit der ironisch-ambivalenten Aufschrift „Capitano de Baroni" trägt (Abb. 8): In der damaligen Zeit kann der Begriff ‚Baroni' sowohl Edelleute als auch Gauner bezeichnen.[27] Bei den übrigen 24 Bettlern und Bettlerinnen (Kat. 35–40, 42–43) fehlt jede weitere moralisierende Markierung; die Deutung wird dem Betrachter überlassen.[28] Das Manierierte des frühen Figurenstils ist hier einer stärkeren Naturalistik gewichen. Von der formalen Anlage her wird diesen Randfiguren der Gesellschaft – auf einer markierten Bodenschwelle vereinzelt und individuell ausformuliert – eine bildliche Aufmerksamkeit zuteil, wie sie in dieser Art bis dahin nur für Apostel-, Märtyrer- oder Heiligenserien bekannt ist.[29]

Callots Abwendung von der dekorativen Figurenchiffre hin zu einer neuartigen Realistik thematisiert auch sein Biograph Filippo Baldinucci (1625–1696). Anfänglich habe Callot in Florenz überwiegend Figuren zu Papier gebracht, die reichlich manieriert und grotesk (*ammanierato e aggrottescato*) ausfielen.[30] Im Rahmen des erteilten Zeichenunterrichts habe Giulio Parigi dann Callot überzeugt, diese Manier zugunsten eines zeichnerischen Naturstudiums aufzugeben.[31]

Die Wiedergabe der verformten Gliedmaßen, Lumpengewänder, der gebrechlichen Körperhaltungen und vom Leben

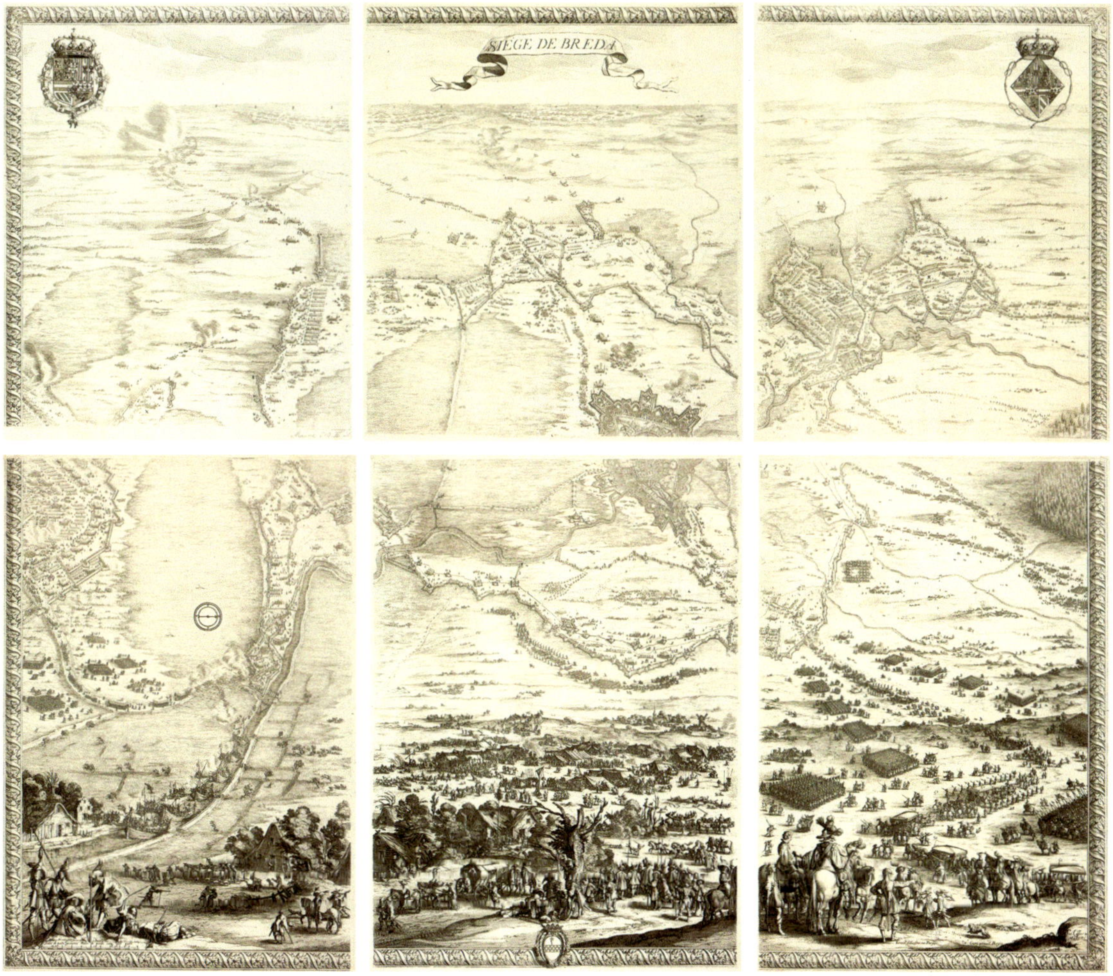

ABB. 9 JACQUES CALLOT *Die Belagerung von Breda*, 1627–28
Radierung, 1230 × 1400 mm (gesamt alle 6 Blätter) Washington D.C., National Gallery of Art, Inv.-Nr. 1952.8.90–95

gezeichneten Gesichter der Bettler ist mit Sicherheit das Ergebnis einer Zeichenpraxis nach der Natur, auch wenn freilich nicht von Einzelporträts ausgegangen werden kann. Virtuos ist in seiner Bettlerserie ferner die Umsetzung der Radierlinien mittels der Échoppe. Die fadenscheinigen Mäntel und zerrissenen Umhänge werden mit jähen Brüchen, tropfenartigen Marken und unvermittelten Ausfransungen geformt, die jegliche klare Kontur auch optisch auflösen.

RÜCKKEHR NACH NANCY – *DIE BELAGERUNG VON BREDA* UND *DIE SCHRECKEN DES KRIEGES*

Die zeichnerischen Entwürfe für die *Bettler*-Serie und möglicherweise auch die ersten Platten (dies legt der italienische Titel auf dem Frontispiz nahe) entstehen wohl zunächst in Florenz, vollendet und gedruckt wurden diese jedoch offenbar erst später in Nancy. Im späten Frühjahr oder Frühsommer 1621 kehrt Callot notgedrungen

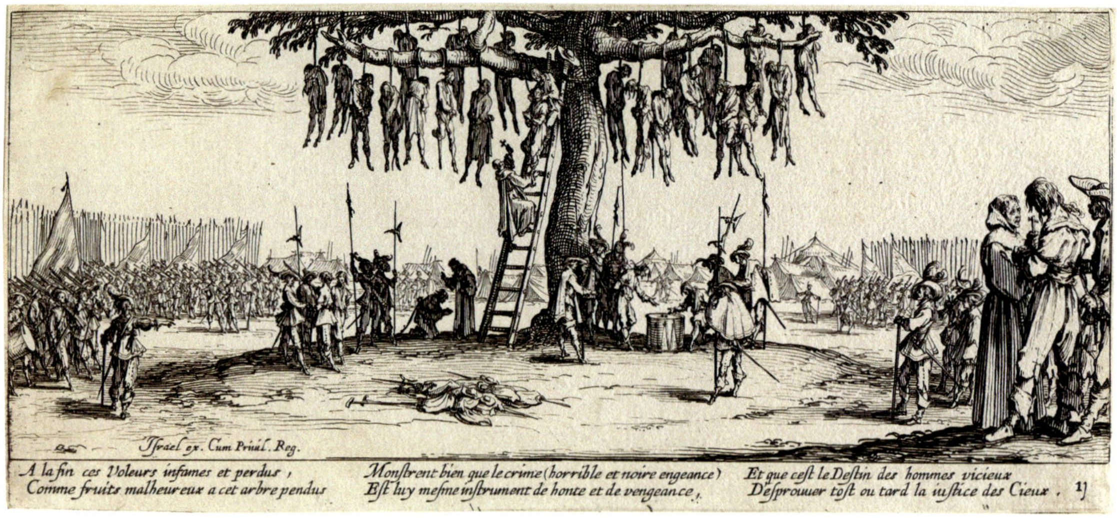

ABB. 12 JACQUES CALLOT *Der Galgenbaum* (aus der Folge „Die Großen Schrecken des Krieges"), 1633
Radierung (I. Zustand), 84 × 187 mm (Blatt) Paris, Louvre, Inv.-Nr. L 44 LR-555

in den Schrecken des Krieges bereits sehr viel früher als militärische Randschauplätze in der *Belagerung von Breda* und in der wohl verworfenen Vorgängerserie der *Kleinen Schrecken des Krieges* erscheinen,[40] erfahren in den *Großen Schrecken* eine Inszenierung durch Weitung und Zuschnitt der Platzanlage und eine figurale Dramatik, wie Callot sie seit Florentiner Zeiten beherrscht.[41] Diane Wolfthal hat darauf hingewiesen, dass die zur Schau gestellten Szenen – Vergewaltigung von Frauen und Kindern, Plünderung von Wirtshäusern und Kirchen sowie allgemeines Brandschatzen – gemäß militärischer Schriften der Zeit als verachtenswerteste Verbrechen galten, denen mit höchsten Strafen begegnet wurde, was Callot auch in aller Drastik zeigt.[42] Die letzte Szene der Serie mit der Verleihung von Orden an die Soldaten, die ehrenhaft gehandelt haben, ist weniger eine Relativierung der Schrecken des Krieges, als vielmehr eine Emphase der Tugenden, die schreckliche Taten verhindern können. In diesem Sinne ist auch die ebenfalls im Jahr 1633 herausgegebene zweite Edition mit erklärenden Versen des Abts Michel de Marolles (1600–1681) zu verstehen. Dadurch dass die Serie auf eine explizite Zuordnung der Soldaten zu einem bestimmten Heer weitgehend verzichtet – die Wappen des Frontispiz sind leer, die Verse machen keinerlei Angabe –, wurde die Serie zur universellen Allegorie auf die Abgründe des Krieges.[43]

Die *Großen Schrecken* verleihen Callots letzter Werkphase einen herben Schlussakkord. Im Alter von knapp 43 Jahren stirbt Callot im März 1635 an einem Magenleiden. Die hier gewagte Tour de Force entlang seiner schwellend radierten Linien charakterisiert ihn als innovativen Künstler und weitsichtigen Entrepreneur, der mit Blick auf die jeweilige Auftragslage die erworbenen Fähigkeiten und Figurenrepertoires geschickt einzusetzen weiß. Seine Erfindungen reichen vom leichtfüßigen Manierismus seiner Anfangsjahre über eine explodierende Ausdifferenzierung seines Bildrepertoires in größerer Realistik bis hin zur Drastik seiner späten Zyklen und großformatigen Einzelwerke.

1 Der Begriff der Radierung leitet sich von lat. *radere* (= kratzen) ab und bezeichnet sowohl den Vorgang des Kratzens in die säurefeste Schicht, als auch das Endprodukt des gedruckten Bildes.

2 Der *Catalogue raisonnée* der Druckgraphik von Lieure (Lieure 1989) zählt über 1400 Druckgraphiken.

3 Vgl. etwa Welsh Reed 1993.

4 Mit Blick auf die Forschung zu Callot bleiben der rund 560 Seiten umfassende Katalog, der in Nancy anlässlich des 400-jährigen Geburtstags des Künstlers von Paulette Choné mit Daniel Ternois herausgegeben wurde (Nancy 1992), der zum gleichen Anlass erschienene Tagungsband (Ternois 1993) sowie ein Katalog zur Wanderausstellung in Rom, Pisa und Neapel (Rom/Pisa/Neapel 1992) die grundlegendsten Werke, zusammen mit den Monographien von Daniel Ternois (Ternois 1962a) und Diane Russell (Russell 1972). Unverzichtbar bleiben auch die *Catalogues raisonnées* von Lieure und Meaume zur Druckgraphik (Lieure 1924–29 und Lieure 1989; Meaume 1860) und von Ternois (Ternois 1962b/1999) zur Zeichnung.

5 Im Januar 1607 wird der zu diesem Zeitpunkt gerade noch Vierzehnjährige Jacques von seinem Vater beim Goldschmied und Stempelschneider Demange Crocq (auch: Crocx, aktiv um 1600) in Nancy in die Lehre gegeben (Nancy, Archives départementales de Meurthe-et-Moselle, 3 E 1693, Auszüge des Wortlauts bei Choné 1992, S. 60, *ad annum* 1607. Ins gleiche Jahr wird auch der erste von Callot signierte Kupferstich datiert; vgl. Ebd., S. 60–61). Von Biographen des 17. Jahrhunderts – Giovanni Baglione (1642), André Félibien (1685) und Filippo Baldinucci (1686) – wird Callot wenig später als Mitarbeiter in der Werkstatt des in Rom ansässigen Kupferstechers Philippe Thomassin (1562–1622) beschrieben, was in der Forschung als glaubhaft gilt (vgl. Choné 1992, S. 61, *ad annui* 1608–1611).

6 Im Gegensatz zu Meaume (Meaume 1860, Bd. 2, S. 208) geht Lieure (Lieure 1989, S. 20, Nr. 52–69) davon aus, dass jenseits der 15 kleinformatigen Radierungen auch die großformatigen Blätter – wenn auch nach Zeichnungen von Giulio Parigi – von Callot stammen. Der Stilvergleich zwischen den von Callot signierten halbseitigen Einzelszenen und den drei großen ganzseitigen Szenen schließt dies jedoch aus.

7 Papiro 2016, S. 73.

8 Papiro 2016, S. 74f.

9 Naheliegend ist dies aufgrund von akademischen Zeichenstudien, Stilvergleichen mit dem Werk von Parigi und dem unmittelbaren Fortgang von Callots Karriere in Kombination mit der Aussage seines Biographen Baldinucci (Baldinucci 1686, S. 49).

10 Choné 1992, S. 62, *ad annum* 1614.

11 Papiro 2016, S. 81. Siehe zu Della Bella den Aufsatz von Stefan Morét im vorliegenden Band.

12 Vgl. Ternois 1962a.

13 Daniel Ternois, der als einer der besten Callot-Kenner gelten darf, spricht von einer „rupture nette avec toutes lese eaux-fortes qui les [die Capricci] ont précédés“ (Nancy 1992, S. 233, Kat. 196–226).

14 Battaglia 1962, Bd. 2, S. 728, Nr. 2, 3 (*Capriccio*); siehe auch die Definition von Ripa 1603, S. 49: „Cappriciosi i si dimandano quelli, che con l'Idee dall'ordinarie de gl'altri huomini diuerse fanno prendere le proprie attioni, mà con la mobiltà dall'una all'altra pur del medesimo genere“. Baldinucci 1681, S. 28: „[F]atto a capriccio o di fantasia, cioè a proprio pensiero e invenzione[.]“ Vertiefend zum Thema: Köln/Zürich/Wien 1996.

15 Es wird angenommen, dass Callot die *Capricci* zum Geburtstag des Prinzen, am 1. August 1617, überreichte. Eine finanzielle Anerkennung folgt im September: Zuzüglich zum Monatsgehalt von 8 *scudi* erhält Callot weitere 120 *scudi* (Florenz, Staatsarchiv, Archivio Mediceo 5144, f. 121, hier zitiert nach Choné 1992, S. 65, *ad annum* 1617).

16 Die Échoppe wurde laut Ternois bereits zuvor bei den Holzschneidern, nicht aber für Radierungen benutzt (Ternois 1962a, S. 102).

17 Der französische Kupferstecher Charles-Nicolas Cochin gibt als Callot'sches Rezept Leinöl und Mastixpulver, der englische Arzt Turquet De Mayerne hingegen Nussöl, nicht weiter definiertes Harz und griechisches Pech an (Ternois 1962a, S. 98–99). Siehe dazu auch Ad Stijnmans Beitrag im vorliegenden Band.

18 Trassari Filipetto 1992, S. 59–60.

19 Kemp 1979, S. 37–40.

20 McTighe 2020 macht dies stark und weist auf die Nähe zu Erasmus von Rotterdams *Institutio principis christiani* hin.

21 Dies legt neben Baldinuccis Erwähnung diverser Serien als *libretti* auch das nach Callots Tod erstellte Inventar seiner Besitztümer nahe, in dem sich 15 gebundene Bücher mit Blättern des Künstlers befinden (Marot 1939, S. 82). Ein gebundenes Exemplar der *Capricci*, das sich in den Uffizien erhalten hat, gilt als Dedikationsexemplar, das Callot Lorenzo di Ferdinando de' Medici schenkte (Bruwaert 1914, S. 838; und kürzlich McTighe 2020, S. 151).

22 Vgl. etwa die Serie *I tre Pantaloni* (Lieure 1989, Nr. 288–290) oder die in Florenz gezeichneten, jedoch erst in Nancy gedruckten *Balli di Sfessania* (Lieure 1989, Nr. 379–402); vgl. die in Florenz begonnene Serie *I Gobbi* (Lieure 1989, Nr. 279 und 407–408).

23 Bekanntermaßen besaß Rembrandt diese Serie, die ihn wiederum zu seinen Bettlern inspirierte (Kat. 41, 44).

24 Eine gute Übersicht bei Helas 2020 und grundlegend: Nichols 2007.

25 So beinhaltet Giovanni Antonio de' Paolis *Le Barrarie del Mondo* (um 1590) erstmals Bettlerfiguren in defamatorischer Lesart. Tom Nichols konstatiert gar eine „absence of false beggars in Italian art before 1580“ (Nichols 2007, S. 123).

26 Behams Flugblatt stellt vom Prinzip der Vereinzelung und seriellen Variation eines Themas eine gewisse Vorform der späteren Bettlerserie dar, die sich jedoch in moralisierender Einbettung und figurativer Schematik noch deutlich unterscheidet (Sudeck 1931, S. 24). Im viel edierten Traktat *Liber Vagatorum* werden 33 Typen von gaunerischen Bettlern gelistet.

27 Vgl. Battaglia 1962, Bd. 2, S. 78 (*sub vocem Barone*, Bed. Nr. 1, 2).

28 Wolfthal 2013; Nichols 2007, S. 215–216.

29 Vergleichbare Apostel- und Heiligenserien wird Callot zehn Jahre später in Nancy herstellen (z.B. Lieure 1989, S. 468, Nr. 1297–1321).

30 Siehe bspw. auch Kat. 33–34.

31 „Il Parigi osservando la gran facilità ch'egli aveva in disegnare piccolo figurine con un modo però ammanierato e aggrottescato molto […] non cessava di persuaderlo a disegnare molto e molto da esso naturale“ (Baldinucci 1686, S. 49); „[A]venne che il Callot cominciando ad abbandonare appoco appoco quell suo modo aggrottescato, che ancor si vedde nelle prime cose sue intagliate all'aqua forte.“ (Ebd., S. 50).

32 Ternois 1962a, S. 25.

33 So entsteht etwa eine zweite Auflage der *Capricci* mit neuen Druckplatten, da die alten offenbar in Florenz geblieben oder unbrauchbar geworden waren.

34 Vgl. z.B. Lieure 1989, Nr. 566; Mainz 2014, S. 409, Nr. 11; hier Kat. 17 bzw. die Serie *La noblesse* (Lieure 1989, S. 53, Nr. 549–560); vgl. Kat. 27–32. Ein Beispiel für seine religiösen Serien ist *Die kleine Passion* (Lieure 1989, Nr. 537–384, das *Letzte Abendmahl* hieraus Kat. 58).

35 Vgl. den Brief der Infantin an den lothringischen Herzog Charles IV. vom 5. Februar 1626 (Choné 1992, S. 73, *ad annum* 1626).

36 Zurawski 1988. Erwähnt ist dies in Callots Widmung einer Begleitpublikation, die mit der Belagerung selbst von Isabella an alle größeren europäischen Höfe gesendet wurde und eine Beschreibung und den Index der in der Karte vermerkten Zahlen enthält (zit. bei Depluvrez 1992, S. 356). Den Ingenieur Cantagallina kannte Callot bereits aus seiner Zeit in Florenz (Bruwaert 1914, S. 839).

37 Vgl. die *Belagerungen von La Rochelle* und der *Ile de Ré* (Lieure 1989, Nr. 654–661).

38 In Abgrenzung zu einer unmittelbar vorausgehenden, jedoch nicht vollendeten kleineren Serie gleichen Themas wird die Serie auch *Die Großen Schrecken des Krieges* (*Les Grandes Misères de la guerre*) genannt.

39 Wolfthal 1977, S. 233: „In short, Callot has selected certain scenes that were secondary in the *Siege of Breda* and made them the major subjects of a new series.“

40 Erst nach dem Tod Callots wurden von den Platten dieser unvollendet gebliebenen Serie Abzüge gemacht.

41 Ebd.

42 Callot selbst besaß die Abhandlung eines Minderbruders über die Hebung der Moral in der französischen Armee (Marot 1975, S. 31, Nr. 22).

43 Choné erkennt in einigen Kreuzesfahnen innerhalb der Szenen das Wappen von Savoyen, während andere an das Wappen der Stadt Stralsund erinnern, siehe Nancy 1992, S. 402, Kat. 507–525 (Paulette Choné).

RECHTE SEITE LUCAS VORSTERMAN D. Ä. (nach Anthonis van Dyck)
Bildnis des Jacques Callot, 1630–40
Radierung (V. Zustand), 247 × 185 mm (Blatt), 232 × 173 mm (Platte)
New Hollstein 53, L. 6092, Inv.-Nr. GS D 29919

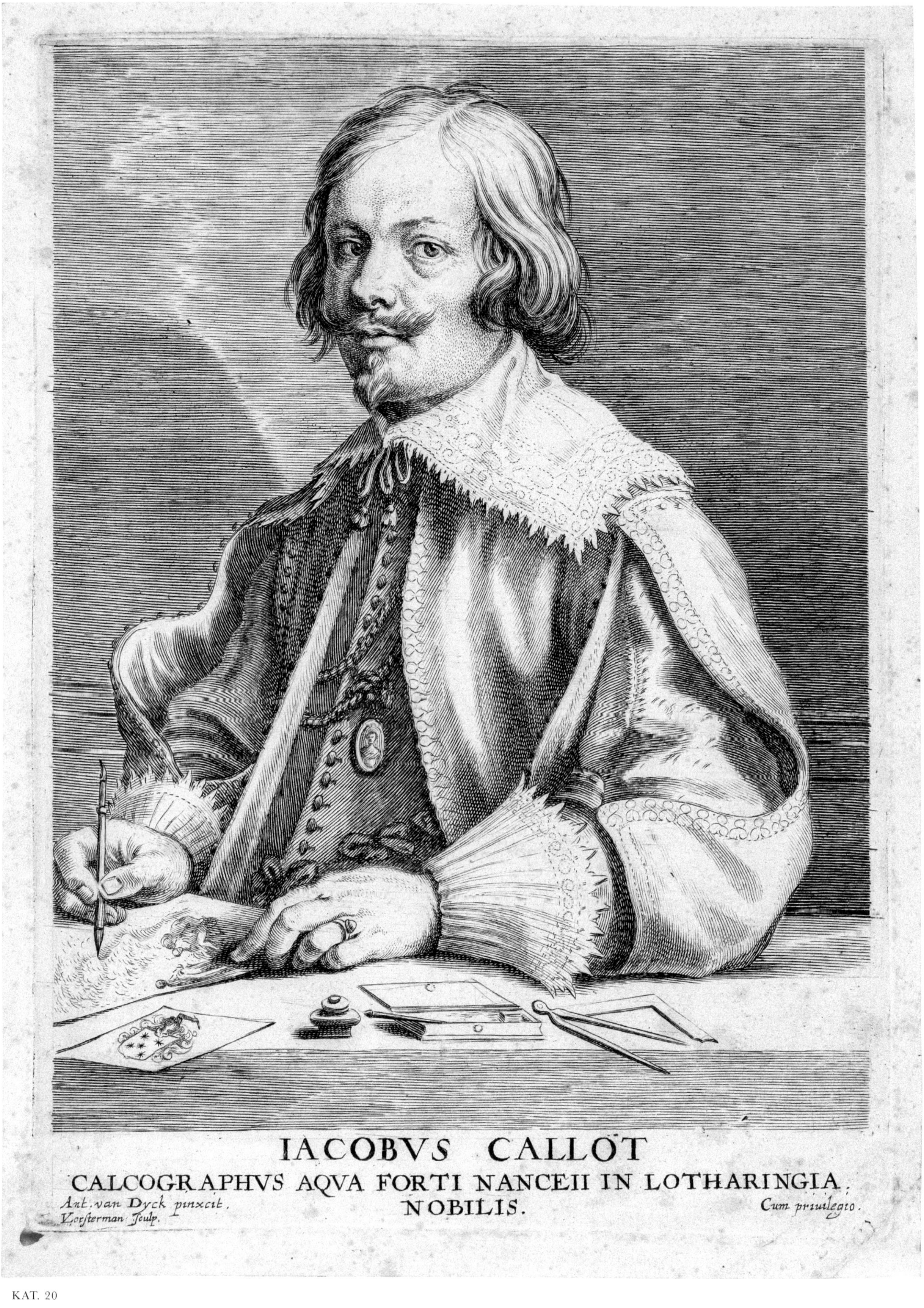
IACOBVS CALLOT
CALCOGRAPHVS AQVA FORTI NANCEII IN LOTHARINGIA
NOBILIS.
Ant. van Dyck pinxcit.
Vorsterman sculp.
Cum priuilegio.

KAT. 20

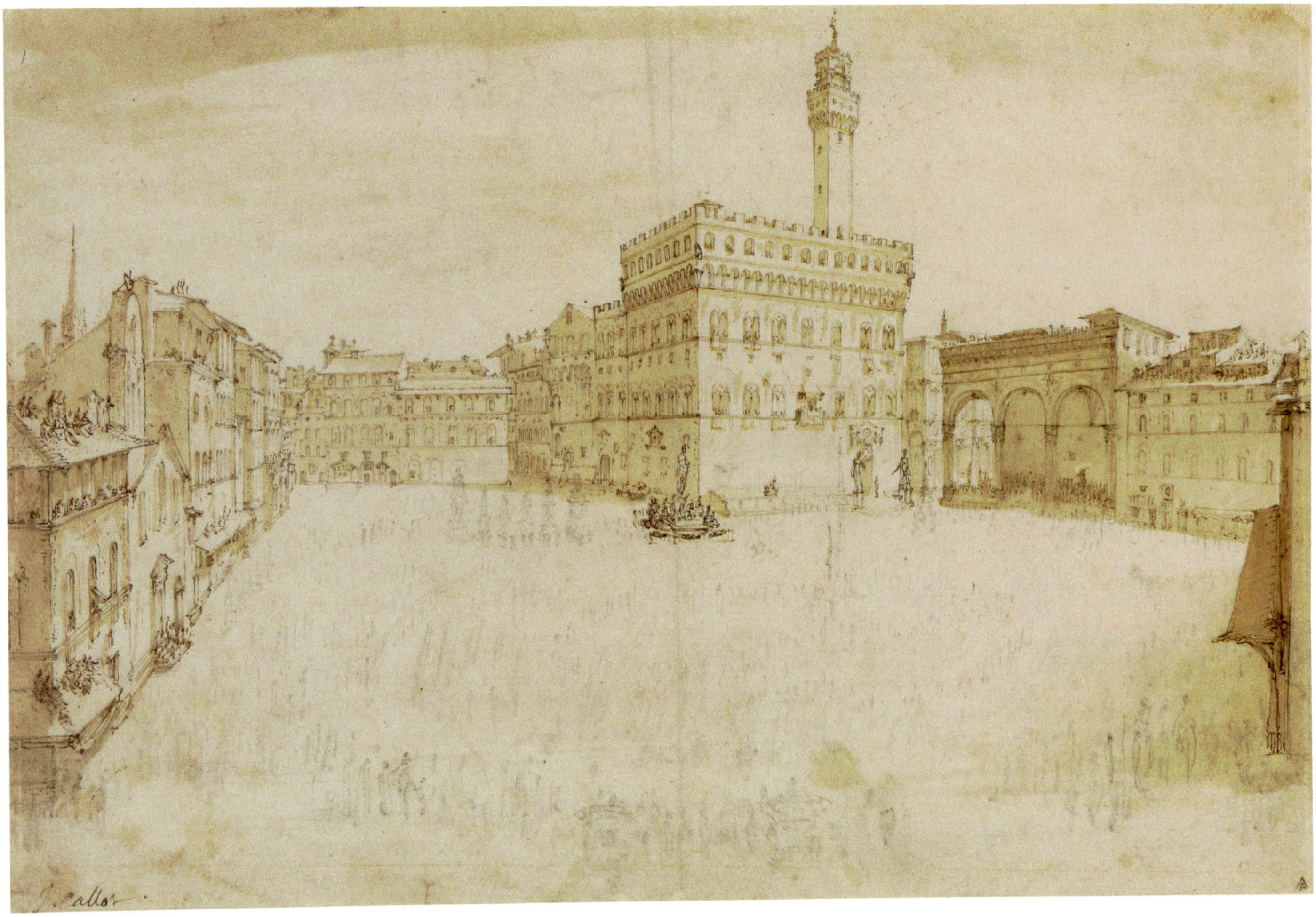

KAT. 21

JACQUES CALLOT

Blick auf die Piazza della Signoria, Florenz, um 1617

Feder in Braun, braun laviert, über schwarzer Kreide, 246 × 365 mm

Darmstadt, Hessisches Landesmuseum, Inv.-Nr. HZ 1718

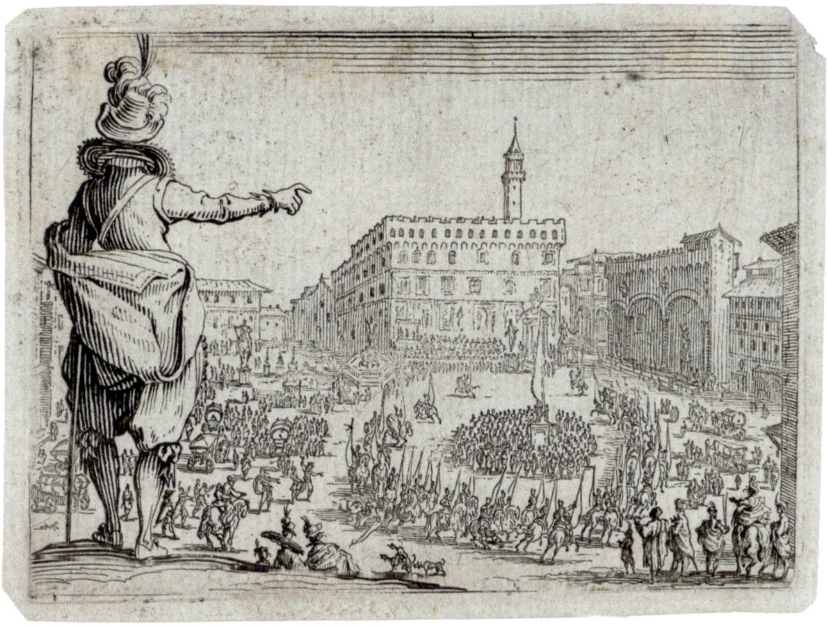

KAT. 22

Fest auf der Piazza della Signoria in Florenz
(aus der Folge „Capricci di varie Figure“ zweite Fassung Nancy-Set), etwa 1622
Radierung (I. Zustand), 59 × 81 mm (Blatt), 55 × 72 mm (Platte)
Lieure 473, 2023, Inv.-Nr. GS 2023/250

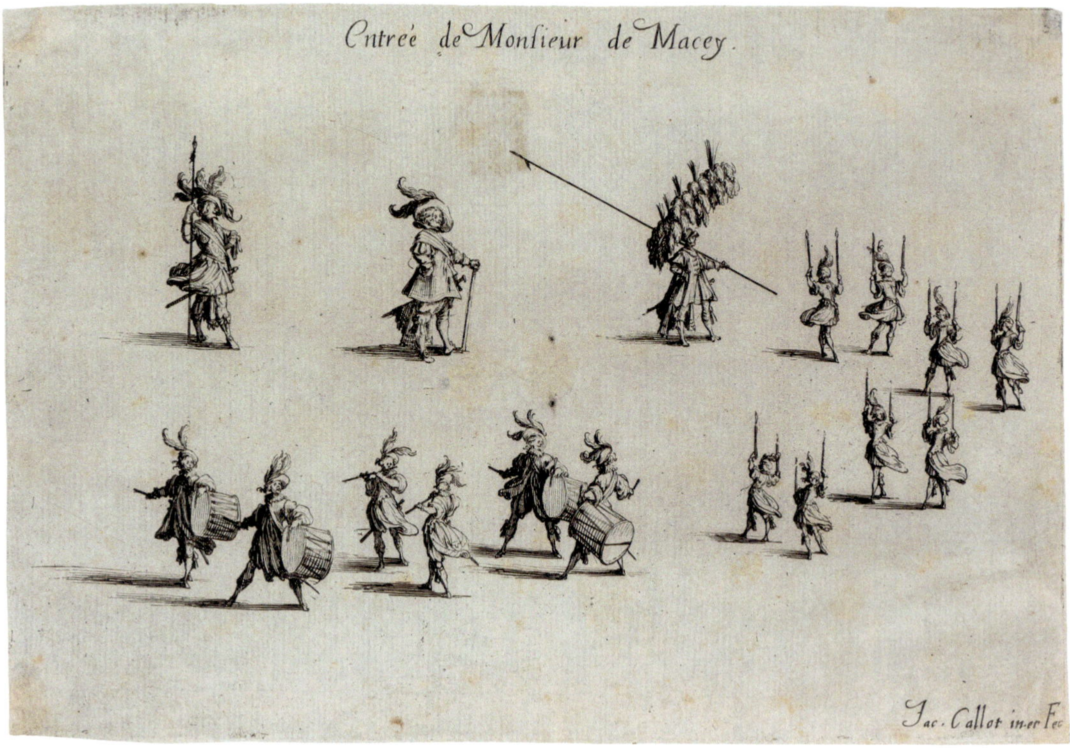

KAT. 23

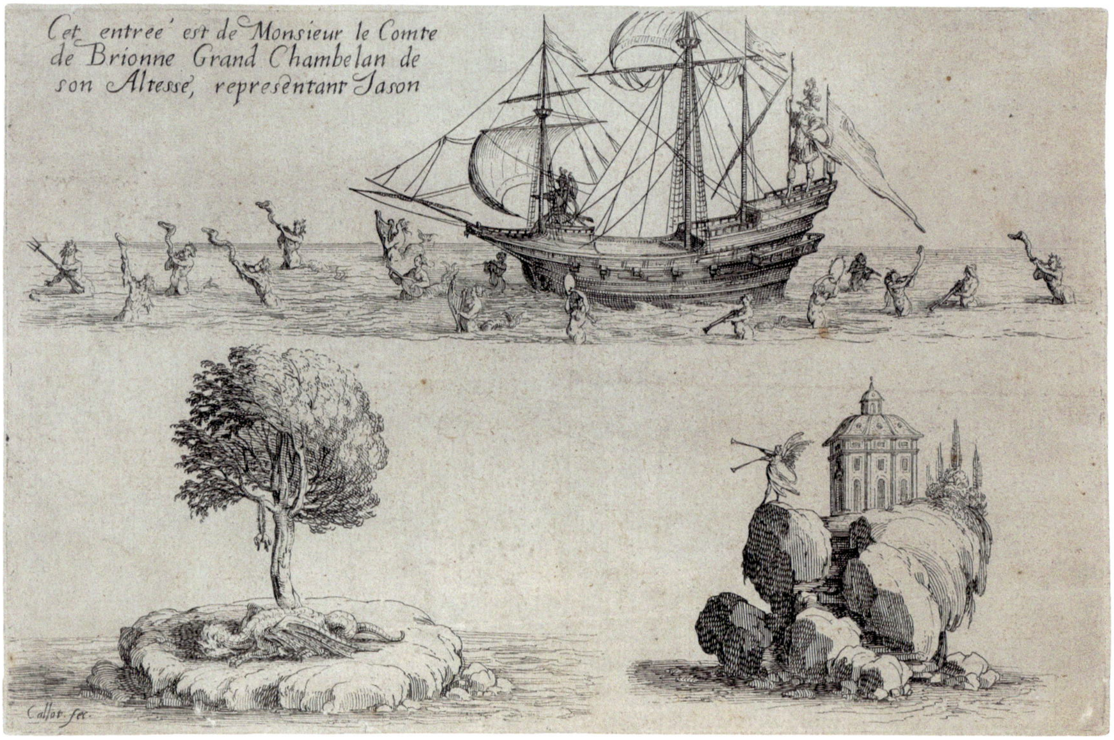

KAT. 24

JACQUES CALLOT

Der Einzug des Monsieur de Macey (aus der Folge „Le combat à la barrière“), 1627

Radierung, 150 × 222 mm (Blatt)

Mainz, Gutenberg-Museum, Lieure 577, Inv.-Nr. 1982.0715/b

Der Einzug des Monsieur de Brionne (aus der Folge „Le combat à la barrière“), 1627

Radierung, 155 × 245 mm (Blatt)

Mainz, Gutenberg-Museum, Lieure 580, Inv.-Nr. 1982.0715/g

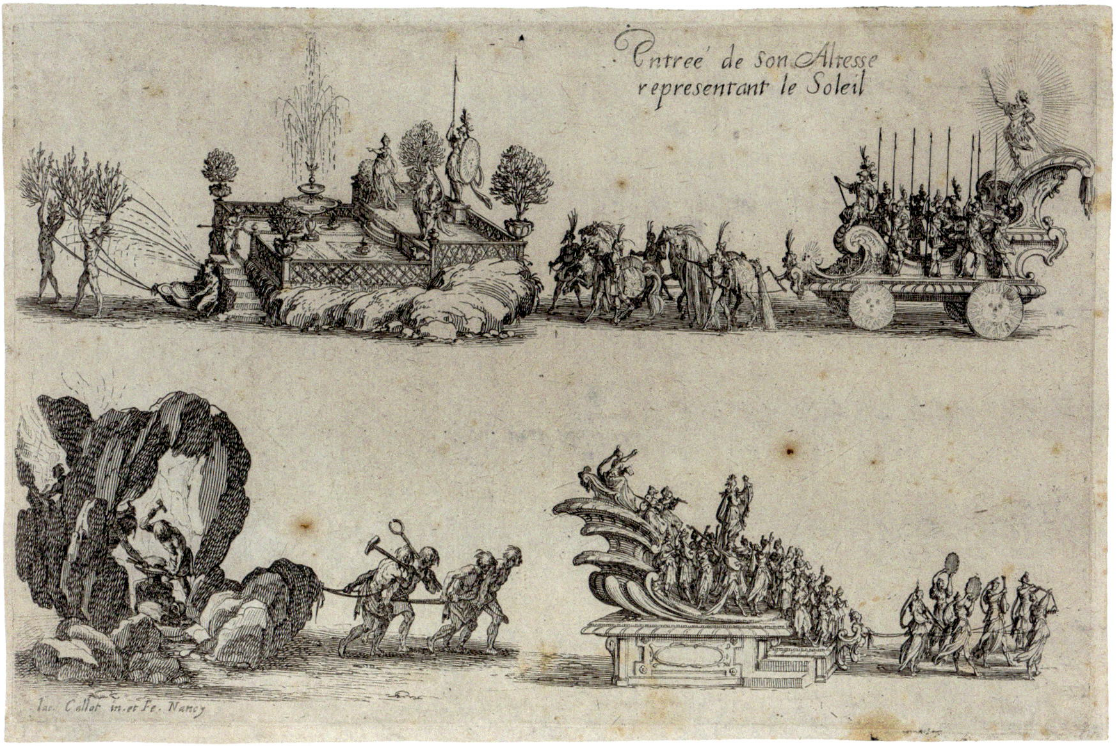

KAT. 25

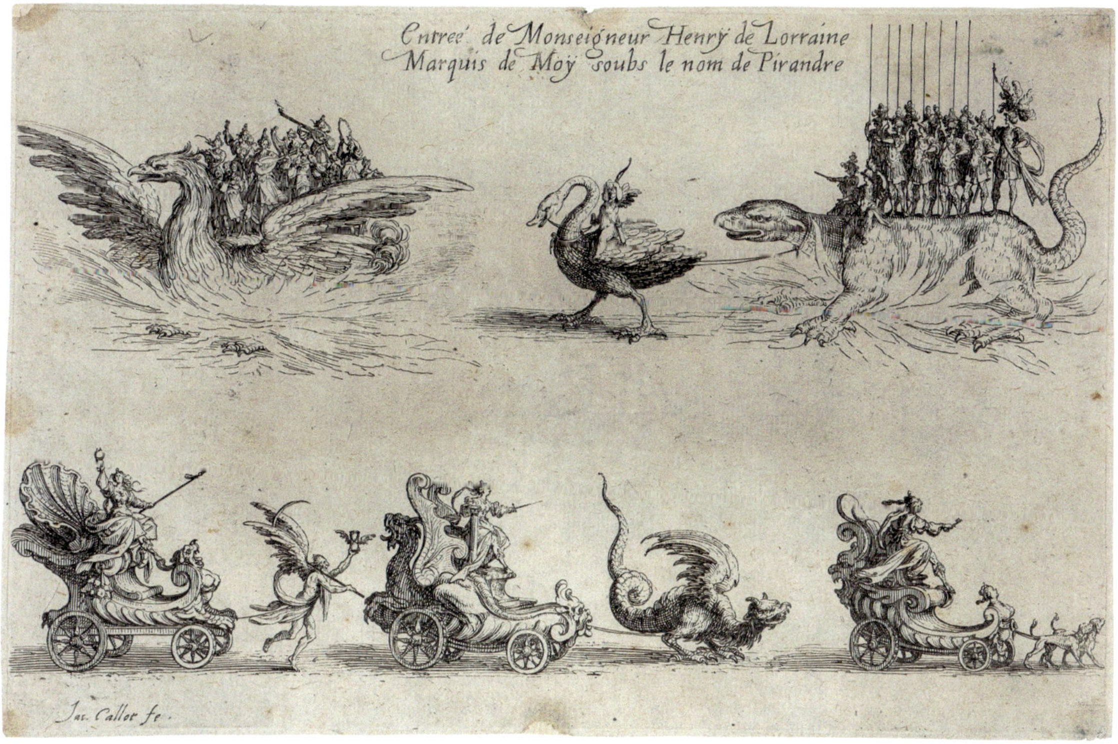

KAT. 26

Der Einzug des Herzogs Charles IV (aus der Folge „Le combat à la barrière"), 1627
Radierung, 160 × 245 mm (Blatt)
Mainz, Gutenberg-Museum, Lieure 582, Inv.-Nr. 1982.0715/e

Der Einzug des Monseigneur Henry de Lorraine (aus der Folge „Le combat à la barrière"), 1627
Radierung, 155 × 242 mm (Blatt)
Mainz, Gutenberg-Museum, Lieure 581, Inv.-Nr. 1982.0715/d

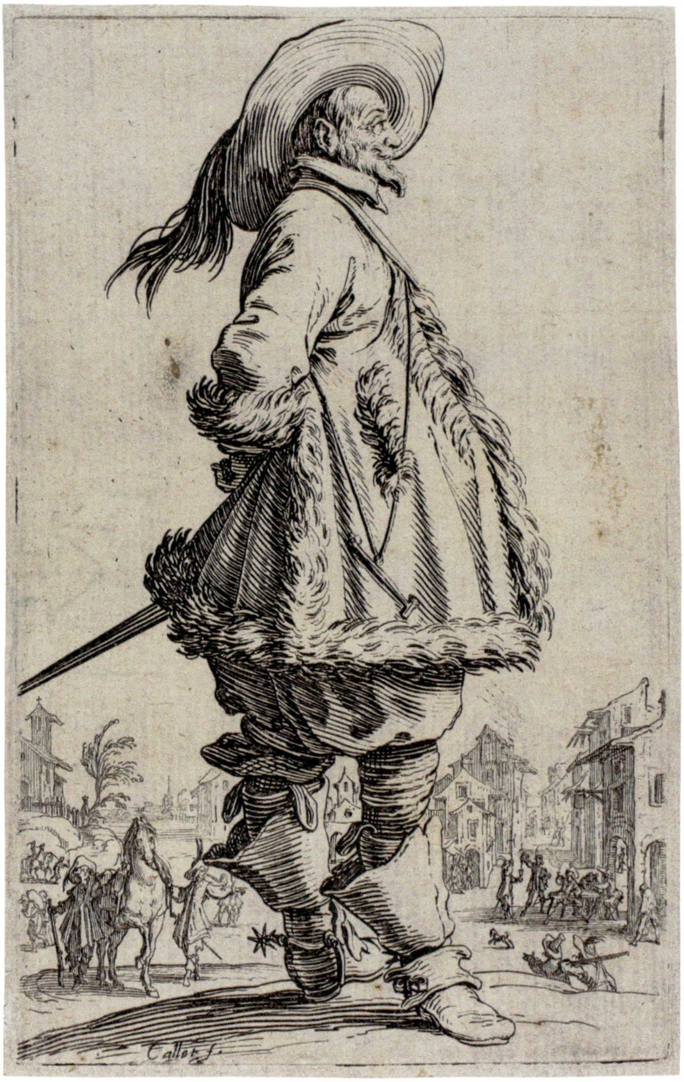

KAT. 27

JACQUES CALLOT

Der Edelmann mit den Armen hinter dem Rücken (aus der Folge „La noblesse“) , um 1620–23

Radierung, 147 × 97 mm (Blatt), 143 × 93 mm (Platte)

Lieure 555, L. 6092, Inv.-Nr. GS 11671

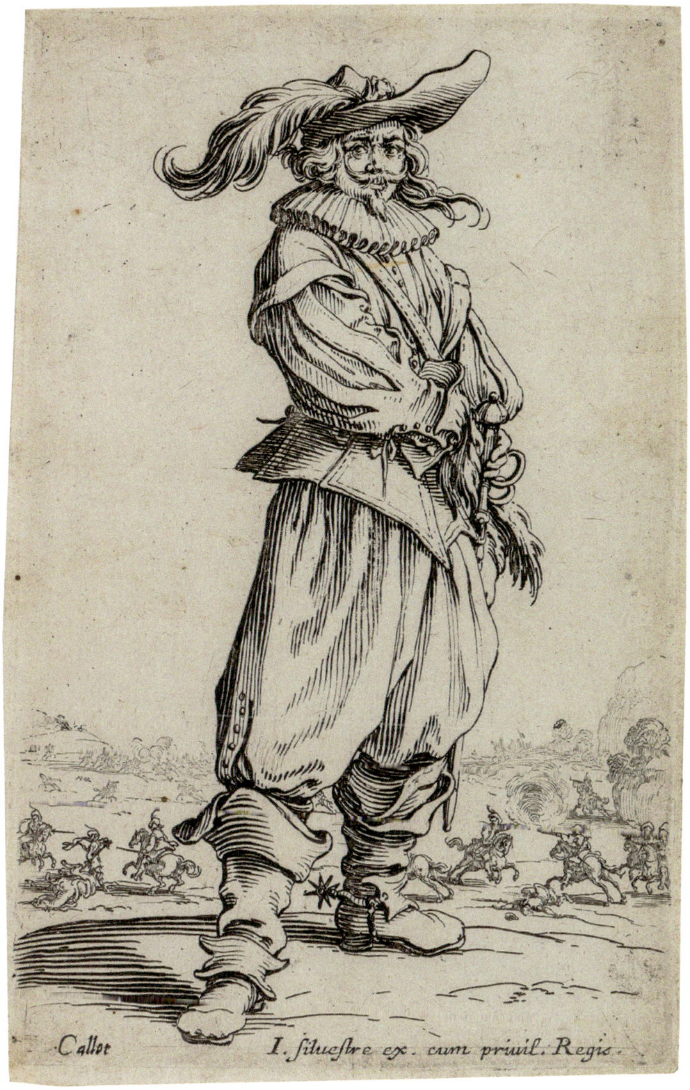

KAT. 28

Der Soldat mit dem Federhut (aus der Folge „La noblesse“) , um 1620–23

Radierung (II. Zustand), 146 × 94 mm (Blatt/Platte)

Lieure 551, L. 6089, Inv.-Nr. GS D 0/720

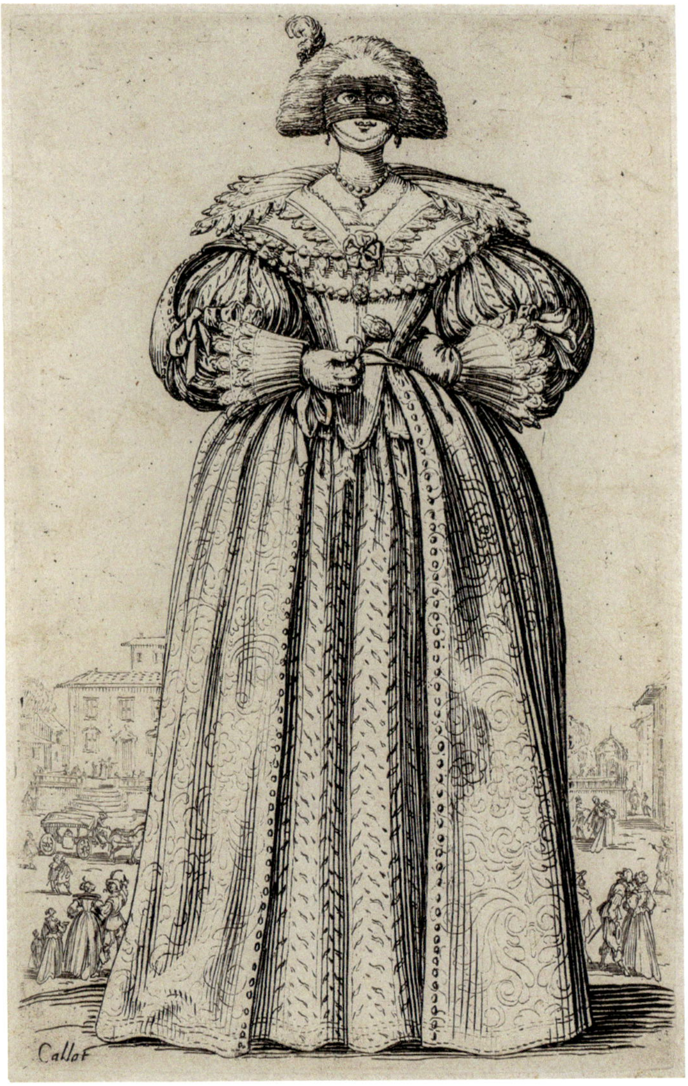

KAT. 29

JACQUES CALLOT

Die Dame mit der Maske (aus der Folge „La noblesse“), um 1620–23

Radierung, 147 × 97 mm (Blatt), 143 × 94 mm (Platte)

Lieure 560, L. 6089, Inv.-Nr. GS D 0/726

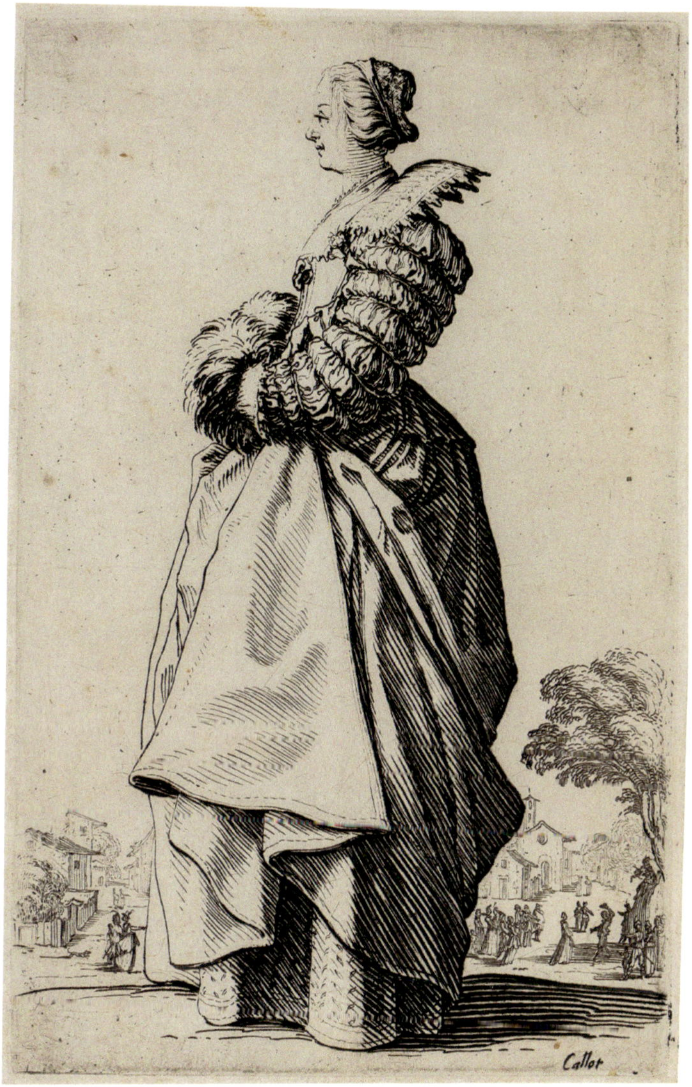

KAT. 30

Die Dame im Profil nach links mit den Händen im Muff (aus der Folge „La noblesse"), um 1620–23
Radierung, 147 × 96 mm (Blatt), 143 × 93 mm (Platte)
Lieure 552, L. 6089, Inv.-Nr. GS D 0/721

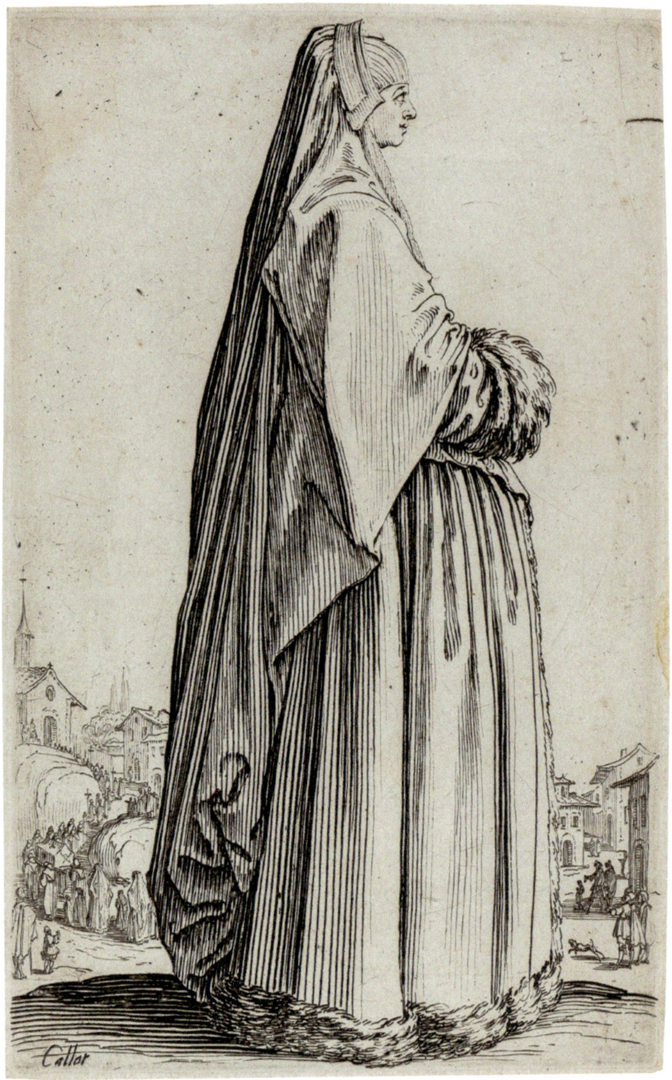

KAT. 31

JACQUES CALLOT

Die Dame mit dem großen Schleier und Pelzsaum (aus der Folge „La noblesse"), um 1620–23

Radierung, 145 × 94 mm (Blatt/Platte)

Lieure 553, L. 6089, Inv.-Nr. GS D 0/722

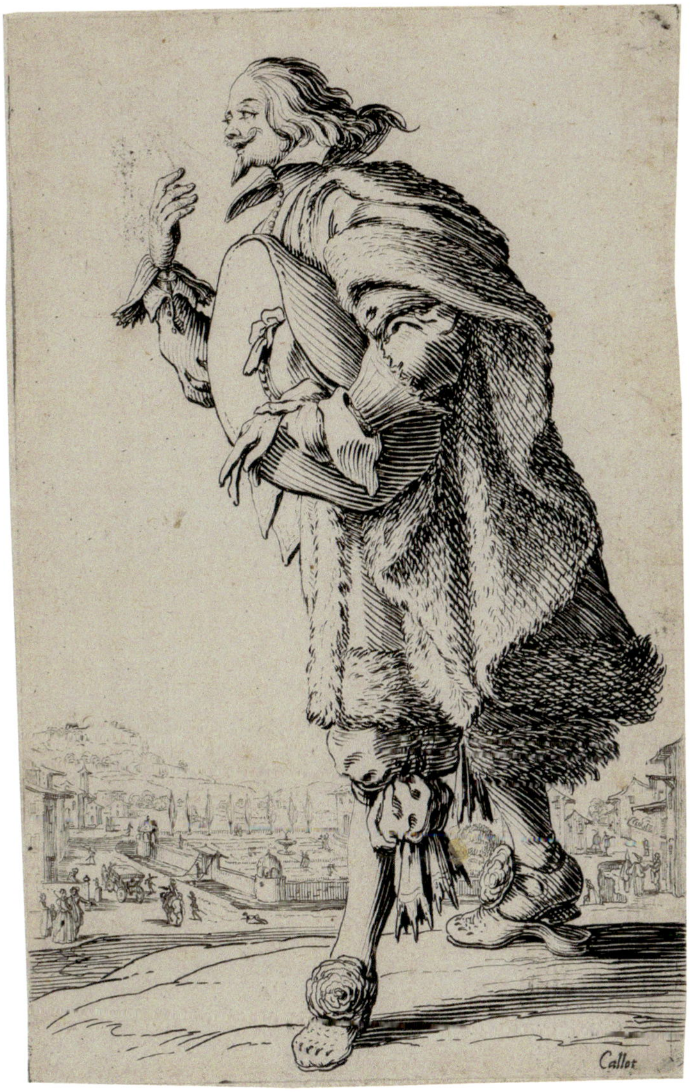

KAT. 32

Der salutierende Edelmann (aus der Folge „La noblesse“), um 1620–23
Radierung, 144 × 93 mm (Blatt/Platte)
Lieure 550, L. 6089, Inv.-Nr. GS D 0/719

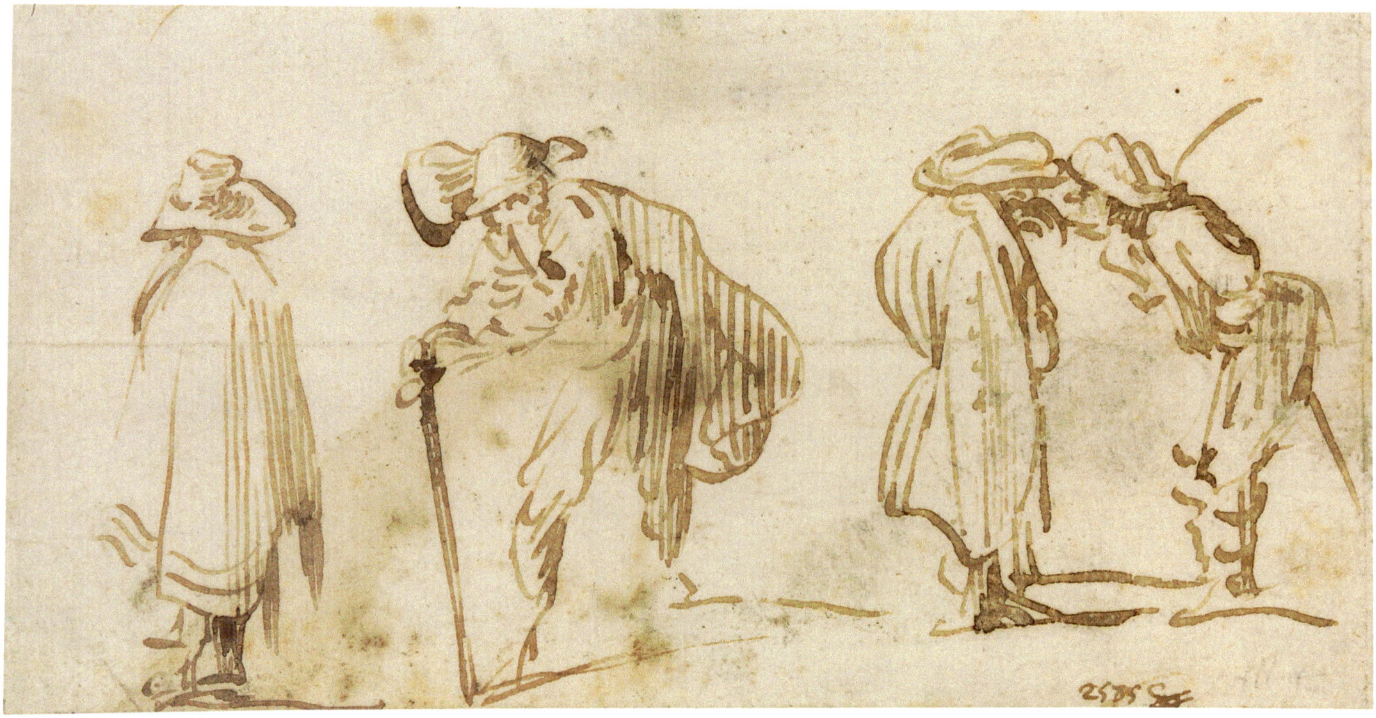

KAT. 33

JACQUES CALLOT (?)

Straßenszene

Feder in Braun, 77 × 151 mm

Darmstadt, Hessisches Landesmuseum, Inv.-Nr. HZ 1724

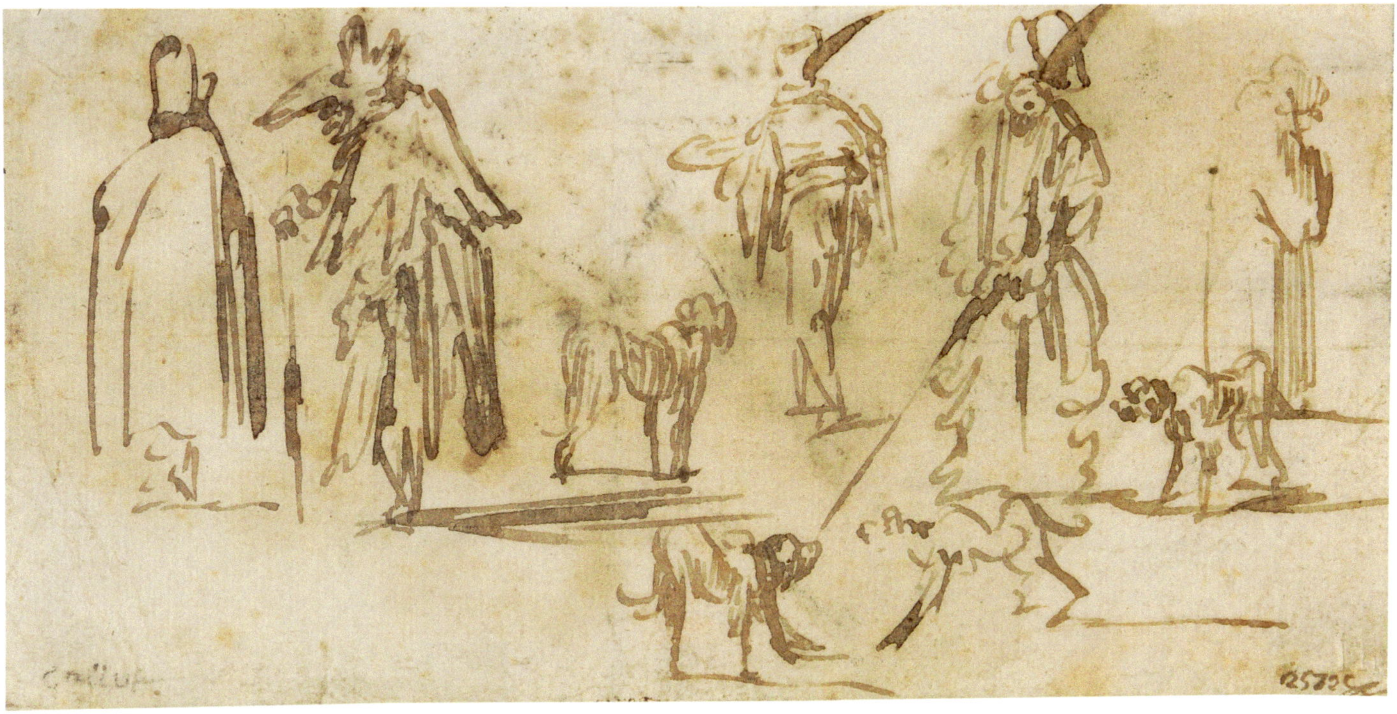

KAT. 34

Straßenszene mit Hunden

Feder in Braun, 75 × 151 mm

Darmstadt, Hessisches Landesmuseum, Inv.-Nr. HZ 1723

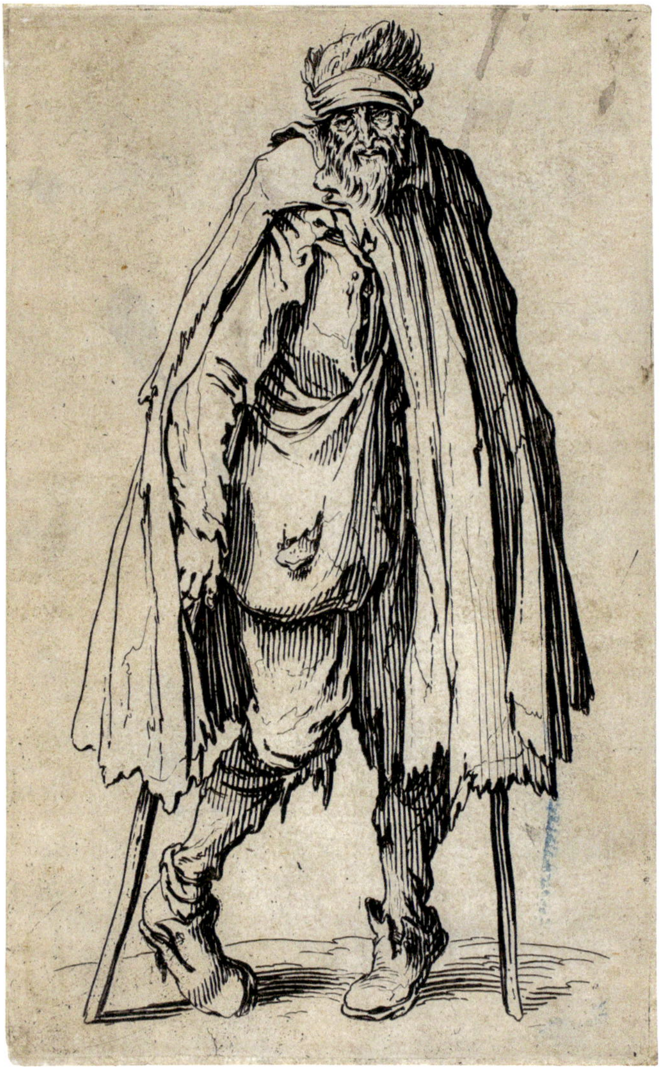

KAT. 35

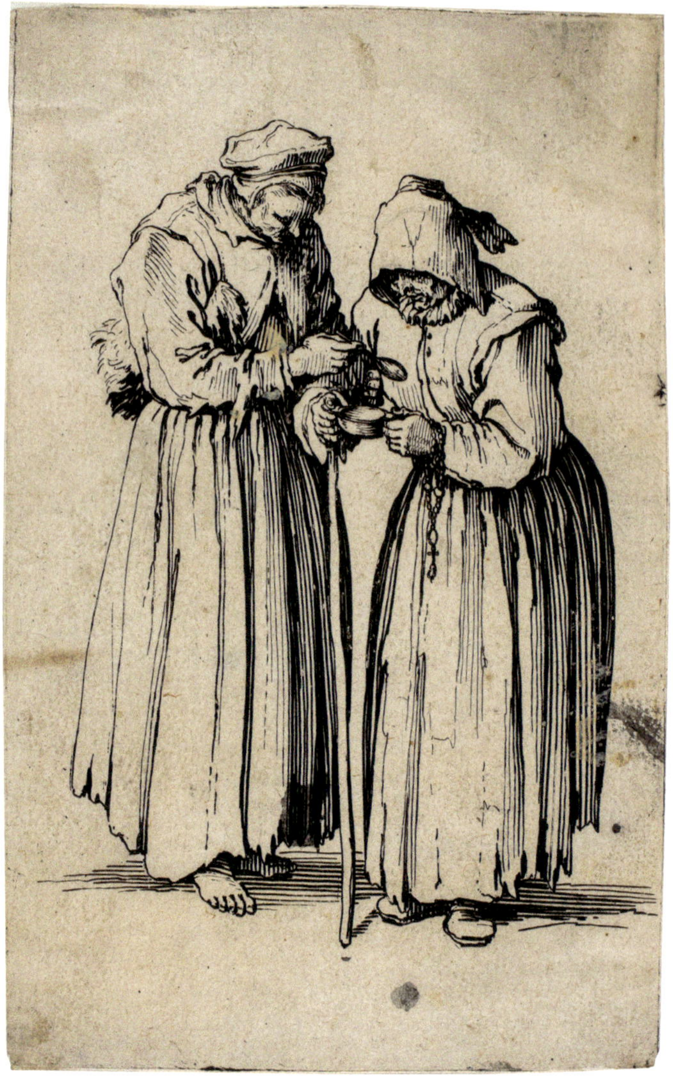

KAT. 36

JACQUES CALLOT

Der Bettler mit Krücken und Betteltasche (aus der Folge „Die Bettler"), um 1621–23
Radierung (I. Zustand), 139 × 89 mm (Blatt/Platte)
Lieure 488, Alter Bestand (Stadtbibliothek), Inv.-Nr. GS D 0/729

Die zwei Bettlerinnen (aus der Folge „Die Bettler"), um 1621–23
Radierung (I. Zustand), 139 × 88 mm (Blatt/Platte)
Lieure 486, Alter Bestand (Stadtbibliothek), Inv.-Nr. GS D 0/728

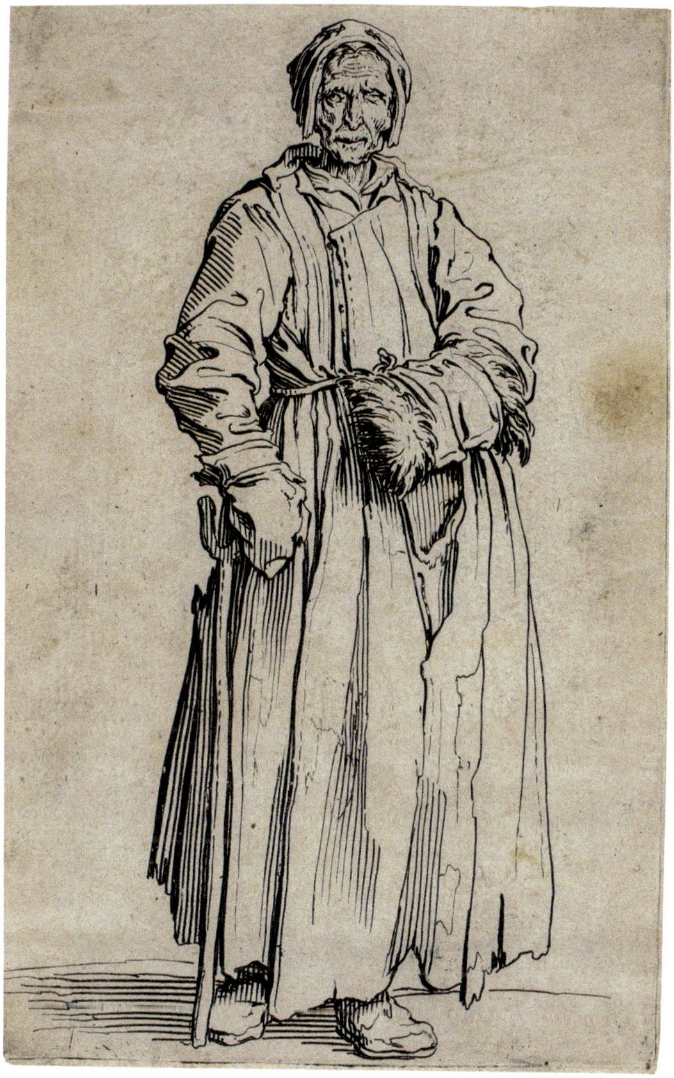

KAT. 37

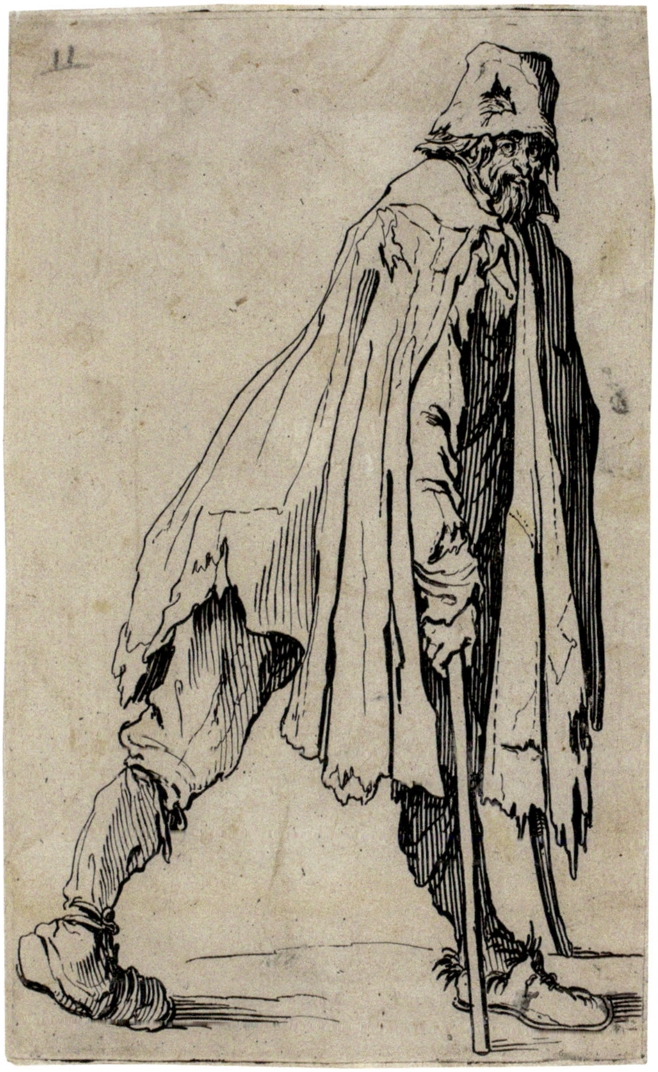

KAT. 38

Die Einäugige (aus der Folge „Die Bettler“), um 1621–23
Radierung (I. Zustand), 137 × 88 mm (Blatt/Platte)
Lieure 492, Alter Bestand (Stadtbibliothek), Inv.-Nr. GS D 0/731

Der Bettler mit Krücken und Hut (aus der Folge „Die Bettler“), um 1621–23
Radierung (I. Zustand), 140 × 89 mm (Blatt/Platte)
Lieure 482, Alter Bestand (Stadtbibliothek), Inv.-Nr. GS D 0/727

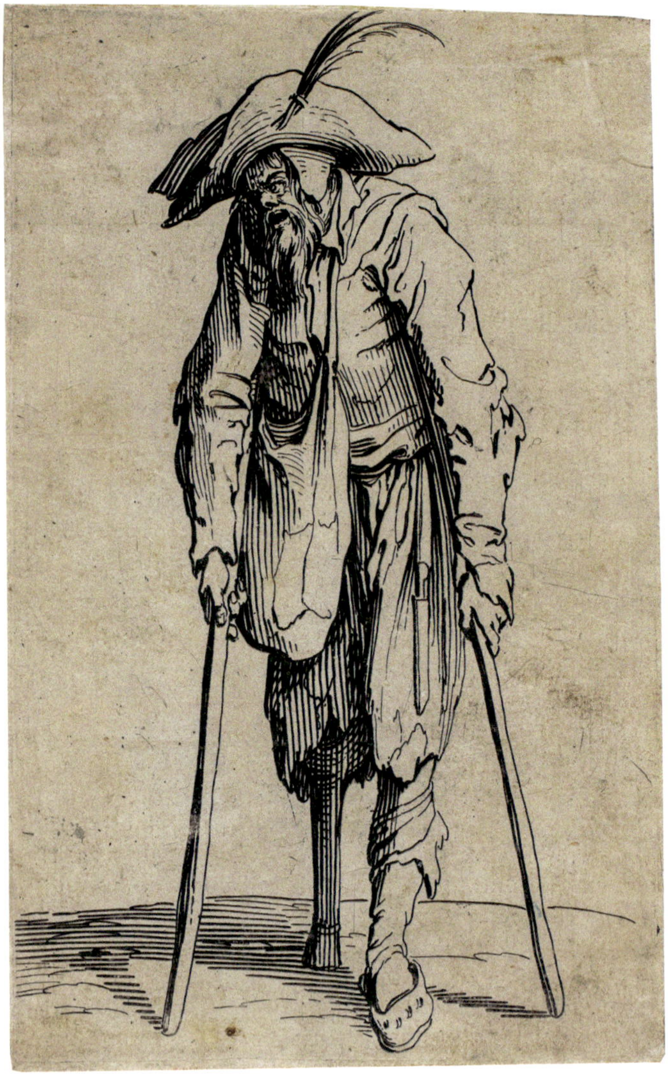

KAT. 39

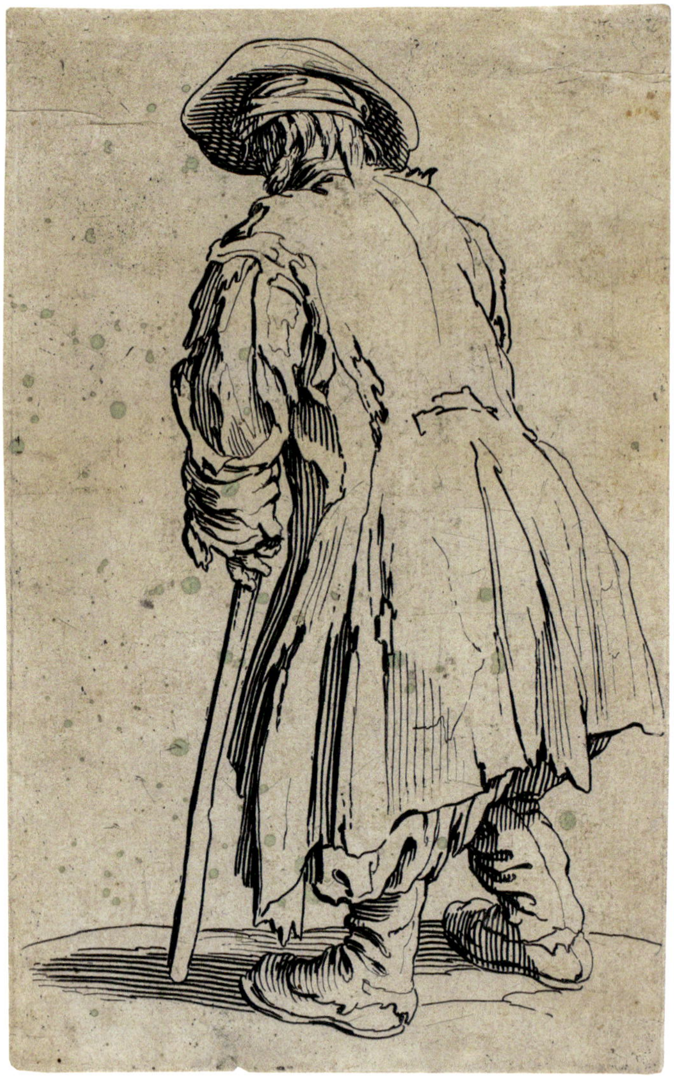

KAT. 40

JACQUES CALLOT

Der Bettler mit dem Holzbein (aus der Folge „Die Bettler"), um 1621–23
Radierung (I. Zustand), 139 × 89 mm (Blatt/Platte)
Lieure 493, Alter Bestand (Stadtbibliothek), Inv.-Nr. GS D 0/732

Der Bettler mit einer Krücke (aus der Folge „Die Bettler"), um 1621–23
Radierung (I. Zustand), 139 × 89 mm (Blatt/Platte)
Lieure 495, Alter Bestand (Stadtbibliothek), Inv.-Nr. GS D 0/733

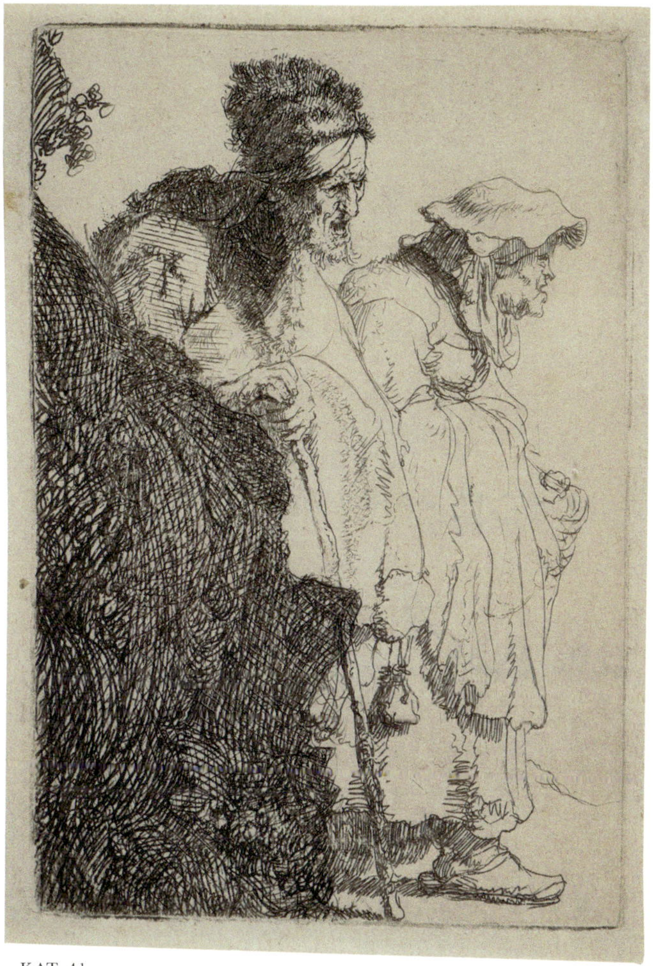

KAT. 41

REMBRANDT VAN RIJN

Bettler und Bettlerin hinter einem Hügel, um 1630

Radierung, Kaltnadel und Grabstichel (VI. Zustand), 104 × 70 mm (Blatt), 98 × 68 mm (Platte)

New Hollstein 51, Kaiserslautern, Museum Pfalzgalerie, Inv.-Nr. 56/121

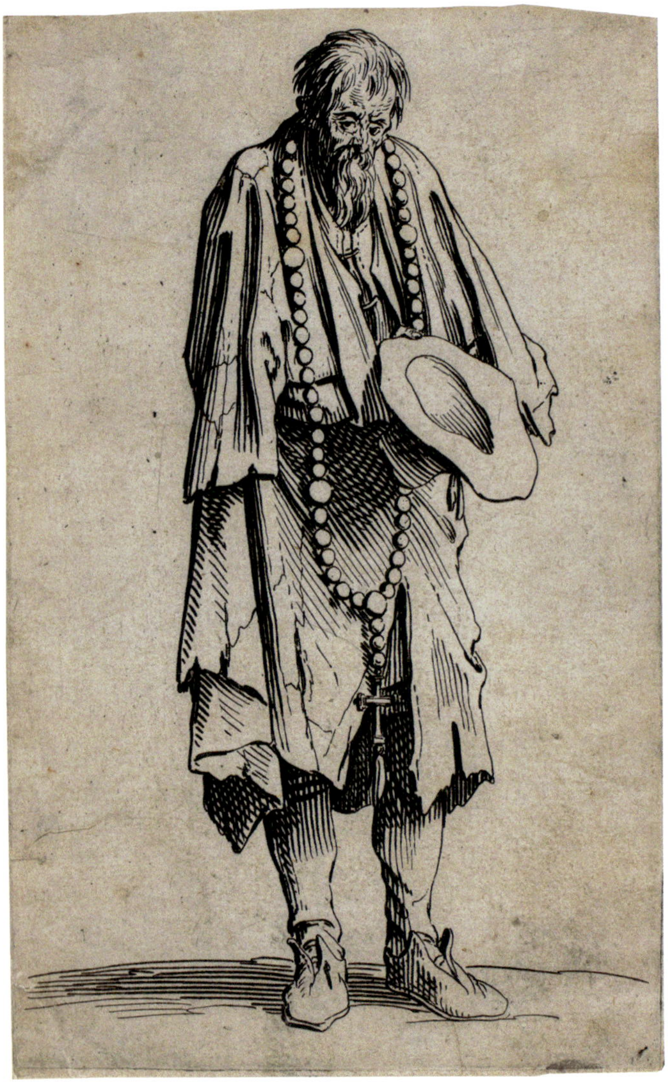

KAT. 42

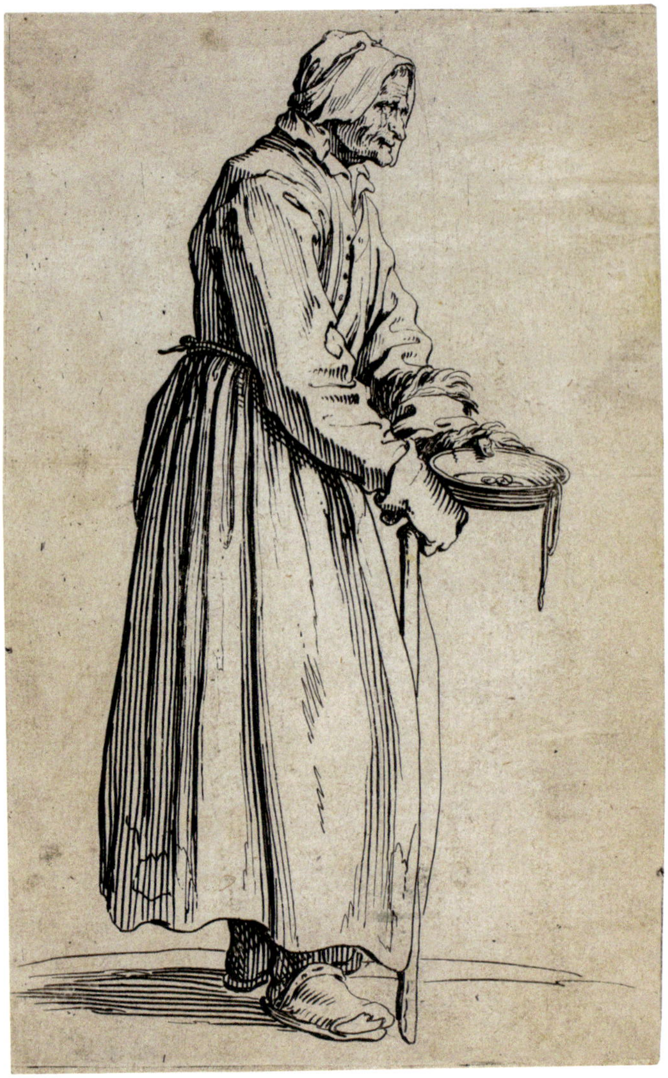

KAT. 43

JACQUES CALLOT

Der Bettler mit dem Rosenkranz (aus der Folge „Die Bettler"), um 1621–23
Radierung (I. Zustand), 137 × 89 mm (Blatt/Platte)
Lieure 489, Alter Bestand (Stadtbibliothek), Inv.-Nr. GS D 0/730

Die Bettlerin mit der Bettelschale (aus der Folge „Die Bettler"), um 1621–23
Radierung (I. Zustand), 138 × 88 mm (Blatt/Platte)
Lieure 498, Alter Bestand (Stadtbibliothek), Inv.-Nr. GS D 0/734

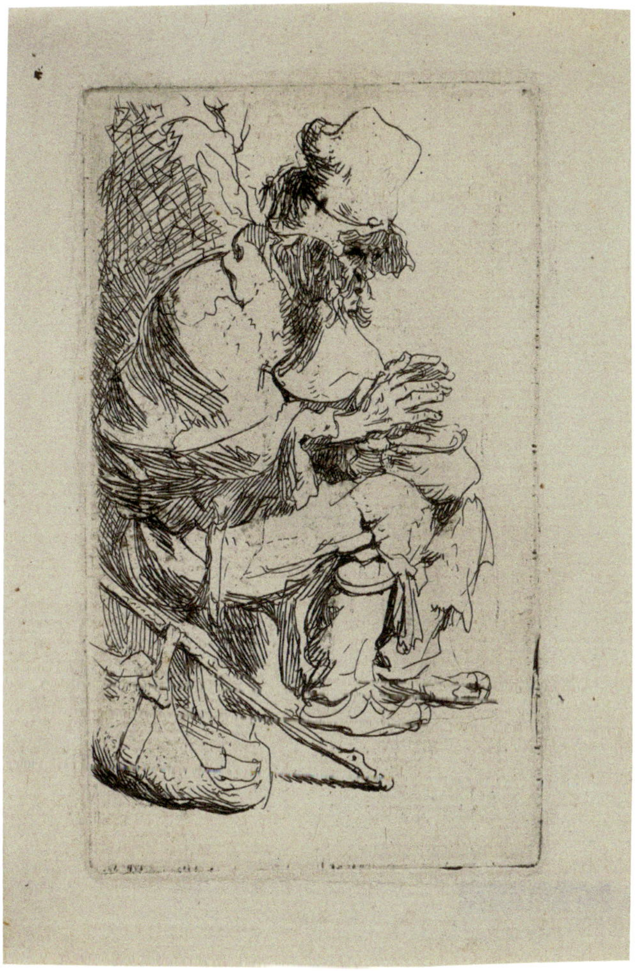

KAT. 44

REMBRANDT VAN RIJN
Bettler mit Glutpfanne, um 1630
Radierung (II. Zustand), 94 × 64 mm (Blatt), 77 × 46 mm (Platte)
New Hollstein 44, Kaiserslautern, Museum Pfalzgalerie, Inv.-Nr. 56/122

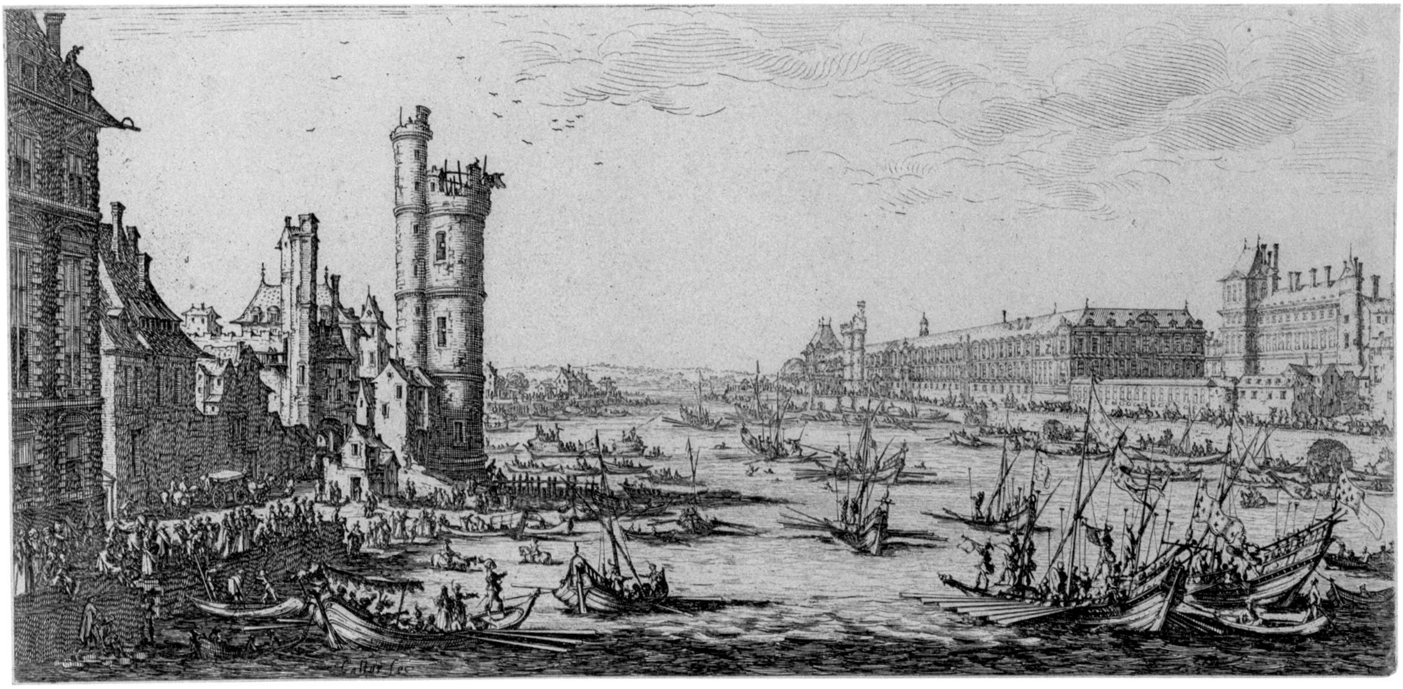

KAT. 45

JACQUES CALLOT

Blick auf den Louvre (aus der Folge „Die zwei großen Paris-Ansichten“), um 1628–29

Radierung (II. Zustand), 160 × 335 mm (Blatt/Platte)

Lieure 667, L. 6092, Inv.-Nr. GS 11673

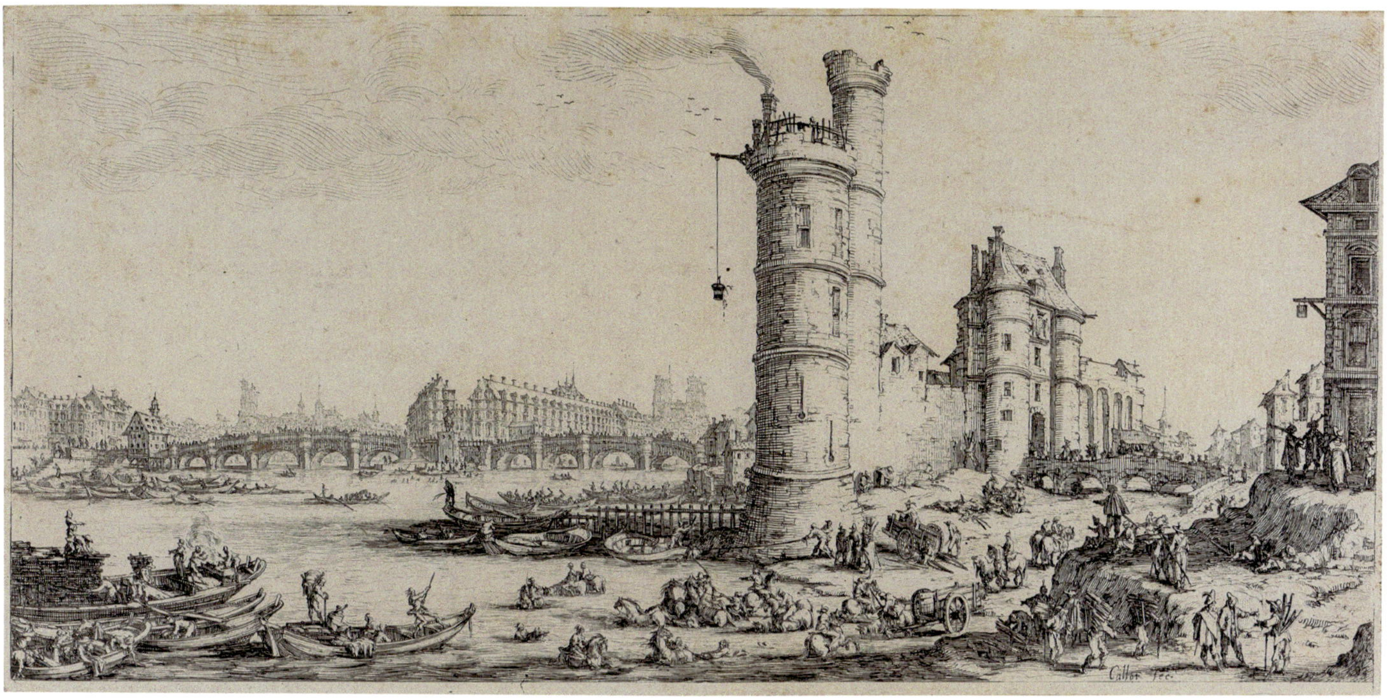

KAT. 46

Blick auf den Pont Neuf (aus der Folge „Die zwei großen Paris-Ansichten"), um 1628–29
Radierung (II. Zustand), 164 × 341 mm (Blatt/Platte)
Lieure 668, L. 6092, Inv.-Nr. GS 11674

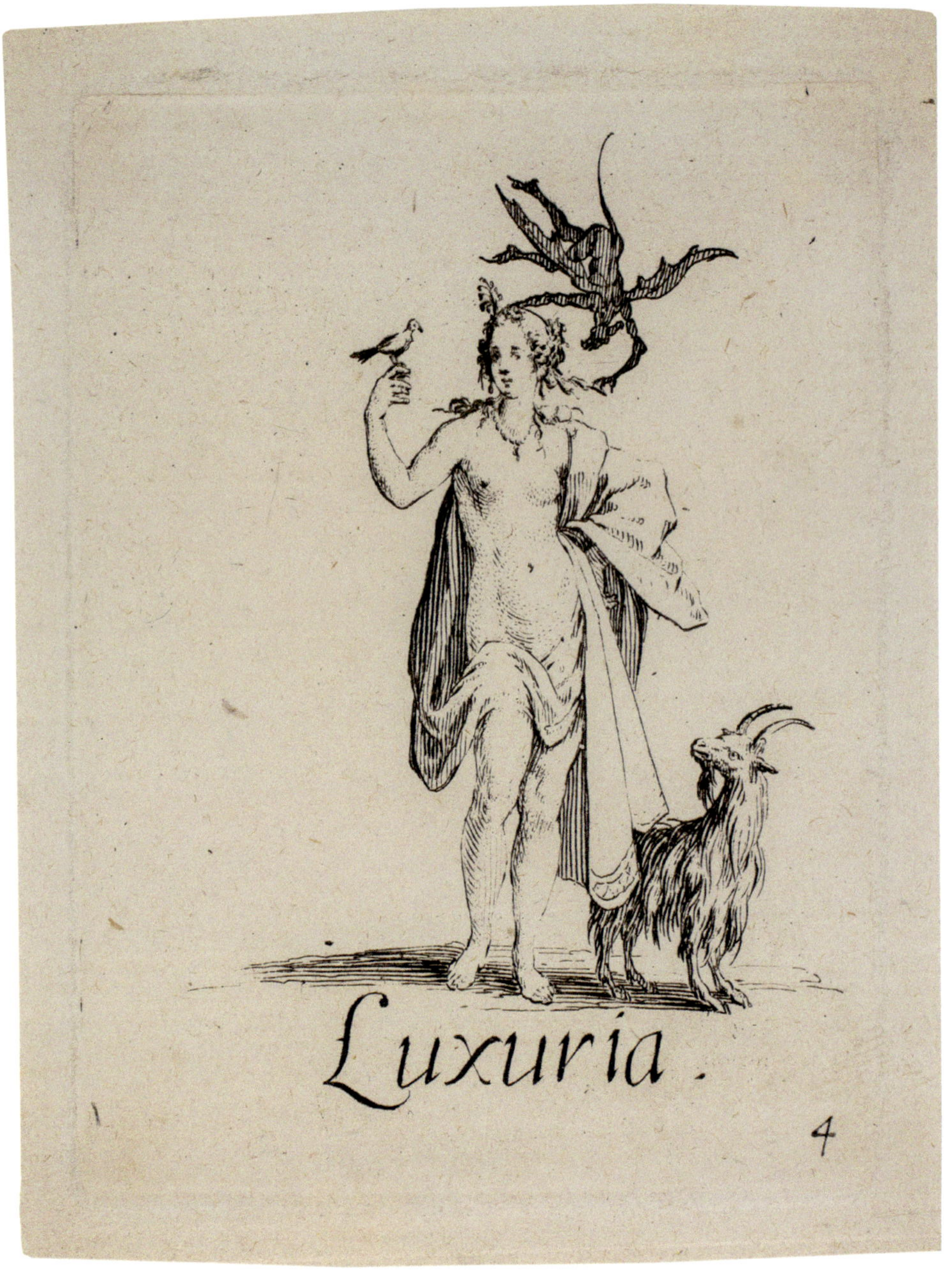

KAT. 47

JACQUES CALLOT
Wollust (Luxuria) (Blatt 4 aus der Folge „Die sieben Todsünden“), um 1617–20
Radierung (II. Zustand), 86 × 68 mm (Blatt), 76 × 57 mm (Platte)
Lieure 357, L. 6092, Inv.-Nr. GS 11662

KAT. 48

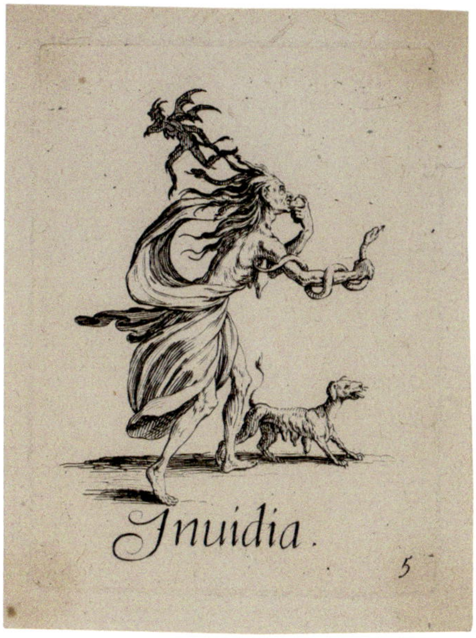

Neid (Invidia) (Blatt 5 aus der Folge „Die sieben Todsünden"), um 1617–20
Radierung (II. Zustand), 89 × 69 mm (Blatt), 77 × 58 mm (Platte)
Lieure 358, L. 6092, Inv.-Nr. GS 11663

KAT. 49

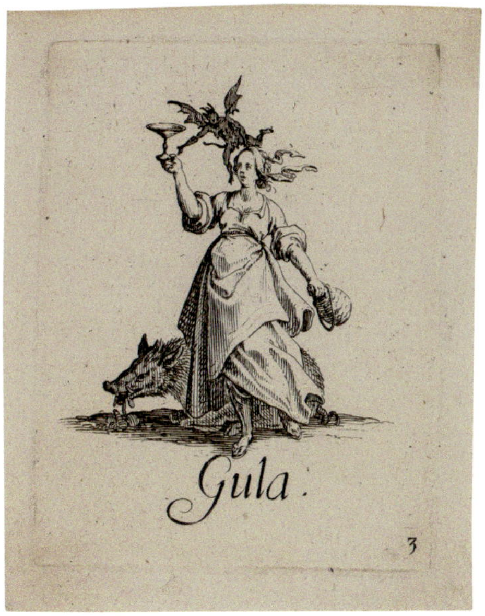

Völlerei (Gula) (Blatt 3 aus der Folge „Die sieben Todsünden"), um 1617–20
Radierung (II. Zustand), 87 × 69 mm (Blatt), 71 × 59 mm (Platte)
Lieure 356, L. 6092, Inv.-Nr. GS 11661

KAT. 50

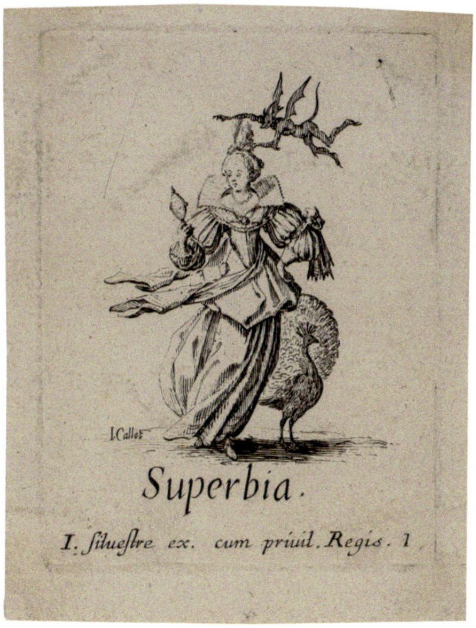

Hochmut (Superbia) (Blatt 1 aus der Folge „Die sieben Todsünden"), um 1617–20
Radierung (IV. Zustand), 86 × 69 mm (Blatt), 76 × 58 mm (Platte)
Lieure 354, L. 6092, Inv.-Nr. GS 11659

KAT. 51

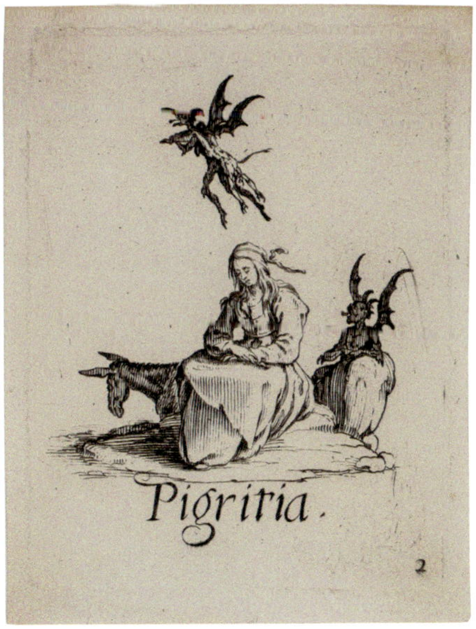

Trägheit (Pigritia) (Blatt 2 aus der Folge „Die sieben Todsünden"), um 1617–20
Radierung (II. Zustand), 85 × 66 mm (Blatt), 76 × 59 mm (Platte)
Lieure 355, L. 6092, Inv.-Nr. GS 11660

KAT. 52

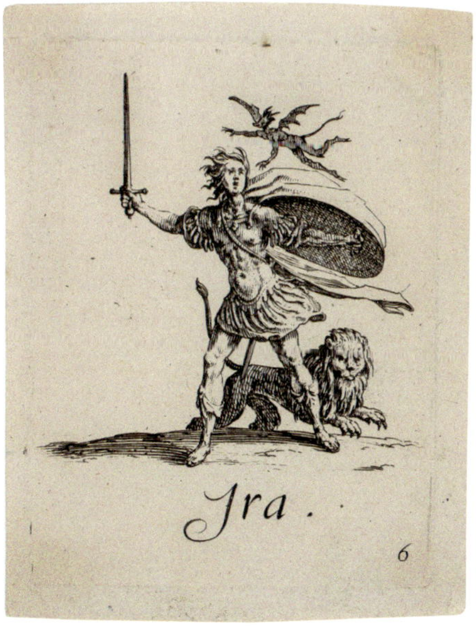

Zorn (Ira) (Blatt 6 aus der Folge „Die sieben Todsünden"), um 1617–20
Radierung (II. Zustand), 86 × 68 mm (Blatt), 77 × 58 mm (Platte)
Lieure 359, L. 6092, Inv.-Nr. GS 11664

KAT. 53

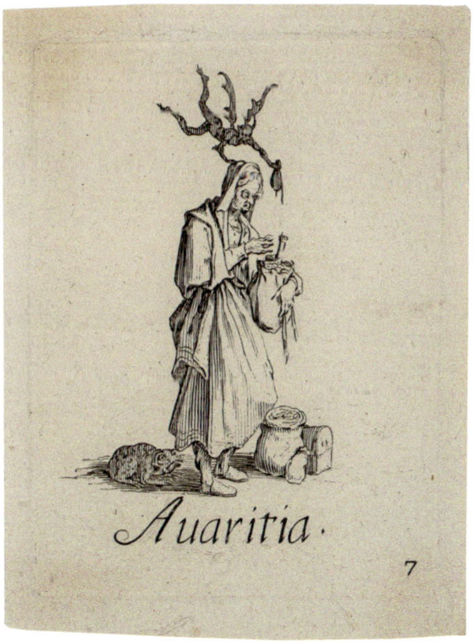

Geiz (Avaritia) (Blatt 7 aus der Folge „Die sieben Todsünden"), um 1617–20
Radierung (II. Zustand), 86 × 68 mm (Blatt), 77 × 59 mm (Platte)
Lieure 360, L. 6092, Inv.-Nr. GS 11665

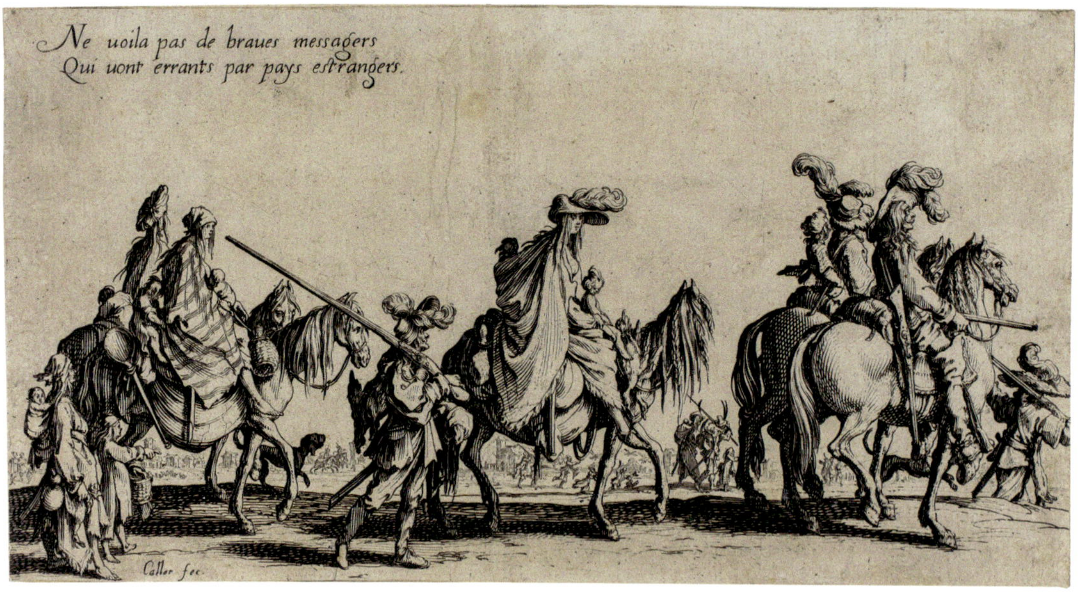

KAT. 54

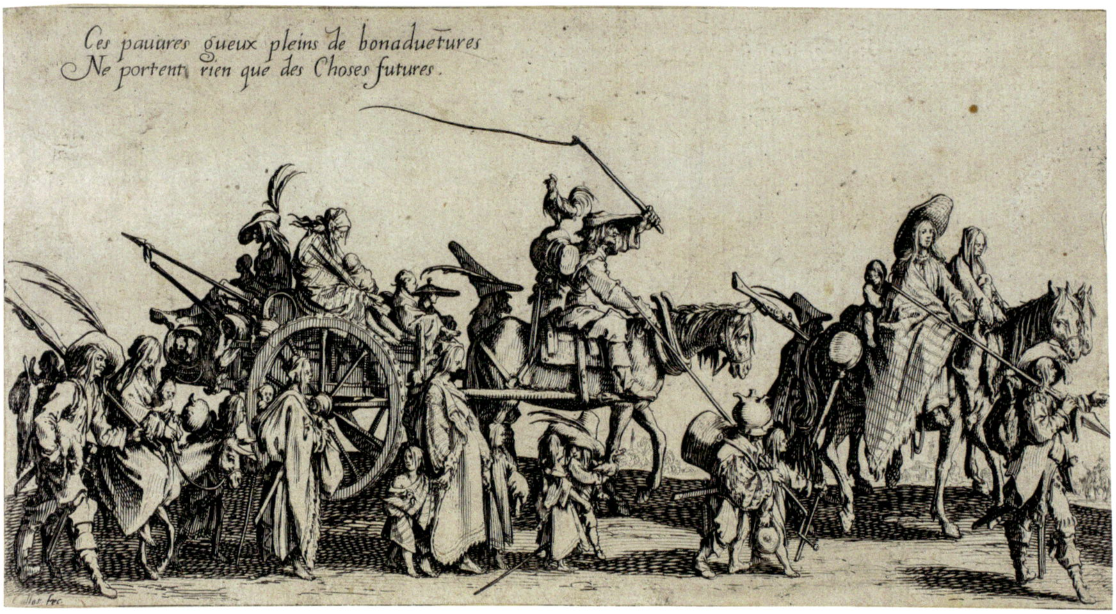

KAT. 55

JACQUES CALLOT

Die Vorhut (aus der Folge „Les bohémiens"), 1623–24

Radierung (II. Zustand), 122 × 234 mm (Blatt/Platte)

Lieure 375, Alter Bestand (Stadtbibliothek), Inv.-Nr. GS D 0/712

Der Aufbruch (aus der Folge „Les bohémiens"), 1623–24

Radierung (II. Zustand), 124 × 235 mm (Blatt/Platte beschnitten)

Lieure 374, Alter Bestand (Stadtbibliothek), Inv.-Nr. GS D 0/711

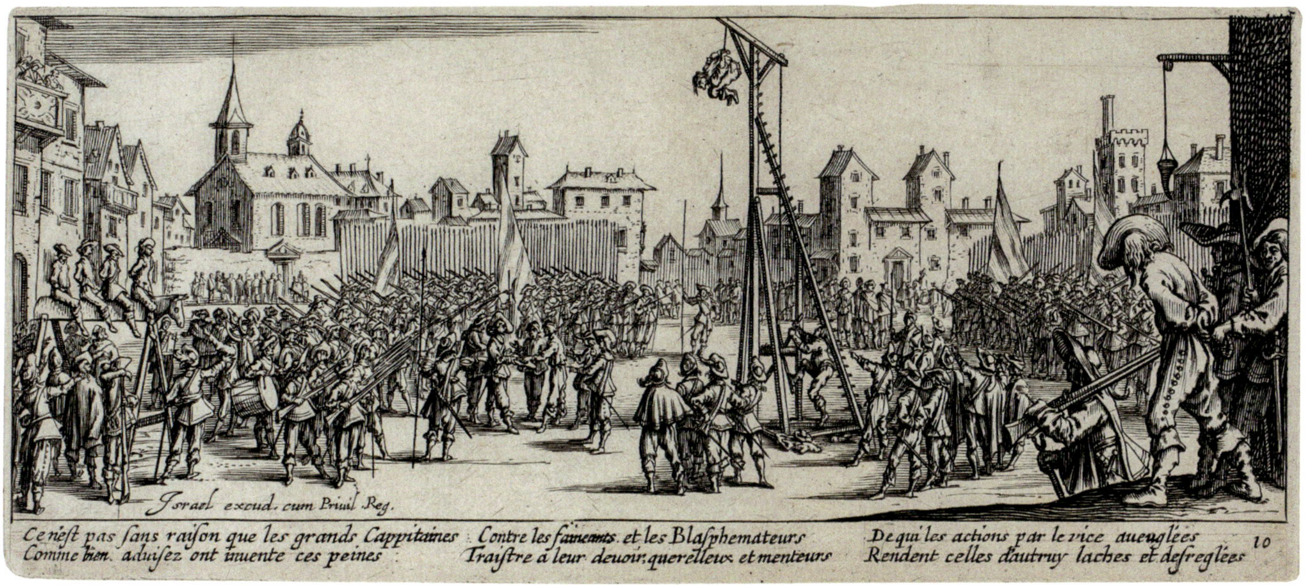

KAT. 56

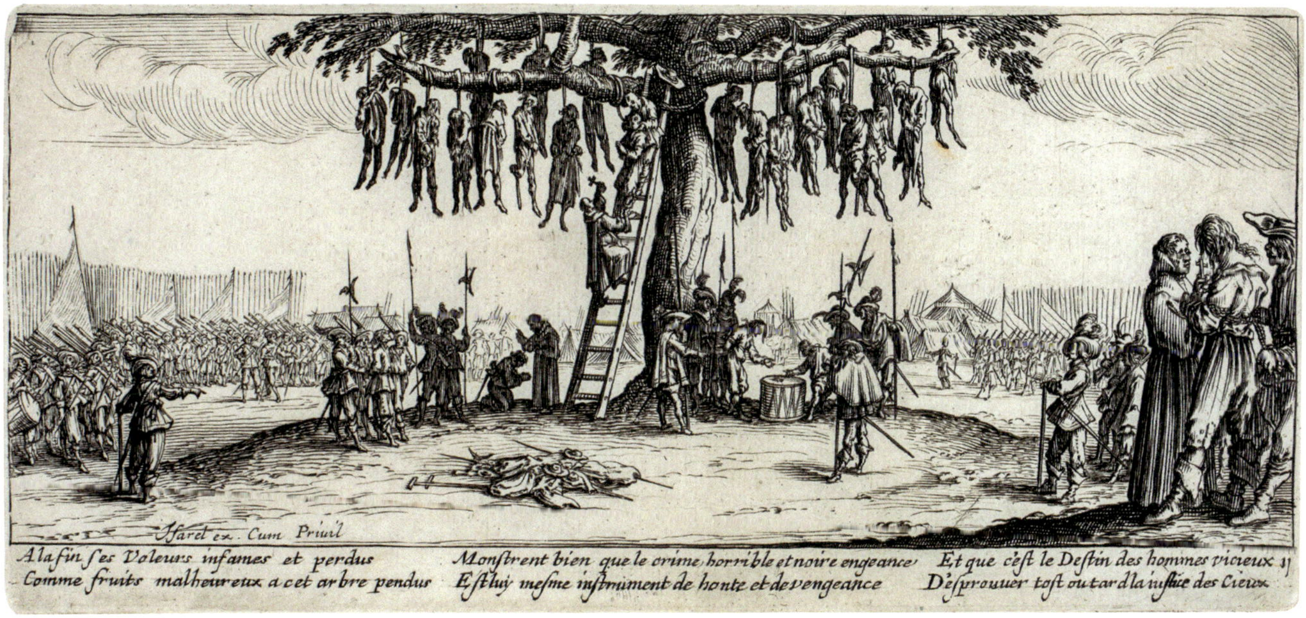

KAT. 57

(Kopie nach Verlag Gerrit Lucasz. van Schagen)

Das Pfahlhängen (Blatt 10 aus der Folge „Die Großen Schrecken des Krieges“), 17. Jh.
Radierung, 189 × 282 mm (Blatt), 83 × 193 mm (Platte)
Lieure 1348 (Kopie 4 [?]), L. 6089, Inv.-Nr. GS D 0/772

Der Galgenbaum (Blatt 11 aus der Folge „Die Großen Schrecken des Krieges“), 17. Jh.
Radierung, 189 × 283 mm (Blatt), 84 × 185 mm (Platte)
Lieure 1349 (Kopie 4 [?]), L. 6089, Inv.-Nr. GS D 0/773

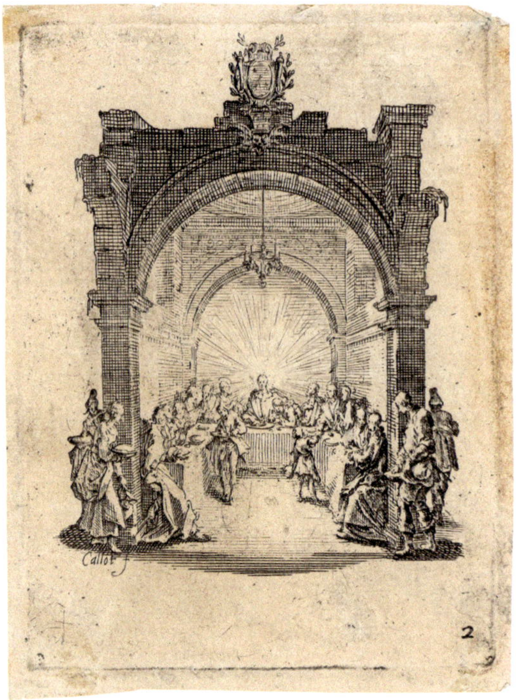

KAT. 58

JACQUES CALLOT

Das letzte Abendmahl (Blatt 2 aus der Folge „Die kleine Passion“), um 1623

Radierung (II. Zustand), 86 × 61 mm (Blatt), 75 × 57 mm (Platte)

Lieure 538, L. 6091, L. 6092, Inv.-Nr. GS 11668

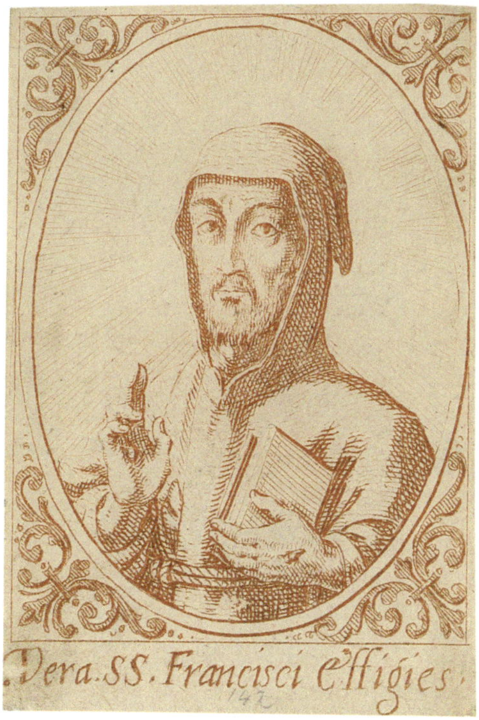

KAT. 59

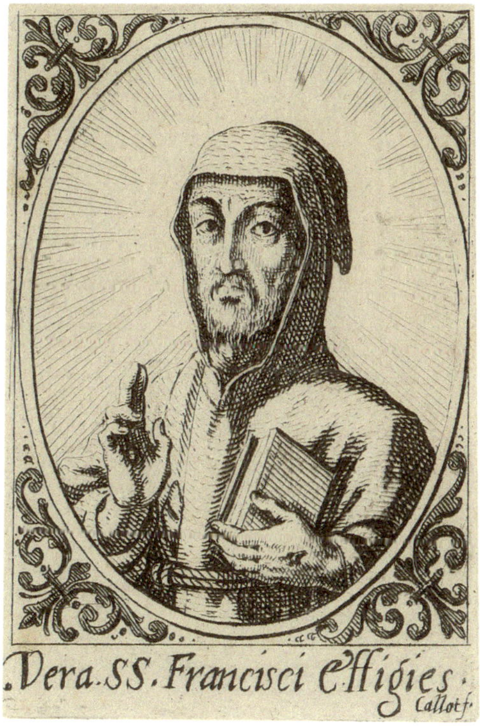

KAT. 60

Der hl. Franziskus in einem Medaillon, um 1620–21
Radierung (Rotdruck I. Zustand), 66 × 47 mm (Blatt/Platte)
Lieure 370, Inv.-Nr. GR 6157

Der hl. Franziskus in einem Medaillon, um 1620–21
Radierung (II. Zustand), 87 × 68 mm (Blatt), 67 × 47 mm (Platte)
Lieure 370, Inv.-Nr. GR 6158

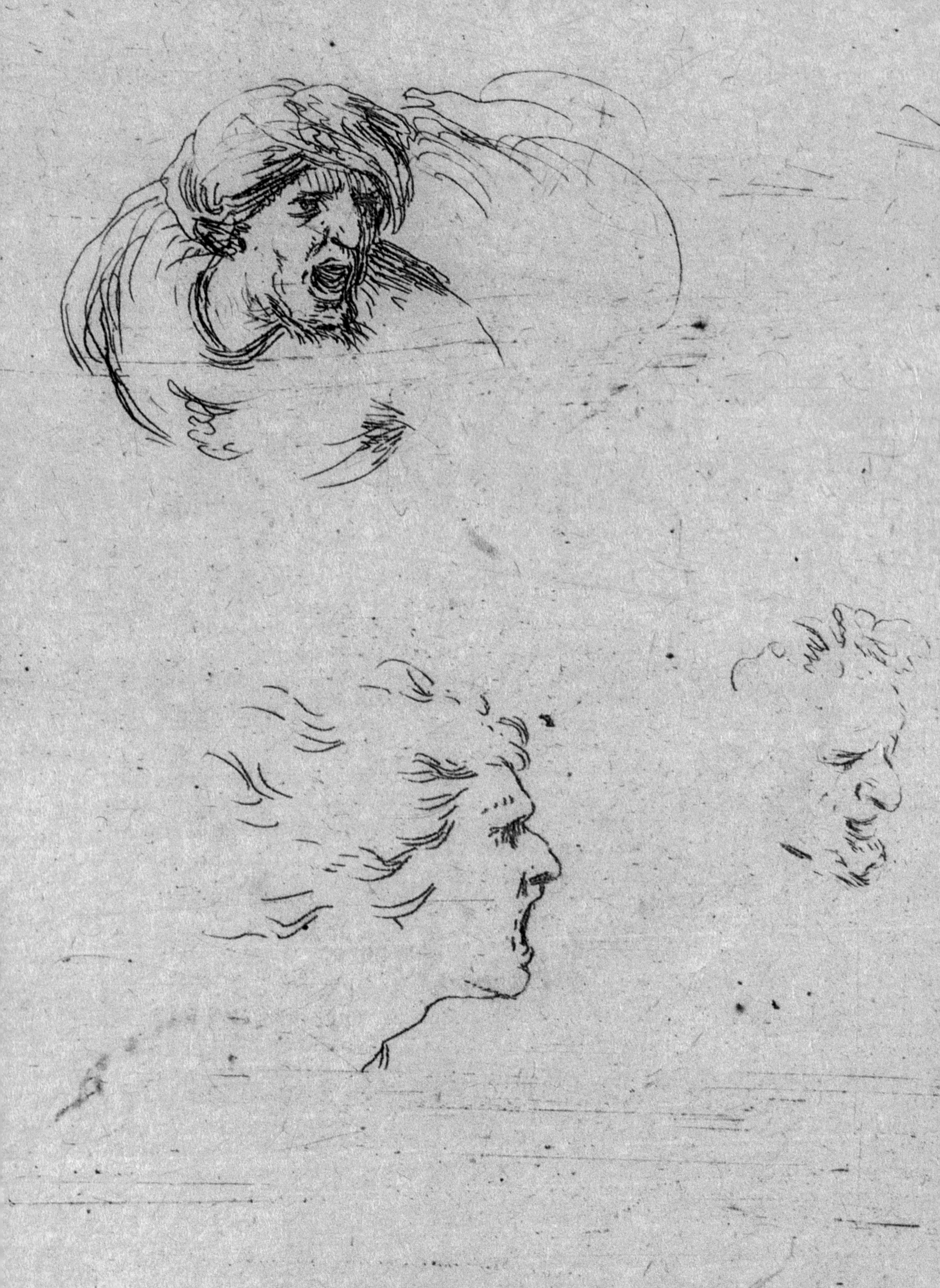

STEFAN MORÉT

Stefano della Bella

EIN ZEICHNER UND RADIERER ZWISCHEN FLORENZ, PARIS UND ROM

Stefano della Bella (1610–1664) gehörte zu den begabtesten und einfallsreichsten Radierern und Zeichnern seiner Epoche. Sein druckgraphisches Werk umfasst mehr als 1 000 Radierungen. Hinzu kommt die für einen Künstler des 17. Jahrhunderts ungewöhnlich große Zahl von etwa 3 000 Zeichnungen, die aus allen Lebensphasen Della Bellas erhalten sind. Sie lassen einen unermüdlichen, leidenschaftlichen Zeichner und wachen Beobachter seiner Alltagsumgebung erkennen. In den letzten Jahrzehnten sind auch einige wenige Gemälde von seiner Hand bekannt geworden. Della Bellas Bildmotive, wie die Darstellungen festlicher Ereignisse und ihrer Dekoration, Schlachtendarstellungen, Landschaften und Stadtansichten, Buchillustrationen, Frontispize, Capricci und Ornamententwürfe, zeugen von einer unbändigen Phantasie und größtem Ideenreichtum.

Trotzdem gehört Stefano della Bella heute zu den eher unbekannten Künstlern. Dass die ihm bis weit ins 18. Jahrhundert zugemessene Bedeutung jedoch eine vollkommen andere war, lässt sich daran ermessen, dass bereits 1772 in Paris ein erstes, von dem Buchhändler, Verleger und Publizisten Charles-Antoine Jombert (1712–1784) zusammengestelltes Werkverzeichnis seiner Druckgraphik publiziert wurde.[1] Es gehört zu den ersten Werkkatalogen, die ausschließlich einem einzigen Künstler gewidmet waren, einer Gattung, die in der zweiten Hälfte des 18. Jahrhunderts in Paris entstand. Den Anfang hatte einige Jahre zuvor, 1751, der erste *catalogue raisonné* der Radierungen Rembrandts (1606–1669) von Edme-François Gersaint (1694–1750) gemacht.[2]

Doch nicht nur bei Sammlern des 18. Jahrhunderts erfreuten sich die Radierungen von Stefano della Bella großer Beliebtheit, sodass

LINKE SEITE STEFANO DELLA BELLA
Fünf Kopfstudien, um 1646, Detail
Kat. 74, S. 134

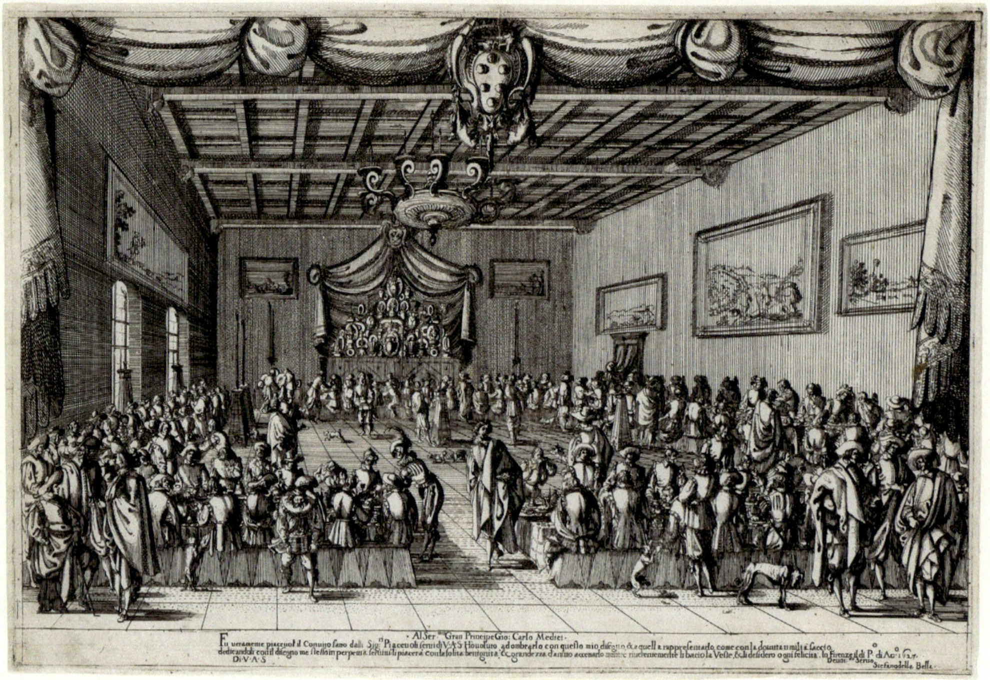

ABB. 1 STEFANO DELLA BELLA *Das Bankett der Piacevoli*, 1627
Radierung, 237 × 390 mm Bremen, Kunsthalle Bremen – Der Kunstverein in Bremen, Kupferstichkabinett, Inv.-Nr. 5219

viele der Druckplatten seiner Radierungen bis in das späte 18. Jahrhundert hinein weiterverwendet wurden. Auch auf Künstler übten die spezifische Radierweise und viele seiner Bildideen eine große Faszination aus.

Während des 19. Jahrhunderts verblasste der Ruhm des Künstlers, der wegen der Verwandtschaft in Gattung und Motiven oftmals für einen reinen Nachahmer von Jacques Callot (1592–1635) gehalten wurde. Tatsächlich hatte Callot von 1612 bis 1621 als Radierer in Florenz gelebt und dort wichtige Werke geschaffen, die später als Ausgangspunkte für della Bella dienten.

Im 20. und 21. Jahrhundert wurde sowohl das druckgraphische als auch das zeichnerische Werk Della Bellas durch die moderne kunsthistorische Forschung erschlossen und dabei schon vor langer Zeit auch die eigenständige Position Stefano della Bellas in Abgrenzung zu Callot herausgearbeitet.[3]

FLORENZ UND ROM

Stefano della Bella wurde 1610 in eine Florentiner Künstlerfamilie hineingeboren. Wie Filippo Baldinucci (1625–1696), der erste Biograph Della Bellas berichtet, war sein Vater, Francesco di Girolamo della Bella (gest. 1613), als Bildhauer in der Werkstatt von Giovanni Bologna (1529–1608) beschäftigt, die zur Zeit von Stefanos Geburt von Pietro Tacca (1577–1640) weitergeführt wurde. Seine älteren Brüder wurden

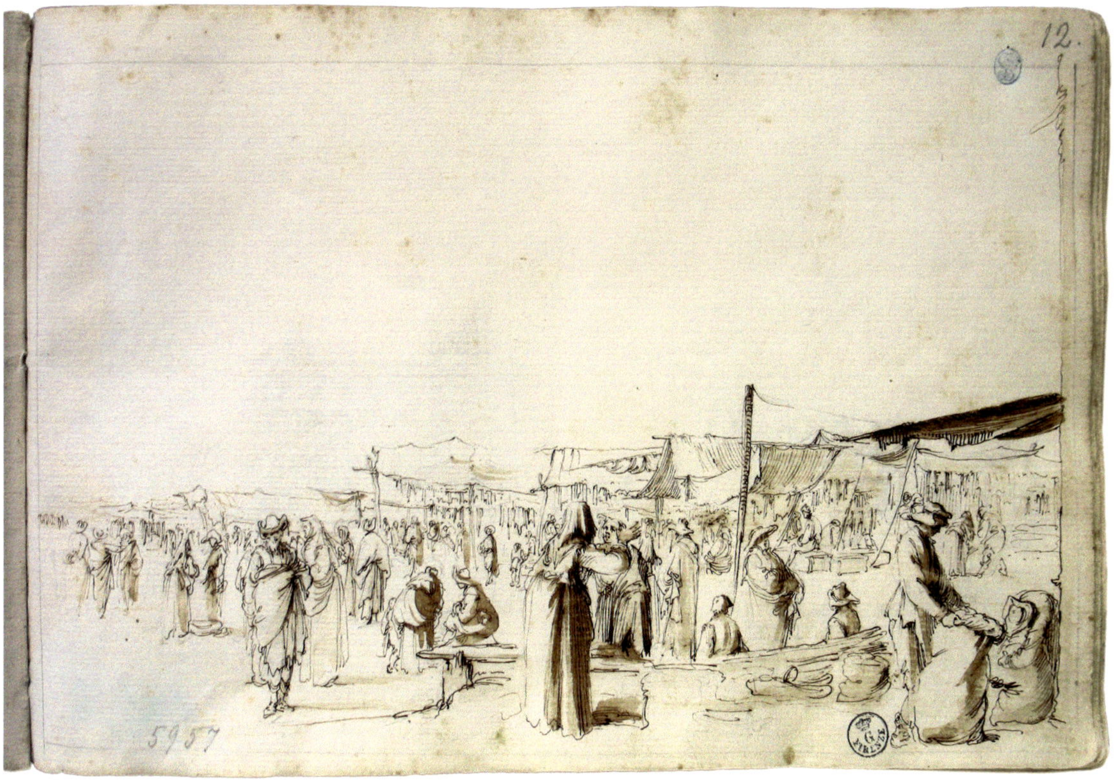

ABB. 2 STEFANO DELLA BELLA *Römischer Markt*, 1636 (dat. Skizzenbuch)
Feder in Braun, braun laviert über Spuren von schwarzem Stift, 146 × 222 mm Florenz, Uffizien, Gabinetto Disegni e Stampe, Inv.-Nr. 5957 S

ebenfalls Künstler, Girolamo Maler, Lodovico Goldschmied und Giovanni Piero Bildhauer.[4] Nach Ausbildung in verschiedenen Florentiner Goldschmiede-, Ziselier- und Malerwerkstätten entschied sich der junge Stefano für das Radieren und Zeichnen.

Bereits sehr früh sucht Della Bella Kontakt zum Hof der Medici. 1627 entsteht eine seiner ersten Radierungen, die einen prachtvollen Saal im Palazzo Pitti mit dem Bankett einer adeligen Jagdvereinigung, den *Piacevoli*, darstellt.[5] Der junge Künstler zeigt sich bereits bei diesem frühen Werk als ein meisterlicher Beobachter eines vielfigurigen Geschehens, das noch dazu in einem von Kerzen beleuchteten Raum stattfindet (Abb. 1). Die Art, wie der bühnenartige Raum mit festen Parallelen und Kreuzschraffuren konstruiert und mit etwas überlängten Figuren bevölkert wird, erinnert an Architekturdarstellungen von Jacques Callot, wie sie in dessen zu Beginn der 1620er Jahre entstandenen *Grande Passion* vorkommen. Mit einer ausführlichen Dedikationsinschrift widmet Della Bella das Blatt dem Prinzen Giovanni Carlo de' Medici (1611–1663) als dem Protektor der *Piacevoli* und bietet darin auch, den Gepflogenheiten barocker Rhetorik folgend, sich selbst für eine „*perpetua servitù*" – einen immerwährenden Dienst – an.[6]

Ab 1630 wurde ihm von Don Lorenzo de' Medici (1599–1648), dem Onkel des regierenden Großherzogs Ferdinando II. (1610–1670), eine monatliche *provvisione* von vier Scudi gezahlt.[7]

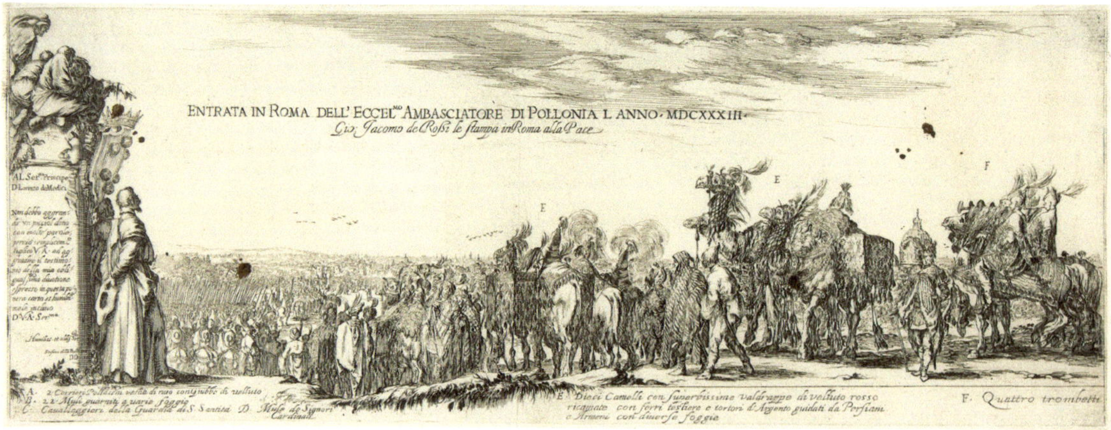

ABB. 3 STEFANO DELLA BELLA *Einzug des polnischen Botschafters Jerzy Ossoliński in Rom im Jahr 1633*, um 1635
Radierung, erste von sechs Platten, gesamt ca. 155 × 2600 mm New York, The Metropolitan Museum, Inv.-Nr. 1971.521.2(72–a)

Ausgestattet mit diesem Stipendium ging Della Bella 1633 nach Rom, wo er sich mit kurzen Unterbrechungen bis 1636/37 aufhielt und im großherzoglichen Palazzo an der Piazza Madama wohnen konnte. Baldinucci zufolge hatte er in dieser Zeit keinerlei andere Verpflichtung als diejenige zu studieren und so habe er dort „tutte le cose più aggradevoli" – die gefälligsten aller Dinge – gezeichnet.[8] Zwei Skizzenbücher in den Uffizien sowie zahlreiche weitere Einzelblätter in verschiedenen Sammlungen lassen sich mit dem Rom-Aufenthalt des jungen Künstlers verbinden, der antike Statuen, zeitgenössische Kunstwerke und solche der Renaissance zeichnete und diese oftmals in einem skizzenhaft reduzierten Zeichenstil zu Papier brachte. Der größere Teil seiner in den 1630er Jahren in Rom entstandenen Zeichnungen jedoch zeigt (Ruinen-) Landschaften, Veduten und direkt beobachtete Alltagsszenen (Abb. 2). Gesehenes Leben rasch mit dem Zeichenstift zu notieren und festzuhalten, stellt sich als Stefano della Bellas besondere Begabung heraus, der viele seiner radierten Werke ihre besondere Qualität verdanken.

Dies gilt auch für ein frühes Hauptwerk Della Bellas von außergewöhnlichen Dimensionen, das in den Jahren des Rom-Aufenthalts entstand, nämlich die Darstellung des *Einzugs des polnischen Botschafters Jerzy Ossoliński* (1595–1650) in Rom im Jahr 1633.[9] Von sechs großformatigen Platten gedruckt erreicht die friesartige Komposition eine Gesamtlänge von etwa 2,60 m (Abb. 3). Ossoliński war vom neugewählten polnischen König Wladislaw IV. Wasa (1595–1648) zu Papst Urban VIII. (1568–1644) nach Rom entsandt worden, um die Obedienzleistung zu erbringen und politische Verhandlungen zu führen. Die prächtig ausgestattete Delegation umfasste etwa 300 Personen in fremdländischen Trachten, zahlreiche Pferde, 20 Wagen und zehn Kamele, wie aus verschiedenen zeitgenössischen Beschreibungen hervorgeht.[10] Della Bella bereitete seine Radierung akribisch mit einer großen Zahl vor Ort entstandener Skizzen vor, die er durch eine Reihe von Kopien nach Holzschnitten mit exotischen Reitern und Kamelen von Melchior Lorck (um 1525–nach 1594) ergänzte.[11]

Anders als frühere Darstellungen von Kavalkaden bei festlichen Anlässen, die oft – etwa bei Antonio Tempesta (1555–1630)[12] – als übereinander angeordnete Streifen mit Figuren ohne landschaftlichen Hintergrund dargeboten wurden, geht Della Bella mit seiner Komposition weit über die bildparallele Schilderung des Aufzugs und der Pracht seiner Erscheinung hinaus. Er lässt den Zug von rechts aus dem Hintergrund des Bildes kommen und am Betrachter vorbeipromenieren, um ihn dann am linken Rand der Komposition wieder in die Tiefe der Landschaft auf die Stadt Rom im Hintergrund weiterziehen zu lassen. Della Bella inszenierte die Teilnehmer des Zuges in Gruppen, schuf gut beobachtete kleine Szenen, bei denen mehrfach Pferde ausbrechen und von ihren Führern gebändigt werden müssen, oder setzte einen Baum in den Vordergrund, von dessen Höhe einige Beobachter den Zug bestaunen.

Während der Jahre in Rom kehrte Stefano della Bella mehrmals zu besonderen Gelegenheiten in seine Heimatstadt zurück. So schuf er 1634 die Illustrationen für die von Andrea Cavalcanti (1610–1672) verfasste Beschreibung der Trauerfeierlichkeiten für Francesco de' Medici (1614–1634), den jüngeren Bruder des regierenden Großherzogs, der als Soldat im Dreißigjährigen Krieg bei der Belagerung von Regensburg an der Pest gestorben war. Neben einem Porträt, das die Büste des Verstorbenen umgeben von militärischen Attributen und den Blick auf eine Schlacht im Hintergrund zeigt (Abb. 4), umfasste die Aufgabe die Darstellung der von Alfonso Parigi (1606–1656) entworfenen ephemeren Trauerdekoration in der Kirche San Lorenzo, in der die Exequien für Francesco de' Medici am 30. August 1634 abgehalten wurden. Weiter radierte er für das Werk Cavalcantis einige allegorische Kartuschen als Buchschmuck,

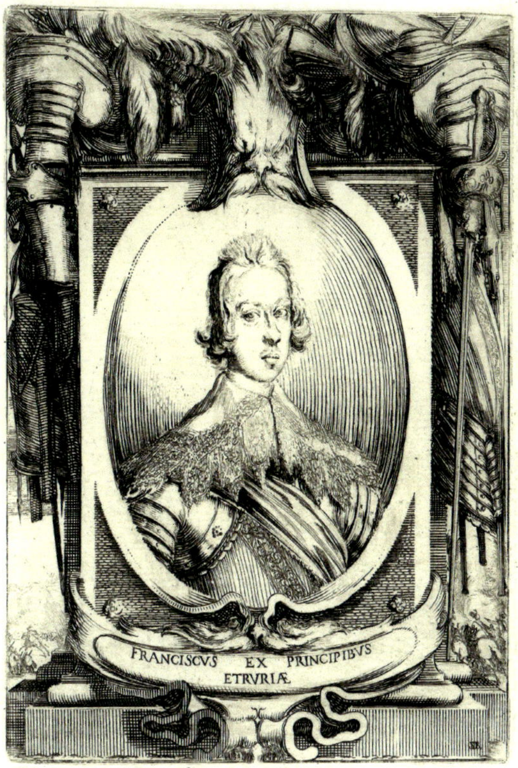

ABB. 4 STEFANO DELLA BELLA
Bildnis des Francesco de' Medici, 1634
Radierung, 173 × 121mm
London, British Museum, Inv.-Nr. 1071,0711.2030

die auf seine späteren Meisterwerke in diesem Genre vorausweisen (Kat. 18). Insgesamt lassen die für die Exequien geschaffenen Radierungen erkennen, dass sich Della Bella in Komposition und Radiertechnik an entsprechende Werke von Jacques Callot anlehnte. Doch wirken seine Radierungen im Vergleich mit Callot weniger „fest gebaut" und gehen im ornamentalen Detail weit über vergleichbare Werke von diesem hinaus.

Drei Jahre später wird der Künstler ein weiteres Mal mit der Dokumentation mediceischer Festlichkeiten beauftragt. Anlässlich der Hochzeit des Großherzogs Ferdinando II. mit Vittoria della Rovere, Prinzessin von Urbino (1622–1694), wurde am 8. Juli 1637 die Festoper *Le nozze degli dei* nach dem Text von Giovanni Carlo Coppola (1599–1651) aufgeführt. Als Illustrationen für den Druck des Librettos der *Götterhochzeit* und die offizielle Festbeschreibung radierte Della Bella eine Folge von sieben Szenenbildern, die von Alfonso Parigi gestaltet worden waren, sowie ein Titelblatt, das erkennen lässt, dass die Aufführung im Hof des Palazzo Pitti stattgefunden hatte.[13] Weiterhin schuf er eine synoptische Darstellung des Reiterballetts, das am 15. Juli 1637 im Amphitheater des Boboli-Gartens den Abschluss der Hochzeitsfeierlichkeiten gebildet hatte.[14]

Spätestens um diese Zeit hatte sich Stefano della Bella als Spezialist für die Darstellung von herausragenden Ereignissen wie Exequien oder Festen und ihren ephemeren Dekorationen im Medium der Radierung etabliert. In Florenz hatte die bildliche Dokumentation festlicher Ereignisse insbesondere der fürstlichen Hochzeiten im frühen 17. Jahrhundert einen hohen Stellenwert. Denn die illustrierten Libretti und die druckgraphischen Darstellungen hielten nicht nur die Feste und die damit verbundene Prachtentfaltung des Hofes in idealisierter Form für die Nachwelt fest, sondern sie dienten auch dazu, das kulturelle Niveau und den beanspruchten Status des mediceischen Hofes an die lokale wie internationale Öffentlichkeit zu kommunizieren.[15]

PARIS

Nach der Geburt des französischen Thronfolgers und späteren Königs Ludwig XIV., 1638, entsandte der Florentiner Hof im folgenden Jahr einen Sonderbotschafter nach Paris, um die Glückwünsche des Großherzogs zu überbringen. Stefano della Bella reiste im Gefolge des Legaten mit nach Paris, wo er Anfang Oktober 1639 ankam. Bis 1650 hielt Della Bella sich in Paris auf, blieb den Medici jedoch verbunden und erhielt weiterhin seine *provvisione*.[16] Die Übersiedlung an die Seine führte den bereits in Florenz erfolgreichen Künstler ins Zentrum der europäischen Graphikproduktion und des Handels mit Druckgraphik dieser Jahre. Binnen Kurzem konnte er sich dort als gesuchter Radierer etablieren, der von hochgestellten Auftraggebern wie dem Kardinal Richelieu (1585–1642) oder seinem Nachfolger Mazarin (1602–1661) mit wichtigen Aufträgen bedacht wurde. Während seines Aufenthalts führten ihn Reisen in verschiedene Gegenden Frankreichs, so etwa 1640 nach Arras, wo er im Auftrag Richelieus die Belagerung der Stadt durch die französische Armee dokumentieren sollte.[17] Später reiste er in die Niederlande[18] und sogar in den Orient bis nach Ägypten.[19] Auch hier, so scheint es, hatte er die Rolle des mitreisenden, Land und Leute dokumentierenden Zeichners.

Die Jahre in Paris waren für Della Bella eine intensive und fruchtbare Periode, in der sich sein künstlerisches Spektrum erheblich weitete, was zweifellos durch den Kunstbetrieb und den immensen Graphikmarkt in der französischen Hauptstadt angeregt wurde. Ein großer Teil der in dieser Ausstellung gezeigten Werke entstand dort.

In die Pariser Jahre fällt Stefanos Beschäftigung mit religiösen Themen, die im Gesamtwerk des Künstlers jedoch nur einen relativ kleinen Bestandteil ausmachen. Bei der vermutlich vor 1640 entstandenen Radierung *Maria mit Kind, Johannesknaben und Elisabeth* (Kat. 61) zeigt Della Bella die Szene in einem Garten. Die Madonna sitzt im Vordergrund neben einem Rosenbusch auf dem Boden und blickt über das schlafende Christuskind auf ihrem Schoß hinweg auf den vor ihr stehenden Johannesknaben. Dieser hält ein Blatt in der Hand und deutet mit dem Finger auf das darauf geschriebene Wort DEUS. Die Heilige Elisabeth sitzt etwas erhöht auf einer Steinbank und beobachtet mit aufgestütztem Kopf melancholisch das Geschehen im Vordergrund. Die besondere Qualität der Radierung besteht darin, dass die heiligen Personen mit größter Natürlichkeit dargestellt werden. Dazu gehören das häusliche Ambiente und die reduzierten Heiligenscheine genauso wie die kleine Szene im Vordergrund, bei der es so scheint, als habe Maria mit dem schlafenden Kind gerade die Lektüre unterbrochen, weil der kleine Johannes ihr zeigen möchte, dass er schon lesen kann. Dieses Geschehen hat der Radierer in eine harmonisch austarierte Komposition gebracht. Eine solche dem täglichen Leben abgeschaute Natürlichkeit ist nicht nur für seine religiösen Sujets kennzeichnend, sondern auch für einen großen Teil der übrigen Radierungen Stefano della Bellas.

Wichtige Bildgattungen, mit denen der Künstler in Paris sein Repertoire erweiterte, waren Darstellungen, die die kriegerischen Ereignisse der Epoche zum Thema hatten, sowie Landschaften und Stadtansichten. Einen Meilenstein in der Geschichte der Paris-Veduten stellt die großformatige Darstellung des Blickes über den Pont Neuf auf die Seine dar (Abb. 5, vgl. auch Callots Ansicht, Kat. 46).[20] Der 1606 fertiggestellte Pont Neuf, der über die Nordspitze der Île de la Cité verläuft, war die erste Pariser Brücke, die nicht mit Häusern bebaut war und so dem Passanten einen Blick auf die Stadt rechts und links der Seine ermöglichte. An der Spitze der Insel wurde 1614 das Reiterstandbild Heinrichs IV. aufgestellt.

Für seine Ansicht wählte Della Bella eine Position zwischen den beiden Gebäuden am Ende der Place Dauphine, deren dunkle Mauern die Aussicht rechts und links begrenzen. Das gegenüberliegende Reiterstandbild bildet so das Zentrum der Darstellung. Der Künstler schuf gleichsam eine Weitwinkelansicht. Indem er die beiden Gebäudemauern in seiner Darstellung weit über die tatsächlichen Verhältnisse an Ort und Stelle auseinanderrückte, erreichte er den Eindruck eines breitgelagerten Panoramas. In dessen Vordergrund spielt sich als eigentliches Thema das lebendige Treiben auf der Brücke mit einer unüberschaubaren Zahl verschiedenster Menschen mit Pferden, Wagen und Hunden ab, während sich in der oberen Hälfte des Bildes der weite Ausblick auf die Stadt Paris rechts und links der Seine öffnet. Kleine Indexzahlen neben den herausragenden Monumenten verweisen auf die jeweilige Erklärung unterhalb der Darstellung.

Im Jahr 1647, nach einer Reise in die Niederlande, publizierte Stefano della Bella eine Folge mit sieben Ansichten von Seehäfen, die neben dem Titelblatt drei Ansichten des Amsterdamer Hafens, zwei des Hafens von Calais sowie zwei weitere Seestücke enthielt. Eine Ansicht des Hafens von Amsterdam ist in der Ausstellung zu sehen (Kat. 87). Von den übrigen See- und Hafenansichten Della Bellas aus den 1640er Jahren unterscheidet sich die Folge dadurch, dass hier tatsächliche Orte dargestellt sind, wie die Beschriftungen erkennen lassen. Della Bellas Ideenreichtum zeigt besonders die Ansicht des Hafens von Amsterdam, bei der dem bis an den oberen Rand der Darstellung aufragenden sogenannten Heringpokkerstoren, dem Heringspackerturm, die bis zum Horizont reichende, schier unüberschaubare Zahl von Masten gegenübergestellt ist.

Die Faszination, die Häfen, Schiffe und das Meer auf Stefano della Bella ausübten, stellt – verglichen mit den meisten zeitgenössischen

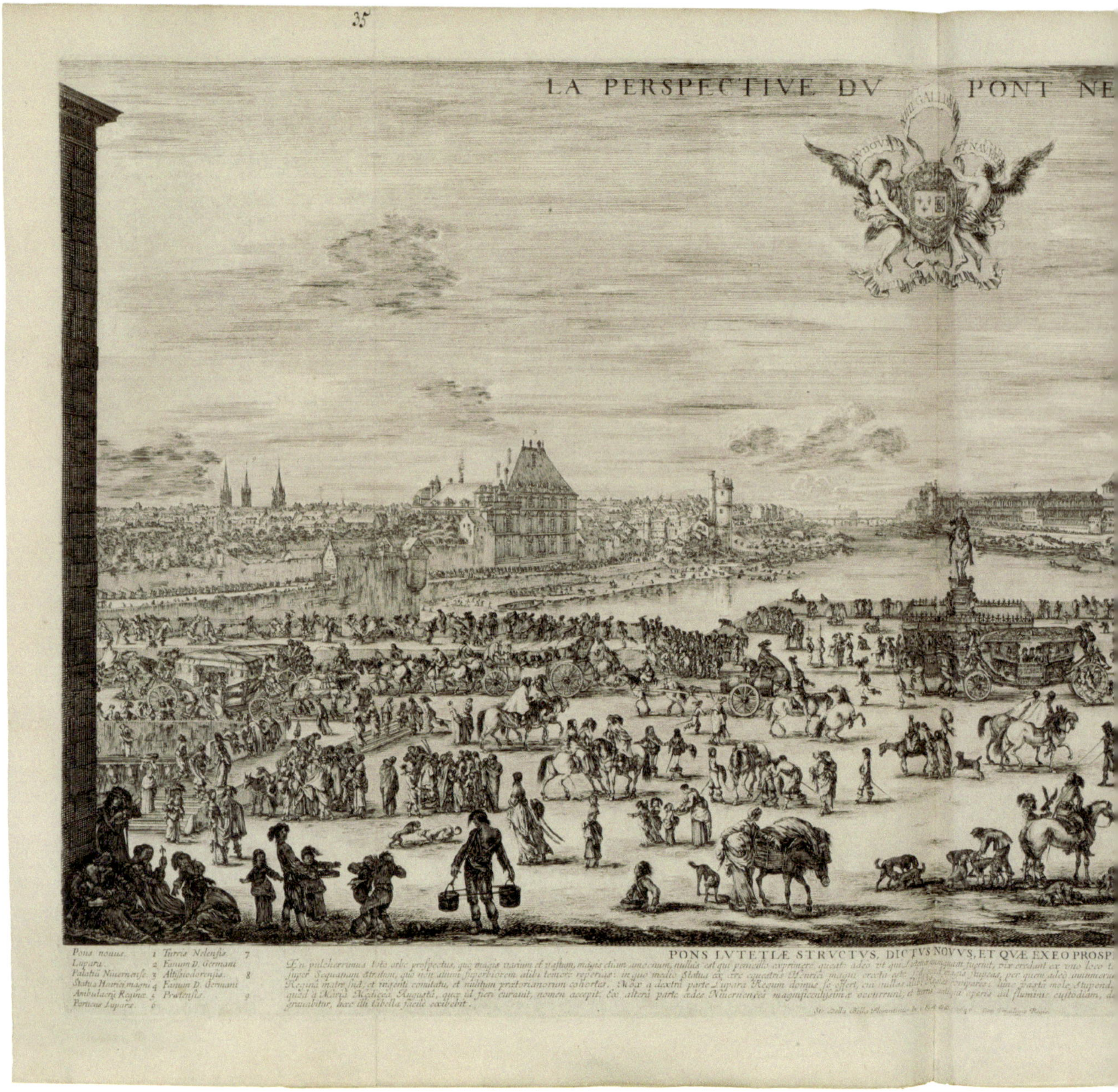

ABB. 5 STEFANO DELLA BELLA *La perspective du pont neuf de Paris*, 1646
Radierung, 358 × 682 mm Kassel, Museumslandschaft Hessen Kassel, Inv.-Nr. GS 20314, fol. 35

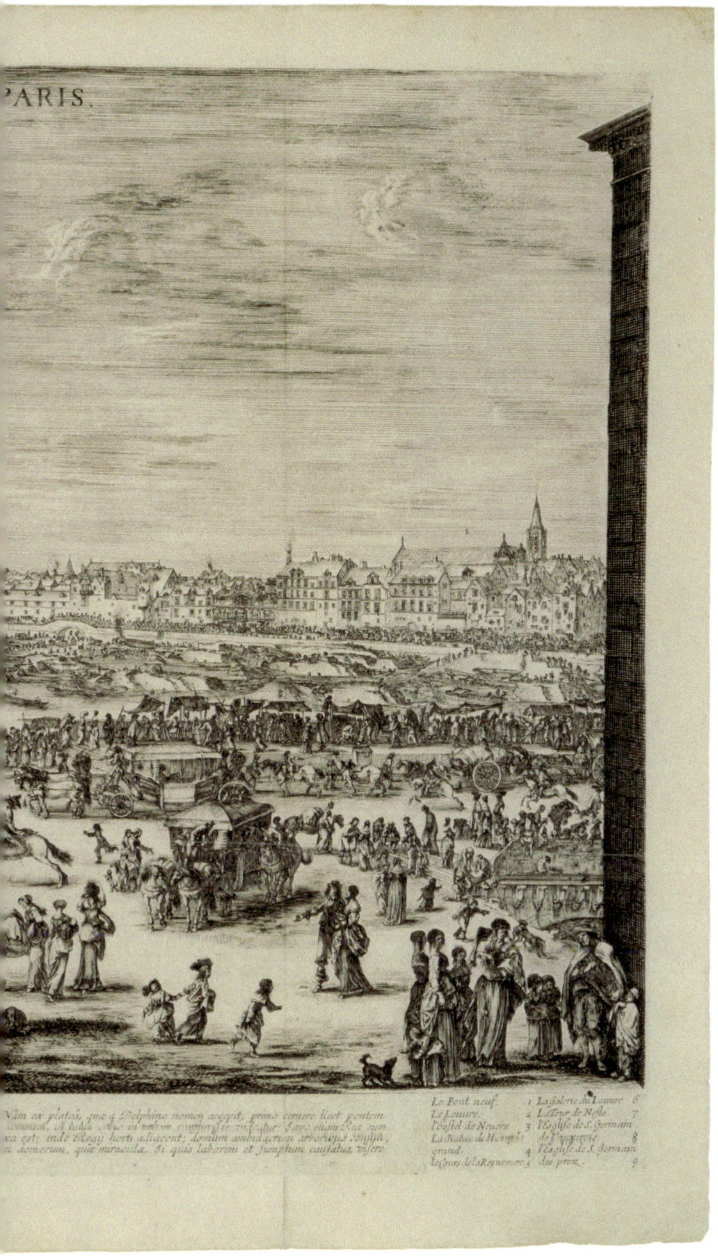

italienischen und französischen Künstlern – eine Besonderheit dar. In seinem Werk gibt es mehrere Serien, die Schiffe oder das Meer zum Thema haben. Sie tragen Titel wie *Paisages Maritimes* oder *Divers Embarquements.* Auch in seiner vierteiligen Folge der vier Elemente ist nicht nur das Element *Wasser* durch ein stürmisches Meer mit Segelschiff verbildlicht. Sogar das *Feuer* in dieser Folge stellte Della Bella als Seelandschaft dar, bei der ein von feindlichen Kanonen getroffenes Schiff in Flammen aufgeht. Die maritimen Themen gaben dem Radierer die Möglichkeit, bei der Darstellung von Wasser, Wellen und Wind seine Virtuosität unter Beweis zu stellen. Durch eine differenzierte Radiertechnik gelingt es Della Bella überzeugend, die unterschiedlichen Wettererscheinungen darzustellen – vom bedeckten grauen Himmel über Amsterdam bis hin zum tosenden Seesturm beim Element *Aqua.*

Stefano della Bellas Landschaftsdarstellungen erschienen in der Regel als Folgen von vier bis zwölf Blättern. Allerdings gibt es in seinem Werk nur relativ wenige Radierungen, die sich als reine Landschaften klassifizieren lassen. Dazu gehört die mit großer Wahrscheinlichkeit vor 1646 entstandenen Folge mit dem Titel *Diverses Paisages*, in der Della Bella zwölf Landschaften mit unterschiedlichem Charakter vorführte, von der französischen Parklandschaft des Titelblatts, über Flusslandschaften, Ausblicke auf das Meer, eine flache niederländische Landschaft mit Windmühle bis hin zur Campana Romana, der das letzte Blatt gewidmet ist.[21] Dabei geht es nicht um die Wiedergabe tatsächlicher Gegenden, sondern um die Darstellung der Vielfalt. Auch in den verschiedenen Folgen, in denen er sich mit der Darstellung von Militär und Krieg beschäftigte, war das landschaftliche Element in der Regel ein wichtiger Bestandteil der Darstellung.

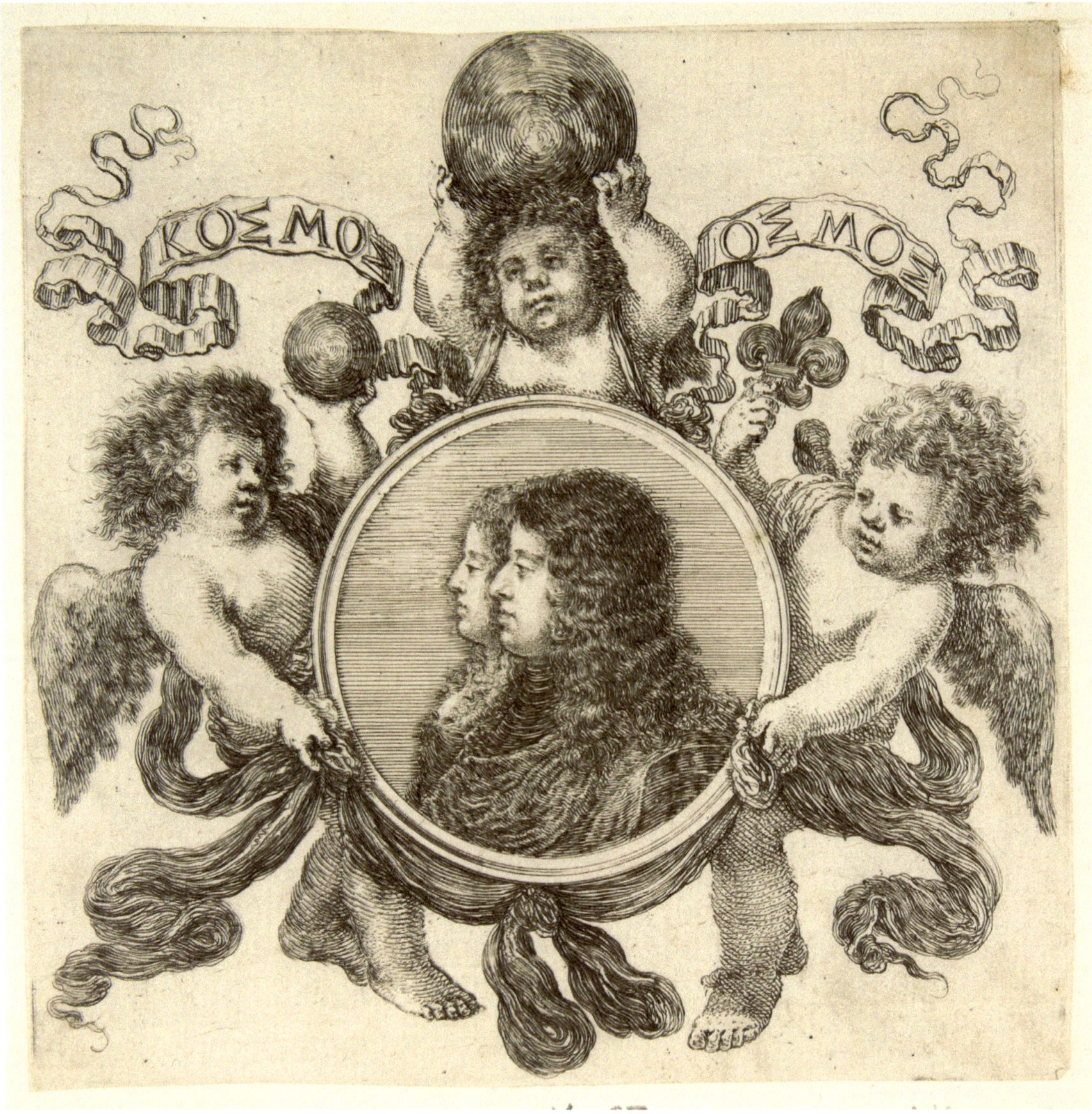

ABB. 6 STEFANO DELLA BELLA *Doppelporträt von Cosimo III und Marguerite Louise d'Orleans*, 1661
Radierung, 136 × 138 mm New York, The Metropolitan Museum, Inv.-Nr. 1986.1180.662

Oft kombinierte der Künstler die herkömmlichen Gattungen. Das wird vielfach schon an den Titeln der Folgen deutlich, wie etwa bei der 1649 erschienenen Serie *Diverse figure & paesi*, in der in lockerer Folge und ohne erkennbaren inhaltlichen Zusammenhang Figuren und Landschaft gleichwertig gezeigt werden. Das zugrunde liegende Prinzip vieler Folgen Della Bellas ist jenes des Capriccios. Dieser Begriff, der Kapriolen der Phantasie, schöpferische Einfälle und Erfindungen ohne vorgegebene Regeln meint, wurde erstmalig 1617 von Jacques Callot im Titel einer druckgraphischen Folge verwendet, den *Capricci di varie Figure*. Bis ins 18. Jahrhundert hinein gibt es immer wieder druckgraphische Folgen, etwa bei Giovanni Battista Tiepolo (1696–1770) oder

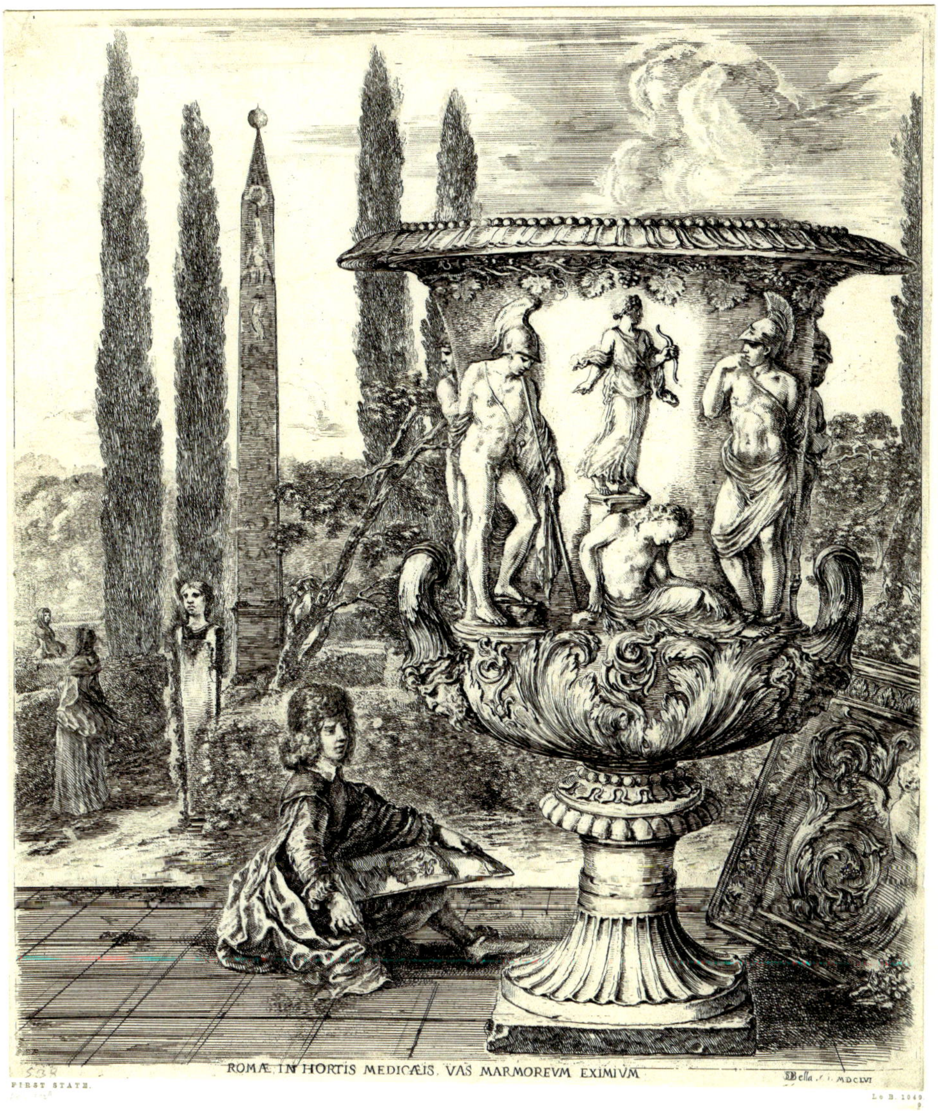

ABB. 7 STEFANO DELLA BELLA *Die Medici-Vase mit dem zeichnenden Kronprinzen Cosimo*, 1656
Radierung, 311 × 277 mm London, British Museum, Inv.-Nr. X,5.38

Giovanni Battista Piranesi (1720–1778), die dieses Prinzip aufnehmen.[22] In mehreren der in Paris publizierten Folgen von Stefano della Bella taucht der Begriff im Titel auf.

Auch einige Radierungsfolgen im kleinen und kleinsten Format lassen sich mit dem Begriff *Capriccio* beschreiben, auch wenn auf den Titelblättern das Wort nicht erscheint. Die beiden *Recueil de divers griffonnements et preuves d'eau forte* und *Second recueil de divers griffonnements et preuves d'eau forte* betitelten Folgen bestehen aus Köpfen oder Halbfiguren, oft in kleinstem Format, die wie zufällig – als Kritzeleien (*griffonnements*) – auf die Platte gebracht wurden, ähnlich den *remarques*, Ätzproben am Rande von Radierungen (Kat. 73–77, 81). Dass derartige scheinbar

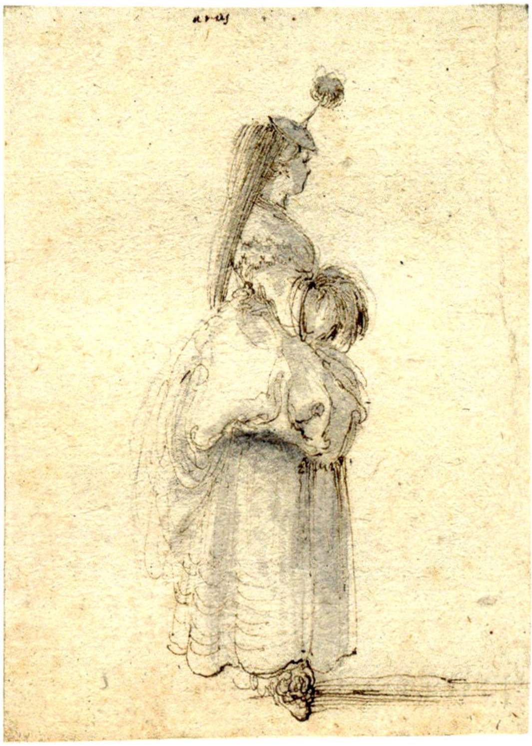

ABB. 8 STEFANO DELLA BELLA
Stehende Dame im Profil, 1640
Feder in Braun, hellgrau laviert, 97 × 73 mm
London, British Museum, Inv.-Nr. 1880,0710.725

spontane und wie zufällig wirkende künstlerische Äußerungen überhaupt publiziert wurden, setzt auf der einen Seite einen selbstbewussten und arrivierten Künstler und auf der anderen Seite ein kultiviertes Sammlerpublikum voraus. Das Konzept der beiden Serien verrät Della Bellas Auseinandersetzung mit der Graphik Rembrandts, in dessen Werk es ähnliche radierte Skizzen gibt. Diese erschienen jedoch als Einzelblätter und nicht als Folgen.

ZURÜCK IN FLORENZ

Nach Jahren intensiver Produktion in Paris kehrte Della Bella 1650 in seine Heimatstadt zurück. Von Florenz aus setzte er die Zusammenarbeit mit seinen bisherigen Verlegern fort und schickte ihnen radierte Kupferplatten für den Druck und die Publikation nach Paris. Aber auch für den Hof der Medici entstanden in den Jahren nach 1650 herausragende Werke wie die Serie von Veduten der Medici-Villa von Pratolino, die Ansichten des Hafens von Livorno, oder die Wiedergabe der Festlichkeiten von 1661 anlässlich der Hochzeit des Kronprinzen Cosimo III. (1642–1723) mit Marguerite Louise d'Orleans (1645–1721), bei der er auch das Porträtmedaillon des Brautpaars radierte (Abb. 6).

Einen weiteren Höhepunkt bildet eine Folge von großformatigen Rom- und Landschaftsansichten (Kat. 84–86). Diese Serie entstand 1656 als Della Bella sich für erneut längere Perioden in Rom aufhielt. Nur drei der sechs Platten zeigen topographische Ansichten Roms, während zwei weitere ideale Landschaften vor Augen stellen. Als Titelblatt, doch ohne explizit formulierten Titel, fungiert eine Ansicht der berühmten Medici-Vase in der Villa Medici, die gerade von Della Bellas Zeichenschüler, dem jungen Prinzen Cosimo III., gezeichnet wird (Abb. 7). Nicht zu übersehen ist das Programmatische dieser Radierung, die als Würdigung der mediceischen Kunstpatronage gedeutet werden kann, doch zugleich auch als eine Betonung der Wichtigkeit des Studiums der Antike und der Künste, denn es ist der zukünftige Herrscher selbst, der hier genau darin ausgebildet wird.

Innerhalb der Serie stellt die Radierung mit dem Blick über das Forum durch die Ruinen des Concordia-Tempels (Kat. 85), der etwas vergrößert und in leichter Untersicht dargestellt

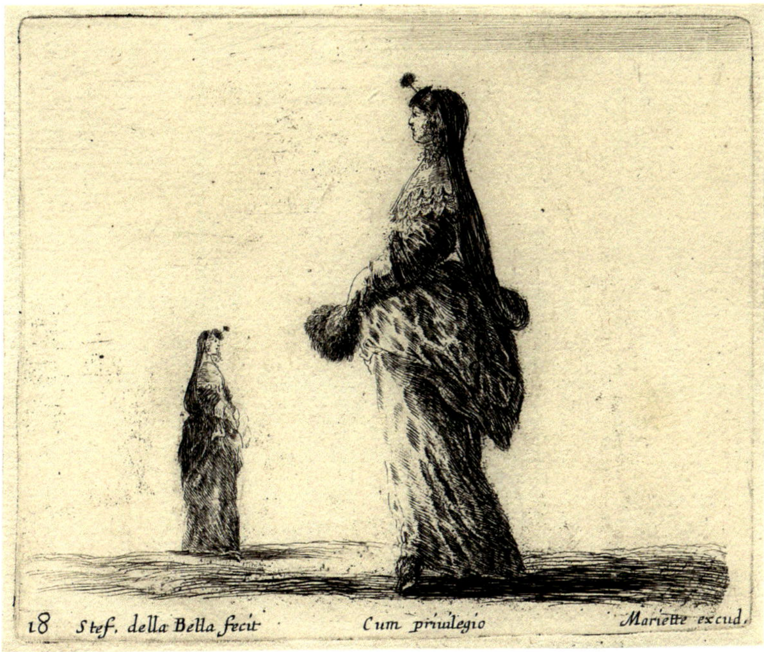

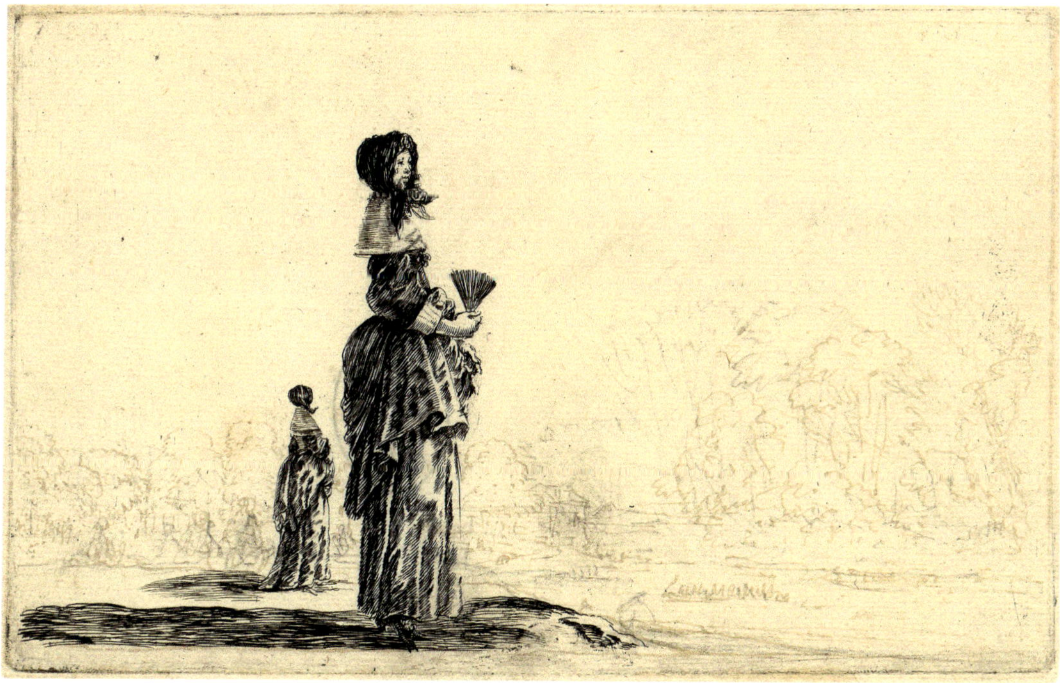

ABB. 9 STEFANO DELLA BELLA *Zwei Damen im Profil* (aus der Folge „Diversi capricci"), um 1641
Radierung, 81 × 100 mm London, British Museum, Inv.-Nr. 1871,0513.169

ABB. 10 STEFANO DELLA BELLA *Zwei Damen*, 1649
Radierung (Probedruck, vom Künstler mit brauner Feder und schwarzem Stift überarbeitet), 95 × 155 mm
London, British Museum, Inv.-Nr. 1871,0513.750

wird, zweifellos den Höhepunkt dar, wozu die pointierte Gegenüberstellung von vergangener antiker Größe mit dem ärmlichen Alltagsleben der Gegenwart maßgeblich beiträgt. Diese Darstellung weist voraus auf den größten Vedutenradierer Roms im 18. Jahrhundert, Giovanni Battista Piranesi.

ZEICHNUNGEN, KOMPOSITIONEN, PROBEDRUCKE UND EXPERIMENTE – EINIGE BEOBACHTUNGEN

Von kaum einem anderen italienischen Künstler des 17. Jahrhunderts sind mehr Zeichnungen erhalten als von Stefano della Bella. Ein großer Teil davon lässt sich mit seinen Radierungen in Zusammenhang bringen. Doch es gibt auch Radierungen, bei denen man keinerlei zeichnerische Vorbereitungen kennt. Man kann daraus schließen, dass es ursprünglich noch sehr viel mehr Zeichnungen von ihm gab. Bei Stefano della Bella stellt sich der Transfer von der Zeichnung auf die Radierplatte als besonders komplex und vielfältig dar, wie Giorgio Marini 2012 ausführte.[23]

Das überlieferte Material ermöglicht es in vielen Fällen, die verschiedenen Schritte nachzuvollziehen, mit denen der Künstler von ersten Skizzen zur endgültigen Fassung seiner Komposition gelangte, die er dann in eine Radierung umsetzte. Dieses Verfahren kam besonders bei im weitesten Sinne dekorativen Entwürfen zur Anwendung. So kennt man für das schon erwähnte Doppelbildnis von Erbprinz Cosimo III. und Marguerite Louise d'Orléans, (Abb. 6), eine Anzahl von Skizzen und weiter ausgeführten Entwürfen in verschiedenen Sammlungen. Sie zeigen, dass der Künstler mehrere Lösungen zeichnerisch erprobte, um dann zur finalen Komposition zu gelangen.[24] Diese Methode der zeichnerischen Annäherung mit Hilfe mehrerer alternativer Konzepte lässt sich vom 15. bis zum 19. Jahrhundert bei zahllosen Künstlern zeigen.

Für den rastlosen Zeichner Della Bella war die Anfertigung einer Anzahl von Skizzen und deren Ausarbeitung zeitnah zur Radierung jedoch keineswegs das Standardverfahren. Besonders bei der großen Zahl seiner in Paris publizierten Folgen lässt sich beobachten, dass er vielfach auf seinen umfangreichen Fundus von Zeichnungen zurückgriff, den er im Laufe der Jahre zusammengetragen hatte. Oft lagen mehrere Jahre zwischen der Entstehung einer Zeichnung und ihrer Benutzung für eine Radierung. Besonders deutlich wird dies bei der um 1645/47 in Paris von François Langlois (1589–1647) herausgegebenen Folge der Landschaften und römischen Ruinen im Rund.[25] Sie basieren auf Zeichnungen, die Stefano della Bella während der 1630er Jahre in Rom angefertigt hatte.[26] Solche Rückgriffe auf eigene Zeichnungen im Abstand mehrerer Jahre lassen sich allerdings auch bei Zeitgenossen Della Bellas beobachten, beispielsweise bei Wenzeslaus Hollar (1607–1670) oder Joachim von Sandrart (1606–1688).[27]

Wie eine während einer Reise entstandene Zeichnung zur Vorzeichnung für eine Radierung werden konnte, lässt sich am Beispiel eines Blattes im British Museum zeigen. Kardinal Richelieu hatte den Künstler 1640 nach Arras beordert, um die Belagerung der Stadt durch die französische Armee zu dokumentieren. Die Londoner Zeichnung, in Della Bellas Handschrift „Aras" bezeichnet, zeigt eine vornehme Dame im Profil. Diese trägt eine auffällige Kopfbedeckung in Form eines kleinen Hutes mit einem Pompon, der dazu dient, ein Tuch oder einen Umhang am Kopf zu

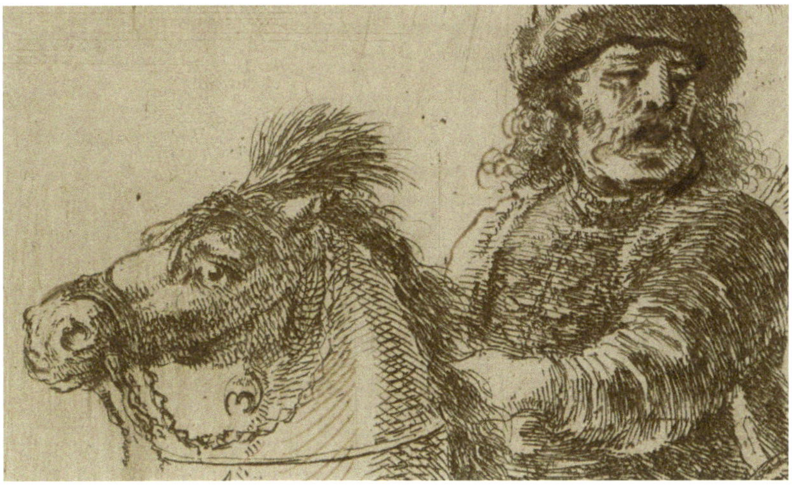

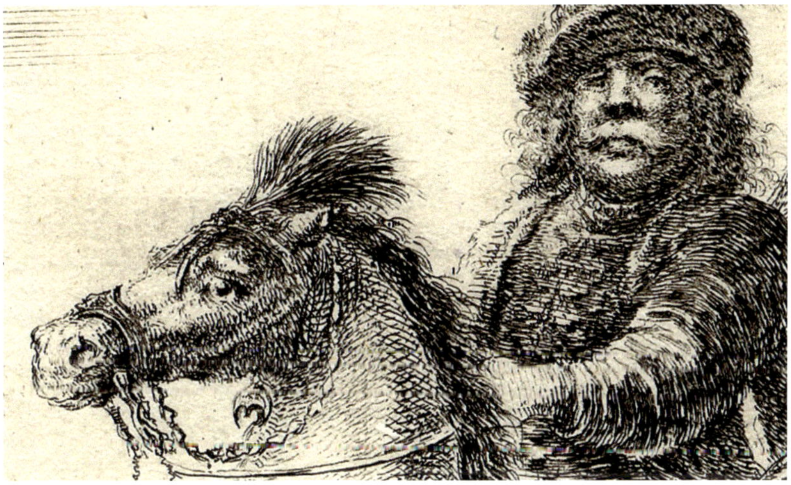

ABB. 11

STEFANO DELLA BELLA
Ungarischer Reiter, nach links reitend, um 1648/50,
Detail von Kat. 62, Radierung,
bisher unbeschriebener
Probezustand mit eingetragenen
Änderungen in Feder
(oben)

STEFANO DELLA BELLA
Ungarischer Reiter, nach links reitend, 1648, Radierung,
Detail der endgültigen Lösung,
Durchmesser 175 mm,
London, British Museum, Inv.-Nr. X,5.66
(unten)

befestigen (Abb. 8).[28] Das British Museum bewahrt zwei weitere Zeichnungen, auf denen Della Bella diese modische Besonderheit genauer studiert hat.[29] Die Figur inklusive des Hutes taucht kurze Zeit später mit minimalen Veränderungen auf einer Radierung in der 1641 von Pierre-Jean Mariette herausgegebenen Folge *Diversi Capricci* auf (Abb. 9). Hier steht die Dame mit dem flämischen Hut und eine weitere im Hintergrund mit gleicher Kopfbedeckung auf dem durch einige radierte Linien angegebenen Boden. Auf weitere Landschaft hat Della Bella verzichtet.[30]

Die gleiche Idee ist offenbar Ausgangspunkt für eine der Radierungen in der 1649 erschienenen Folge *Diverse Figure & Paesi.* Ein überarbeiteter Probedruck in London (Abb. 10) zeigt zwei ganz ähnliche vornehme Damen auf nur knapp angegebenem Boden.[31] Während die beiden Figuren bereits radiert worden sind, hat der Künstler auf dem Probedruck mit schwarzem Stift und Feder die umgebende Flusslandschaft und weitere Figuren skizziert, wie sie später in der vollendeten Radierung erscheinen. Dieses Einzeichnen der Landschaft stellt dabei ein Vollenden der

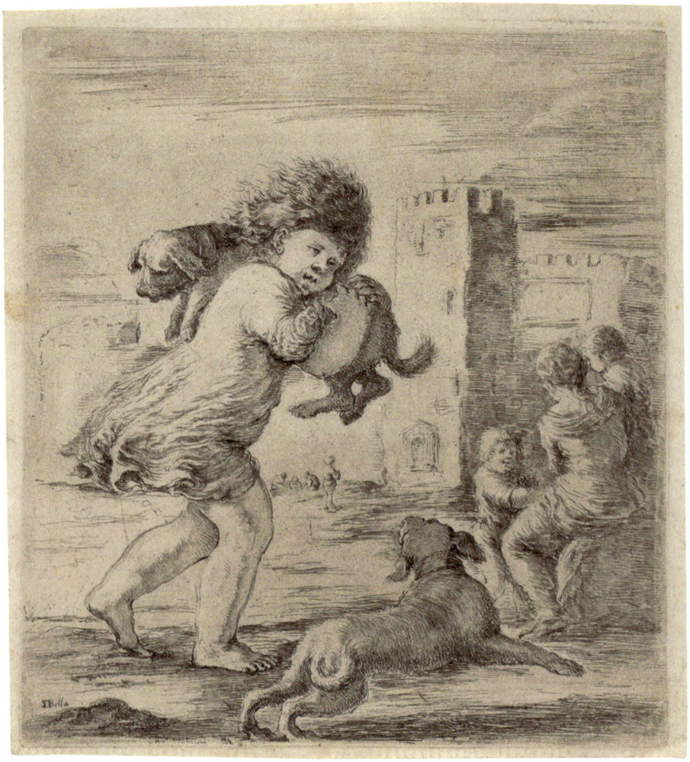

ABB. 12
STEFANO DELLA BELLA
Kleiner Junge, der einen Hund trägt, um 1660
Radierung und Direktätzung, 146 × 137 mm
Washington D.C., National Gallery of Art,
Inv.-Nr. 2001.148.1

Komposition dar und nicht lediglich ein Korrigieren oder Hinzufügen weiterer Details, wie es von anderen Probedrucken des Künstlers bekannt ist.

Ein Probedruck mit der Darstellung eines *Ungarischen Reiters* aus der um 1648/50 entstandenen Folge der sogenannten *Exotischen Reiter* ist in der Ausstellung zu sehen (Kat. 62).[32] Das in Braun gedruckte Blatt aus der Werkstatt des Künstlers stellt ein Unikum dar, das hier erstmalig präsentiert werden kann und das Einblicke in die Arbeitsweise Stefano della Bellas erlaubt.[33] Della Bella hat auf diesem Druck mit Feder und Tinte Korrekturen eingetragen, die dann im nächsten Schritt in die Kupferplatte übertragen werden sollten. Diese betreffen den Hals des Pferdes, wo der Künstler durch zusätzliche Linien den Bedarf an weiteren Schatten verdeutlichte, das Gesicht sowie die Haarpracht des Reiters. Einen Teil dieser Korrekturen setzte Della Bella um, doch den Kopf des Reiters gestaltete er gänzlich neu, wie der Vergleich mit einem späteren Druck von derselben Platte zeigt (Abb. 11). Dazu hat er die gesamte Kopfpartie des Reiters auf der Platte auspoliert und anschließend neu geätzt, so dass der Reiter in der finalen Version den Betrachter frontal anschaut, statt wie im Probedruck den Blick leicht nach hinten zu wenden.

Auch in radiertechnischer Hinsicht schlug Stefano della Bella neue Wege ein. Seit Ende der 1640er Jahre unternahm er Versuche, in einigen seiner Radierungen Flächen zu drucken und so neben den radierten Linien Schattenpartien entstehen zu lassen, ähnlich wie bei seinen lavierten Zeichnungen. Es ist sehr wahrscheinlich, dass er damit auf das wenige Jahre zuvor, 1642, in

Amsterdam erfundene Druckverfahren der Schabkunst reagierte.[34] Dieses ermöglichte dem Künstler, mit Hilfe einer aufwendig mechanisch vorbereiteten Kupferplatte, die dann mit dem Polierstahl bearbeitet werden musste, Flächen und Halbtöne im Druck zu erreichen.

Della Bella übernahm jedoch nicht die mechanischen Methoden der Schabkunst, sondern blieb der Radierung treu und erweiterte ihre Möglichkeiten. Nach dem Ätzen der Linien einer Radierung trug er mit dem Pinsel Säure direkt auf die Druckplatte auf.[35] Dadurch wurde an diesen Stellen das Metall aufgeraut, was im Druck zarte Schattierungen schuf. Doch nur bei den ersten Abzügen von einer derart behandelten Druckplatte sind diese Schattenflächen zu sehen, und bereits nach wenigen Abzügen sind sie nicht mehr wahrnehmbar.[36] Ein Beispiel für einen solchen seltenen Druck ist die Radierung mit einem kleinen Jungen, der einen Hund trägt, während ein anderer die beiden begleitet (Abb. 12).[37] Die in Washington D.C. bewahrte Radierung lässt deutlich erkennen, dass bei beiden Hunden das Fell nicht nur aus radierten Linien auf dem weißen Papier gebildet wird, sondern dass darunter eine durchscheinende graue Fläche liegt, die wie eine Lavierung wirkt. Auch an der im Schatten liegenden Körperhälfte des Knaben und an anderen Partien ist eine Verstärkung der radierten Linien durch flächige Strukturen zu erkennen. Die ästhetische Wirkung nähert sich den lavierten Federzeichnungen Della Bellas an, der seit seiner Übersiedlung nach Paris eine hellgraue Lavierung bevorzugte.

Mit seinen experimentellen Drucken wurde Stefano della Bella zu einem Vorläufer jener radiertechnischen Bestrebungen, die im 18. Jahrhundert zur Erfindung der Aquatinta führten.[38]

1 Jombert 1772.
2 Gersaint 1751.
3 Siehe hierzu de Vesme/Massar, Textbd., S. 11; Schäfer 2005, S. 15, 22–24. Für einen ersten Überblick und eine vollständige Bibliographie bis 1991 siehe Bonnefoit 1994, S. 424–426. Weitere grundlegende Literatur: Florenz 1973; Talbierska 2001; Karlsruhe 2005; Rutgers 2007; Hamburg 2009; Papiro 2009; Florenz 2010; Hamburg 2013; Papiro 2016.
4 Baldinucci 1846, Bd. IV, S. 602.
5 De Vesme/Massar, Nr. 43; Karlsruhe 2005, Kat.-Nr. 1 (Jessica Mack-Andrick).
6 Mack-Andrick 2005, S. 44f.; Florenz 1973, S. 18f. (Anna Forlani Tempesti).
7 Siehe hierzu Mack-Andrick 2005, S. 31–33.
8 Baldinucci 1846, Bd. IV, S. 606.
9 De Vesme/Massar, Nr. 44–49; Karlsruhe 2005, Kat.-Nr. 2 (Dorit Schäfer).
10 Siehe hierzu Osiecka-Samsonowicz 2014, S. 38–47.
11 Ilg 2003, S. 30–43.
12 Beispielsweise der 1632 in zweiter Auflage bei de Rossi in Rom erschienene Druck mit dem Titel *Ordine che si tiene quando fanno l'entrate con le cavalcate gli ecc.mi sig.ri ambasciatori in Roma*, London, British Museum, Inv.-Nr. X,3.99.
13 De Vesme/Massar, Nr. 918–925; Karlsruhe 2005, Kat.-Nr. 5 (Jessica Mack-Andrick), allgemein zur Dokumentation der *Nozze degli dei* siehe Papiro 2009, S. 133–158.
14 De Vesme/Massar, Nr. 50; Karlsruhe 2005, Kat.-Nr. 6 (Jessica Mack-Andrick).
15 Papiro 2009, S. 135f.
16 Siehe hierzu Mack-Andrick 2005, S. 33f.
17 De Vesme/Massar, Nr. 880; Karlsruhe 2005, Kat.-Nr. 45 (Dorit Schäfer).
18 Rutgers 2007, S. 131f.
19 Byam Shaw 1963, S. 47f; Viatte/Vitzthum 1970, S. 66–73.
20 De Vesme/Massar, Nr. 850, AK Karlsruhe 2005, Kat.-Nr. 20 (Dorit Schäfer).
21 De Vesme/Massar, Nr. 757–768.
22 Zu den vielfältigen Aspekten des Capriccio siehe die Beiträge in Köln/Zürich/Wien 1996
23 Siehe hierzu Marini 2012, S. 103–113.
24 Siehe hierzu Hamburg 2013, S. 260–263 (David Klemm).
25 De Vesme/Massar, Nr. 819–831.
26 De Vesme/Massar, Textbd., S. 126.
27 Hollars Radierungen der Umgebung von Albury, dem Landsitz des Earl of Arundel, erschienen 1645 in Antwerpen, nachdem Hollar 1644 England verlassen hatte. Die zugrunde liegenden Zeichnungen müssen in den Jahren davor entstanden sein. Vgl. Pennington 1982, Nr. 937–942. Viele der Darstellungen antiker Statuen in Joachim von Sandrarts *Teutscher Akademie* (erschienen 1675–1679) basieren auf Zeichnungen, die der Künstler in den 1630er Jahren in Rom ausgeführt hat. Vgl. Mazzetti di Pietralata 2011, S. 102–114.
28 London, British Museum, Inv.-Nr. 1880,0710.725.
29 Es handelt sich um London, British Museum, Inv.-Nrn. 1880,0710.728 und 1880,0710.729. Inv.-Nr. 1880,0710.729 ist von Della Bella bezeichnet und datiert „dis.(egna)^{ti} a Aras nel 1640".
30 De Vesme/Massar, Nr. 145.
31 London, British Museum, Inv.-Nr. 1871,0513.750.
32 De Vesme/Massar, Nr. 270–280. Zur Datierung siehe Talbierska 2001, S. 179, die einen frühen Zustand des ersten Blattes der Serie (De Vesme/Massar, Nr. 270) abbildet, auf dem die Datierung 1648 zu erkennen ist.
33 München, Staatliche Graphische Sammlung, Inv.-Nr. 2022:39 D, Neuerwerbung 2022, vgl. Kunsthandlung H. H. Rumbler Katalog 57, 2022 (Trouvaillen), S. 22f., Nr. 5.
34 Zur Schabkunst und ihrer Erfindung durch Ludwig von Siegen in Amsterdam im Jahr 1642 zusammenfassend: Mainz/Albstadt 2009; Sors 2014; zu technischen Aspekten siehe Schäfer/AltSchäfer 2009.
35 Siehe dazu auch Ad Stijnmans Beitrag in diesem Band.
36 Siehe hierzu Phyllis Dearborn Massar, in: De Vesme/Massar, Textbd., S. 14f. Vgl. auch Schäfer 2005, S. 21–22.
37 De Vesme/Massar, Nr. 99; Washington D.C., National Gallery of Art, Inv.-Nr. 2001.148.1.
38 Zur Entwicklung der Aquatinta neuerdings: Washington D.C. 2021.

RECHTE SEITE STEFANO DELLA BELLA
Maria mit Kind, Johannesknaben und Elisabeth, vor 1640
Radierung (IV. Zustand), 168 × 154 mm (Blatt/Platte)
De Vesme/Massar 10, L. 6092, Inv.-Nr. GS 11780

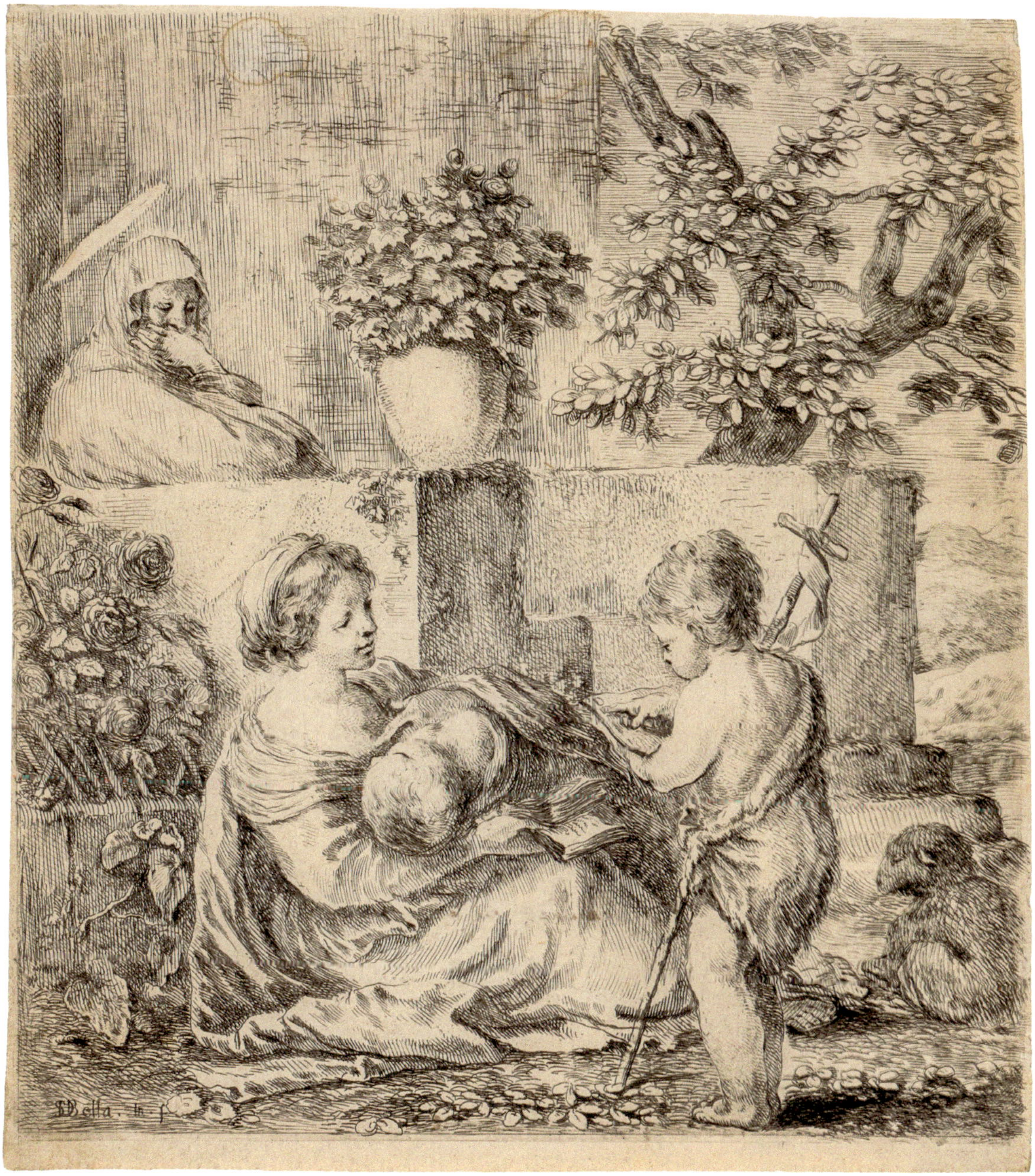

KAT. 61

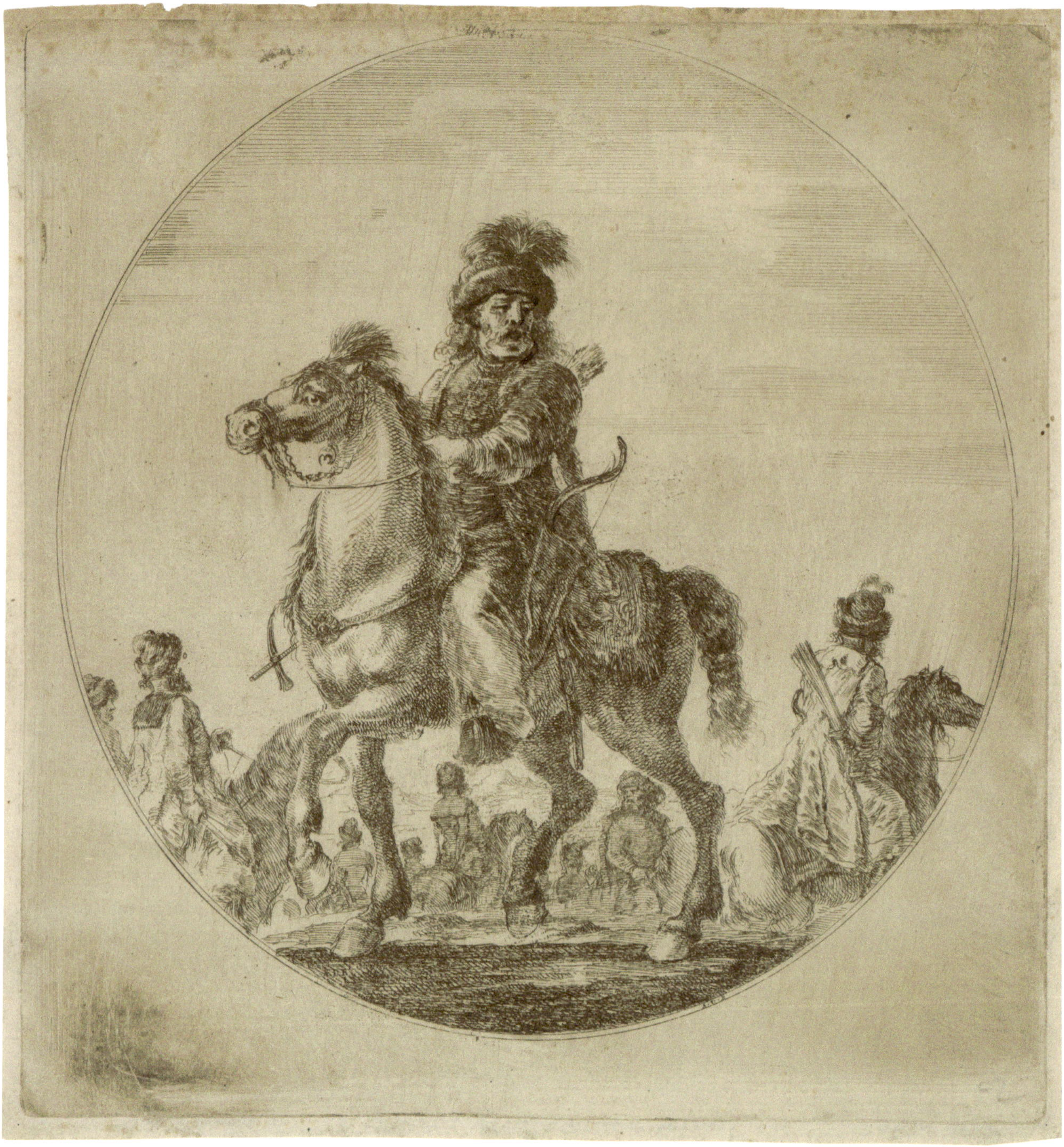

KAT. 62

STEFANO DELLA BELLA

Ungarischer Reiter nach links reitend (aus der Folge „Exotische Reiter“), um 1648–50

Radierung (Probedruck vom Künstler mit brauner und braunschwarzer Feder überarbeitet),

199 × 195 mm (Blatt), De Vesme/Massar 278 (Unikum, unbeschriebener I. Zustand)

Staatliche Graphische Sammlung München, Inv.-Nr. 2022:39 D

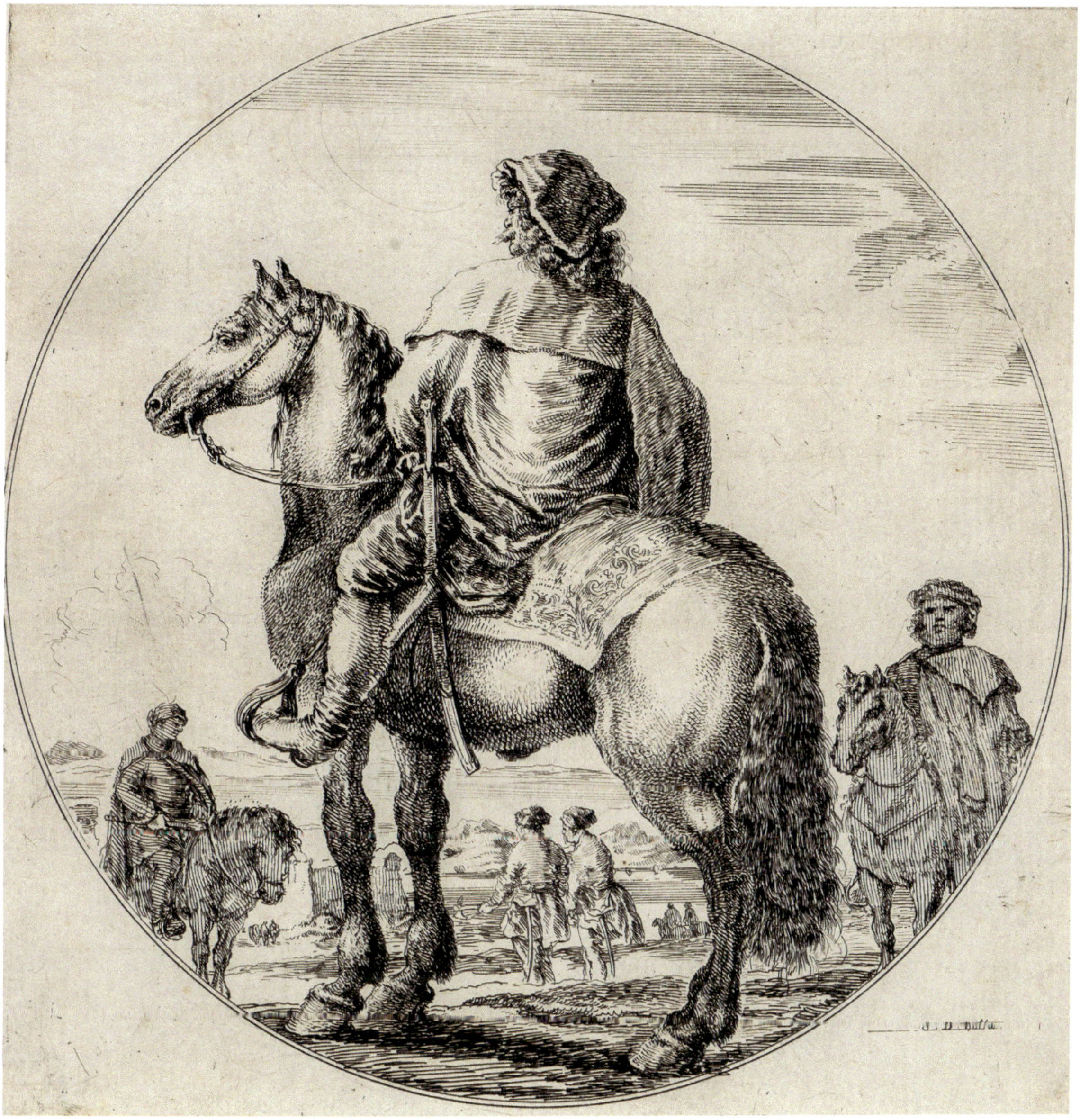

KAT. 63

Ein ungarischer Reiter
(Blatt 10 aus der Folge „Die afrikanischen polnischen und ungarischen Reiter"), um 1648/50
Radierung, 179 × 179 mm (Blatt/Platte)
De Vesme/Massar 279, L. 6092, Inv.-Nr. GS 11787

KAT. 64

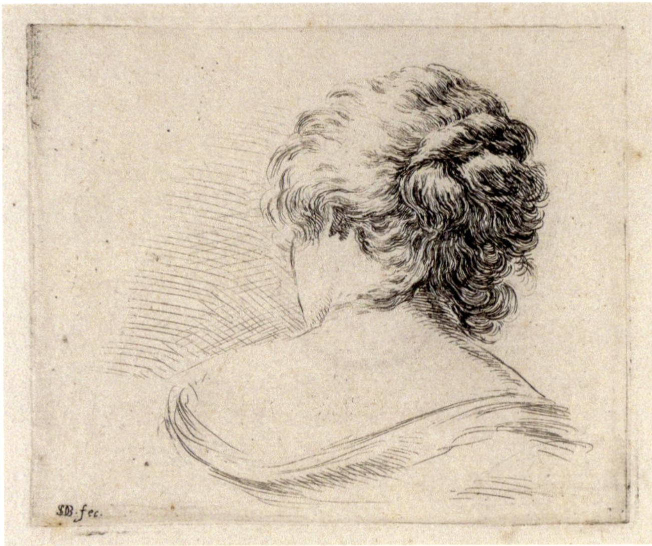

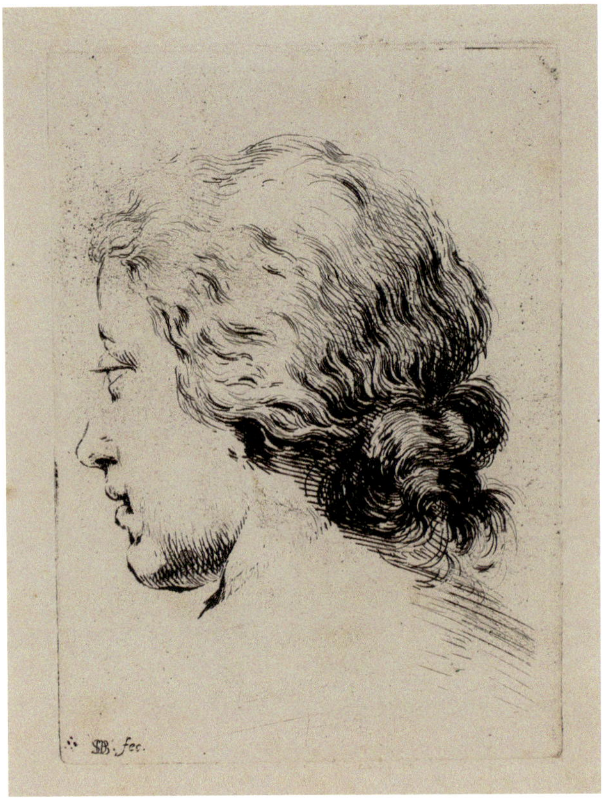

KAT. 65

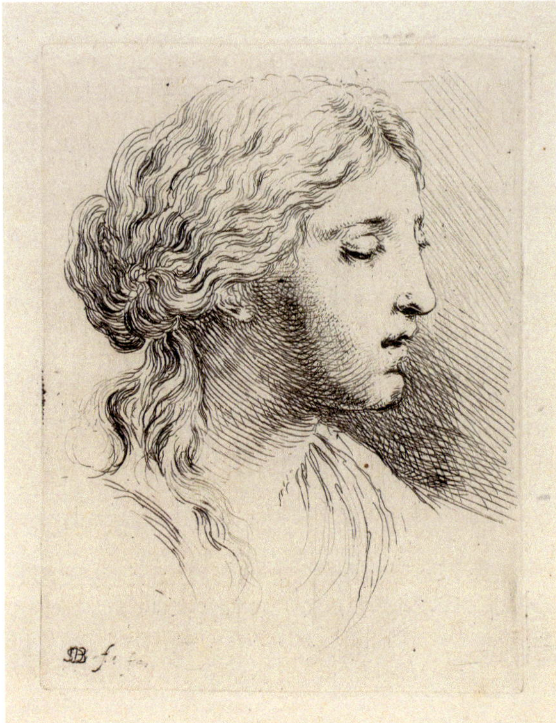

KAT. 66

STEFANO DELLA BELLA

Bildnis einer Frau von hinten gesehen

(Blatt 15 aus der Folge „Recueil de diverses pièces servant à l'art de portraiture"), um 1647

Radierung (I. Zustand), 149 × 198 mm (Blatt), 79 × 97 mm (Platte)

De Vesme/Massar 340, Alter Bestand (Stadtbibliothek), L. 6089, Inv.-Nr. GS D 0/853

Kopf einer Frau im Profil nach links

(Blatt 17 aus der Folge „Recueil de diverses pièces servant à l'art de portraiture"), um 1647

Radierung (I. Zustand), 146 × 200 mm (Blatt) 110 × 82 mm (Platte)

De Vesme/Massar 342, Alter Bestand (Stadtbibliothek), L. 6089, Inv.-Nr. GS D 0/854

Kopf einer Frau im Profil

(Blatt 20 aus der Folge „Recueil de diverses pièces servant à l'art de portraiture"), um 1647

Radierung (I. Zustand), 155 × 208 mm (Blatt), 85 × 65 mm (Platte)

De Vesme/Massar 345, Alter Bestand (Stadtbibliothek), L. 6089, Inv.-Nr. GS D 0/852

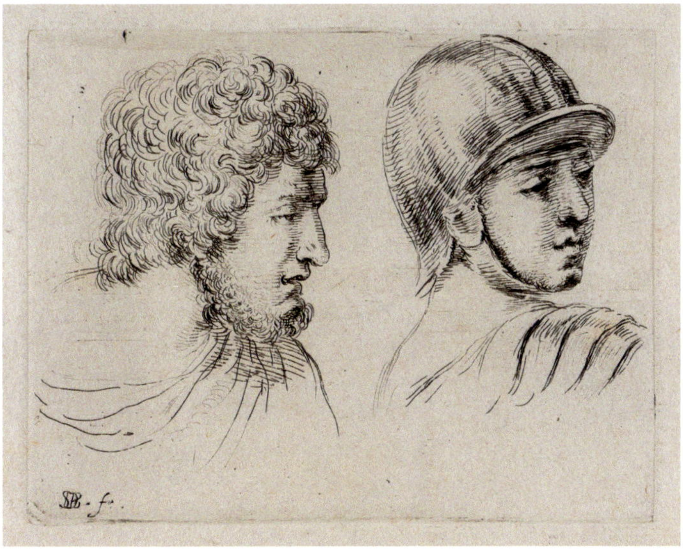

KAT. 67

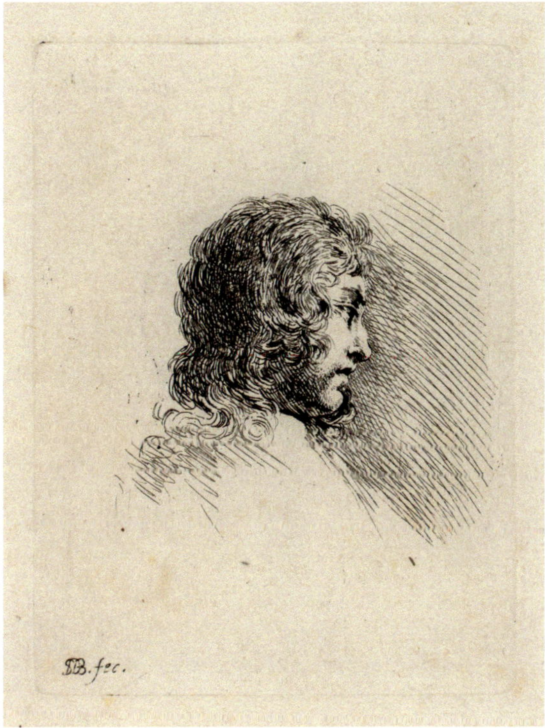

KAT. 68

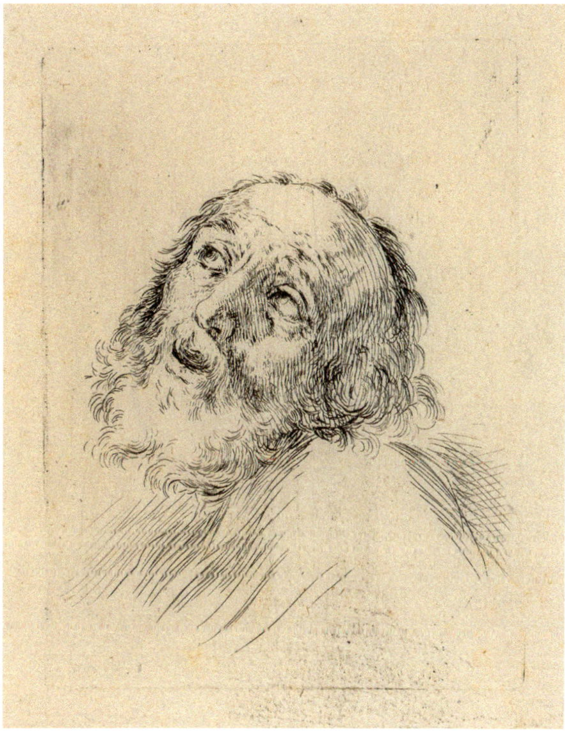

KAT. 69

Mann und Soldat

(Blatt 13 aus der Folge „Recueil de diverses pièces servant à l'art de portraiture"), um 1647
Radierung (I. Zustand), 154 × 205 mm (Blatt), 64 × 84 mm (Platte)
De Vesme/Massar 338, Alter Bestand (Stadtbibliothek), L. 6089, Inv.-Nr. GS D 0/850

Kopf eines jungen Mannes im Profil nach rechts

(Blatt 18 aus der Folge „Recueil de diverses pièces servant à l'art de portraiture"), um 1647
Radierung (I. Zustand), 153 × 200 mm (Blatt), 84 × 64 mm (Platte)
De Vesme/Massar 343, Alter Bestand (Stadtbibliothek), L. 6089, Inv.-Nr. GS D 0/851

Hl. Petrus nach oben blickend

(Blatt 21 aus der Folge „Recueil de diverses pièces servant à l'art de portraiture"), um 1647 Radierung
(I. Zustand), 159 × 205 mm (Blatt), 82 × 64 mm (Platte)
De Vesme/Massar 346, Alter Bestand (Stadtbibliothek), L. 6089, Inv.-Nr. GS D 0/844

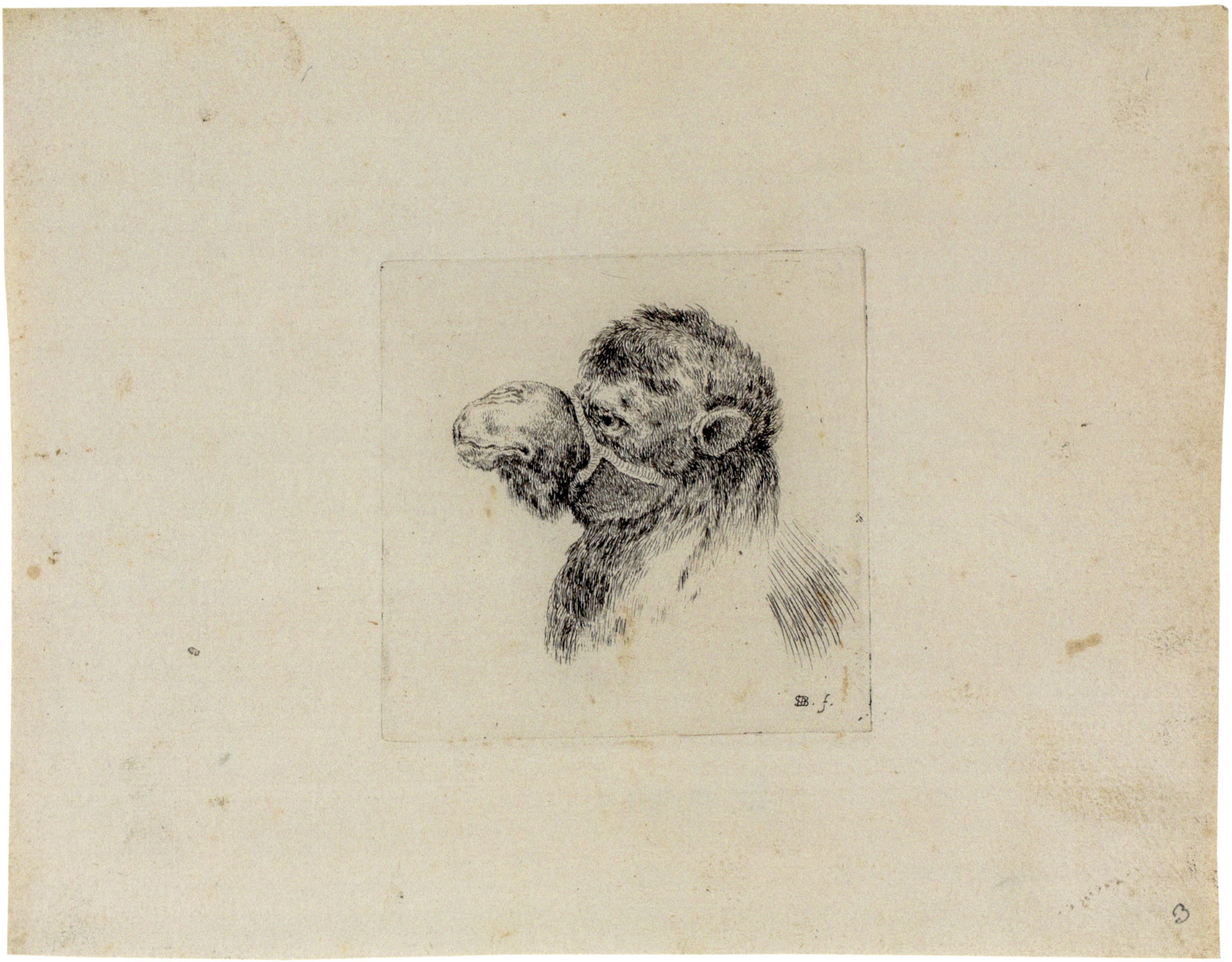

KAT. 70

STEFANO DELLA BELLA

Kopf eines Kamels (Blatt 30 aus der Folge „Recueil de diverses pièces servant à l'art de portraiture"), um 1647

Radierung (II. Zustand), 156 × 206 mm (Blatt), 80 × 84 mm (Platte)

De Vesme/Massar 355, Alter Bestand (Stadtbibliothek), L. 6089, Inv.-Nr. GS D 0/841

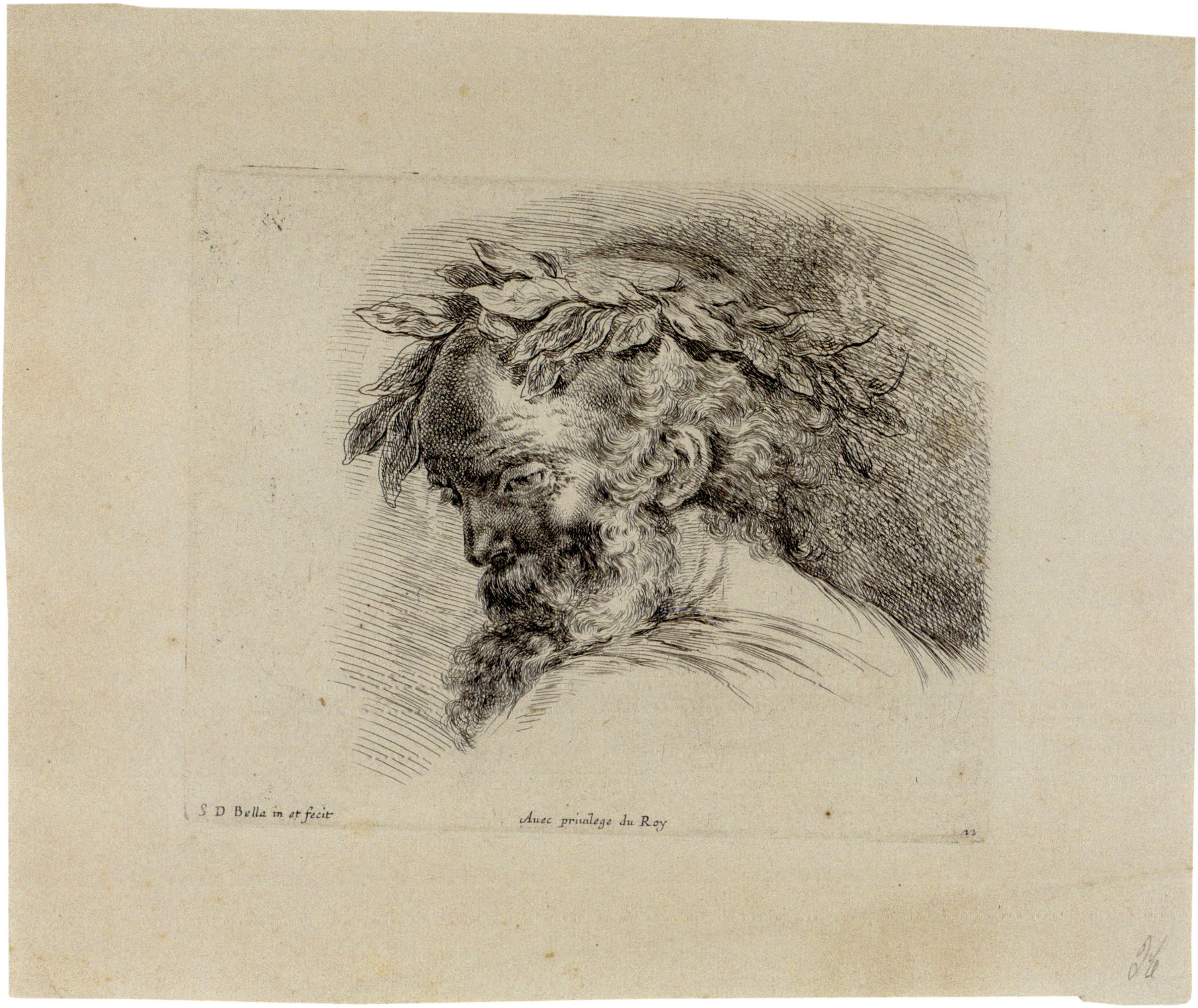

KAT. 71

Alter Mann mit Lorbeerkranz (Blatt 22 aus der Folge „I principii del disegno"), 1649
Radierung (II. Zustand), 181 × 222 mm (Blatt), 119 × 152 mm (Platte)
De Vesme/Massar 385, L. 6092, Inv.-Nr. GS 11786

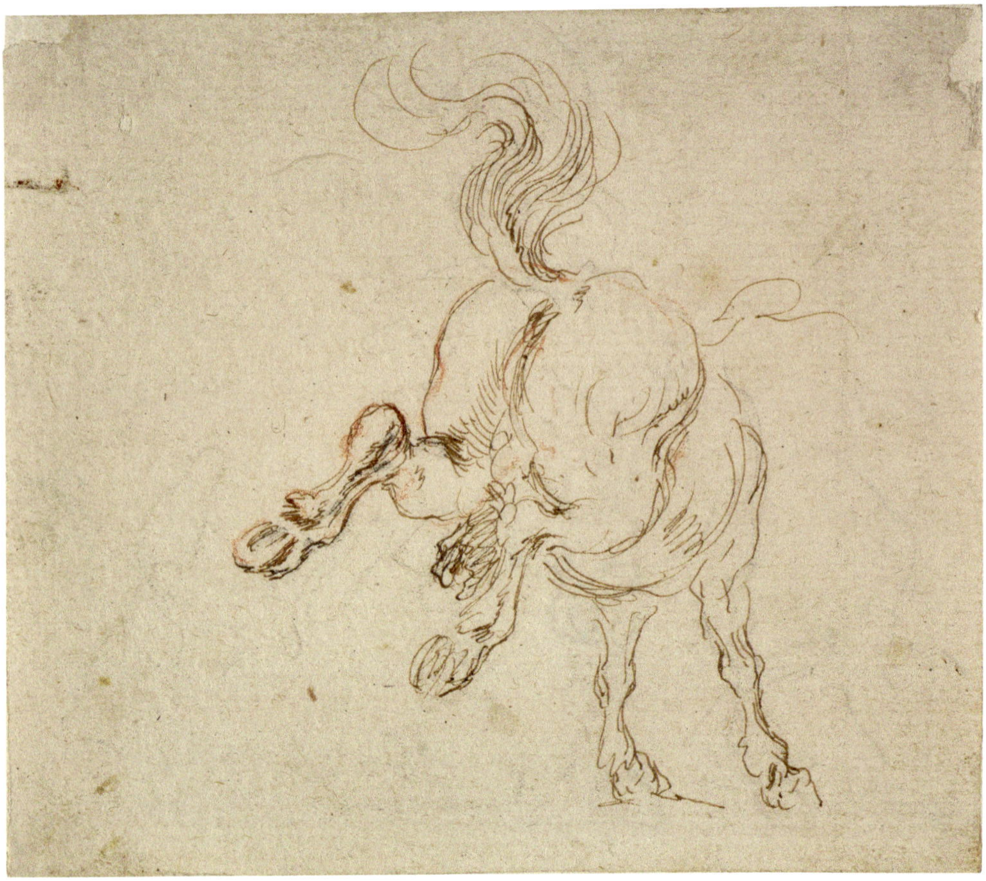

KAT. 72

STEFANO DELLA BELLA

Ausschlagendes Pferd

Feder in Braun über schwarzer und roter Kreide, 73 × 85 mm

Darmstadt, Hessisches Landesmuseum, Inv.-Nr. HZ 564

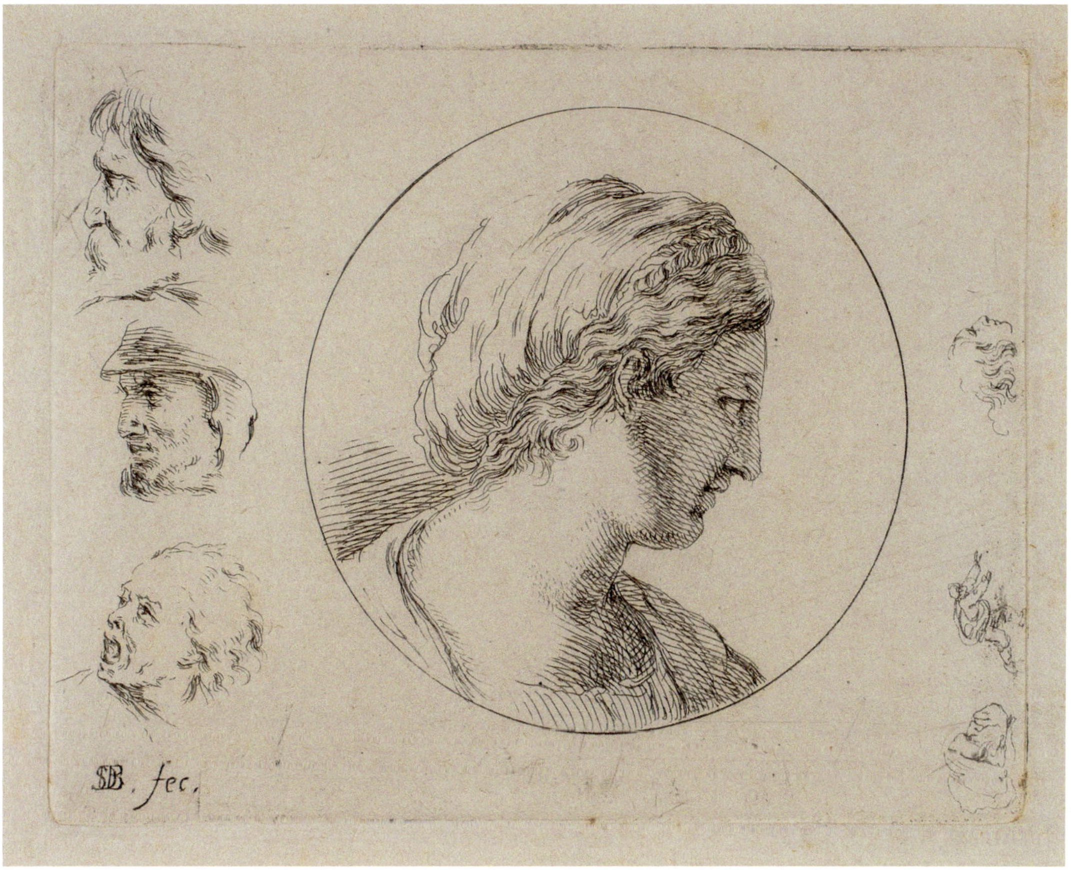

KAT. 73

Tondo mit Frauenbildnis im Profil diverse Kopfstudien und Skizzen
(Blatt 4 aus der Folge „Second recueil de divers griffonnements et preuves d'eau forte"), um 1646
Radierung, 157 × 203 mm (Blatt), 64 × 82 mm (Platte)
De Vesme/Massar 415, Alter Bestand (Stadtbibliothek), L. 6089, Inv.-Nr. GS D 0/843

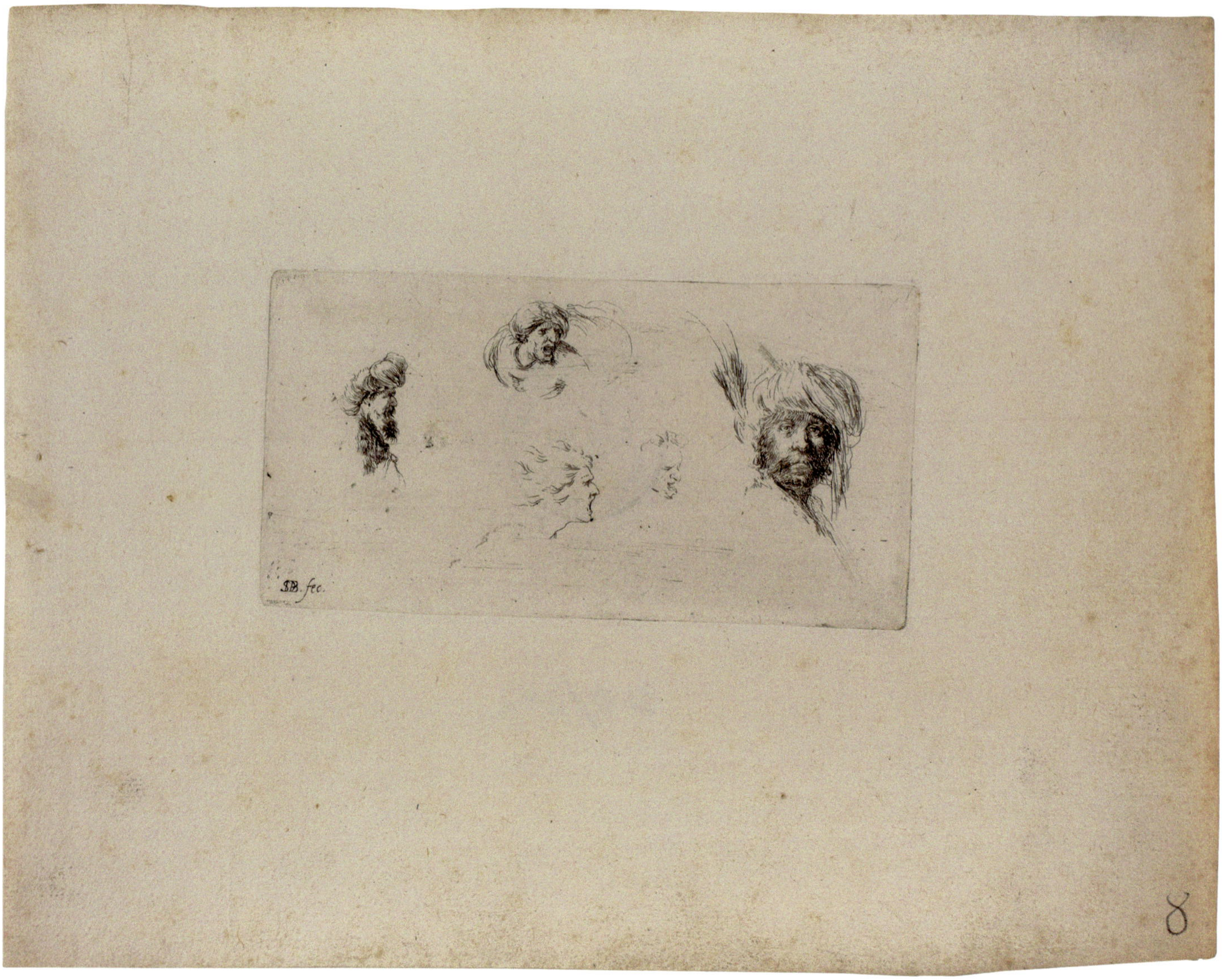

KAT. 74

STEFANO DELLA BELLA

Fünf Kopfstudien (Blatt 16 aus der Folge „Recueil de divers griffonnements et preuves d'eau forte"), um 1646

Radierung, 159 × 208 mm (Blatt), 56 × 112 mm (Platte)

De Vesme/Massar 405, Alter Bestand (Stadtbibliothek), L. 6089, Inv.-Nr. GS D 0/842

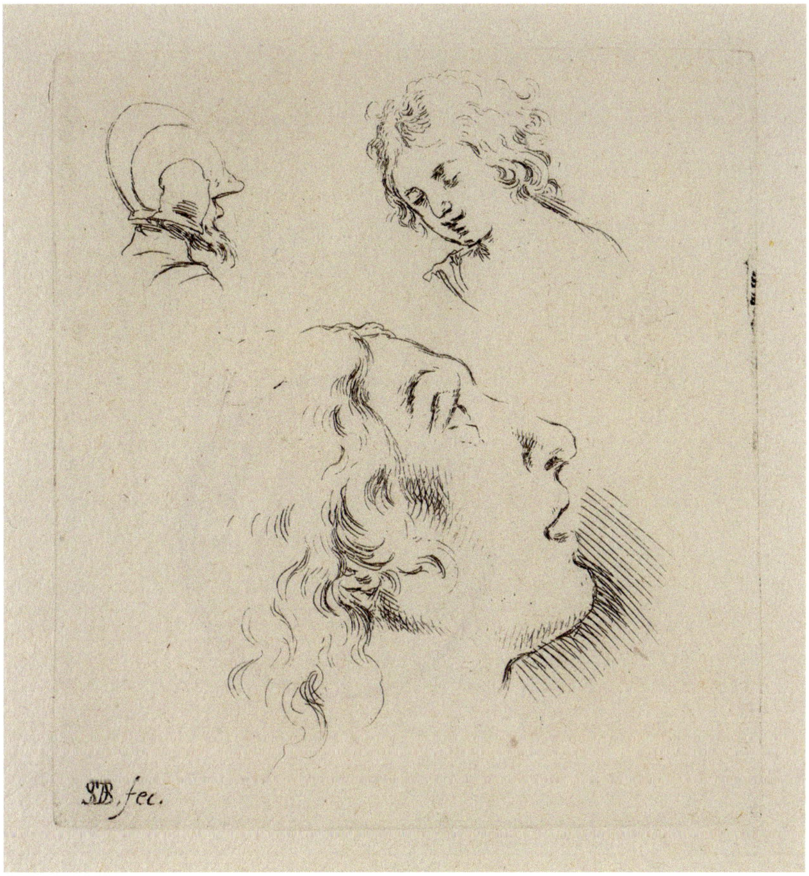

KAT. 75

Drei Kopfstudien (Blatt 19 aus der Folge „Recueil de divers griffonnements et preuves d'eau forte"), um 1646

Radierung, 156 × 201 mm (Blatt), 69 × 65 mm (Platte)

De Vesme/Massar 392, Alter Bestand (Stadtbibliothek), L. 6089, Inv.-Nr. GS D 0/845

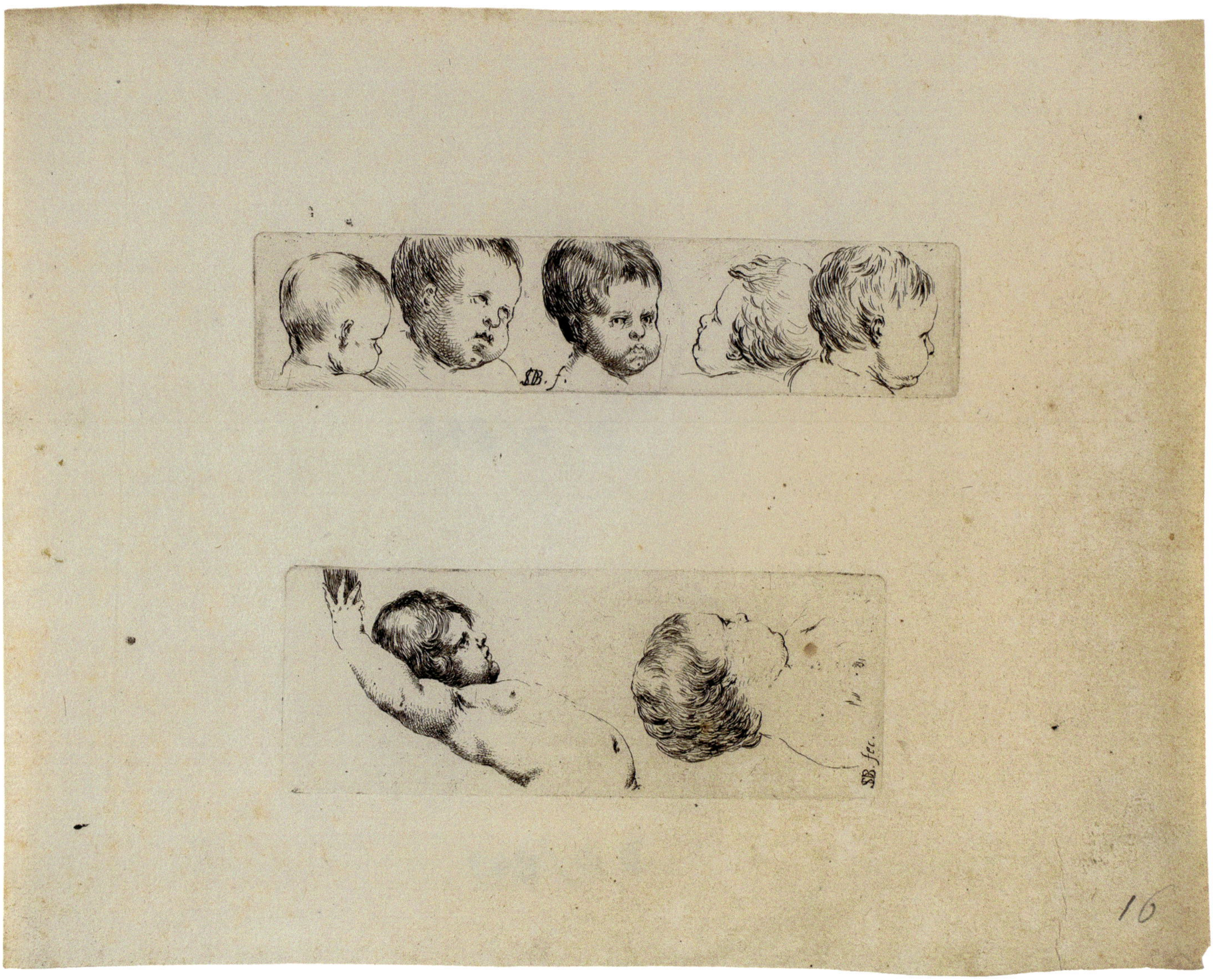

KAT. 76

STEFANO DELLA BELLA

Fünf Kinderköpfe / Zwei Kinderstudien

(Blatt 21 und Blatt 6 aus der Folge „Recueil de divers griffonnements et preuves d'eau forte"), um 1646

Radierung, 159 × 207 mm (Blatt), 26 × 121 mm (Platte) bzw. 38 × 103 mm (Platte auf einem Bogen)

De Vesme/Massar 410 bzw. 395, Alter Bestand (Stadtbibliothek), L. 6089, Inv.-Nr. GS D 0/848 bzw. GS D 0/849

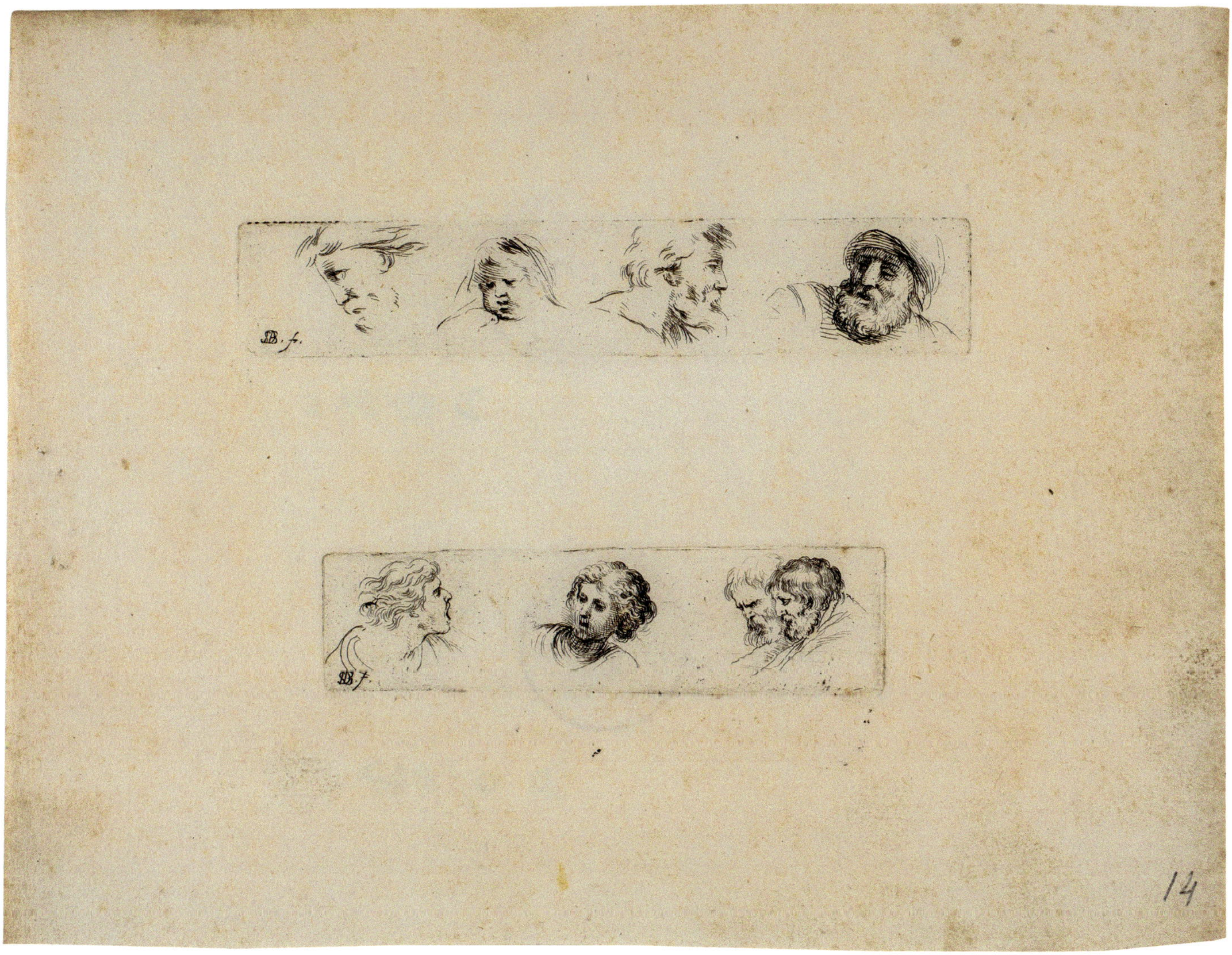

KAT. 77

Vier einzelne Kopfstudien / Vier Kopfstudien

(Blatt 20 und Blatt 15 aus der Folge „Recueil de divers griffonnements et preuves d'eau forte"), um 1646

Radierung, 153 × 208 mm (Blatt), 23 × 125 mm (Platte) bzw. 23 × 95 mm (Platte auf einem Bogen)

De Vesme/Massar 409 bzw. 404, Alter Bestand (Stadtbibliothek), L. 6089, Inv.-Nr. GS D 0/846 bzw. GS D 0/847

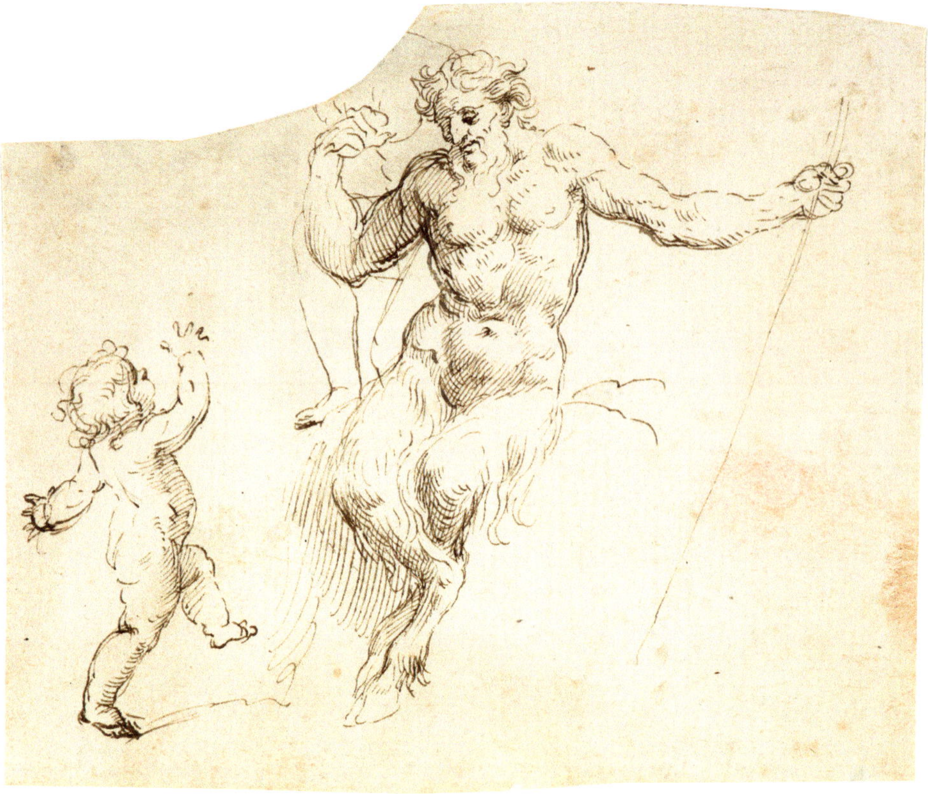

KAT. 78

STEFANO DELLA BELLA

Satyr und Kind

Feder in Braun, 78 × 94 mm

Düsseldorf, Stiftung Museum Kunstpalast, Inv.-Nr. KA (FP) 1503

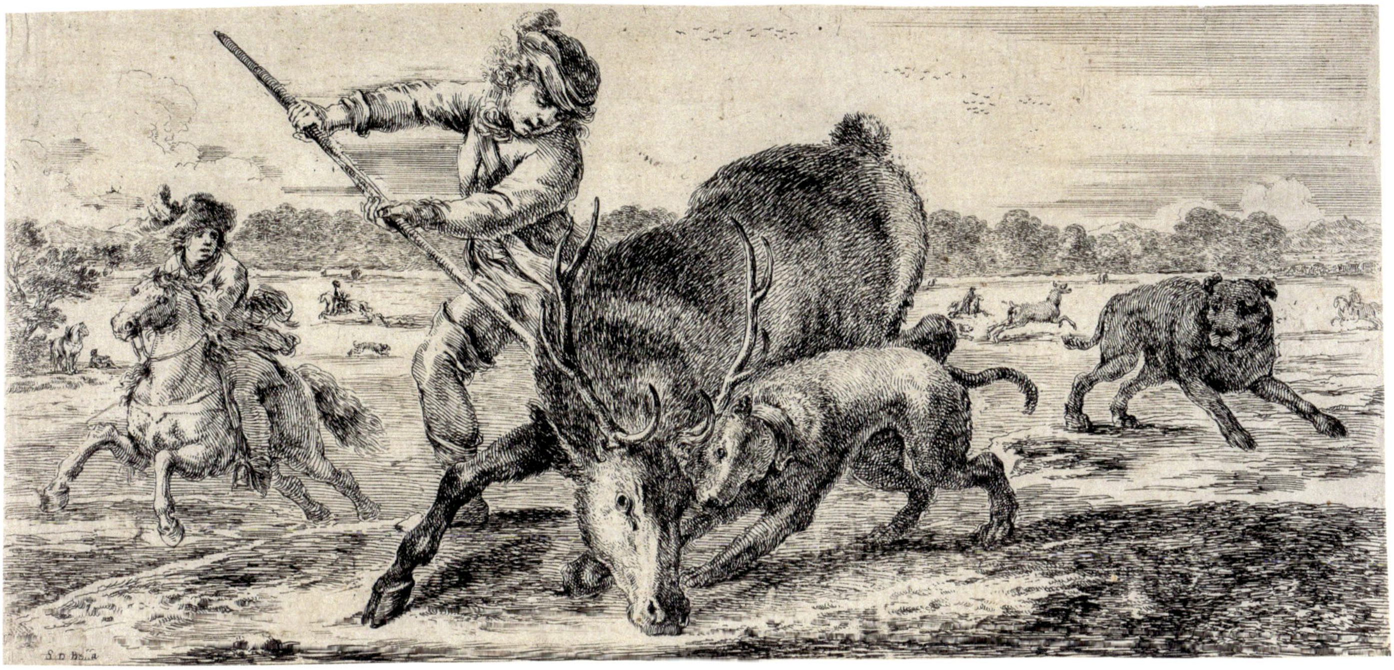

KAT. 70

Hirschjagd (aus der Folge „Jagden"), um 1654
Radierung, 115 × 251 mm (Blatt beschnitten)
De Vesme/Massar 737, L. 6092, Inv.-Nr. GS 11790

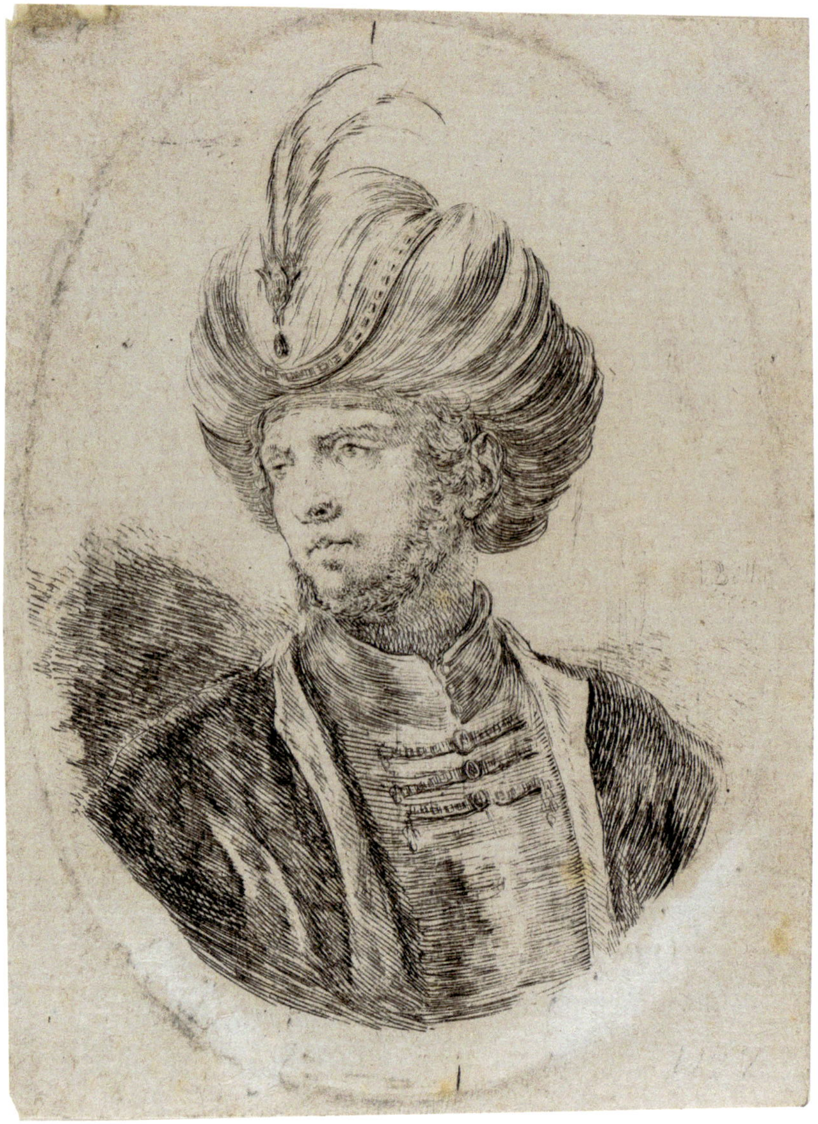

KAT. 80

STEFANO DELLA BELLA
Junger Mann mit Turban
(aus der Folge „Plusieurs testes coiffées à la persienne"), 1649/50
Radierung (II. Zustand), 104 × 79 mm (Blatt), 102 × 74 mm (Platte)
De Vesme/Massar 185, Ankauf aus dem Kunsthandel 2022, Inv.-Nr. GS 2022/206

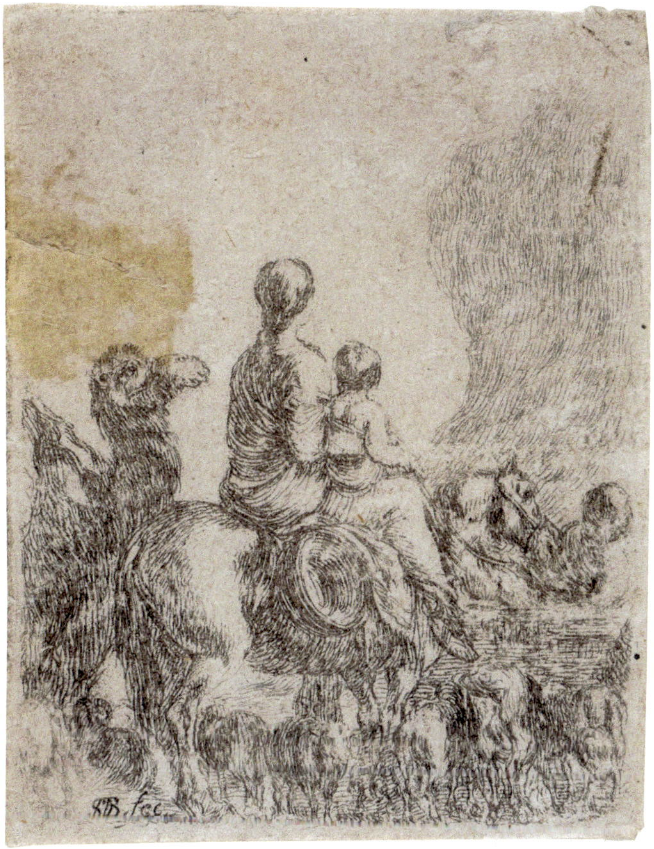

KAT. 81

Studie einer Frau mit Kind zu Pferde und einer Herde mit Kamel

(aus der Folge „Diverses figures et griffonnements“), um 1646

Radierung, 61 × 48 mm (Blatt/Platte)

Vesme/Massar 475, L. 6090, L. 6091, Inv.-Nr. GS 11781

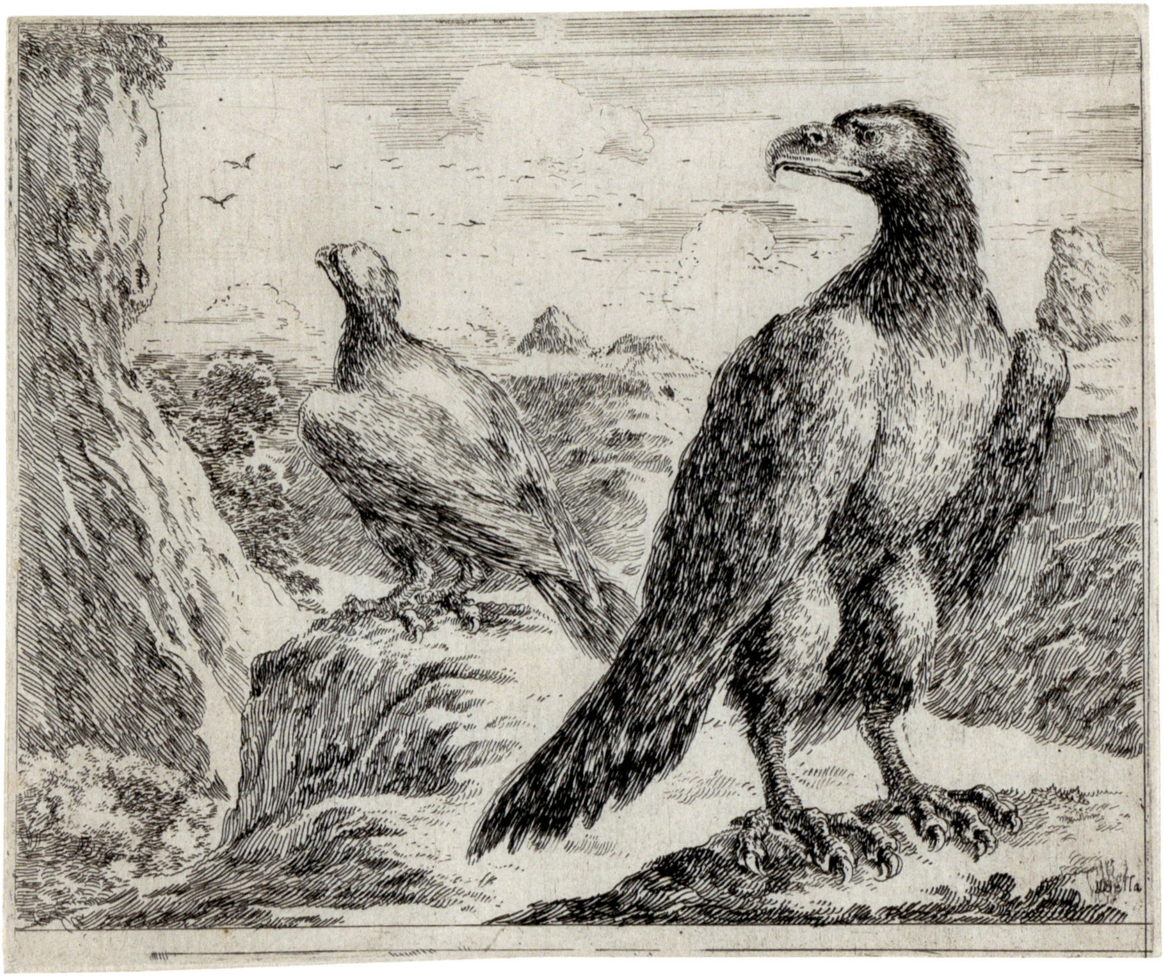

KAT. 82

STEFANO DELLA BELLA
Zwei Adler (Blatt 1 aus der Folge „Die Adler"), um 1651
Radierung, 119 × 150 mm (Blatt/Platte)
De Vesme/Massar 720, L. 6092, Inv.-Nr. GS 11784

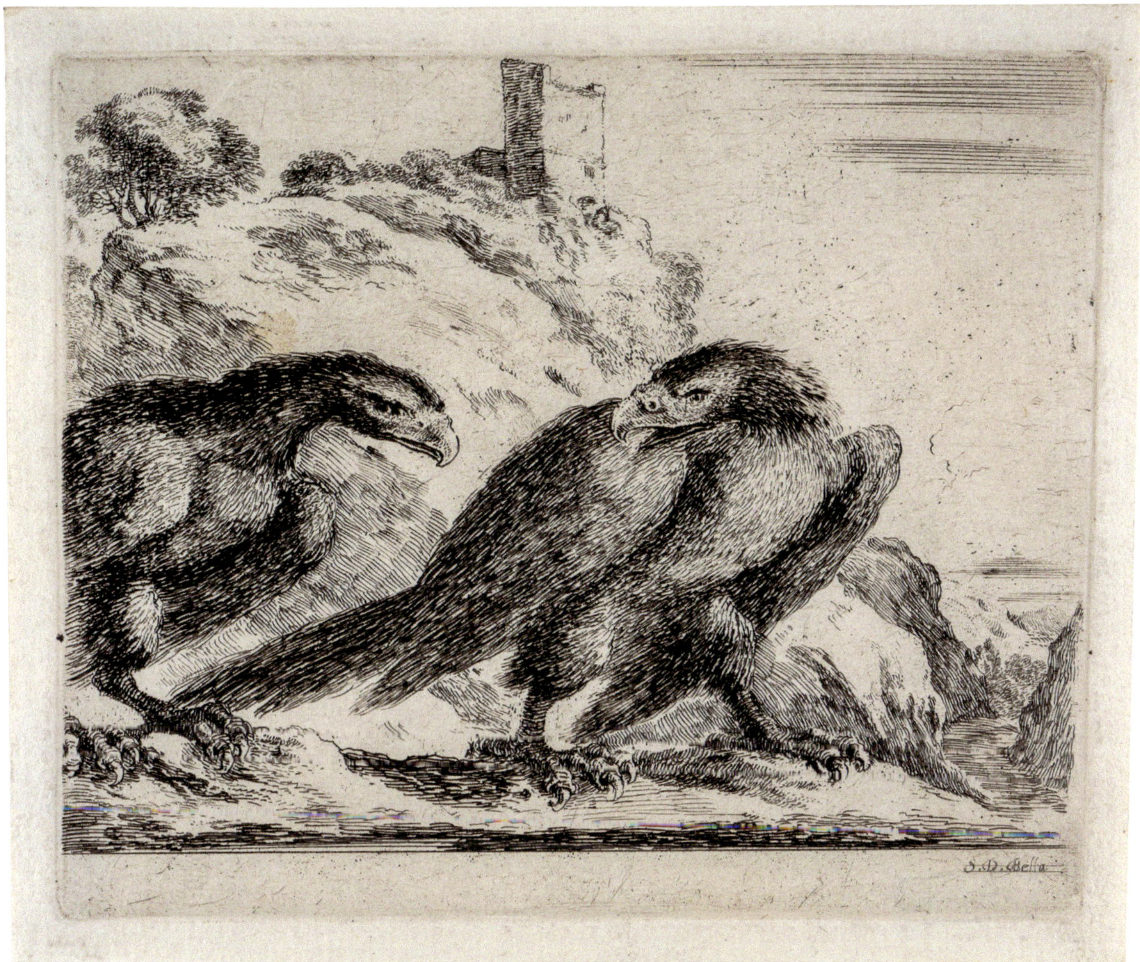

KAT. 83

Zwei Adler (Blatt 2 aus der Folge „Die Adler"), um 1651
Radierung, 128 × 155 mm (Blatt), 116 × 143 mm (Platte)
De Vesme/Massar 721, L. 6091, L. 6092, L. 1777b, Inv.-Nr. GS 11782

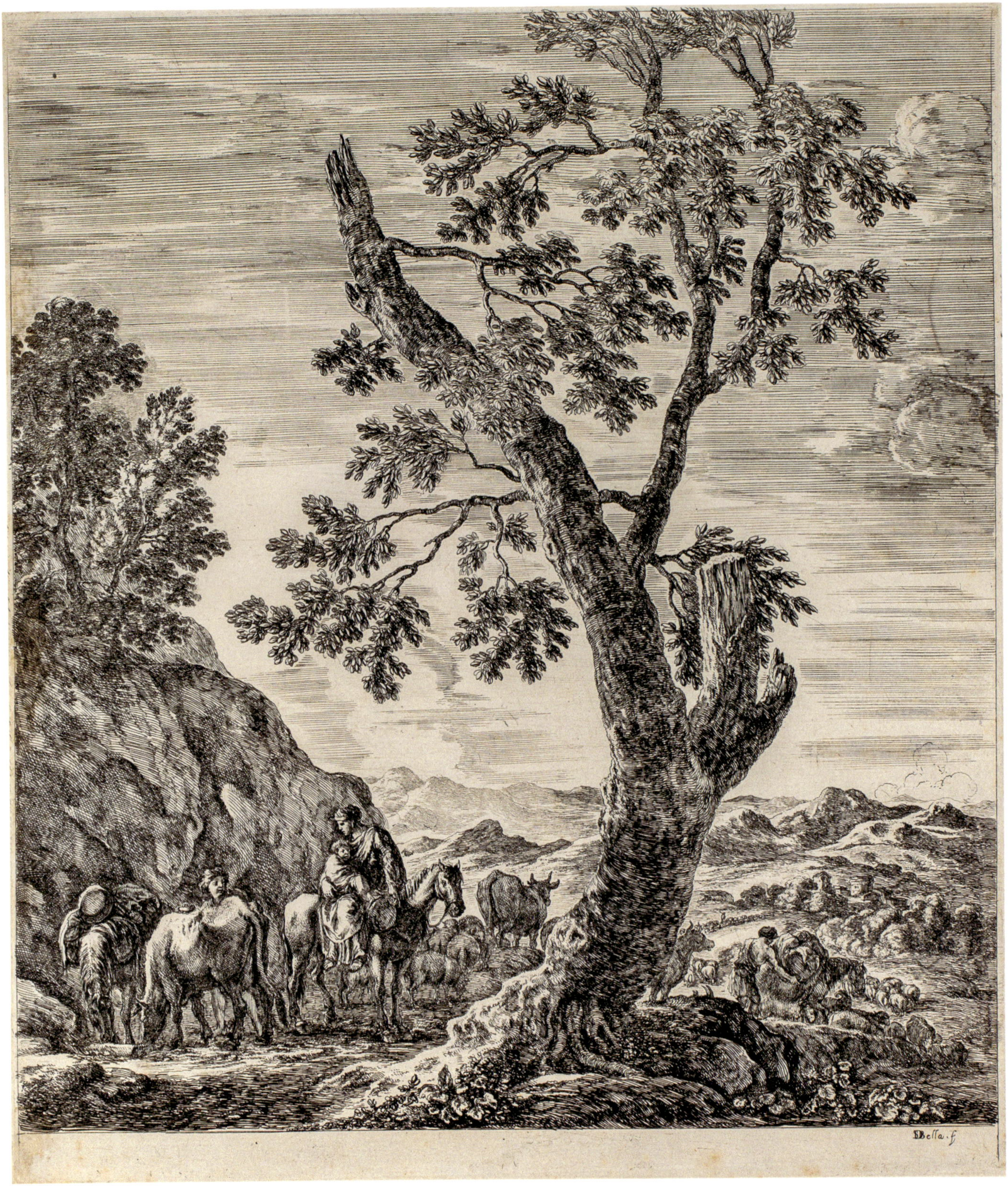

KAT. 84

STEFANO DELLA BELLA
Herde in der Campagna bei Rom
(aus der Folge „Sechs große Ansichten von Rom und der römischen Campagna"), 1656
Radierung (II. Zustand), 301 × 265 mm (Blatt/Platte)
De Vesme/Massar 837, L. 6092, Inv.-Nr. GS 11794

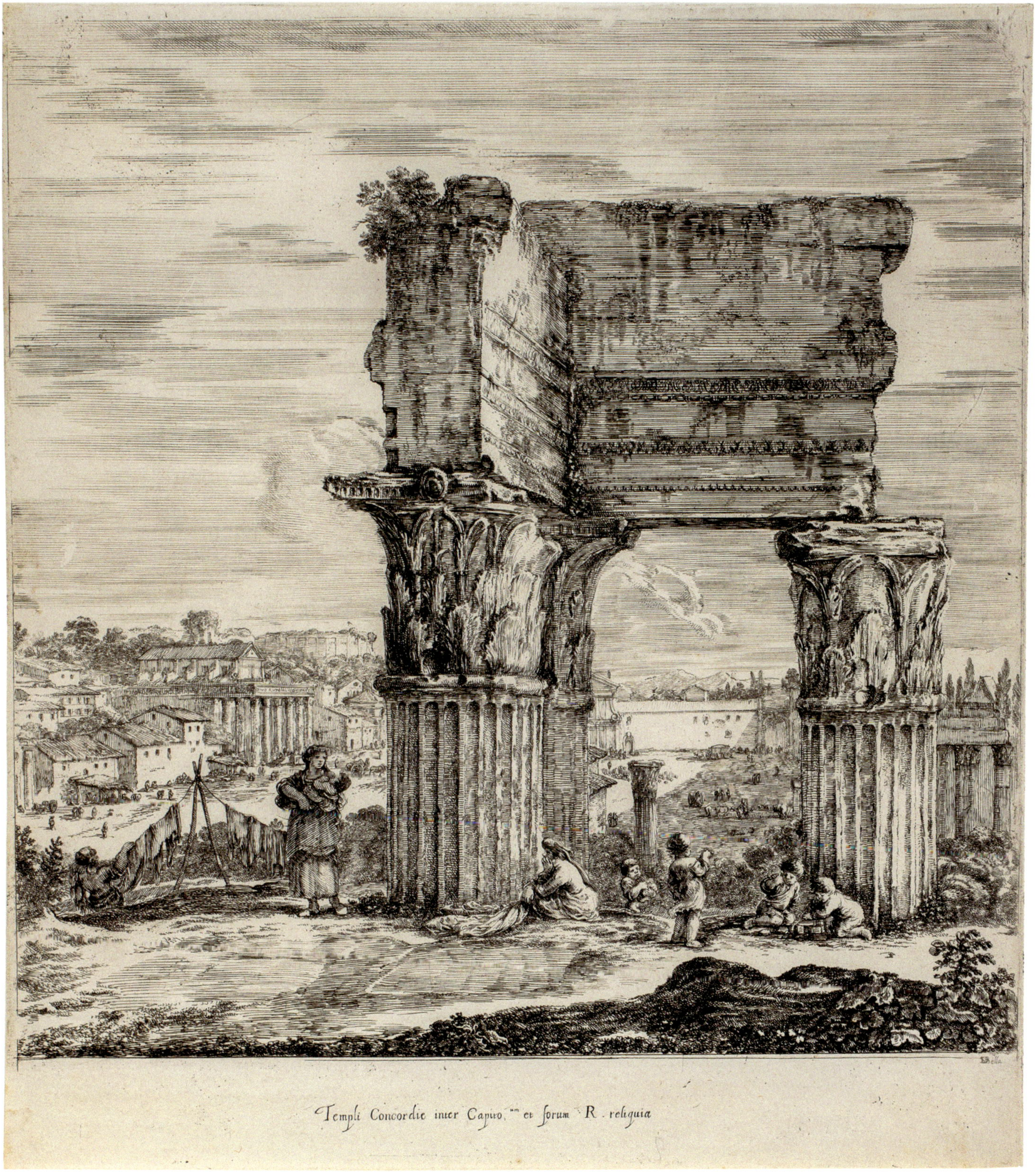

KAT. 85

Der Concordia-Tempel und das Forum Romanum
(aus der Folge „Sechs große Ansichten von Rom und der römischen Campagna“), 1656
Radierung (II. Zustand), 299 × 274 mm (Blatt/Platte)
De Vesme/Massar 835, L. 6092, L. 1777b, Inv.-Nr. GS 11798

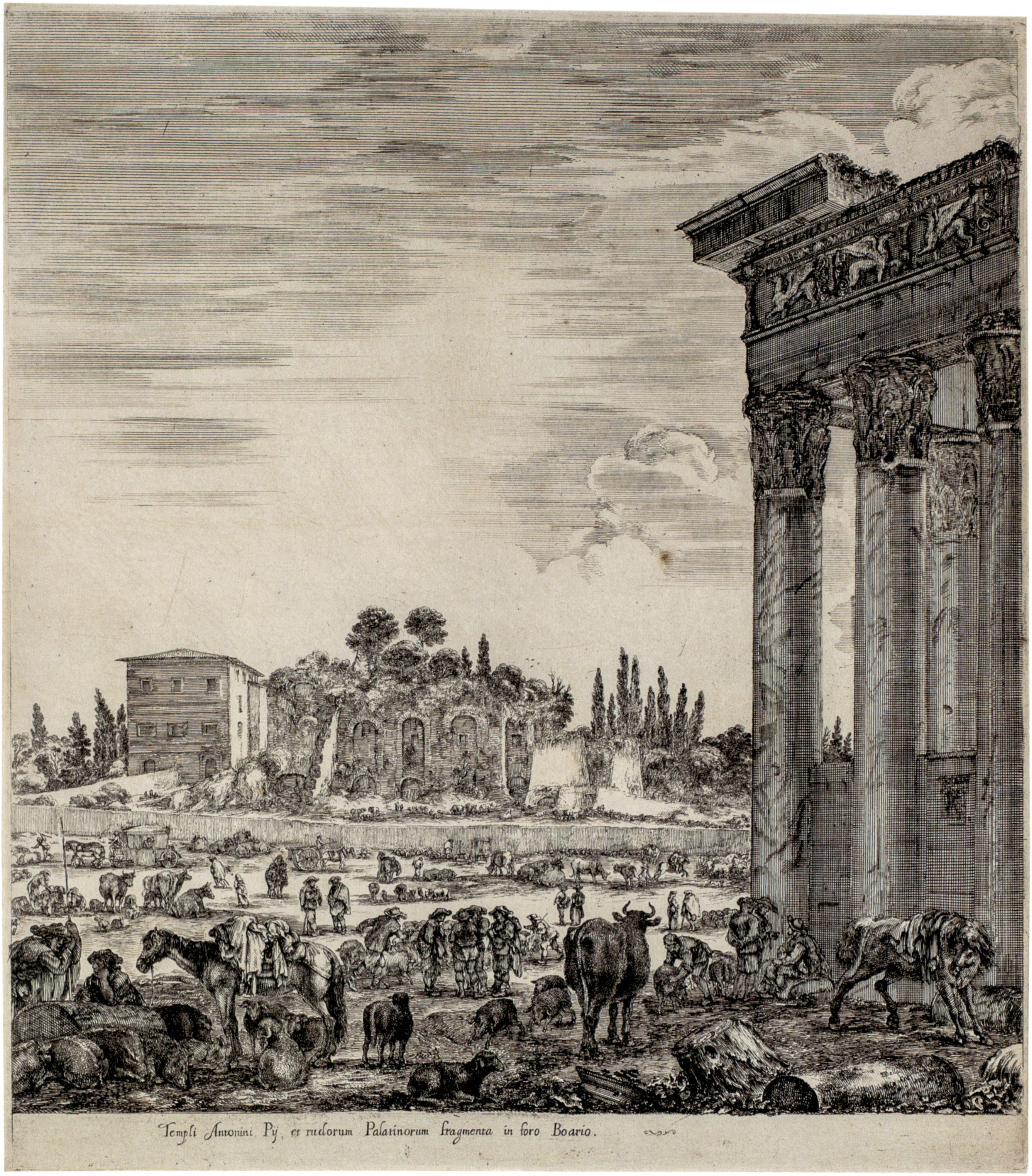

KAT. 86

STEFANO DELLA BELLA

Der Tempel des Antonius und der Campo Vaccino

(aus der Folge „Sechs große Ansichten von Rom und der römischen Campagna"), 1656

Radierung (II. Zustand), 311 × 282 mm (Blatt/Platte)

De Vesme/Massar 833, L. 6092, Inv.-Nr. GS 11797

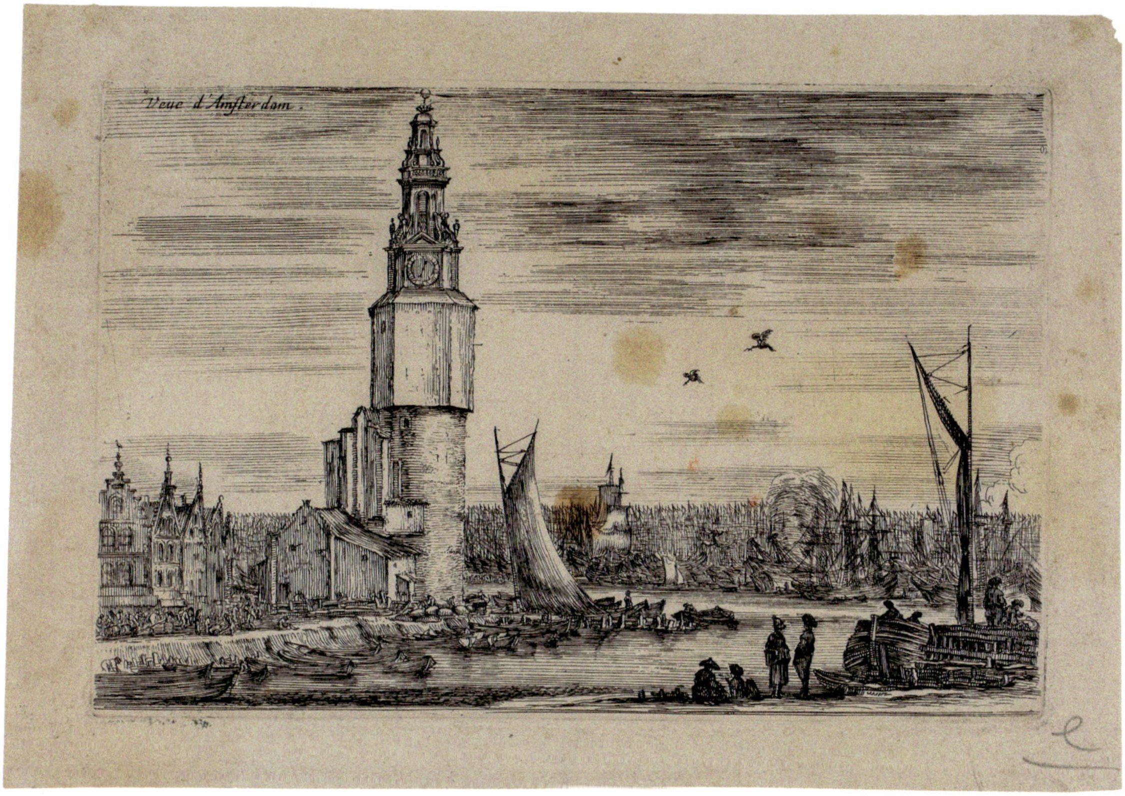

KAT. 87

Sicht auf Amsterdam (aus der Folge „Vues de ports de mer"), 1647
Radierung, 110 × 162 mm (Blatt) 90 × 138 mm (Platte)
De Vesme/Massar 799, L. 6092, Inv.-Nr. GS 11792

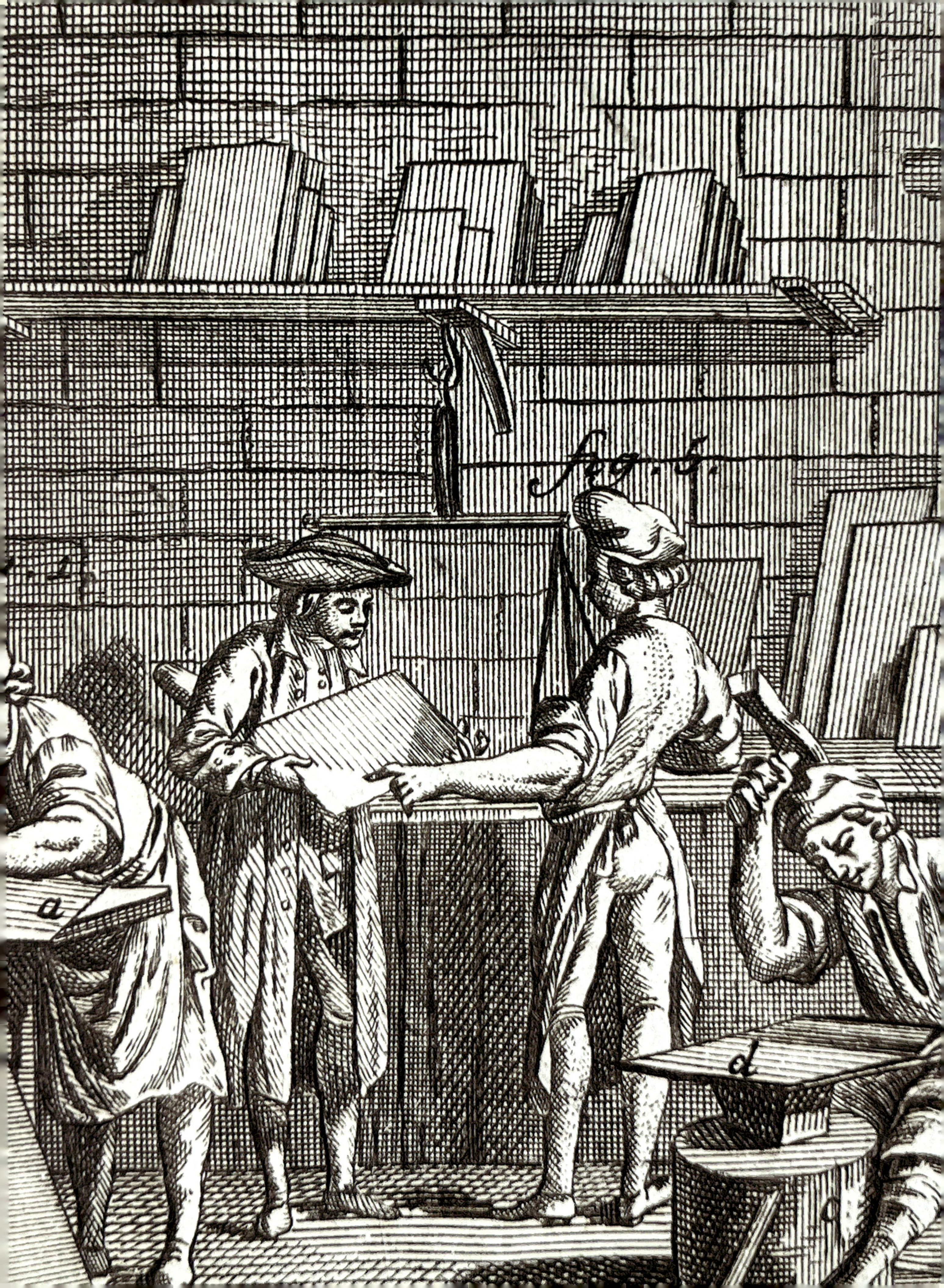

fig. 4.
a
d

MARIA ARESIN

Die Ökonomie der Radierung

VERWENDUNG UND WIEDERVERWENDUNG VON DRUCKPLATTEN IM 16. UND 17. JAHRHUNDERT

Wenn man von der Radierung als einer spontanen Technik spricht, die die Freiheit des Künstlergestus' auf ideale Weise unterstützt, bezieht man sich heute in der Regel auf den fertigen Abzug einer Radierplatte als dem Endergebnis eines künstlerischen Prozesses. Schon Carlo Bertelli betonte jedoch, dass der eigentliche Ort des Experiments die Kupferplatte selbst ist.[1] Diesen eigentlichen Trägern und ursprünglichen Objekten, der *materia prima* eines sich schrittweise abspielenden künstlerischen Arbeitsablaufs, wird bis heute in der kunsthistorischen Forschung vergleichsweise wenig Aufmerksamkeit geschenkt. Sie sind jedoch, wie sich im Folgenden zeigen soll, der Schlüssel zu wesentlichen Erkenntnissen für die beiden im 16. und 17. Jahrhundert bekannten Tiefdrucktechniken – die Radierung und den Kupferstich.

ARBEITSÖKONOMIE

Ausgangspunkt dieser Überlegungen bildet eine für die Ausstellung zentrale Radierung Giovanni Benedetto Castigliones (1609–1664), die vier Motive auf einer Platte vereint zeigt, die nur durch schmale, geätzte Linien getrennt sind (Kat. 101). Es handelt sich dabei um einen seltenen Probeabzug Castigliones, bei dem der für die Radierung notwendige Ätzvorgang bereits abgeschlossen ist, die vier später separat zu druckenden Platten jedoch einmal probeweise gemeinsam abgezogen werden, um sicherzustellen, dass kein weiteres Ätzen erforderlich ist. Das Landesmuseum Mainz bewahrt sowohl den Abzug der ungeteilten wie auch die vier Einzelabzüge der später zerteilten Platte (Kat. 101–105). Erst im Anschluss trennte der Künstler die fertig geätzten Bildfelder

LINKE SEITE FERDINANDO FAMBRINI
Der Kupferschmied (Chaudronnier Planeur), 18. Jh., Detail
Kat. 3, S. 44

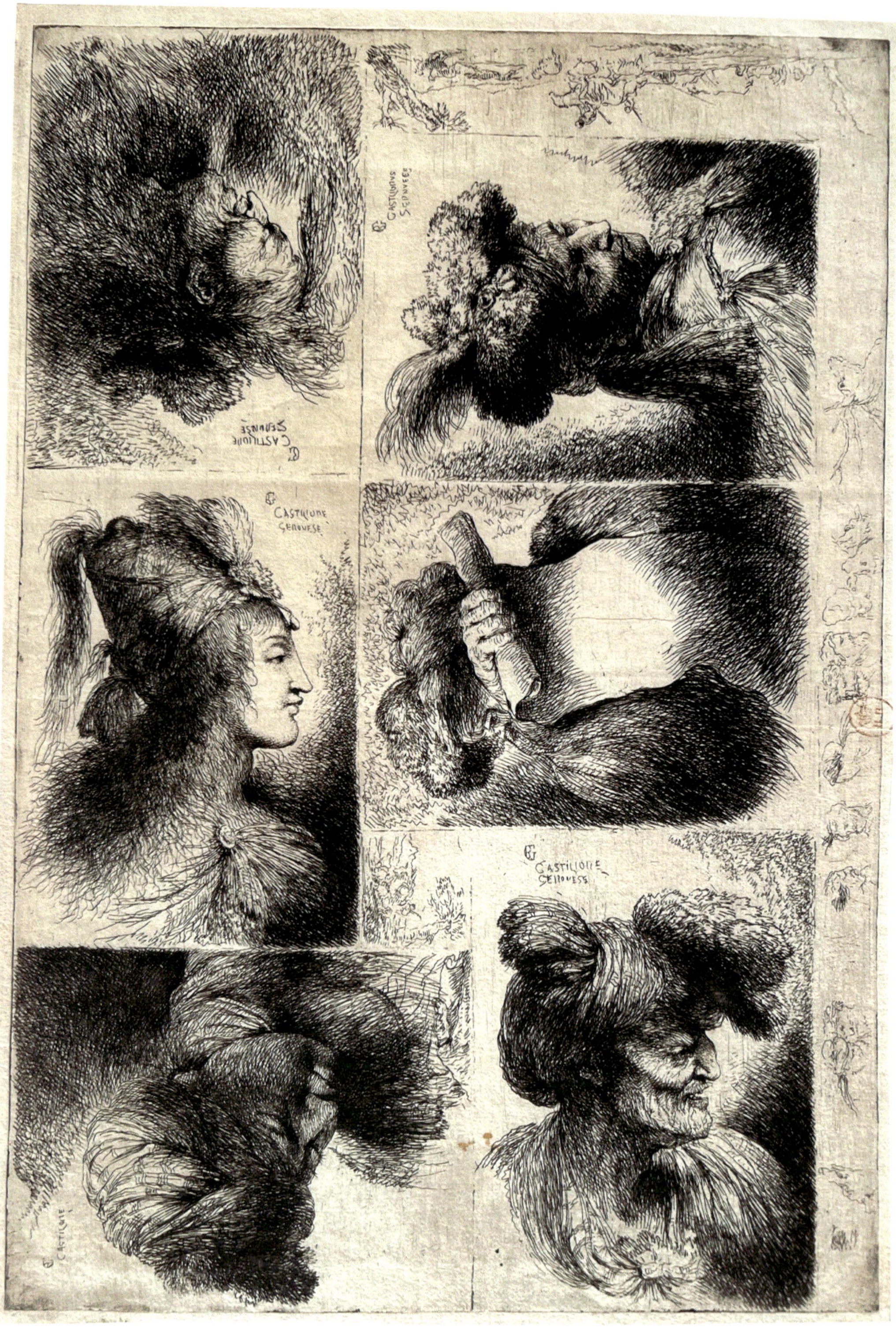

ABB. 1 GIOVANNI BENEDETTO CASTIGLIONE *Kleine Orientalen und verschiedene Radierproben*
Radierung (I. Zustand bzw. Probedruck), 215 × 305 (Blatt), 210 × 297 (Platte) Paris, Bibliothèque nationale de France, Inv.-Nr. Mf.R 14241

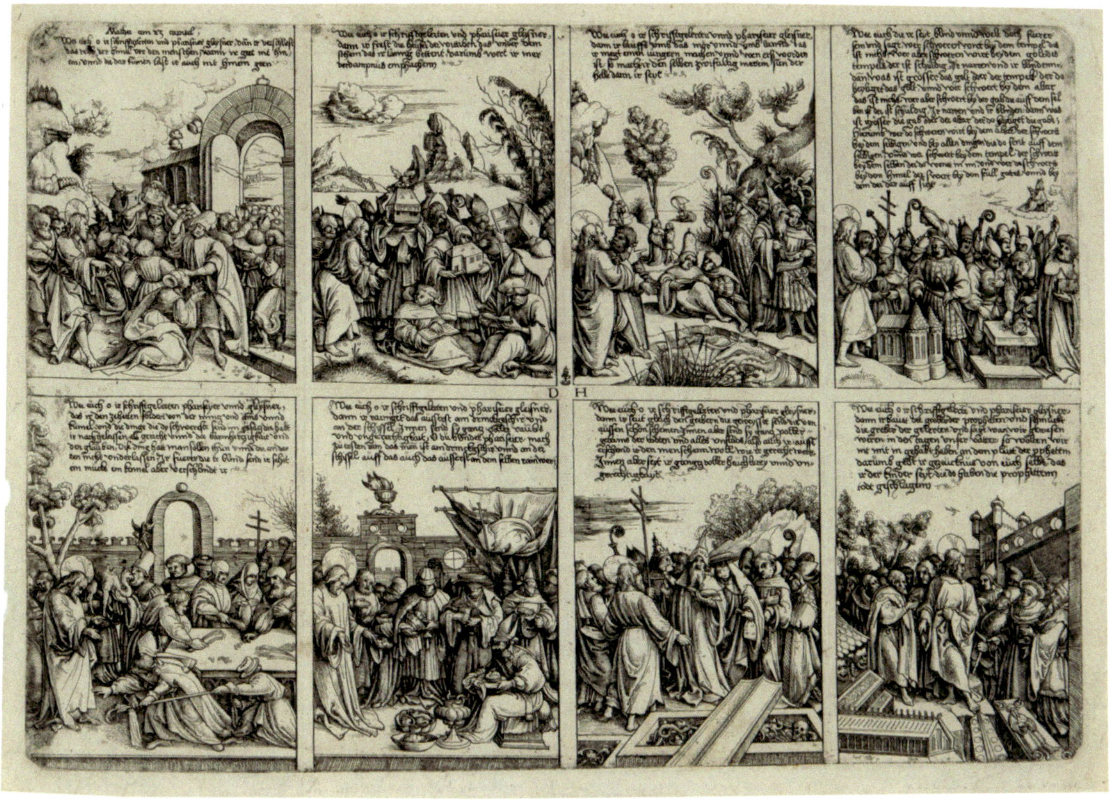

ABB. 2 DANIEL HOPFER *Wehe über die Pharisäer und Schriftgelehrten*, um 1510–20 Eisenradierung, 279,5 × 380 mm
Los Angeles, UCLA Grunwald Center for the Graphic Arts, Hammer Museum, Gift of Stuart and Beverly Denenberg, Inv.-Nr. 2011.26.22

voneinander. Die möglichst platzsparend in den weichen Ätzgrund eingetragenen Motive touchieren dabei die ihnen zugedachten Ränder und sind so knapp veranschlagt, dass kein Raum für Fehler beim Durchtrennen der Platten oder dem Abrunden der Kanten zum Druck blieb, wollte der Künstler nicht Teile seines Motivs wieder entfernen.[2] Die beiden größeren Plattenfelder können der Serie der *Großen Orientalenköpfe* zugeordnet werden, während die beiden kleineren länglichen Landschaften laut Paolo Bellini unter die sogenannten „Fine Point Sketches" fallen. Dabei handelt es sich um Radierproben, eine Reihe geätzter Platten-Schnipsel im Kleinstformat (Kat. 104–105), die sich im Zuge des Beschneidens weiterer in einem Durchgang geätzter Platten sozusagen als ‚Lückenfüller' ergaben.[3] In diesem Verfahren des Ätzens mehrerer Motive auf einer Platte, die anschließend geteilt und einzeln gedruckt wurden, hat Castiglione bis zu zehn Einzelplatten mit einem Ätzvorgang vorbereitet. Ein seltenes Exemplar eines Probeabzugs mit zehn Motiven auf einer einzigen Platte findet sich in der Bibliothèque nationale de France (Abb. 1).[4] Hier sind zwischen die sogenannten *Kleinen Orientalenköpfe* winzig kleine Szenen gesetzt, die zunächst als bloße *remarques* – kleine Ätzproben auf den sonst freien Stellen der Platte – erscheinen, jedoch anschließend auch als Einzelradierungen gedruckt und vermarktet

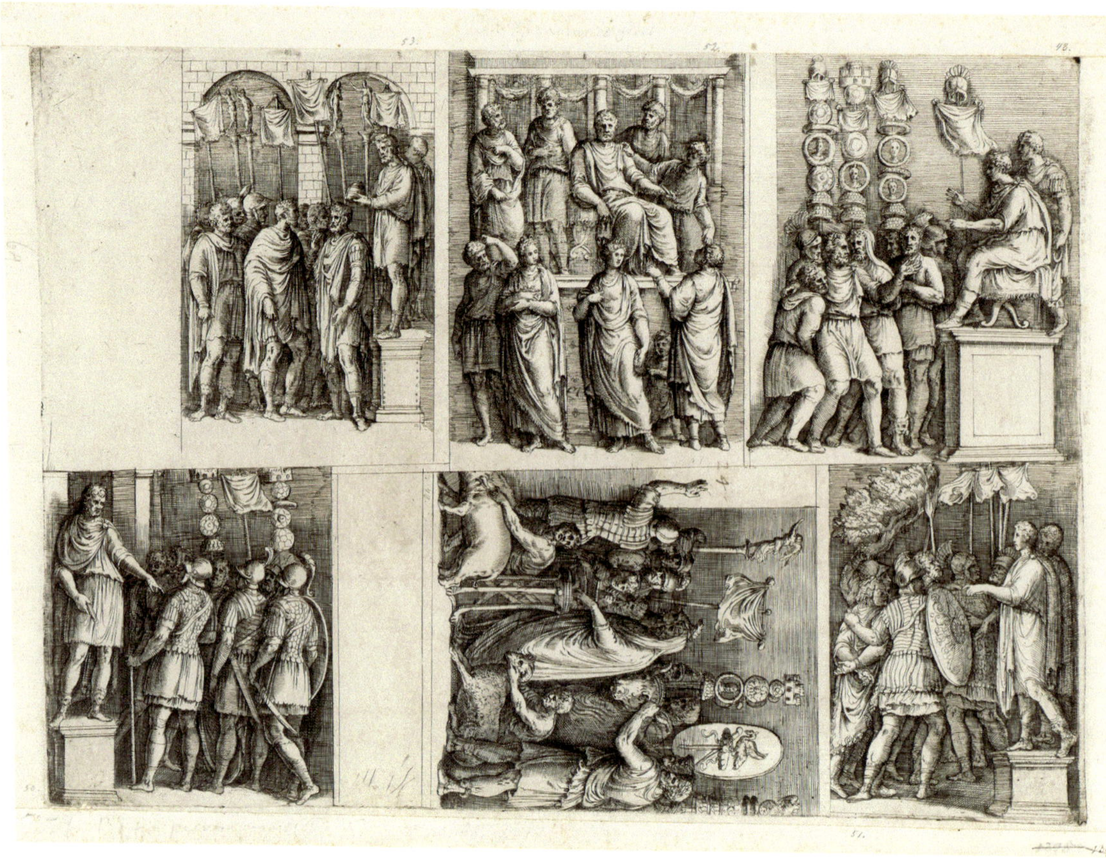

ABB. 3 BATTISTA FRANCO *Die Geschichte Trajans* Sechs Radierungen mit Stichel, auf einem Bogen von der unzerschnittenen Platte, 300 × 420 mm Bremen, Kunsthalle Bremen – Der Kunstverein in Bremen, Kupferstichkabinett, Inv.-Nr. 6449–6454

wurden (Kat. 104–105). Dabei handelt es sich um eine äußerst ökonomische Verwendung von Materialien (Kupferplatte und Säure), die Castiglione keineswegs erfunden hatte. Schon die frühesten Radierer und Pioniere in dieser Technik wie Daniel Hopfer (1471–1536) ätzten oft mehrere Motive nebeneinander in eine Platte (Abb. 2). Im Fall der Eisenradierung Hopfers sollte die Platte nicht zerschnitten, sondern die Abzüge als Bildfolge der *Sieben Sünden der Pharisäer* auf einem Blatt verkauft werden.[5] Andere Vorgänger Castigliones begannen bereits ihre mit mehreren Motiven geätzten Platten anschließend zu zerteilen, wovon heute nur noch seltene Probeabzüge zeugen. Im Bestand der Kunsthalle Bremen hat sich ein solches Blatt erhalten, das sechs verschiedene Szenen aus der *Geschichte Trajans* von Battista Franco (1510–1561) auf einer Platte vereint zeigt (Abb. 3).[6] Auch hier sind die später vorgesehenen Plattenränder durch in den Ätzgrund gezeichnete Linien markiert und zusätzlich durch schmale Abstände voneinander abgesetzt.[7] Eins der Motive ist um 90 Grad gedreht, um die Fläche der Platte möglichst sinnvoll auszunutzen. Anne Röver-Kann bezeichnete diese Drucke zurecht als „Arbeitsexemplare“, anhand derer sich der Künstler eines Zwischenzustands seines geplanten Endergebnisses

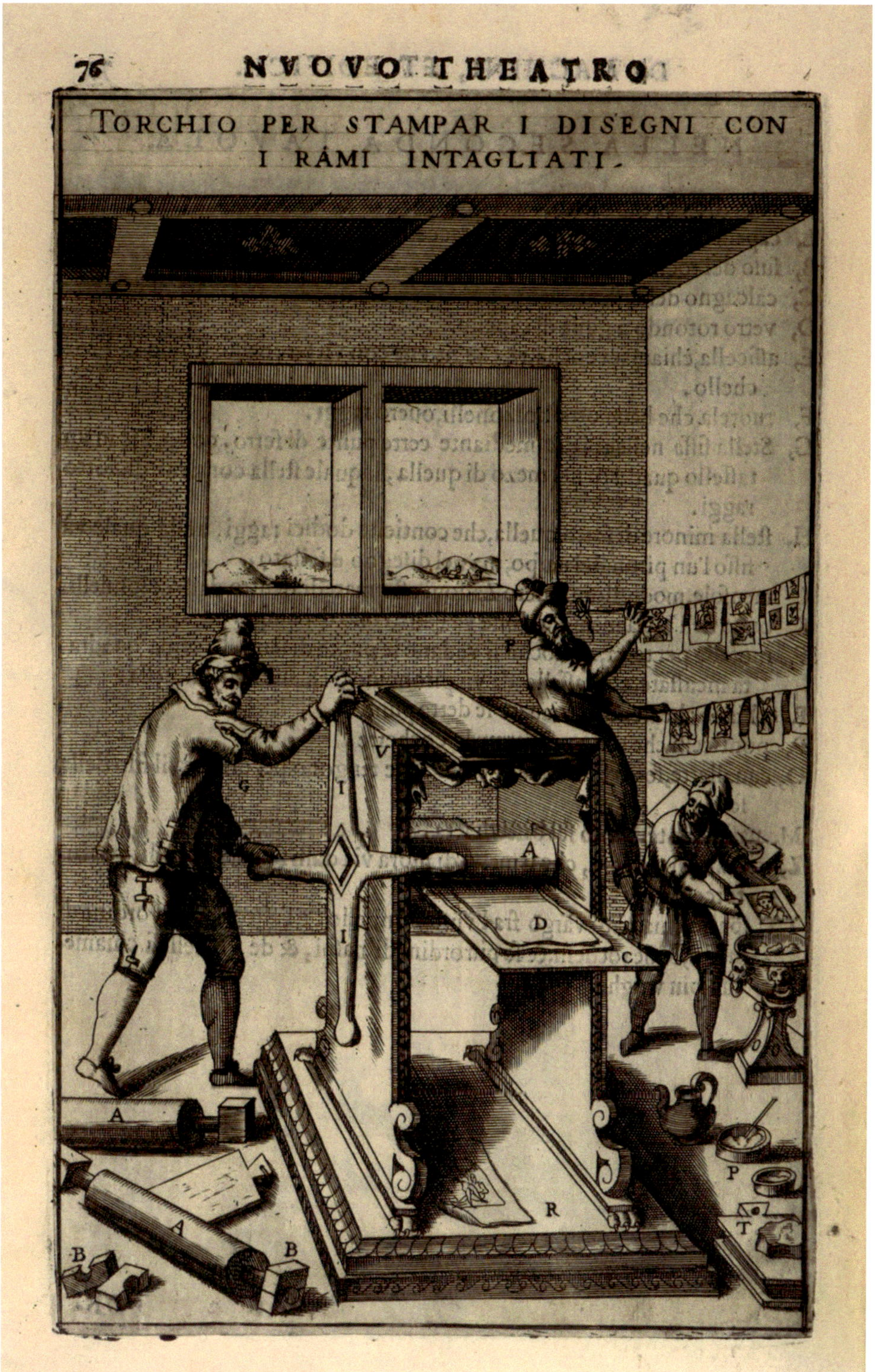

ABB. 4 UNBEKANNT *Die Druckerwerkstatt* Radierung
in Vittorio Zonca *Novo Teatro Di Machine et Edificii Per uarie et sicure operationi*, S. 76, München, Bayerische Staatsbibliothek

versichern konnte.[8] Auch Rembrandt (1606–1669) zerschnitt besonders in den späten 1620er und frühen 1630er Jahren Platten oft nach ein paar ersten Probeabzügen.[9] Er hatte dabei jedoch nicht einen möglichst ökonomischen Ätzvorgang im Sinn, sondern war vielmehr an der Weiterentwicklung der einzelnen zerschnittenen Motive interessiert, die er jeweils durch folgende Ätzstufen weiterbearbeitete.

Im Anschluss an ihre Teilung wurden die kleineren Platten einzeln gedruckt.[10] Auch dieser Vorgang unterlag einer gewissen Arbeitsökonomie, diesmal um Papier zu sparen. Je nach Größe der Platten konnten zwei oder mehrere nebeneinander gedruckt werden, wie der Blick in eine Druckerwerkstatt in Vittorio Zoncas (1568–1602) Traktat *Novo Teatro Di Machine et Edificii Per uarie et sicure operationi* belegt (Abb. 4). Gezeigt sind die unterschiedlichen Schritte des Drucks, nach dem die fertigen, noch feuchten bedruckten Blätter von einem Werkstattmitarbeiter auf einer Leine zum Trocknen aufgehängt werden. Deutlich erkennbar ist, dass versucht wurde, die Drucke so auf die Leine zu hängen, dass die Motive nicht durch die Kante der Trockenleine unterbrochen wurden, wodurch das Papier später einen sichtbaren, einem Knick oder Falz sehr ähnlichen Streifen aufweist, der die Qualität des Drucks schmälern würde. Für gewöhnlich wurden die Drucke nach dem Trocknen getrennt und einzeln zum Verkauf gebracht. Einige Künstler entschieden sich jedoch, die gemeinsam auf einem Bogen versammelten Abzüge der kleinen Druckplättchen als Ensemble in Serie zu vertreiben. Zu diesen zählt etwa Stefano della Bella (1610–1664), der in den Serien seiner *griffonements et preuves* zwei oder mehr kleine Druckplatten nebeneinander druckte und als ganzen Bogen beließ (Kat. 76–77). Da Platten- und Papiergrößen insbesondere im 16. Jahrhundert noch stark begrenzt waren, versuchten Radierer und Stecher für größere Projekte neue kreative Lösungen zu finden. Einer der detailliertesten Reproduktionsstiche nach Michelangelos (1475–1564) *Jüngstem Gericht* von Giorgio Ghisi (1520–1582) ist etwa aus zehn asymmetrischen Platten zusammengesetzt (gesamt 1220 × 1070 mm), die einzeln gedruckt und deren Abzüge erst beim Sammler zu einer Art Puzzle zusammengefügt werden konnten.[11]

KUPFERPLATTEN

Dass Künstler wie Castiglione ihre Kupferplatten möglichst ökonomisch bis zum Rand nutzten, lag an der Kostbarkeit des Materials. Wenngleich immer wieder betont wurde, dass der Wert der Platten mit demjenigen anderer Bildträger (Leinwand, Holztafel) durchaus vergleichbar gewesen sei, war eine Kupferplatte für die Künstler des 16. und 17. Jahrhunderts jedoch keine geringfügige Anschaffung. So bezahlte der Antwerpener Verleger Hieronymus Cock (1510–1570) im Oktober 1561 ein Haus zur Hälfte mit Druckplatten und weiteren Kunstwerken.[12] Wie Künstler und Ingenieure, etwa der Sienese Vannoccio Biringuccio (1480–1537), festhielten, stammte das beste Kupfer aus Ungarn und musste oft lange Transportwege zurücklegen, bis es die Kupferschmieden der großen Kunstzentren Europas erreichte.[13] Es wurde meist in Form großer Barren oder massiver Platten über Land und per Schiff transportiert. Anschließend wurde das Rohmaterial von Kupferschmieden zurechtgehämmert. Das heute übliche Walzverfahren fand für Kupfer erst im 19. Jahrhundert breitere Anwendung, weshalb die meisten Kupferdruckplatten der Frühen Neuzeit auf ihren Rückseiten noch die Spuren des Hammerschlags und weitere Unebenheiten

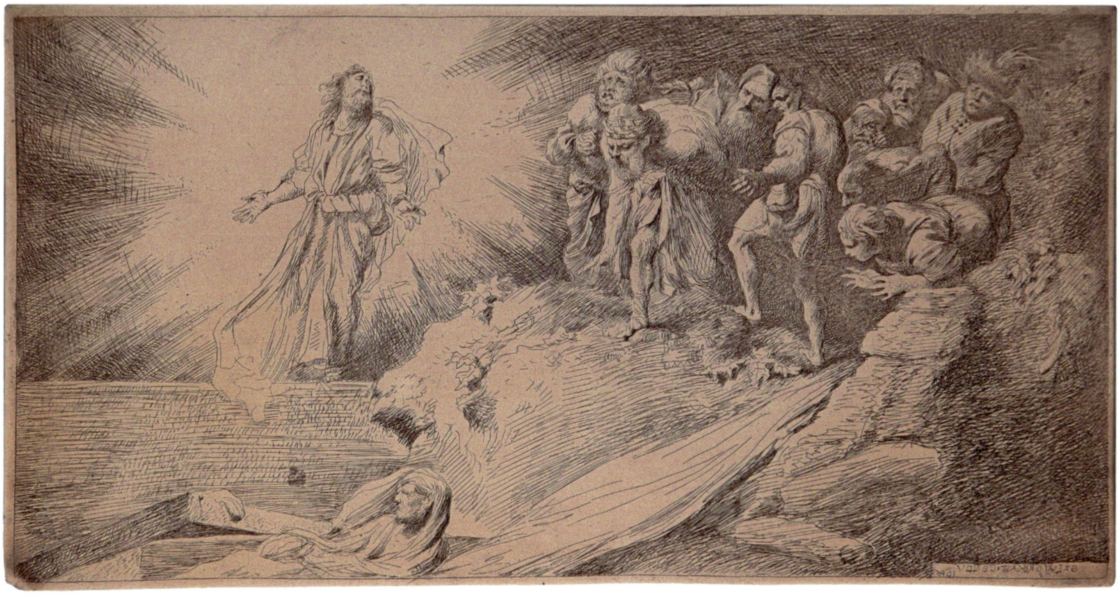

ABB. 5 SALVATORE CASTIGLIONE *Die Auferweckung des Lazarus*
Radierung und Kaltnadel (Druckplatte), 115 × 217 mm, Rom, Istituto Centrale per la Grafica, Calcoteca, Inv.-Nr. M-374 recto/verso

im Metall aufweisen (Abb. 5). Diese Platten waren aufgrund ihrer Herstellung mit dem Hammer und den deutlich reineren Kupferquellen oft sehr viel härter als heute erhältliche gewalzte Exemplare oder solche, die mit Elektrolytverfahren hergestellt werden.

Wie Abraham Bosse (1604–1676) angibt, konnten Künstler die Druckplatten meist schon in passender Form zurechtgeschnitten beim Kupferschmied erwerben.[14] Eine sehr viel spätere Illustration aus der *Encyclopédie* Denis Diderots (1763) zeigt den *Chaudronnier*, den Kupferschmied (ital. *calderaro* oder *ramaro*), mit seinen Mitarbeitern in der Werkstatt beim Zurechthämmern und Polieren von Kupferplatten (Kat. 3).[15] Zwei Kunden, die soeben den Betrieb aufsuchen, begutachten unterschiedlich große Platten und überzeugen sich von deren Qualität. Auf einem Regal an der Wand sind weitere Kupferplatten zum Verkauf aufgereiht. Darunter sind scheinbar beliebig einige Druckgraphiken an die Wand gepinnt. Sie deuten bereits an, wofür die Kunden – Künstler oder Auftraggeber der Druckgraphiken – die Platten zu verwenden beabsichtigen. Ähnlich dürfte man sich den Verkauf von Kupferplatten auch im 17. Jahrhundert vorzustellen haben. Neben Kupferplatten für künstlerische Zwecke boten Kupferschmiede immer auch Haushaltswaren und andere Gegenstände aus demselben Rohmaterial feil. In dieser ersten Blütezeit des Kupferstichs und der Radierung dürfte die Feinpolitur noch weitestgehend den Künstlern selbst überlassen gewesen sein. Kupferschmiede – ebenso wie Drucker und Verleger – gab es in jeder größeren Stadt, wobei für einige Städte sogar Zahlen bekannt sind.[16] Vor allem für den Antwerpener Markt sind einige namentlich überliefert und lassen sich dort über ihre Herstellerstempel auf der Rückseite von Kupferplatten nachweisen, wie Peeter Stas, der Platten für Maler und Radierer beziehungsweise Stecher herstellte. In anderen europäischen Ländern tauchen Herstellerstempel auf Platten erst Anfang des 19. Jahrhunderts gelegentlich auf beziehungsweise sind Namen nur äußerst selten überliefert.[17]

Platten konnten sowohl arbeitsteilig vorbereitet werden als auch durch den Künstler allein. Manchmal waren Goldschmiede in den Prozess eingebunden, etwa bei Großaufträgen wie im Fall des insgesamt 130 Druckplatten umfassenden Mammutprojekts Girolamo Muzianos (1528–1592) zur Publikation der figurativen Reliefs der Trajanssäule, für das dieser den Goldschmied Antonio Gentili da Faenza (1519–1609) engagierte, der die Platten (oder das Material dafür) beschaffte, zurechthämmerte, schnitt, polierte und mit der für die Radierung passenden Beschichtung überzog, wonach Muziano und seine Mitarbeiter nur noch die Zeichnungen auf die Platten transferieren mussten.[18] In seltenen Fällen war der Schmied im Anschluss sogar noch für das Ätzen der Platten zuständig, das dem Ätzvorgang für andere dekorierte Metallgegenstände (von Plaketten für Möbel bis zur Turnierrüstung) nicht unähnlich war. In anderen Fällen wurden den Künstlern die Druckplatten durch den Auftraggeber zur Verfügung gestellt, wie es auch für seltene Pigmente (z.B. Lapislazuli) in der Malerei durchaus üblich war.[19]

Druckplatten konnten mit unterschiedlichen Methoden geteilt werden. Zum einen verwendeten insbesondere Kupferschmiede oder Drucker größere Scheren und Schneidegeräte. Im Nachlassinventar des Druckers Giacomo Gherardi (gest. 1594) in Rom und Erbe des berühmten Kartendruckers Antonio Lafreri (1512–1577) finden sich eine Feile (*raspe*) und eine große Metallschere (*scissura grande da intagliar i rami*).[20] Künstler selbst verfügten entweder über ebensolche Gerätschaften oder teilten ihre Platten durch wiederholtes Ziehen einer Linie mit der Radiernadel beziehungsweise dem Grabstichel, wodurch eine passende Bruchkante gebildet wurde.[21] Letzteres war wohl die üblichste und am wenigsten aufwändige Methode. Auch vorgeätzte Linien, wie die Rahmenlinien Castigliones oder Battista Francos, bereiteten eine solche Bruchkante vor. Dass es beim Bruch auch zu Fehlern kommen konnte, zeigt ein Probeabzug einer unregelmäßig abgebrochenen Platte Anthonis van Dycks (1599–1641) im British Museum.[22]

Kupfer war – neben dem vor allem zu Beginn des 16. Jahrhunderts nördlich der Alpen verwendeten Eisen – das bei weitem am häufigsten für Radierplatten eingesetzte Metall. Eisen hatte gegenüber Kupfer den Nachteil, dass die Platten bald Rost ansetzten, der beim Drucken zunächst unschöne Flecken aufwies und diese bald darauf undruckbar machte. Silber oder Gold wurden sehr selten für den Kupferstich benutzt, in den meisten Fällen für Porträtmedaillons, deren seitenrichtige Aufschriften beweisen, dass diese meist nicht zum Druck vorgesehen waren. Die Anfertigung solcher Kleinode durch Kupferstecher, bei denen die eigentliche Platte – nicht die Druckgraphik – zum Sammelobjekt wird, sind bekannt etwa bei Hendrick Goltzius (1568–1616/17), Magdalena de Passe (1600–1638) und ihrem Bruder Simon de Passe (1595–1647) nördlich der Alpen sowie bei Cherubino Alberti (1553–1615) südlich der Alpen.[23] Letzterer verwendete Silber für sein Porträt des Stadthalters von Neapel (1593). Auch Annibale Carracci (1560–1609) fertigte aus diesem kostbaren Material für den Kardinal Odoardo Farnese (1573–1626) ein Kleinod an, die sogenannte Tazza Farnese, deren in Silber gestochenes Motiv gleichzeitig als Druckplatte fungierte.[24] Für das Säurebad sind diese Edelmetalle jedoch eher ungeeignet und wurden auch zum Druck fast nie eingesetzt, da das weiche Material nicht die nötige Härte für mehrere Durchläufe durch die Presse besitzt. In der Regel waren Tiefdruckplatten in Italien aus Kupfer, seltener aus Messing (*ottone*) oder Zinn (*stagno*). Messing hat etwa den Vorteil, dass man es aufgrund seiner Härte etwas öfter drucken kann als Kupfer, während Zinn vergleichsweise weicher ist als Kupfer und demnach zwar einfacher bearbeitet, aber weniger oft abgezogen werden kann.[25]

Allgemein gilt, dass im Kupferstich gearbeitete Platten häufiger gedruckt werden können als durch die Ätzradierung hergestellte, deren Linien nicht dieselbe Tiefe und Klarheit besitzen.[26] So gibt Vittorio Zonca in seinem Traktat bereits Zahlen an, die durchaus noch heute Gültigkeit besitzen. Von Kupferstichplatten könne man seiner Ansicht nach etwa 1000 gute Abzüge drucken, vor allem wenn die Platten zwischendurch mit Öl und Baumwolle gepflegt und poliert würden.[27] Für die Radierung gelten deutlich geringere Auflagenzahlen. Bereits nach etwa 100 Abzügen beginnt die Qualität der Radierplatte nachzulassen. Versuche der Galvanisierung und Verstählerung von Radierplatten, wie sie ab dem 19. Jahrhundert möglich wurden, sind in der Regel erfolgreich und verlängern die Verwendungszeit einer solchen Kupferradierplatte im Druck erheblich. Sowohl Radier- als auch Kupferstichplatten wurden von hartnäckigen Verlegern, die mit diesen lange ein gutes Geschäft machen wollten, neu aufbereitet; die Linien wurden durch erneutes Stechen vertieft und so im Druck erneut scharf zum Vorschein gebracht.[28] Durch ein solches Verfahren konnte die Auflagenhöhe geradezu verdoppelt werden, wie Zonca schreibt.[29] Generell kann man festhalten, dass die Radierung im Vergleich zum Kupferstich in der Plattenvorbereitung deutlich zeitökonomischer ist – der Kupferstecher benötigte zur Fertigstellung seiner Platte etwa zwei Wochen, der Radierer nur etwa vier Tage –, jedoch nur geringere Druckauflagen zulässt.[30]

PLATTENRÜCKSEITEN

Henri Focillon schreibt über den unwiederbringlichen Verschleiß von Druckplatten am Beispiel Rembrandts: „Repeated reprintings will weaken, deaden and eventually expunge everything from structures as fragile as the etcher's plate. Worn plates, indeed, preserve only the bottom courses of the once unblemished work, as an ancient city, now flush with the ground, discloses merely the general plan of its buildings. It is a kind of reverse genealogy, a kind of inverted assay of the rich resources of that which has passed away."[31] Tatsächlich wird Focillon selbst keine Druckplatten Rembrandts studiert haben, sondern bezieht sich vielmehr auf die zahllosen posthumen Abzüge, die von diesen durch spätere Verleger und Besitzer erstellt wurden.[32] In einigen wenigen Fällen verwendete Rembrandt selbst Platten aus zweiter Hand wieder. Neben der berühmt gewordenen Überarbeitung einer Druckplatte des wohl experimentierfreudigsten Radierers des 17. Jahrhunderts, Hercules Segers (1589/90–1633/40), bei der Rembrandt eine *Landschaft mit Daniel und dem Engel* in eine *Flucht nach Ägypten* verwandelte, findet sich unter den noch erhaltenen Platten des Amsterdamer Meisterradierers auch eine, die auf ihrer Rückseite eine geometrische Figur aufweist.[33] Es handelt sich um einen Kupferstich von Ferdinand van Aertsz, der als Illustration eines Traktats über Mathematik von Juan Alfonso de Molina Cano (*Descubrimientos Geométricos*) diente, das 1598 in Antwerpen erschien. Adriaen van Ostade (1610–1685) kaufte nachweislich bei demselben Abverkauf wie Rembrandt zwei Platten mit Illustrationen des Traktats, die er für seine kleineren Radierungen in der Mitte zerschnitt.[34] Ob beide auch ihre neuen Platten gelegentlich beim selben Händler in Amsterdam erwarben, bleibt offen.

Fakt ist, dass zahlreiche Plattenrückseiten bei genauerer Betrachtung etwas über die Geschichte ihrer Verwendung und Wiederverwendung verraten. Obwohl man Druckplatten durchaus beidseitig benutzen kann, war dies nicht die Regel. Oft wurde die Rückseite nur dann zum Druck und für ein neues Motiv gebraucht, wenn das erste verworfen wurde. Dies ist etwa bei zwei Druckplatten Jacques Callots (1592–1635) der Fall, die sich heute in der Calcografia Nazionale in Rom befinden (Abb. 6).[35] Callot hat hier für seinen ersten Versuch der *Versuchung des hl. Antonius* (1616/17) ein Monster geätzt, das heute nur noch bei genauerer Anschauung oder per digitaler Überarbeitung der Photoaufnahmen auf der Platte erkennbar wird. Offenbar unzufrieden mit seiner Platte – oder seinem Motiv – überließ Callot diese seinem Freund Filippo Napoletano (um 1587–1629), der sie teilte und die Rückseiten für seine Serie der *Anatomien* für ein Buch Johannes Fabers (um 1621) wiederverwendete.[36] Die von Hammerspuren durchzogene Oberfläche der Rückseiten war oft zu uneben für die künstlerische Verwendung. Napoletano wird die Fläche zunächst aufwendig poliert und geglättet haben, bevor er sie für die Radierungen der Tierskelette benutzen konnte.[37] Durch das Handling beim Drucken sammelt sich häufig Farbe auf der Plattenrückseite, und es ist äußerst aufwändig, beide Seiten gleichzeitig sauber und fettfrei zu halten, weshalb es in der Regel eine druckende und eine nicht (mehr) druckende Motivseite bei doppelseitig verwendeten Platten gibt.[38]

Die unsauber gehämmerten Plattenrückseiten wurden oft als Testfläche benutzt, um die eigenen Instrumente wie Grabstichel oder Radiernadel zu erproben. Schon Abraham Bosse riet dazu, die Platte vor der eigentlichen Verwendung zu testen.[39] Auf den Rückseiten einiger erhaltener Radierplatten von Annibale Carracci etwa, heute im Istituto Centrale per la Grafica, finden sich zahllose solcher Übungen mit dem Grabstichel und der Radiernadel, die sich wie ein Patchwork-Design über andere Motive legen.[40] Dabei handelt es sich um ein

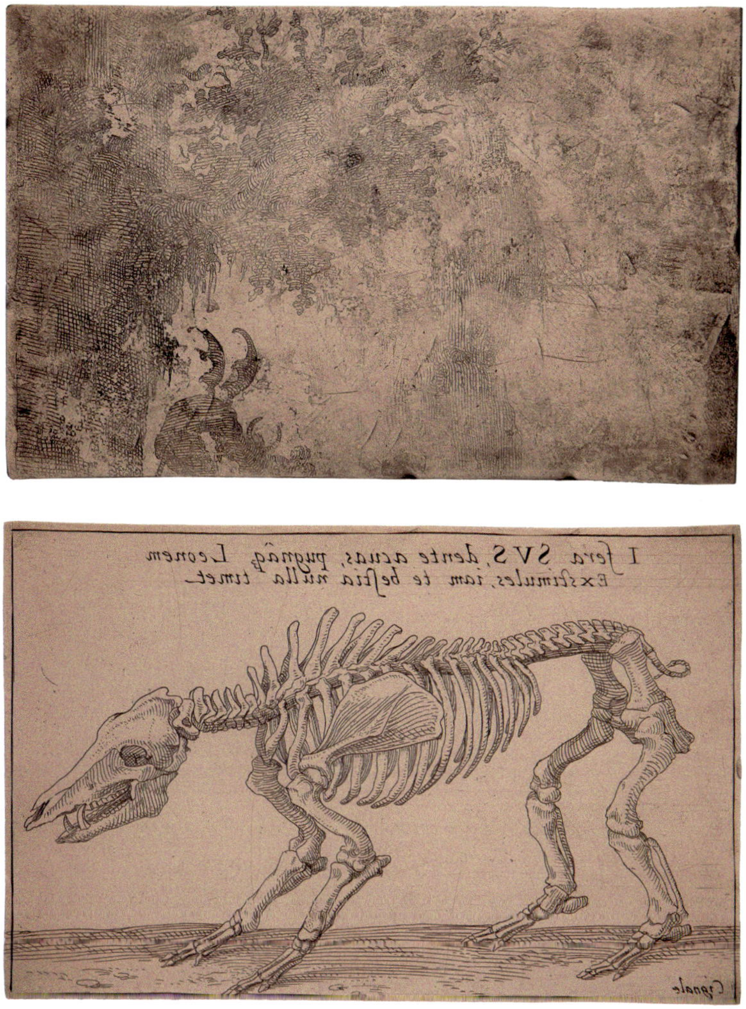

ABB. 6 JACQUES CALLOT/ FILIPPO NAPOLETANO
Versuchung des hl. Antonius (Fragment)/*Skelett eines Wildschweins*
Radierung (Druckplatte), 94 × 144 mm
Rom, Istituto Centrale per la Grafica, Calcoteca, Inv. Nrn. VIC 1811/7 bzw. VIC 1811/12

rein intuitives Verfahren der Künstler, die nichts dem Zufall überlassen wollten. Zwar lassen sich Fehler aus der Kupferplatte später auspolieren, in jedem Fall ist es jedoch notwendig, sein Instrument und das Material vorher genau zu kennen. Auch der Bruder Giovanni Benedettos, Salvatore Castiglione (1620–1676), hinterließ auf der Rückseite der einzigen von ihm bekannt gewordenen Radierplatte mit der *Auferstehung des Lazarus* Proben in Kaltnadel, die das Wort „MARIA“ ergeben (siehe hier Abb. 5).[41] Durch das Zurechtschneiden der Platten werden ab und an auch kleinere Stücke als Verschleiß entstanden sein, an denen, wie Alexander Browne in seinem Kunsttraktat (1669) schreibt, die Säurestärke getestet werden konnte.[42]

Immer wieder wurden Kupferplatten jedoch auch beidseitig verwendet. So finden sich etwa im Nachlassinventar des Florentiner Druckers Alessandro di Francesco Rosselli, dessen Eigentum nach seinem Tod 1525 minutiös aufgelistet wurde, zahlreiche doppelseitige Platten.[43] Dabei ist es wichtig festzuhalten, dass Alessandro, wie bereits sein Vater Francesco Rosselli (1445–1508/13), auf das Drucken von Plänen und Landkarten spezialisiert war, ein

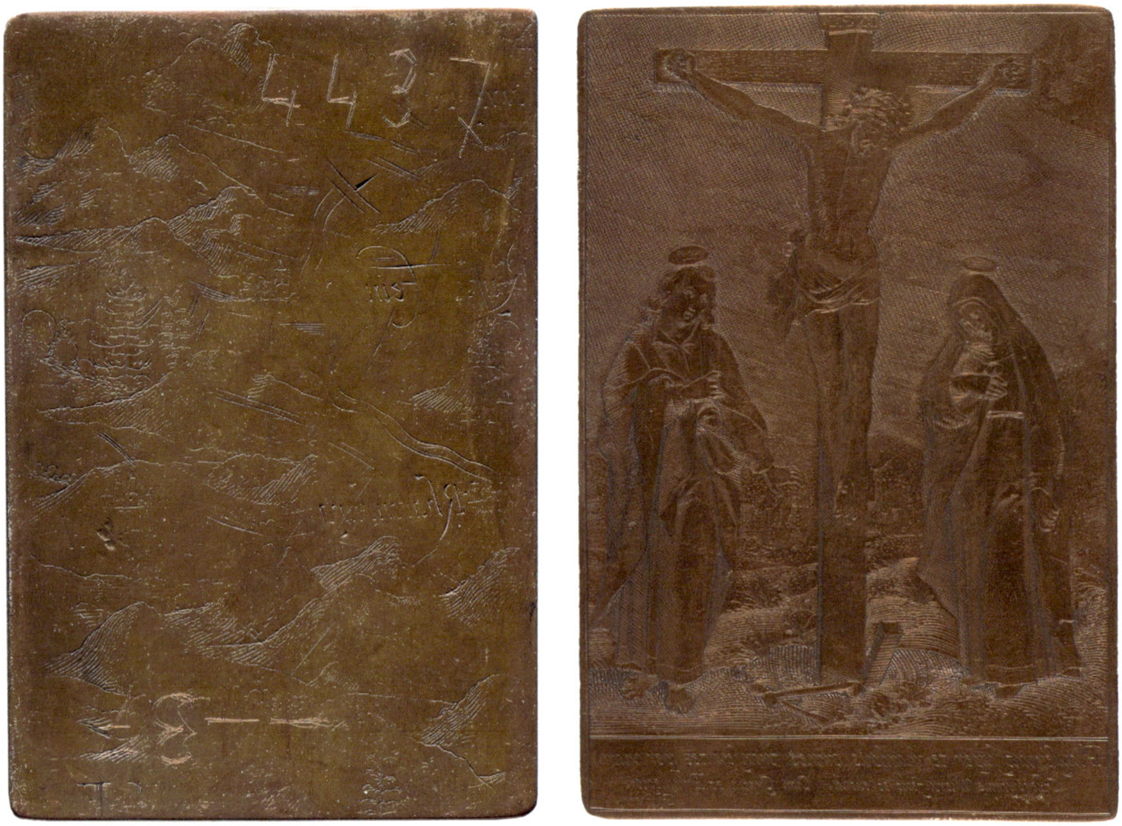

ABB. 7 ABRAHAM ORTELIUS/HIËRONYMUS WIERIX *Karte von Bayern* (Fragment)/*Calvarienberg*, Kupferstich (Druckplatte), 82 × 56 mm Brüssel, Königliche Bibliothek von Belgien, Inv.-Nr. 4437-a recto/verso

Feld, in dem die Motive relativ schnell an Aktualität verloren oder durch den neuen Kenntnisstand stark überarbeitungsbedürftig wurden. Erik Hinterding unterstreicht zu Recht, dass hauptsächlich solche Platten, die ihre Bedeutung bezüglich ihres Inhalts verloren hatten, wie Landkarten, Notenblätter oder wissenschaftliche Buchillustrationen, für Künstler tatsächlich billiger zu erwerben waren als neue.[44] Platten mit künstlerischen Motiven – etwa aus dem Nachlass eines Künstlers – waren dagegen teurer als neue Platten und wurden so gut wie nie von Künstlern zur Wiederverwendung gekauft, sondern fast ausschließlich von Verlegern, Druckern oder Sammlern, die weiter von diesen zu drucken beabsichtigten. So erscheint es wenig verwunderlich, dass Maarten Bassens vor Kurzem bei der Recherche in der Chalkographie der Königlichen Bibliothek von Belgien (KBR) auf zwei Stücke ursprünglich einer Druckplatte von Abraham Ortelius (1527–1598) für eine Landkarte von Bayern stieß, die im Anschluss von Hiëronymus Wierix (1553/4–1619) angekauft, zerschnitten und für zwei kleinere Motive mit *Christus am Kreuz* und dem *hl. Franziskus* erneut benutzt wurden (Abb. 7).[45] Weitere Recherchen in den großen chalkographischen Sammlungen Europas dürften zum Recycling von Landkartendruckplatten in den kommenden Jahren zahlreiche neue Erkenntnisse liefern, die

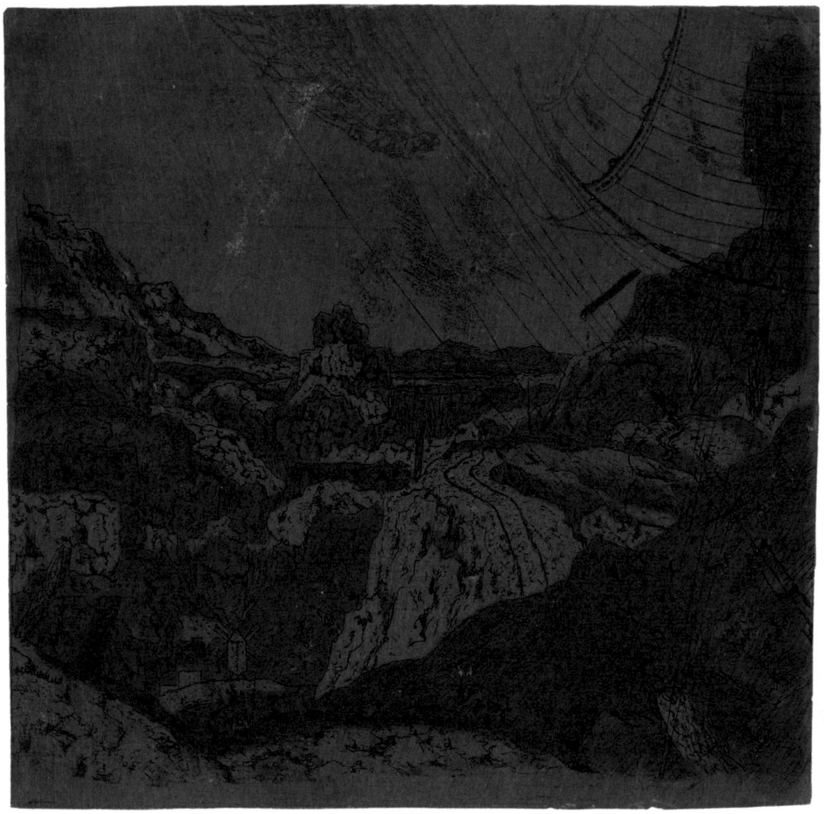

ABB. 8 HERCULES SEGERS *Felsige Landschaft mit einem Weg an einer Schlucht* (zwei Schiffe einer vorherigen Druckplatte) Radierung auf blau gefärbtem Papier, 156 × 161 mm Köln, Wallraf-Richartz Museum & Fondation Corboud, Inv.-Nr. 09689

auch Aufschluss über den Handel mit Kupfer als Material und die Quellen der Künstler geben.

Seltener wurden auch Platten von Künstlern wiederverwendet. Erhaltene Beispiele aus der Calcografia Nazionale in Rom zeigen jedoch, dass in der Regel erst völlig abgenutzte Platten von der anderen Seite Verwendung fanden. Eine Platte von Cesare Roberti, von der fast hundert Jahre (zwischen 1579 und 1677) gedruckt wurde, wurde anschließend in zwei Teile geteilt und für den Druck zweier Frontispize eingesetzt.[46] Ähnlich muss es auch bei einer Platte des Meisters E.S. (um 1420–um 1468) gewesen sein, die von Einsiedeln nach Italien kam und dort von einem Künstler aus dem Bergamasker Umkreis („Gverino dit Meschino“) wiederverwendet wurde, was zuerst Arthur Hind entdeckte.[47] Der italienische Meister verkleinerte die Platte und schliff sie größtenteils ab beziehungsweise polierte das Motiv aus, war dabei jedoch nicht gründlich genug für die besonders tief gestochenen Linien des Architekturbogens des Meisters E.S. Anderen Künstlern war durchaus wohl bewusst, dass sie dabei immer auch Teile des ursprünglichen Motivs mitdruckten, sofern die Platte nicht gründlich genug auspoliert wurde. Meister des Experiments wie Hercules Segers, der Landschaften teilweise über zerschnittene Seestücke mit Schiffen druckte, sahen hierin möglicherweise sogar einen ästhetischen Reiz (Abb. 8).[48] Auch andere

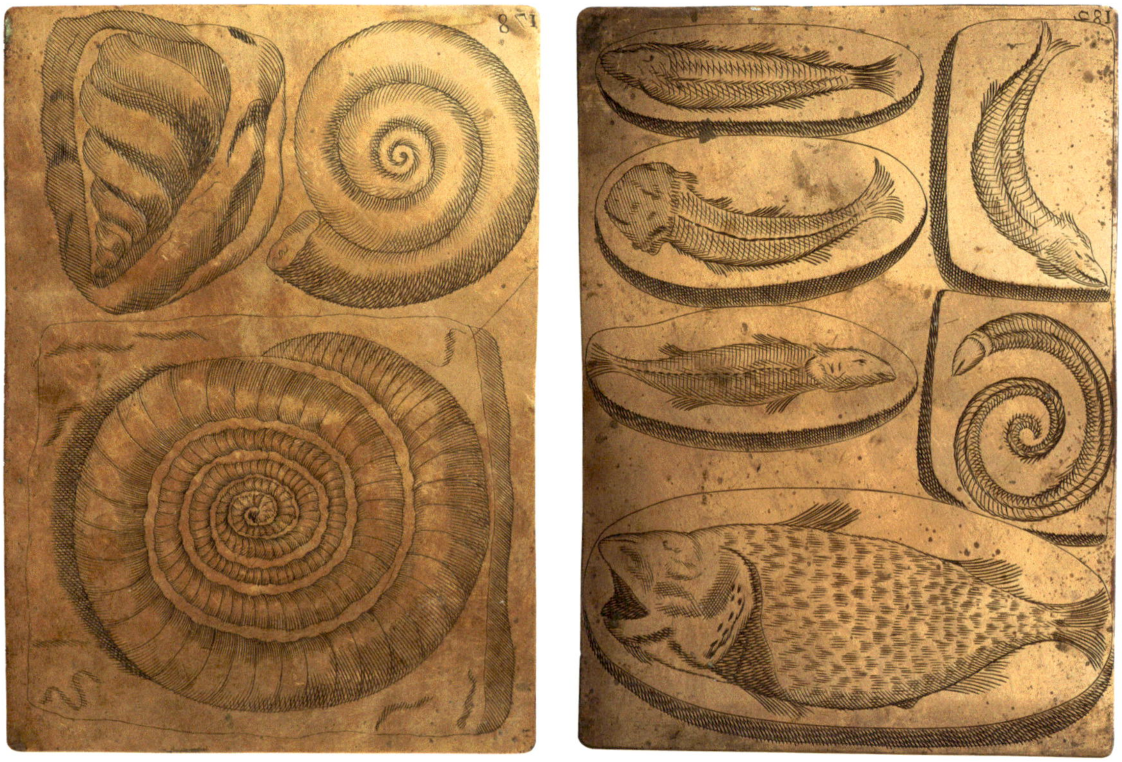

ABB. 9 UNBEKANNT Kupferstich (Druckplatten für Lodovico Moscardo, *Museo Moscardo*, Verona 1656)
Verona, Museo Fondazione Miniscalchi-Erizzo, recto/verso

Künstler waren zum Teil wenig besorgt, Platten wiederzuverwenden, wie im Fall Gabriel-Jacques de Saint-Aubins (1724–1780), der sein *Gallantes Stelldichein* in eine Platte eines Frontispizes zu Plänen der Stadt Grenoble ätzte, ohne diese vorher poliert zu haben.[49]

Seltener wurden die Druckplatten nach dem letzten Druck mit an den Auftraggeber geschickt, wie im Fall Dürers (1471–1528), der Albrecht von Brandenburg (1490–1545) nicht nur 700 Abzüge seines Porträtstichs, sondern schließlich auch die Platte mitsandte, sicherlich weil er diese für nicht mehr druckbar hielt.[50] Manche Druckplatten wurden in ihrem zweiten Leben auch gänzlich zweckentfremdet. Eine kleine Radierplatte von Sébastien Leclerc (1637–1714) diente etwa als Schlüssellochbeschlag (für einen Schrank oder eine Truhe?), wurde aber kurioserweise irgendwann wieder von seinem Möbel abgenommen und gedruckt, wovon sich mehrere Abzüge erhalten haben.[51] Tatsächlich war es jedoch auch möglich, insbesondere Kupferstichplatten von beiden Seiten zu verwenden. Dies geschah selten und war nur für geringe Auflagenhöhen denkbar. Die 88 Illustrationen der Antiken- und Naturaliensammlung des Veroneser Bürgers Lodovico Moscardo (1611–1681) für die Publikation seines *Museo Moscardo* (1656) in Buchform sind beinahe alle von beidseitig gestochenen Druckplatten gedruckt, die sich bis heute in Familienbesitz erhalten haben (Abb. 9).

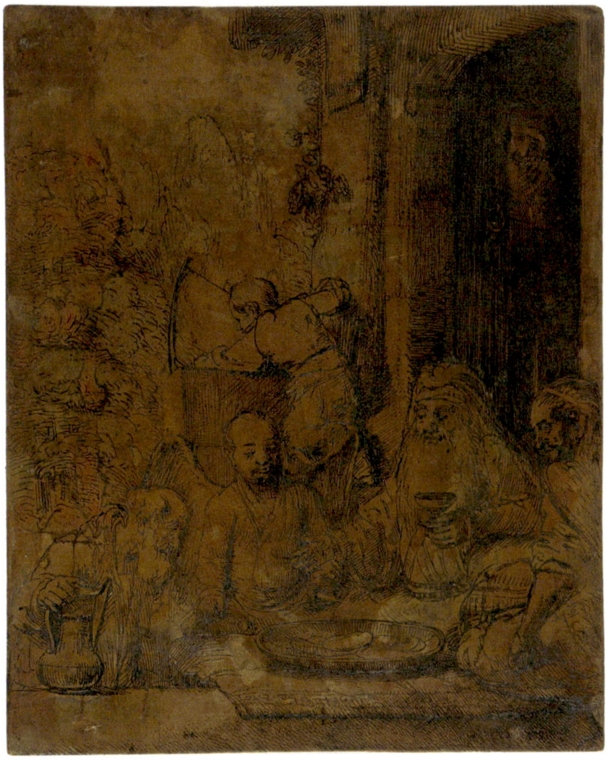

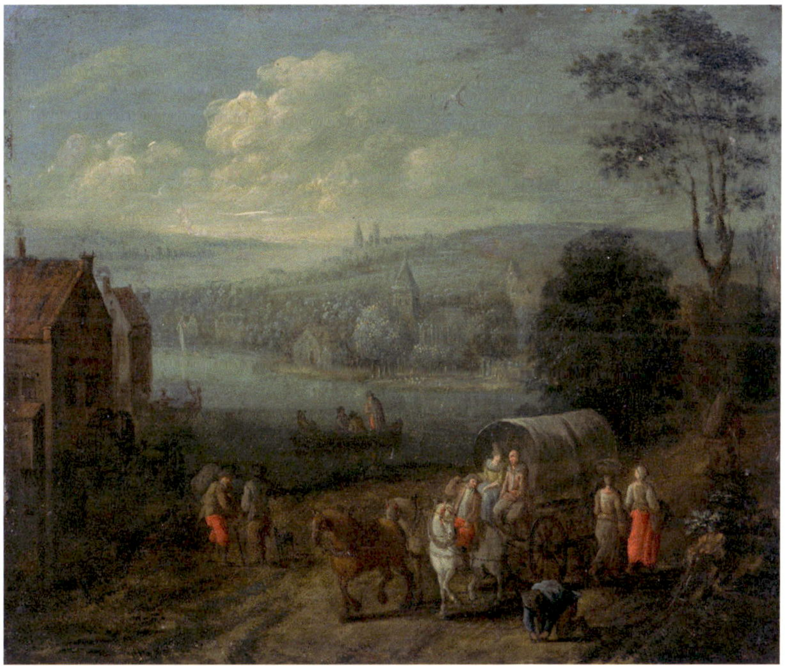

ABB. 10 REMBRANDT VAN RIJN/UMKREIS DES PIETER GYSELS
Abraham und die Engel/Landschaft mit Dorf und Reisenden, 1656/1675–85 Radierung (Druckplatte)/Öl auf Kupfer, 162 × 133 mm Washington D.C., National Gallery of Art, Inv.-Nrn. 1997.85.1.a/1997.85.1.b

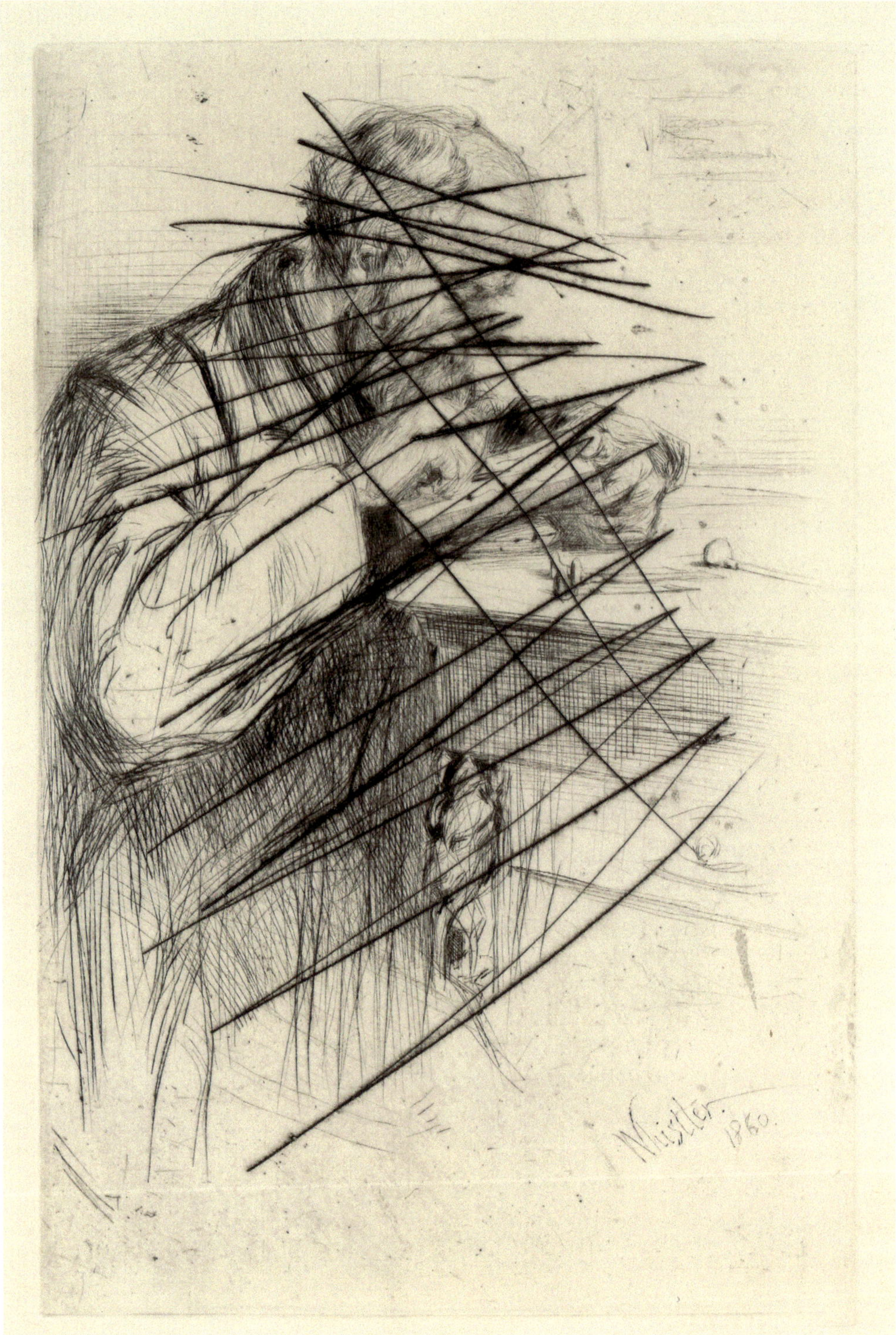

ABB. 11 JAMES MCNEILL WHISTLER *Riault (The Wood Engraver)*, 1860/1872
Radierung (cancelled in Kaltnadel), 225 × 150 mm (Platte) Hamburg, Hamburger Kunsthalle, Kupferstichkabinett, Inv.-Nr. 34016–9

GEMÄLDE AUF DRUCKPLATTEN

Öfter wurden die Rückseiten der Druckplatten für kleine Kupfergemälde wiederverwendet, die besonders um 1600 in den Niederlanden, Flandern und Italien in Mode waren.[52] Dazu wurde die Oberfläche einer Platte leicht angeraut und ein dünner aber äußerst ebenmäßig glatter Malgrund aufgebracht. In den meisten Fällen griffen Künstler aber auf neue Kupferplatten zurück, da Platten für Gemälde nicht dieselbe Stärke haben mussten wie denjenigen für Druckgraphiken.[53] Bei Druckplatten muss laut Bosse eine Stärke von einem *teston* (ca. 1,5–2 mm) erreicht werden, damit das Material dem Stichel oder der Säure ausreichend Widerstand bietet. Bei Platten für Gemälde reicht eine Stärke von 0,5 mm völlig aus.[54] Falls Druckplatten für Gemälde recycelt wurden, handelte es sich auch hier oft um Teile von Landkarten.[55] Dabei entwickelte sich insbesondere in Holland und Flandern ein spezieller Markt für diese recycelten Platten, wie Nadine Orenstein in ihrer Dissertation über den Verleger Hendrik Hondius (1573–1650) zeigen konnte.[56] Große Mengen solcher Platten kamen in den Verkauf, wenn der Nachlass eines Verlegers versteigert wurde, wie 1601 beim Tod der Witwe von Hieronymus Cock, Volcken Diercx (um 1525–1600).[57] Bei der Versteigerung ihrer Werkstattmaterialien kaufte ein heute unbekannter flämischer Maler eine der Platten mit Säulenkapitellen von Jan (gest. 1630) und Lucas van Doetechum (tätig 1558–um 1586) und versah diese auf der Rückseite mit einer Malerei des *Letzten Abendmahls*.[58] Ähnlich verhielt es sich mit einer nicht mehr zum Druck vorgesehenen Platte von Giulio Bonasone (um 1498–nach 1574) nach dem Motiventwurf Prospero Fontanas (1512–1597) von 1555, die den *Palazzo Achille Bocchis in Bologna* zeigt und in der zweiten Hälfte des 16. Jahrhunderts von der Tochter des Zeichners, Lavinia Fontana (1555–1614), wiederverwendet wurde für ein Gemälde der *Mystischen Vermählung der hl. Katharina*.[59] Vera Fortunati beschränkt sich in ihren Ausführungen zu diesem Gemälde auf die Vermutung, dass Bonasone die Platte ihrem Vater schenkte, geht jedoch nicht weiter auf die Gründe ein. Tatsächlich existiert vom Palazzo eine beinahe gleich große, jedoch zehn Jahre früher gedruckte Ansicht, die die Fassade mit deutlichen Abweichungen zeigt, aber, wie Johann Karl Schmidt feststellte, dem ursprünglichen Entwurf des Architekten Vignola (1507–1573) näherkommt als die zweite Version.[60] Nachdem der Palazzo erst nach 1560 fertiggestellt war und viele der auf der Radierung von Bonasone gezeigten Bauelemente nicht oder nur in veränderter Form realisiert wurden, wurde die Platte offensichtlich verworfen beziehungsweise nicht mehr gedruckt und kurze Zeit später der jungen Lavinia zum Malen überlassen. Einige Jahrzehnte später sollte auch der Patensohn von Lavinia Fontana, Alessandro Tiarini (1577–1668), eine bereits gebrauchte Kupferplatte als Malgrund einsetzen, die auf ihrer Rückseite bis heute die Noten eines um etwa 1614 gestochenen Musikstücks des Bologneser Komponisten Alessandro Piccinini (1566–um 1638) aufweist.[61]

Seltener als Druckplatten mit mathematischen Schemata oder Musiknoten wurden diejenigen mit figürlichen Motiven auf ihrer Rückseite bemalt; da die Bemalung sie gleichzeitig undruckbar machte, wollte man das Gemälde erhalten.[62] Das wohl berühmteste Beispiel einer wiederverwendeten Kupferplatte ist eine Radierplatte Rembrandts, die ein unbekannter Künstler aus dem Umkreis Pieter Gysels' (1620–1690/91) für ein kleines Landschaftsgemälde mit einer *Gruppe Reisender am Fluss* benutzt hat (Abb. 10). Wie genau die Platte in den Besitz dieses Malers kam, ist bis heute ungeklärt. Es handelt sich um eine relativ wenig abgezogene Radierplatte mit *Abraham und den Engeln*, die nicht nach Rembrandts Insolvenz oder seinem Tod verkauft und von späteren Verlegern herausgegeben wurde.[63]

QUALITÄT ODER QUANTITÄT?

Zusammenfassend kann man zu dem Schluss kommen, dass Druckplatten ein kostbares Material waren, mit dem Künstler, Verleger und Drucker im betrachteten Zeitraum vom 16. bis zum Ende des 17. Jahrhunderts äußerst aufmerksam und wirtschaftlich umgingen. Dieser ökonomische Gebrauch schloss das sparsame Ätzen bei späterem Zerteilen der Platte und den Druck mehrerer kleiner Platten auf einem Bogen ebenso ein wie die vielfältigen Möglichkeiten der Wiederverwendung von Druckplatten. Nicht jedoch um jeden Preis. Wie an den oben aufgeführten Beispielen gezeigt, fand eine Wiederverwendung in der Regel erst dann statt, wenn Motive bis an ihr Limit gedruckt worden waren oder ein Motiv, wie im Fall der Landkarten, Notenblätter oder wissenschaftlichen Buchillustrationen, gänzlich seinen Wert für die weitere

1 Bertelli 1977, S. 50: „il foglio è stato un'intenzione, una finalità ultima che ha indirizzato tutte le operazioni, non il luogo stesso della sperimentazione."

2 Wie schon David Landau und Peter Parshall festgestellt haben, sind großzügige Ränder an Druckplatten entweder ein Zeichen für den verhältnismäßig großen Wohlstand des Künstlers (z.B. Enea Vico) oder aber für die Wiederverwendung einer Plattenrückseite von einem etwas größeren Motiv, wobei beide Seiten weiter ‚druckbar' gehalten werden sollten: Landau/Parshall 1994, S. 24, Anm. 117.

3 TIB 4602.058–.067 (Commentary): Fine Point Sketches.

4 TIB 4602.034 S1 (Commentary).

5 Ich danke Stuart Denenberg für den Hinweis auf dieses Blatt.

6 Diese Technik scheint bei Battista Franco Usus gewesen zu sein, wie weitere Probeabzüge solcher ungeteilter Platten mit mehreren geätzten Motiven belegen: Jenkins 2019, S. 166 (Battista Franco, *Neun Szenen in Tondi*, Biblioteca Apostolica Vaticana, Stampe.V.1. [80]).

7 Ähnliche Trennlinien finden sich auch auf Skizzenblättern, bei denen die Künstler entweder vor dem Zeichnen das Format (etwa eines Auftragsgemäldes mit vorgegeben Maßen) oder aber im Anschluss durch das Umrahmen die ausgewählte Skizze (zur weiteren Bearbeitung in nächsten Studien etc.) markierten.

8 Bremen 2008, Bd. 1, S. 19.

9 Luijten 2000, hier: S. 13 (und Kat.-Nr. 5, 16).

10 Gelegentlich wurde die Platte auch erst beim Drucker getrennt, etwa um den Transport von der Werkstatt des Künstlers zu der des Druckers sicherer zu machen: Cornelis Galle I etwa stach vier kleinere Motive in eine Platte, die er dann von Brüssel nach Antwerpen zu seinem Verleger Plantin Moretus schickte (Stijnman 2012, S. 237, Anm. 164).

11 Die Platten befinden sich heute in der Calcografia Nazionale in Rom (Inv.-Nr. VIC 201/1–11): New York 2011, S. n.p. (plates 2–12).

12 Heuer 2007, S. 98.

13 Biringuccio [1540] 1959, S. 368f. (IX: 5, Über den Kupferschmied); Denaro 1994, S. 144ff. zum Transport: Westermann 1998; Bury 2001, S. 29.

14 Bosse 1645, S. 13: „vous donnerez à un Chauderonnier la mesure des grandeur, & espesseur dont voudrez la planche.". In der deutschen Übersetzung (Bosse [1645] 1652, S. 16): „so soltu einem Rottschmid di Maß der Grösse und Dicke/ nach welcher du die Kupperplatten haben wilt/ geben."

15 Diderot/D'Alembert 1763, Pl. III (Chaudronnier).

16 In Antwerpen gab es im Jahr 1602 insgesamt 25 in der Schmiedegilde registrierte Kupferschmiede (Wadum 1998, S. 93). Dort bestand aufgrund der großen Anzahl nicht ordnungsgemäß in der Gilde registrierter Kupferschmiede ab den 1580er Jahren der Wunsch, den Markt durch Herstellermarken im Kupfer zu regulieren und authentische Waren auszuweisen.

17 Sgammini 2004, S. 133–146.

18 Bury 2001, S. 11.

19 Bury 2001, S. 30: Giacomo Franco erhielt 1591 von den Benediktinermönchen fertig gehämmerte und polierte Platten zur Reproduktion einer großformatigen Zeichnung von Paolo Farinati.

20 Ehrle 1908, S. 48; Bury 2001, S. 30.

21 Lumsden 1962, S. 28; Stijnman 2012, S. 143.

22 Stijnman 2012, S. 141–143; Anthonis van Dyck, *Bildnis des Paulus Pontius*, ca. 1630, Radierung (I. Zustand), London, The British Museum, Inv.-Nr. 1855,0214.72.

23 Bury 2001, S. 30; Stijnman 2012, S. 233.

24 Annibale Carracci, *sog. Tazza Farnese*, Neapel, Museo e Real Bosco di Capodimonte, Inv.-Nr. GDS 1976, n.801; Bury 2001, S. 30. Abzüge dieser ungewöhnlichen Platte finden sich im Metropolitan Museum (siehe dort auch die Vorzeichnung, Inv.-Nr. 1972.133.4) und im British Museum.

25 Landau/Parshall 1994, S. 23. Bosse (1645, S. 12) lehnte Messing, das sogenannte gelbe Kupfer, ab.

26 Durch Kaltnadel bearbeitete Platten erreichen noch geringere Auflagenzahlen als die Ätzradierung.

27 Zonca 1607, S. 78: „il bombace per nettarsi, quando si hanno stampate, et finalmente con oglio commune si tengono un[i]te, accioche non si rugginiscano." Zu Auflagenhöhen von Kupferdruckplatten im 16. und 17. Jahrhundert siehe außerdem: Bowen/Imhof 2005.

28 Lincoln 2000, S. 10. In seltenen Fällen wurden die Linien nicht nur nachgestochen, sondern die Motive außerdem verändert, wie bei der Zensur eines Stichs Enea Vicos mit Venus und Mars beim Geschlechtsakt (Lincoln 2000, S. 11).

29 Zonca 1607, S. 78: „Quando si useranno verso le stampe le diligenze sopradette, non è dubbio alcuno (dico di quelle fatte col bulino) che non si cavino mille carte stampate, et con un poco di ritoccamento anco due mila per ciascuna stampa, il che non averrebbe di quelle fatte con aqua da partire [acqua forte], perche se ne cavarebbe molto minor numero."

30 Landau/Parshall 1994, S. 30.

31 Focillon 1989, S. 116.

32 Zur Geschichte der Druckplatten Rembrandts: Hinterding 1993/94.

33 Amsterdam/London 2000, S. 290–292.; Orenstein 2016, S. 99.

34 Bosch van Rosenthal 1995; Slatkes 1998.

Verbreitung im Druck verloren hatte. Schon Landau und Parshall betonen, dass die Künstler der Frühen Neuzeit für ihre Druckgraphiken oft höchste Qualitätsstandards ansetzten, die sich, obgleich reproduzierbar, kaum von denjenigen anderer künstlerischer Medien, wie dem der Malerei, unterschieden.[64] Trotz aller Arbeitsökonomie blieb die Qualität – und nicht die Quantität – der ausschlaggebende Faktor. Künstler späterer Generationen wie James McNeill Whistler (1834–1903) oder Edgar Degas (1834–1917) gingen soweit, ihre Platten in der Auflage zu limitieren und anschließend durch gewaltvolles Einwirken mit der Radiernadel ‚auszumerzen' (Abb. 11). Die so entstandenen *Cancelled Plates* Whistlers wurden später dennoch gedruckt und von der Fine Arts Society London als *A series of 57 Etchings, printed from the more or less scratched plates, partly unpublished* (1879) herausgegeben.[65]

Das Limitieren von Druckauflagen durch das Unbrauchbarmachen der Platten bleibt bis heute ein von Künstlern ebenso geübtes Verfahren wie das Zerteilen oder die beidseitige Verwendung von Kupferplatten.

35 Jacques Callot/Filippo Napoletano, Rom, Istituto Centrale per la Grafica, Calcoteca, Inv.-Nrn. VIC 1811/7 bzw. VIC 1811/12.

36 Manfrini 1977; Grelle Iusco 2004, S. 58, Kat.-Nr. 90; sowie der Vortrag von Giovanna Scaloni zu Fabers Buchprojekt auf der Tagung *Paper Heritage Making: Mexican Treasury and Baroque Rome* am 28. Juni 2022 (freundliche Mitteilung von Giovanna Scaloni).

37 Ähnlich verhält es sich mit einer Platte von Adriaen Collaert in der Newberry Library (Inv. Nr. 2019101499 jlg). Die wohl ursprünglich doppelt so große Platte wurde vom Künstler mit einer relativ großen gestochenen Figur begonnen, dann verworfen, in der Mitte zerschnitten und für die Szene mit dem Heiligen Juan de Sahagún auf der Rückseite (heutigen Vorderseite) wiederverwendet.

38 Stijnman 2012, S. 152.

39 Bosse 1645, S. 12: „Mais le bon cuivre rouge est plein, ferme, & doux, & lon peut connoistre s'il est tel en y gravant avec le burin;"; Bosse [1645] 1652, S. 7: „Das gute rothe Kupffer aber ist vollkommen fest und gelind/ und kan man/ ob solches also seye/ mit dem Grabstickel darauff probiren und versuchen."

40 Annibale Carracci, Rom, Istituto Centrale per la Grafica, Calcoteca, Inv.-Nrn. M–323 bzw. M–324. Siehe zuletzt Marini 2022, S. 91–93.

41 Salvatore Castiglione, Rom, Istituto Centrale per la Grafica, Calcoteca, Inv.-Nr. M-374.

42 Browne 1669, S. 104: „Take a little piece of a Copper plate, and lay a ground upon it as you before mentioned, and make a wax wall about it, then hatch it with several hatches […]."

43 Hind 1938, S. 307: „(34) Io cienacholo, da l'altra banda Ia la nostra donna./(35) Io appamondo, da l'altra banda Ia italia d'un foglio reale. […]/ (38) Ia morte d'ugolia, da l'altra banda da storia di muisè, in un foglio reale."; siehe auch: Landau/Parshall 1994, S. 13.

44 Hinterding 1993/94, S. 255/256.

45 Siehe die Artikel von Maarten Bassens und Wouter Bracke zu diesem Fund: URL: https://www.kbr.be/nl/originele-drukplaat-van-abraham-ortelius-herontdekt/ (zuletzt abgerufen: 30.12.2022); URL: https://www.bimcc.org/uploads/newsletters/nl67.pdf (zuletzt abgerufen: 30.12.2022). Auch Adriaen Collaert und zahlreiche andere Künstler verwendeten zerschnittene Stücke von Landkartendruckplatten wieder: Bracke/Bassens 2022.

46 Grelle Iusco 2004, S. 56.

47 Hind 1938, S. 281f. Siehe außerdem: München/Berlin 1986, S. 45–46.

48 Stijnman 2016, S. 75.

49 Chicago, Art Institute, Inv.-Nr. 2004.89. Ich danke Jamie Gabbarelli für den Hinweis.

50 Landau/Parshall 1994, S. 31.

51 Préaud 1980, S. 38, Kat.-Nr. 10. Ich danke Antoine Gallay für den Hinweis.

52 Zum Thema Gemälde auf den Rückseiten von Kupferplatten: Komanecky/Horovitz/Eastaugh 1998; Phoenix/Kansas City/Den Haag 1998.

53 Horovitz 1998, S. 61, 339.

54 Horovitz 1998, S. 66.

55 Für Beispiele von Karten siehe etwa: Umkreis von Valckenborch, *Turmbau zu Babel (recto)/Karte von London (verso)*, Museum of London; weitere Beispiele siehe: Horovitz 1998, S. 64f, S. 86, Anm. 13; Maarten Bassens (siehe Anm. oben); Schiro 2014.

56 Orenstein 1992, insbes. S. 108ff.

57 Ähnlich verhielt es sich beim Tod Passchijne van Gelres (gest. 1601), der Witwe Gerard de Jodes (1516/17–1591), die wie Volcken Diercx das Business ihres Mannes weitergeführt hatte. Auch nach Van Gelres Tod wurden die vielen Druckplatten der Werkstatt veräußert und für andere Projekte von der Rückseite benutzt: Van der Coelen/Leesberg 2021

58 Heuer 2007.

59 Fortunati 2022, S. 108–111.

60 Schmidt 1967.

61 Siehe Anna Biancos Beitrag auf ihrer Homepage, URL: https://annabianco.me/2017/12/19/a-christmas-discovery/ (abgerufen 27.12.2022); Alessandro Tiarini, *Kreuztragender Christus*, Dorotheum Wien, 19. April 2016, Lot 185.

62 Ein Beispiel findet sich etwa im Kirchenschatz der Mdina Kathedrale auf Malta, wo auf der Rückseite eines kleinen Kupfergemäldes (ca. 35 × 45 cm) mit einer Pietà Christi die Kupferstichplatte Giovanni Battista Coriolanos mit einem *Opfer der Römer für die Göttin Minerva* entdeckt wurde (B. XIX.45.25). Warum Coriolanos Stich aufgegeben und nicht weiter publiziert wurde, bleibt unklar. Ich danke Krystle Attard Trevisan für den Hinweis.

63 Phoenix/Kansas City/Den Haag 1998, S. 339–342, Kat.-Nr. 73 (Michael K. Komanecky).

64 „[…] in very many ways their prints testify to a preference for prizing quality over quantity." (Landau/Parshall 1994, S. 32).

65 Nach seiner Privatinsolvenz wurden Whistlers Platten 1878 verauktioniert und kamen später an die University of Glasgow. Degas, der die Auflage seiner Drucke möglichst limitieren wollte, verkaufte später dennoch einige seiner Platten an seinen Händler Ambroise Vollard, der von ihnen erneut drucken ließ.

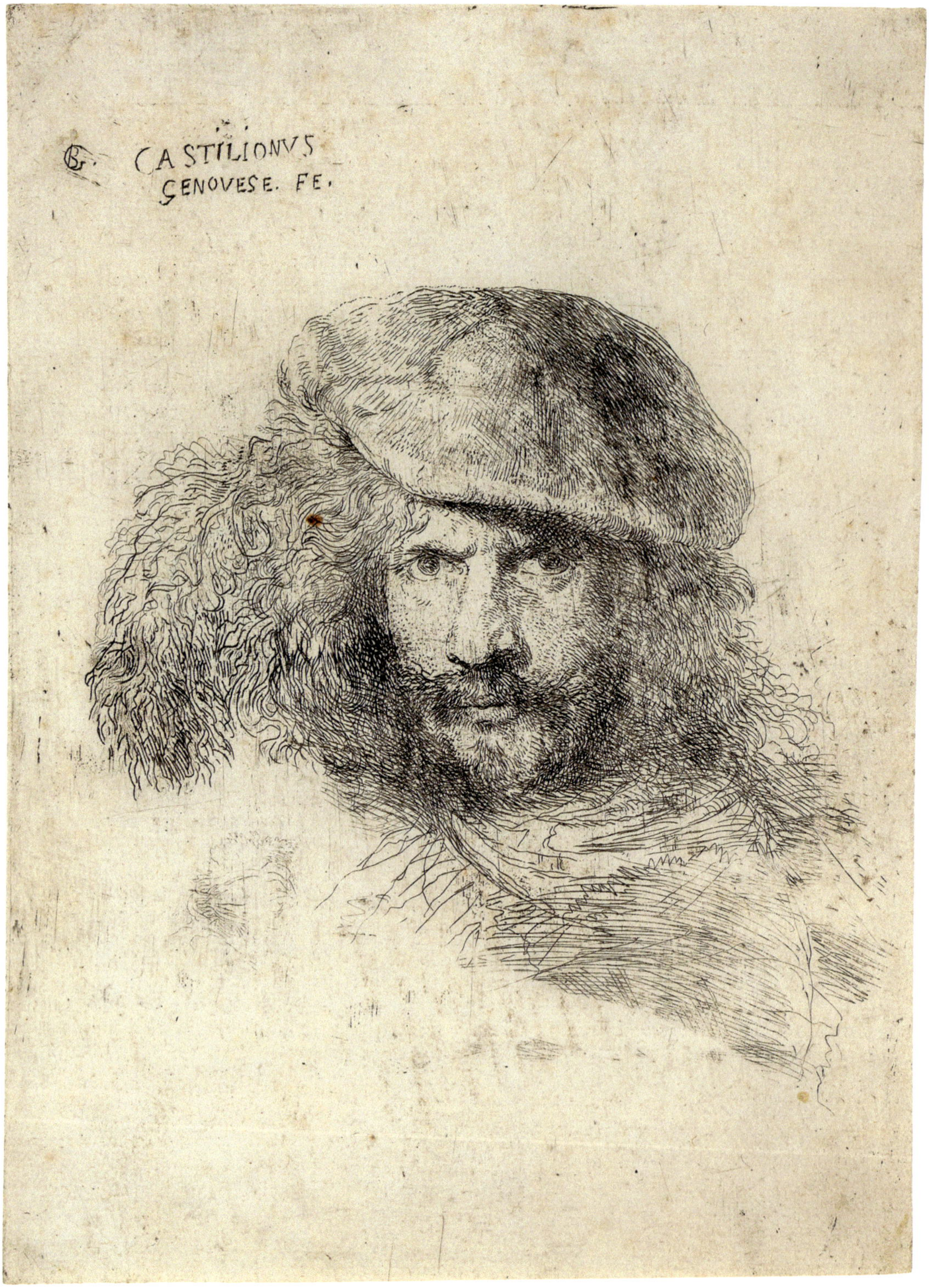

KAT. 88

GIOVANNI BENEDETTO CASTIGLIONE

Selbstbildnis (?), späte 1640er Jahre

Radierung (III. Zustand), 180 × 134 mm (Blatt/Platte)

TIB 4602.031, L. 6092, Inv.-Nr. GS 11813

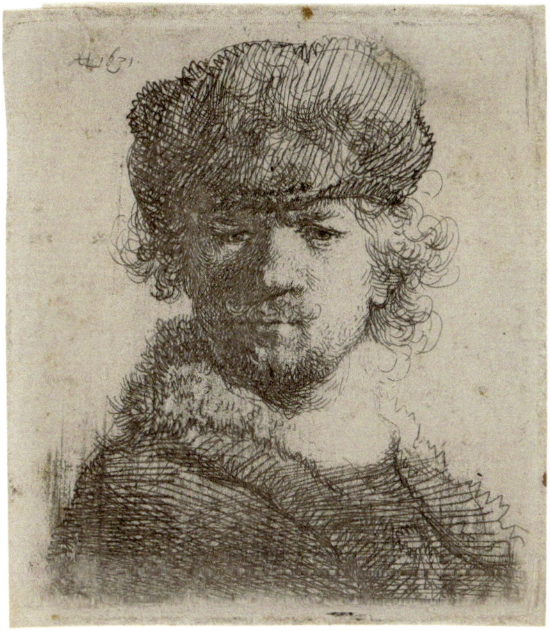

KAT. 89

REMBRANDT VAN RIJN
Selbstbildnis mit Pelzkappe, 1631
Radierung, 66 × 59 mm (Blatt), 63 × 57 (Platte)
New Hollstein 80, Darmstadt, Hessisches Landesmuseum, Inv.-Nr. GR 10749

RECHTE SEITE GIOVANNI BENEDETTO CASTIGLIONE
Der Genius des Castiglione, 1647–48
Radierung (III. Zustand), 368 × 245 mm (Blatt/Platte)
TIB 4602.023, L. 6092, Inv.-Nr. GS 11810

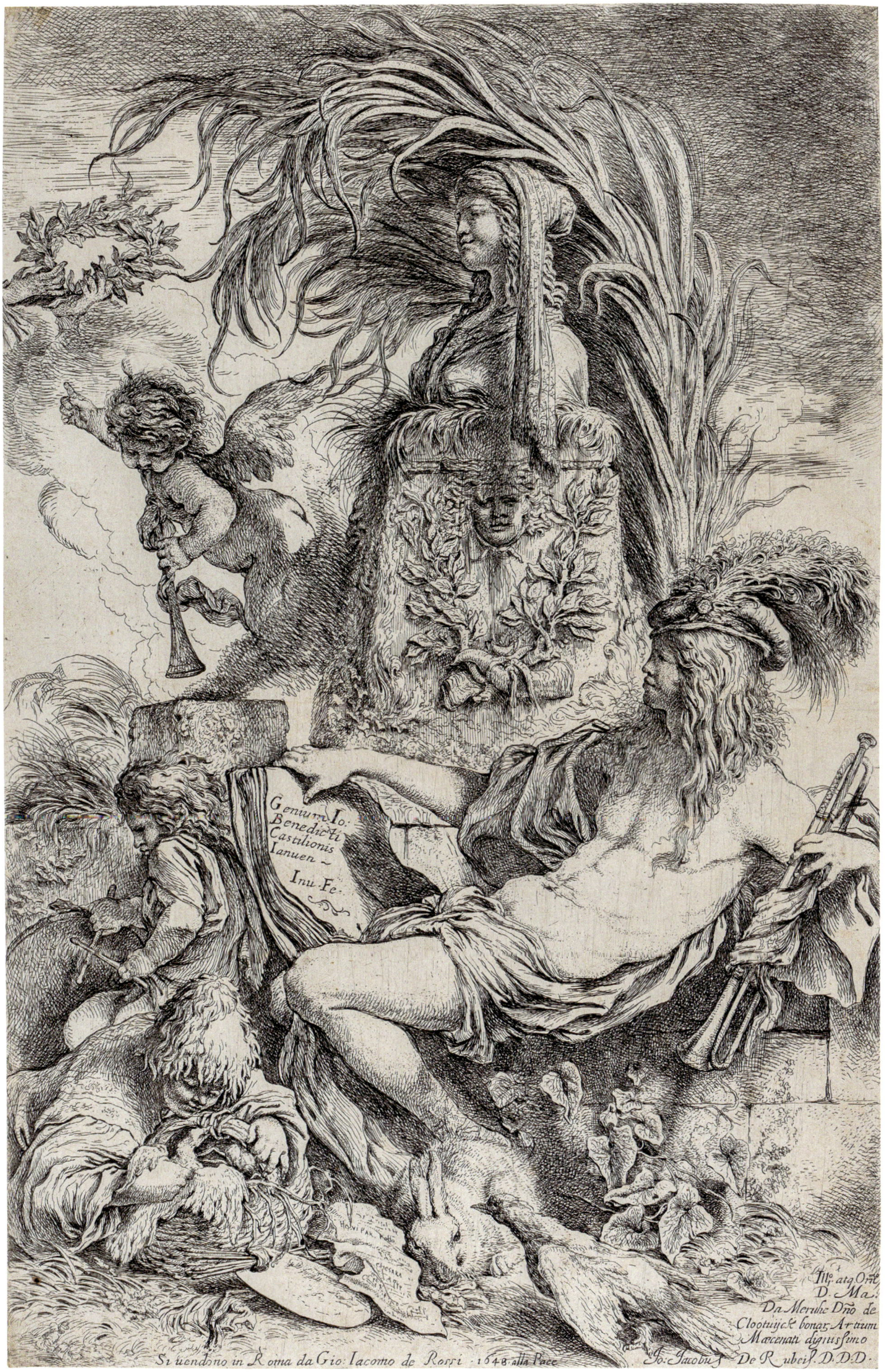

Genium Io:
Benedicti
Castilionis
Ianuen~
Inu. Fe.
Illᵐᵒ atq. Ornᵐᵒ
D. Ma:
Da Meruhe Dño de
Clootuijck bonar. Artium
Mæcenati dignissimo
Si uendono in Roma da Gio: Iacomo de Rossi · 1648 alla Pace
Jo: Jacobus De Rubeis. D.D.D.

KAT. 90

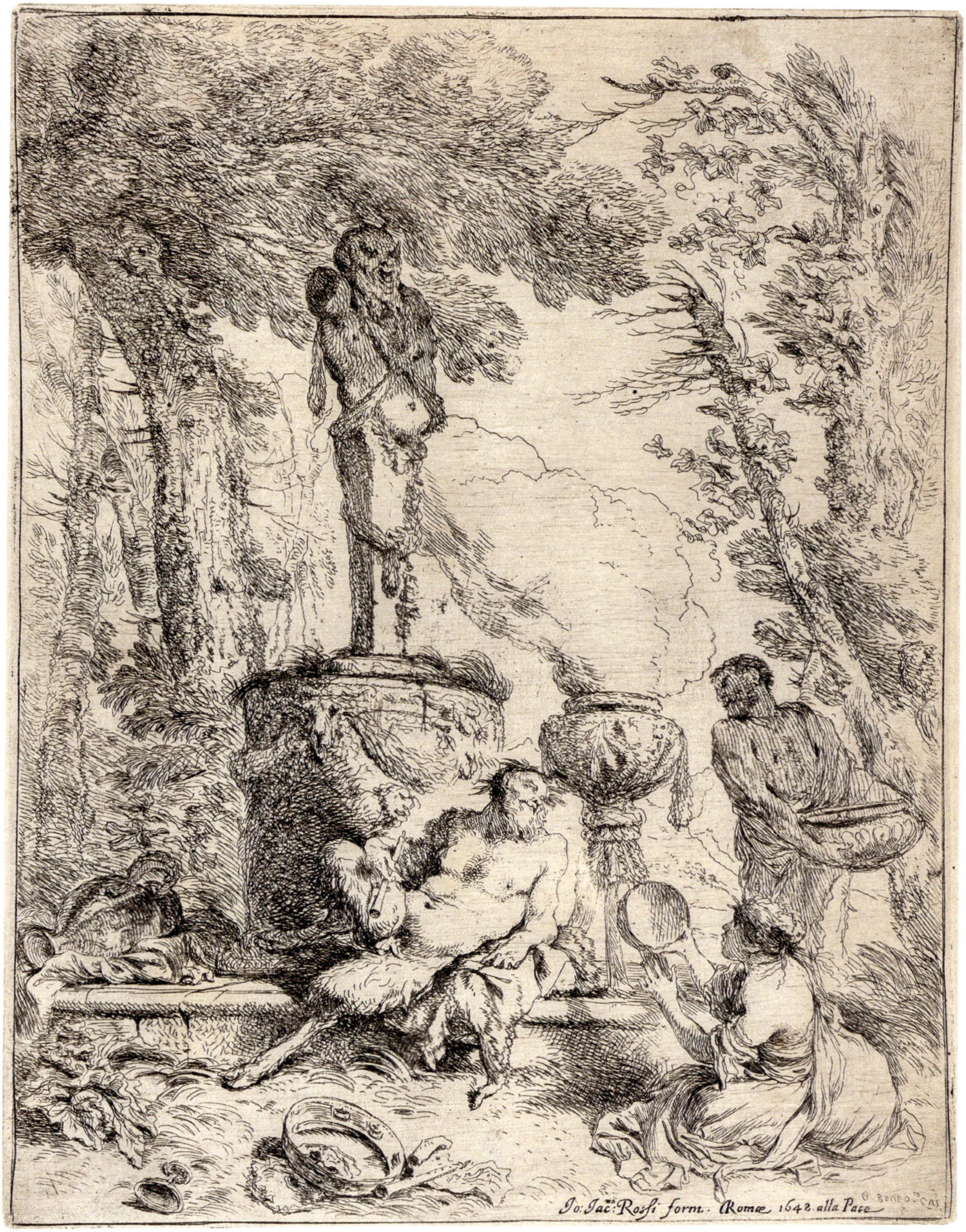

KAT. 91

GIOVANNI BENEDETTO CASTIGLIONE
Das Bacchanal, um 1645
Radierung (III. Zustand), 245 × 201 mm (Blatt), 229 × 186 mm (Platte)
TIB 4602.016, L. 6092, Inv.-Nr. GS 11805

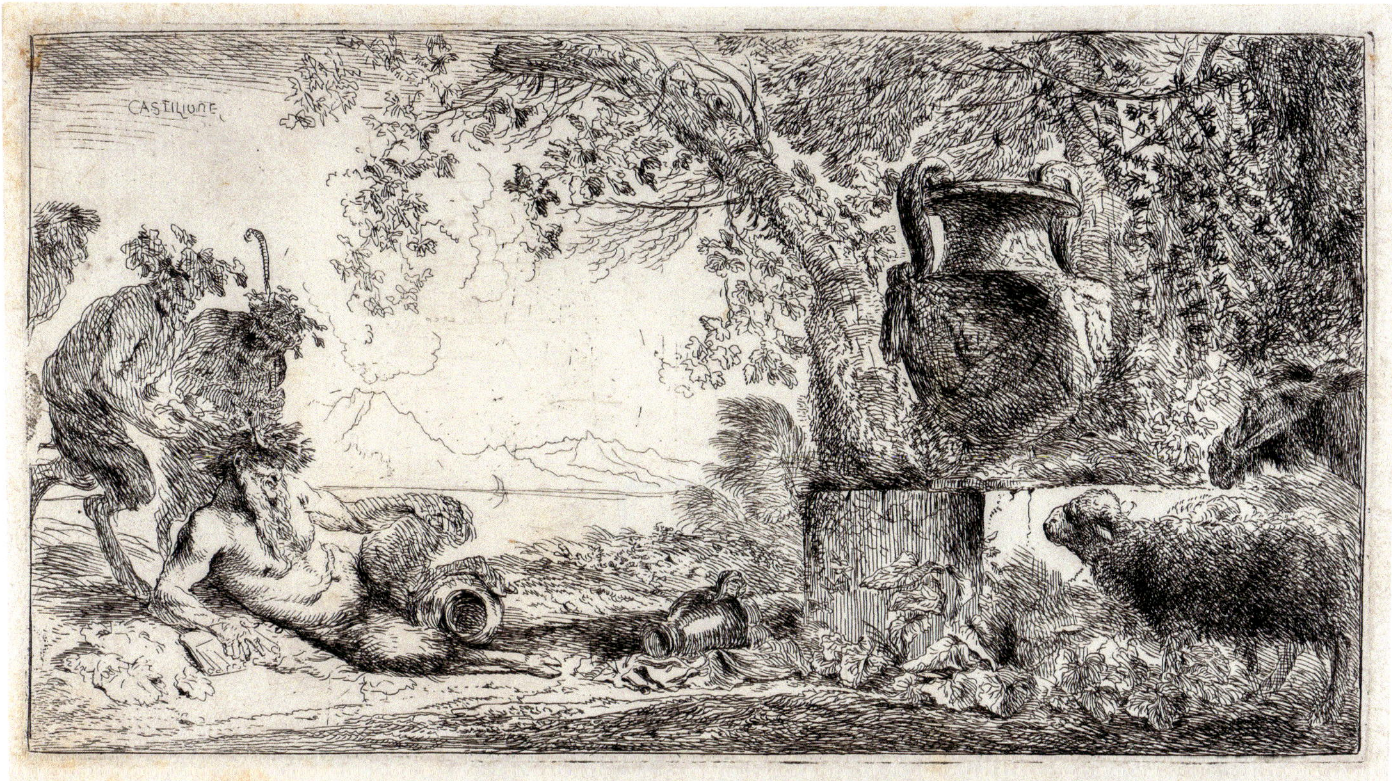

KAT. 92

Pan bei der Urne, um 1645
Radierung, 121 × 225 mm (Blatt), 114 × 216 mm (Platte)
TIB 4602.018, L. 6092, Inv.-Nr. GS 11807

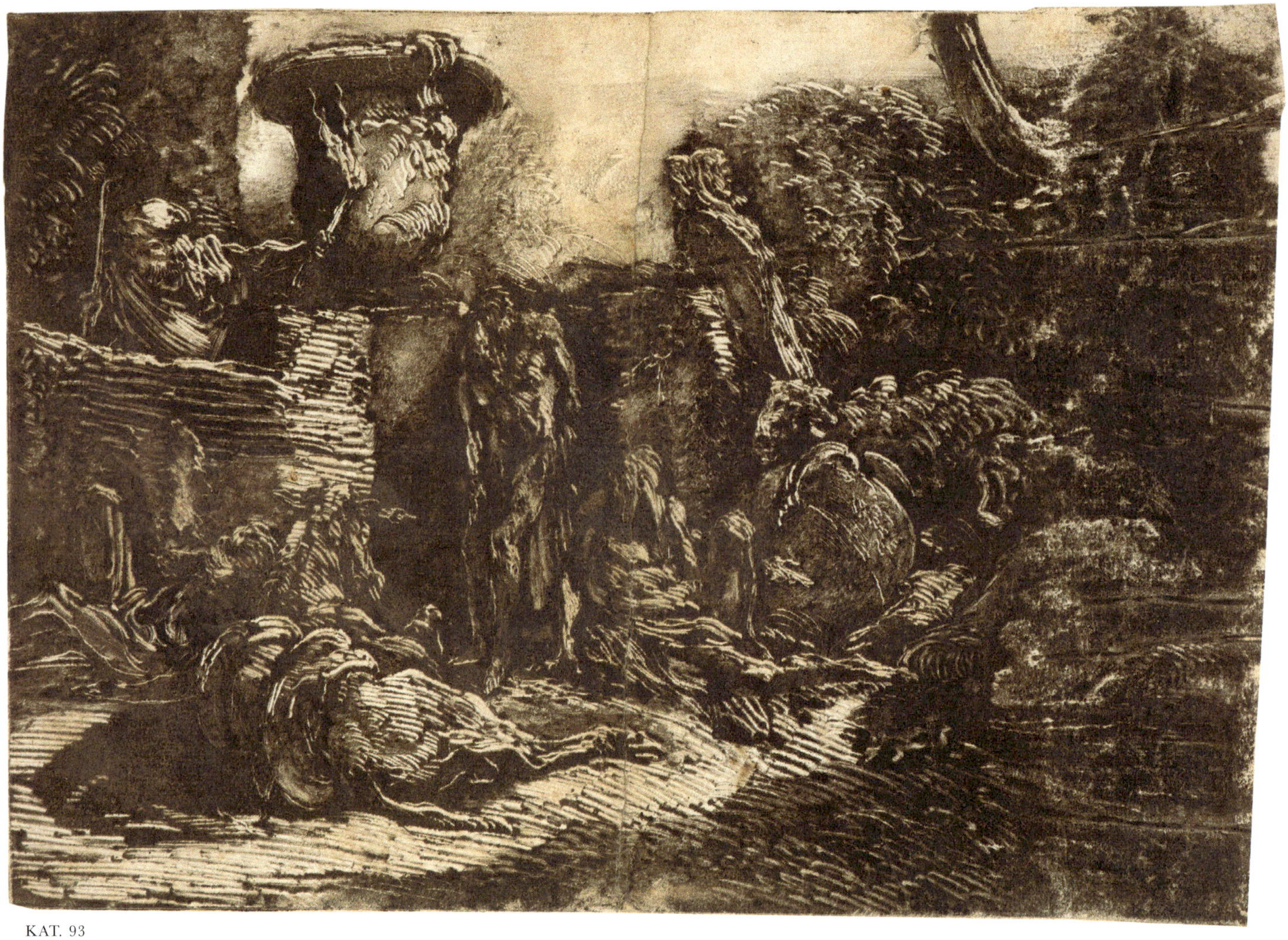

KAT. 93

GIOVANNI BENEDETTO CASTIGLIONE
Diogenes sucht einen tugendhaften Menschen (?)
Monotypie, 182 × 261 mm (Blatt/Platte)
Düsseldorf, Stiftung Museum Kunstpalast, Inv.-Nr. FP 16344 D

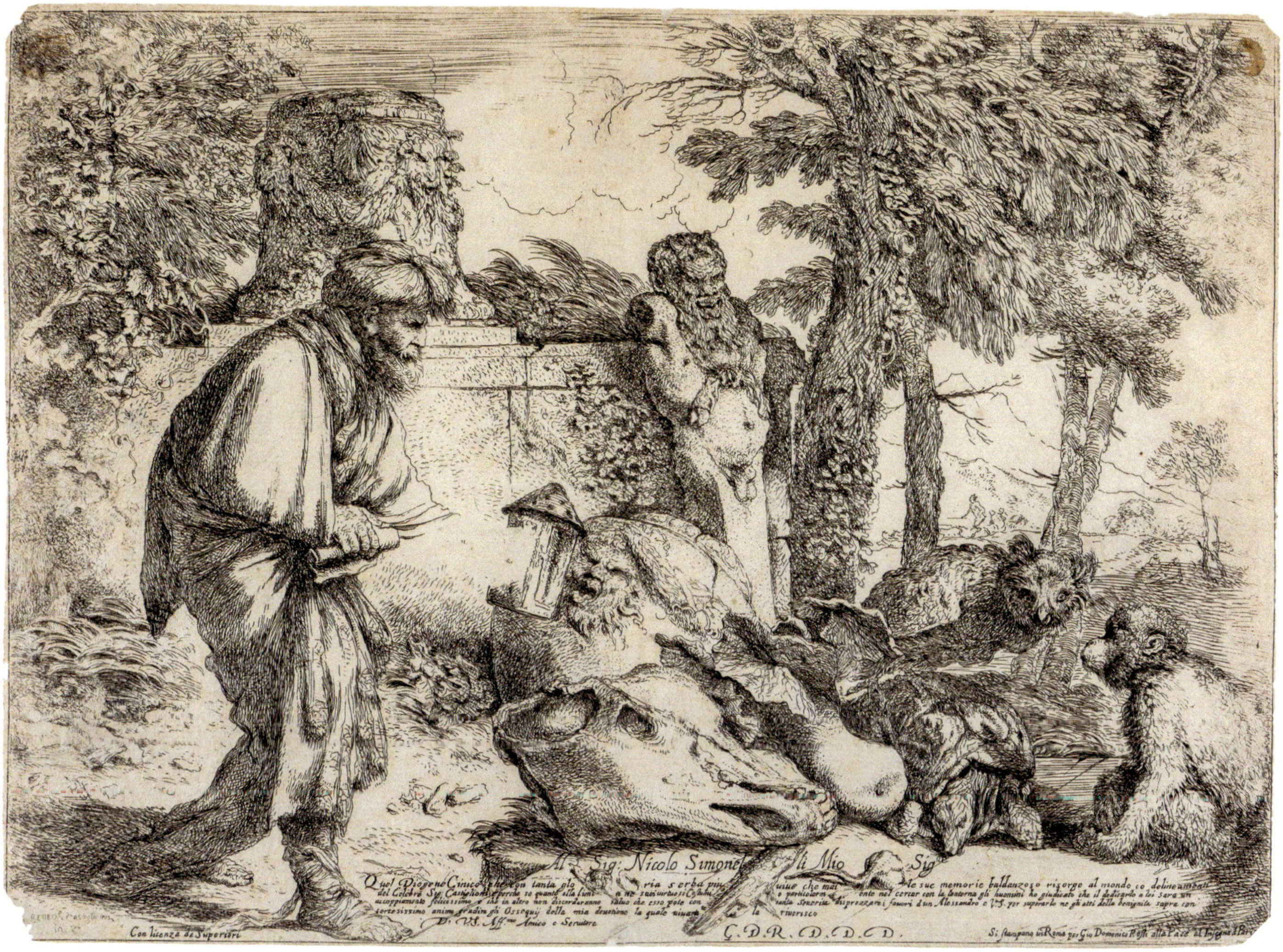

KAT. 91

Diogenes sucht einen tugendhaften Menschen, 1645–47
Radierung (II. Zustand), 218 × 307 mm (Blatt/Platte)
TIB 4602.021, L. 6092, Inv.-Nr. GS 11808

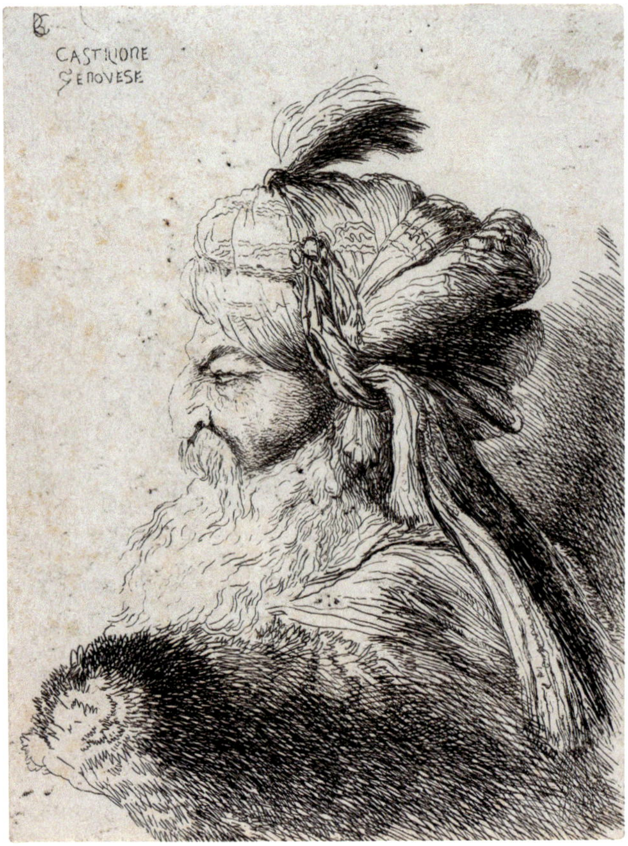

KAT. 95

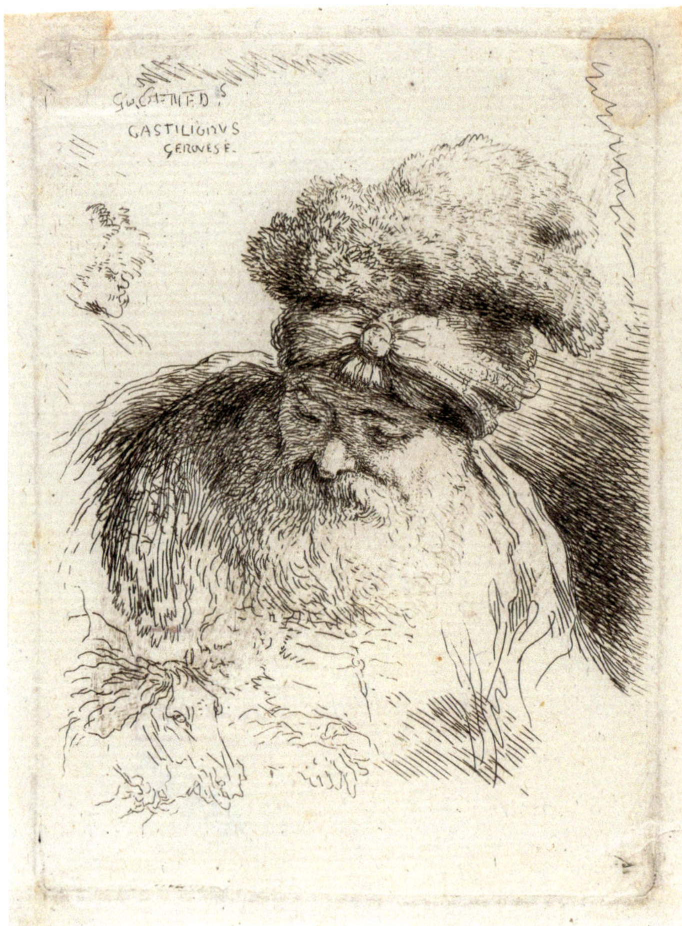

KAT. 96

GIOVANNI BENEDETTO CASTIGLIONE
Kopf eines alten Mannes mit Turban im Profil
(aus der Folge „Kleine Orientalenköpfe"), 1645–50
Radierung (I. Zustand), 109 × 80 mm (Blatt/Platte beschnitten)
TIB 4602.040, L. 6092, Inv.-Nr. GS 11816

Kopf eines alten Mannes mit Bart und Turban und kleinen Skizzen
(aus der Folge „Kleine Orientalenköpfe"), 1645–50
Radierung, 120 × 91 mm (Blatt), 111 × 82 mm (Platte)
TIB 4602.045, L. 6092, Inv.-Nr. GS 11819

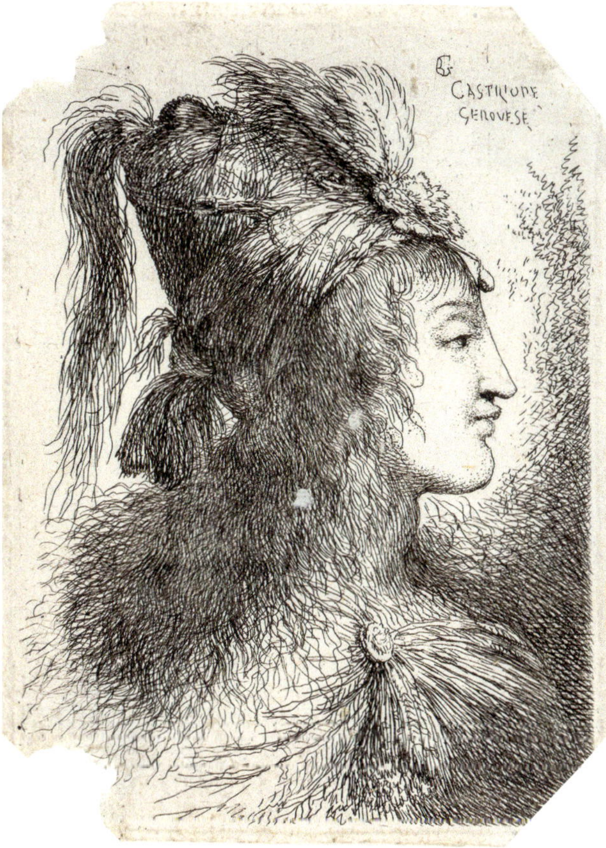

KAT. 97

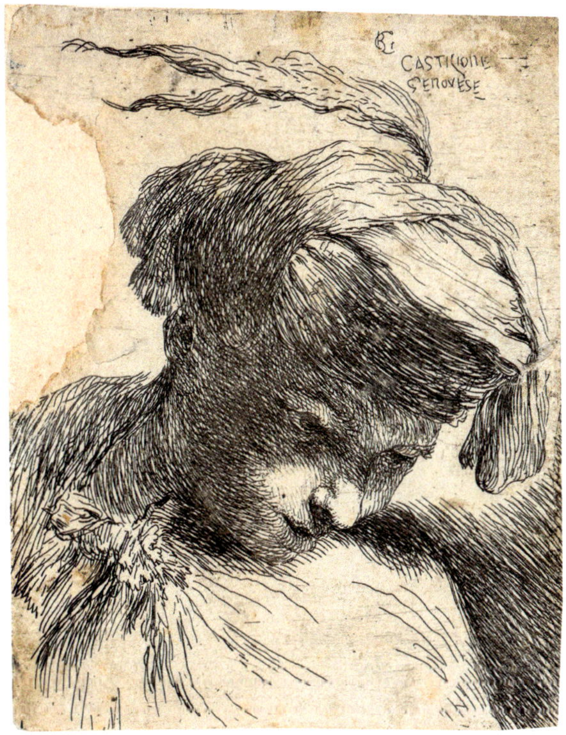

KAT. 98

Kopf einer jungen Frau mit Federturban
(aus der Folge „Kleine Orientalenköpfe“), 1645–50
Radierung (II. Zustand), 115 × 87 mm (Blatt/Platte Ecken beschnitten)
TIB 4602.047, L. 6092, Inv.-Nr. GS 11820

Kopf eines jungen Mannes mit Turban
(aus der Folge „Kleine Orientalenköpfe“), 1645–50
Radierung, 94 × 75 mm (Blatt/Platte beschnitten)
TIB 4602.043, L. 6092, Inv.-Nr. GS 11818

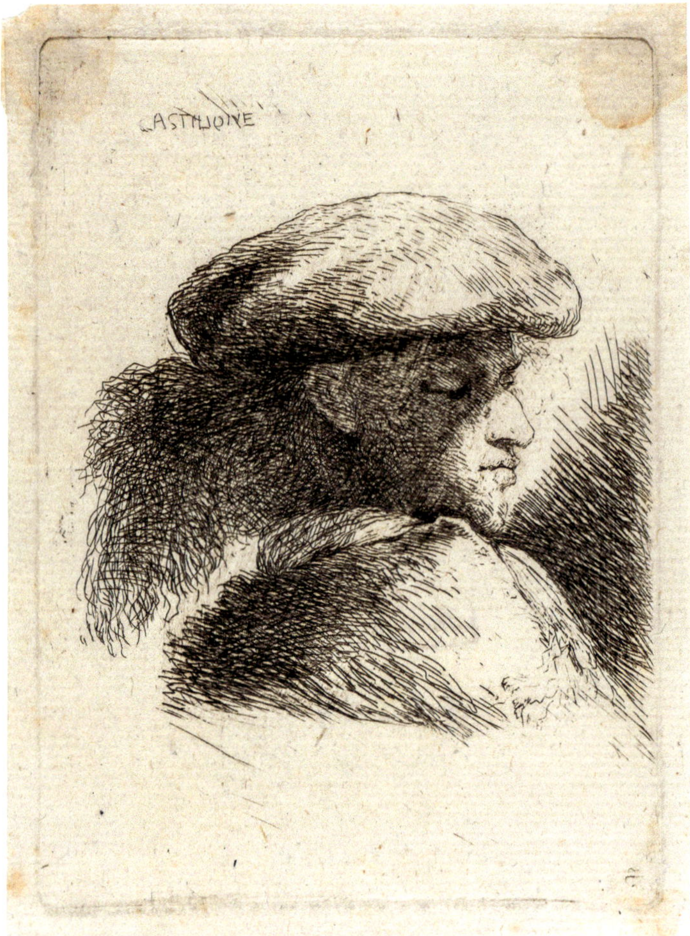

KAT. 99

GIOVANNI BENEDETTO CASTIGLIONE

Kopf eines jungen Mannes mit Federkappe

(aus der Folge „Kleine Orientalenköpfe“), 1645–50

Radierung (II. Zustand [?]), 120 × 91mm (Blatt), 111 × 83 mm (Platte)

TIB 4602.035, L. 6092, Inv.-Nr. GS 11814

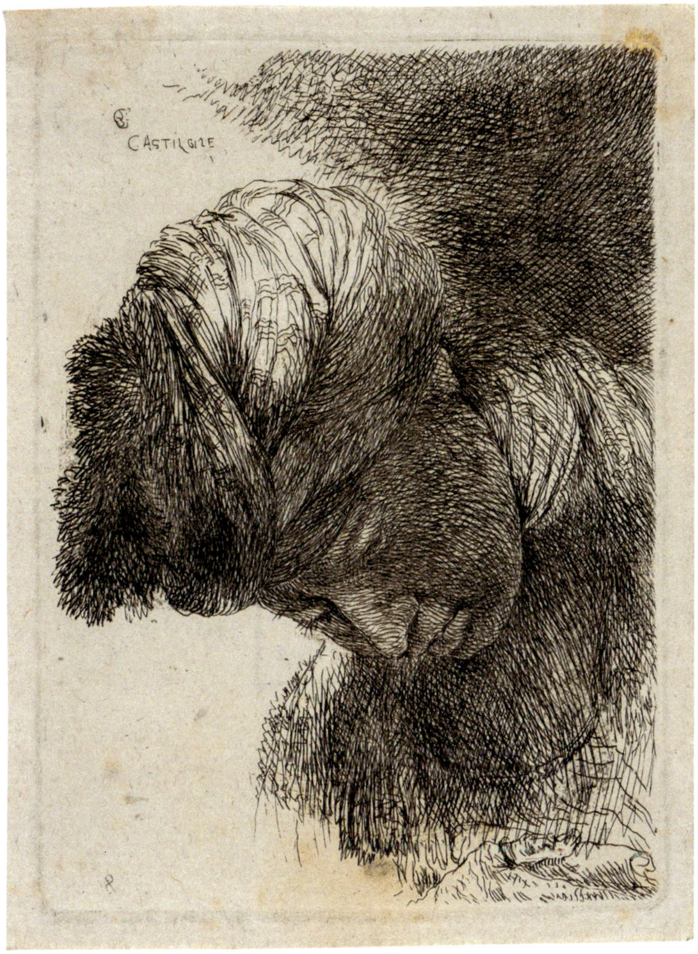

KAT. 100

Kopf eines jungen Mannes mit federgeschmücktem Turban
(aus der Folge „Kleine Orientalenköpfe“, 1645–50
Radierung (II. Zustand), 121 × 92 mm (Blatt), 113 × 83 mm (Platte)
TIB 4602.042, L. 6092, Inv.-Nr. GS 11817

GIOVANNI BENEDETTO CASTIGLIONE

Kopf eines Mannes im Schatten
Kopf eines Mannes mit federgeschmücktem Turban und zwei Pastoralen

(aus der Folge „Große Orientalenköpfe“ und der Folge „Radierte Skizzen“), späte 1640er Jahre

Radierung (I. Zustand), 212 × 275 mm (Blatt/Platte beschnitten)

TIB 4602.051-052, 4602.060-061, L. 6092, Inv.-Nr. GS 11825

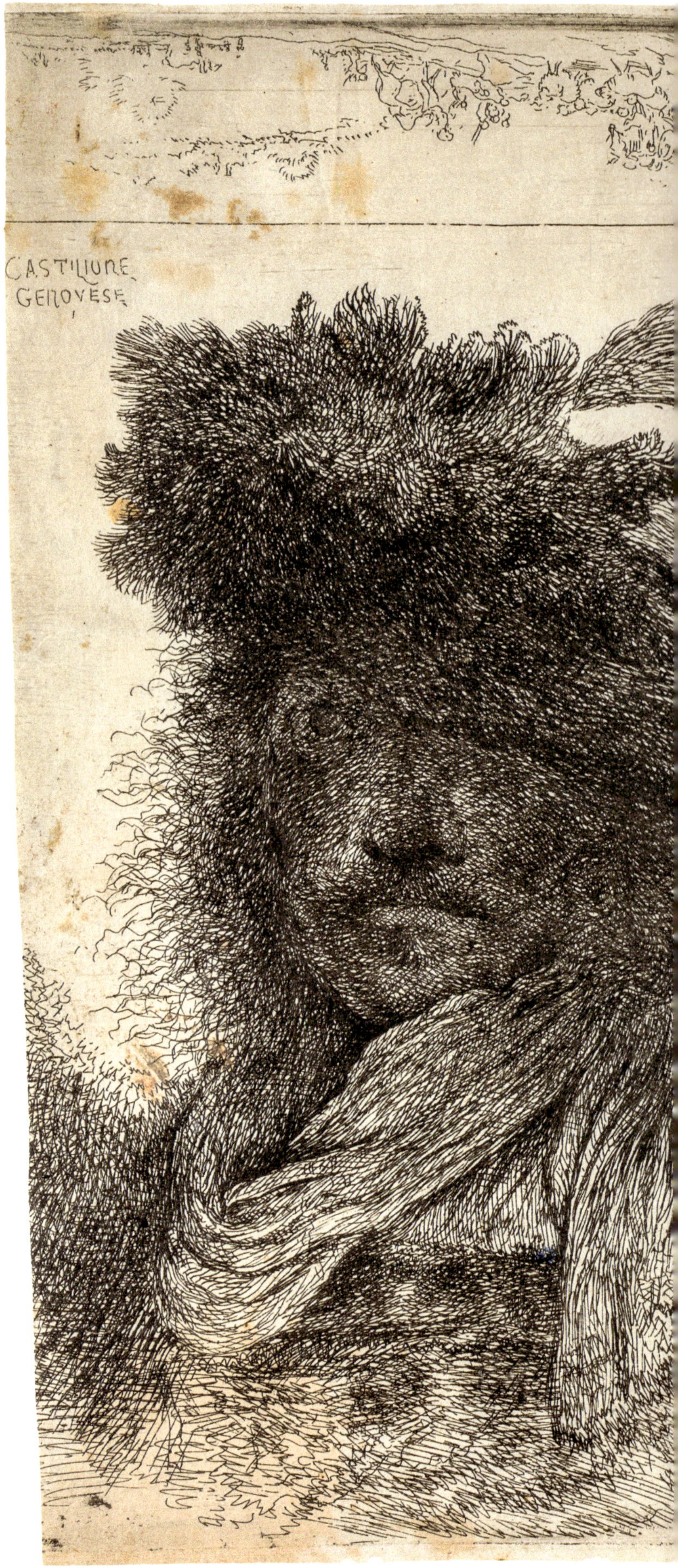

KAT. 101

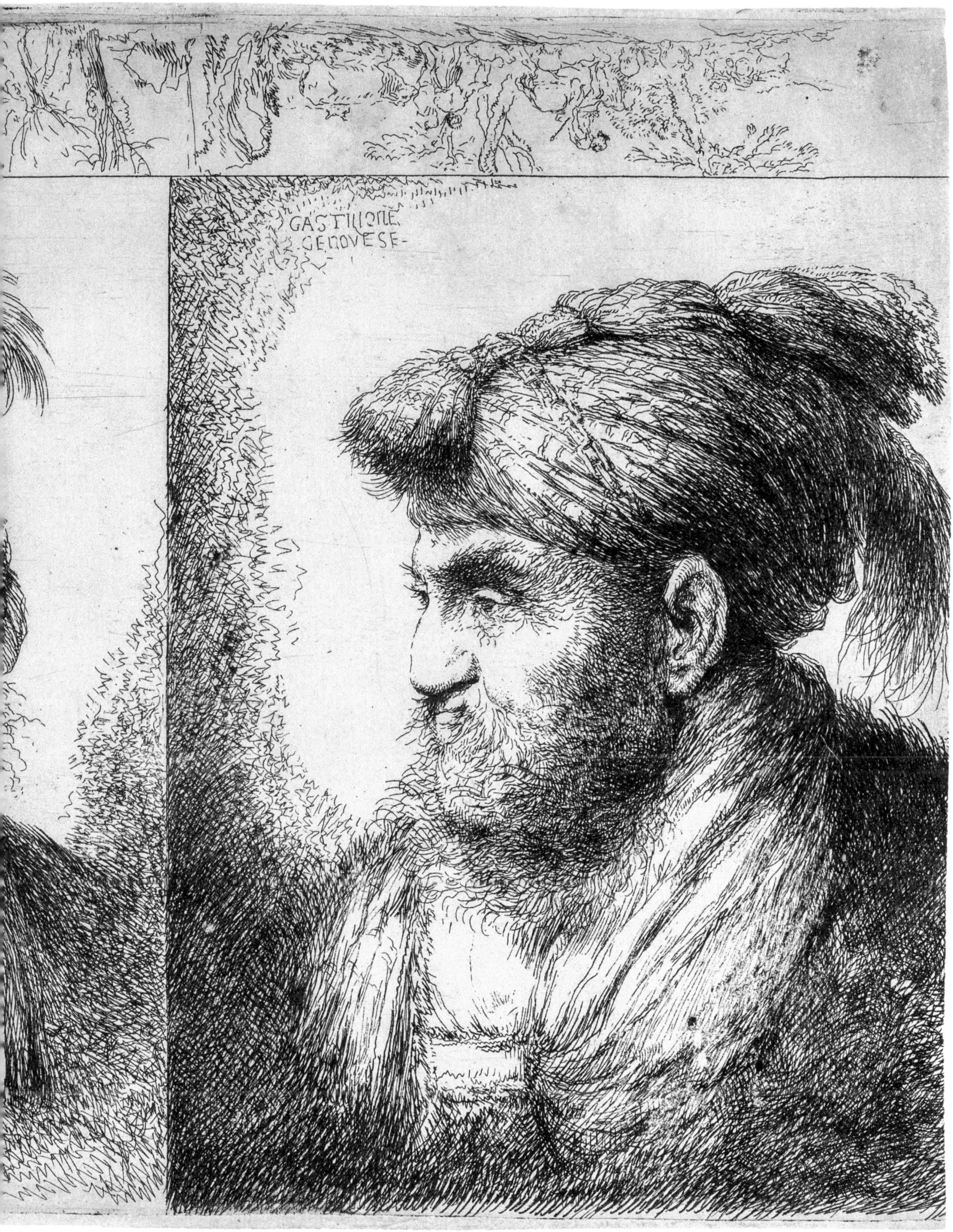
GASTIJIONE
GENOVESE

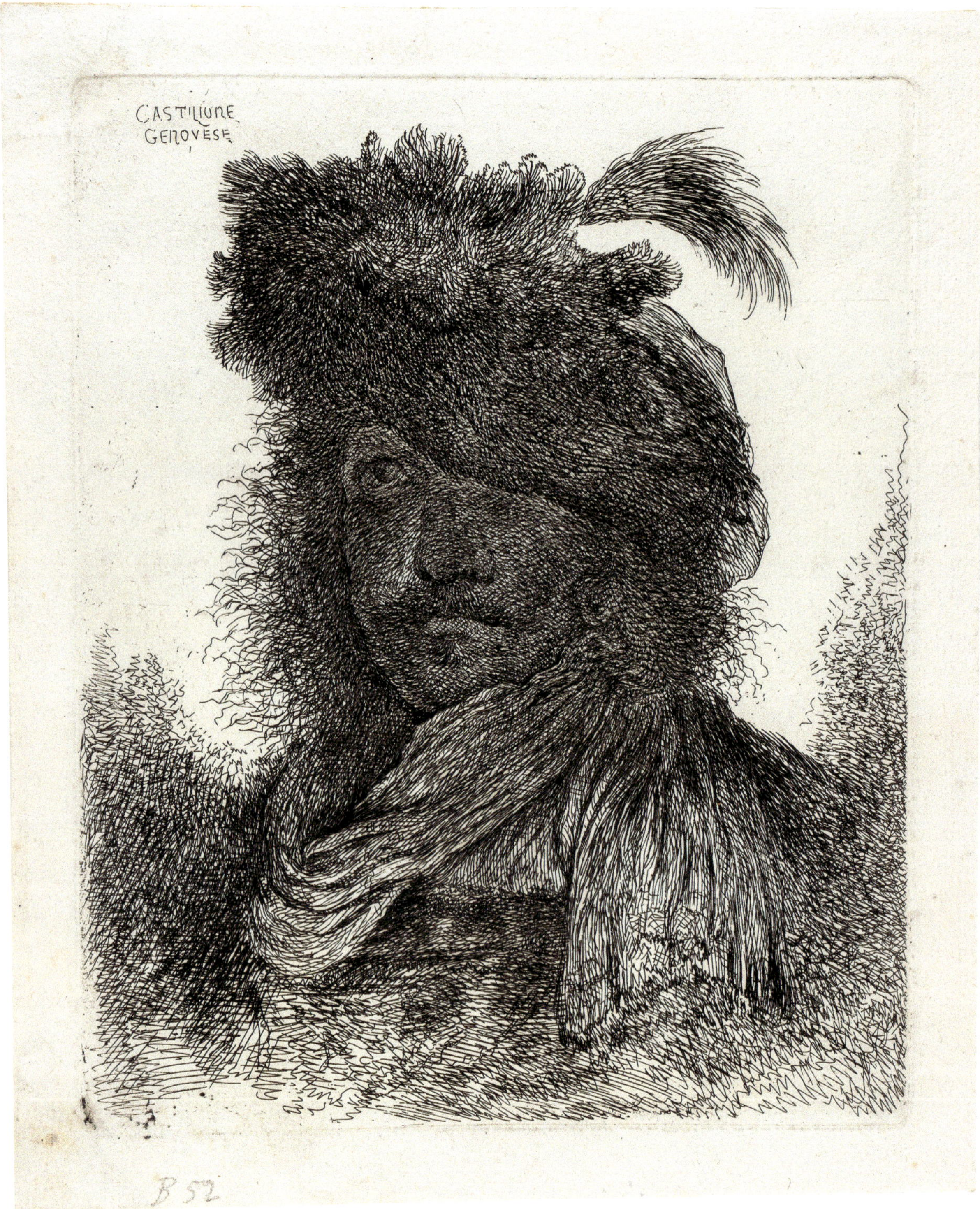

KAT. 102

GIOVANNI BENEDETTO CASTIGLIONE

Kopf eines Mannes im Schatten (aus der Folge „Große Orientalenköpfe"),
späte 1640er Jahre

Radierung (III. Zustand), 206 × 173 mm (Blatt), 181 × 148 mm (Platte)

TIB 4602.052, L. 6092, L. 345, Inv.-Nr. GS 11826

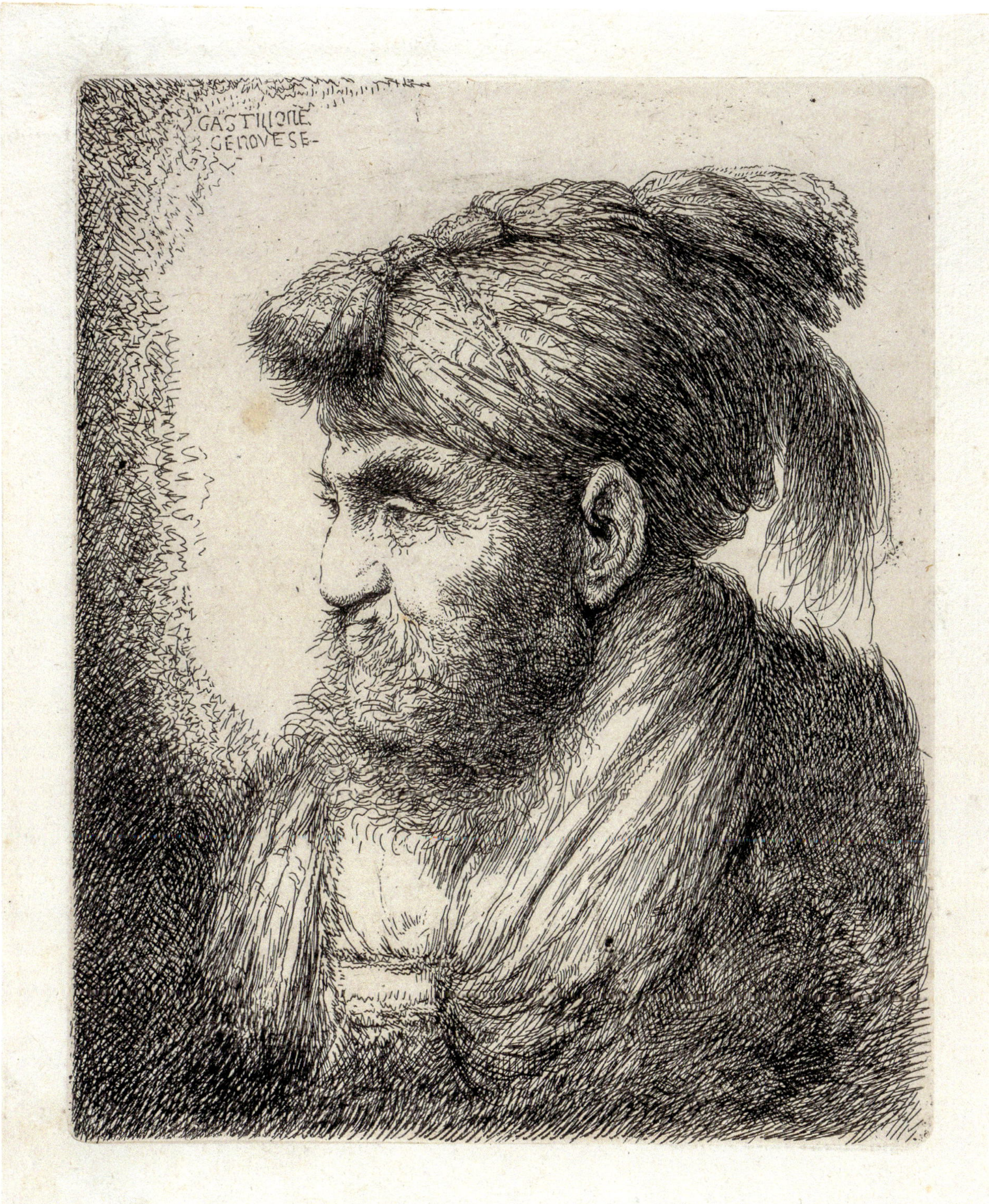

KAT. 103

Kopf eines Mannes mit federgeschmücktem Turban (aus der Folge „Große Orientalenköpfe), späte 1640er Jahre
Radierung (III. Zustand), 204 × 179 mm (Blatt), 179 × 152 mm (Platte)
TIB 4602.051, L. 6092, L. 345, Inv.-Nr. GS 11824

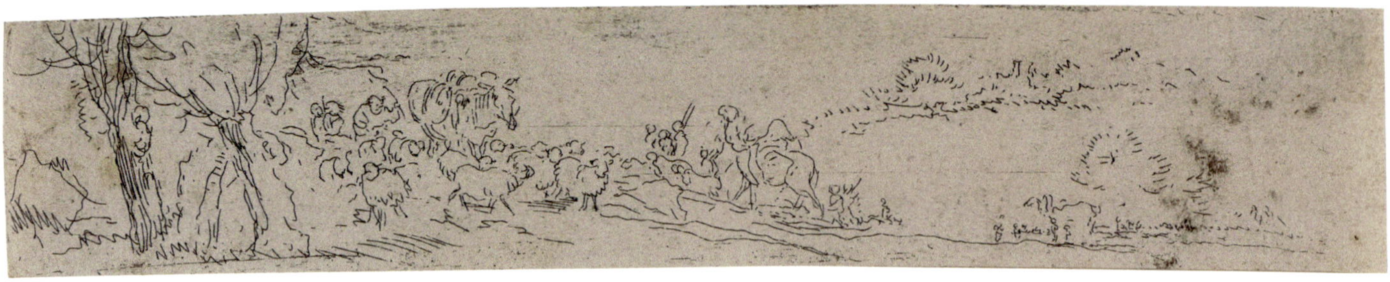

KAT. 104

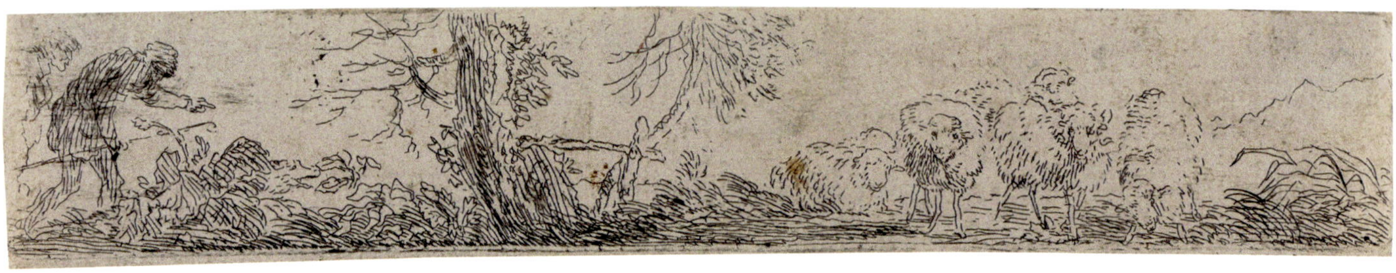

KAT. 105

GIOVANNI BENEDETTO CASTIGLIONE

Pastorale mit Esel, Schafen und Kamel (aus der Folge „Radierte Skizzen"), späte 1640er Jahre

Radierung (II. Zustand), 26 × 145 mm (Blatt/Platte)

TIB 4602.061, L. 6092, Inv.-Nr. GS 11877

Pastorale mit zwei Schäfern und Schafherde (aus der Folge „Radierte Skizzen"), späte 1640er Jahre

Radierung (II. Zustand), 26 × 148 mm (Blatt/Platte)

TIB 4602.058, L. 6092, Inv.-Nr. GS 11878

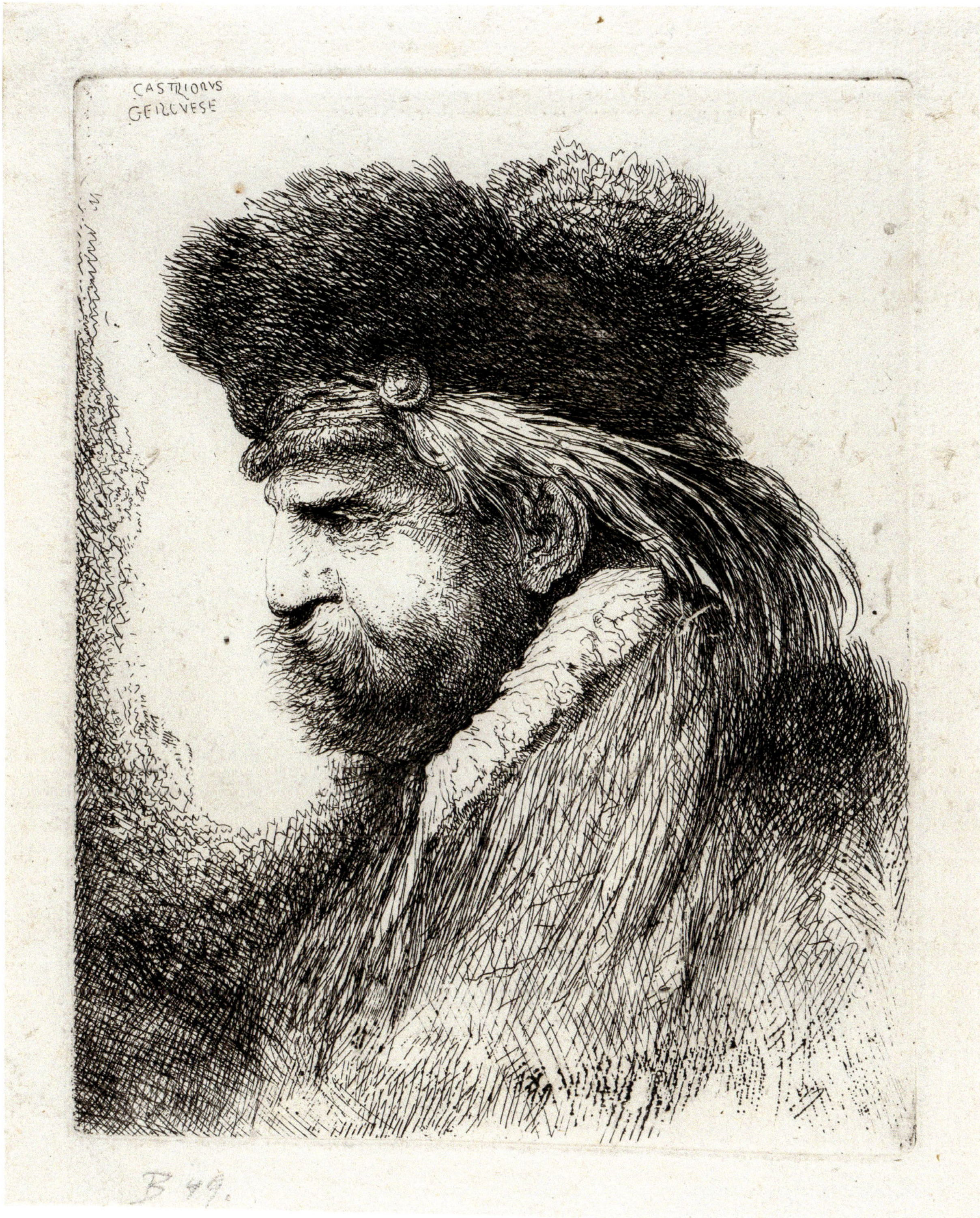

KAT. 106

Mann mit Bart und Pelzkappe (aus der Folge „Große Orientalenköpfe“)
späte 1940er Jahre
Radierung (II. Zustand), 227 × 174 mm (Blatt), 182 × 149 mm (Platte)
TIB 4602.049, L. 6092, L. 345, Inv.-Nr. GS 11822

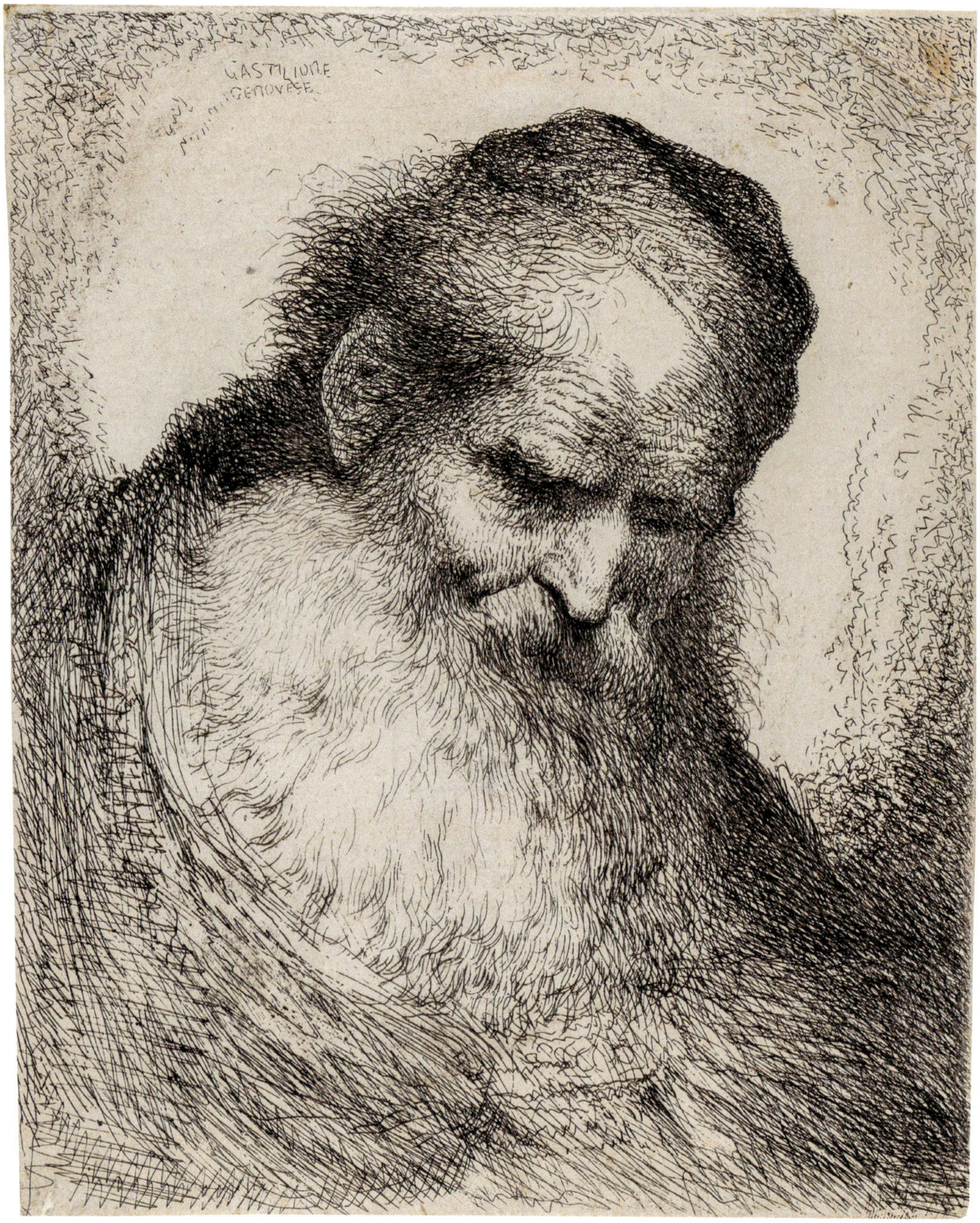

KAT. 107

GIOVANNI BENEDETTO CASTIGLIONE

Kopf eines alten Mannes mit langem Bart (aus der Folge „Große Orientalenköpfe“), späte 1640er Jahre

Radierung (II. Zustand), 182 × 150 mm (Blatt/Platte beschnitten)

TIB 4602.050, L. 6092, Inv.-Nr. GS 11823

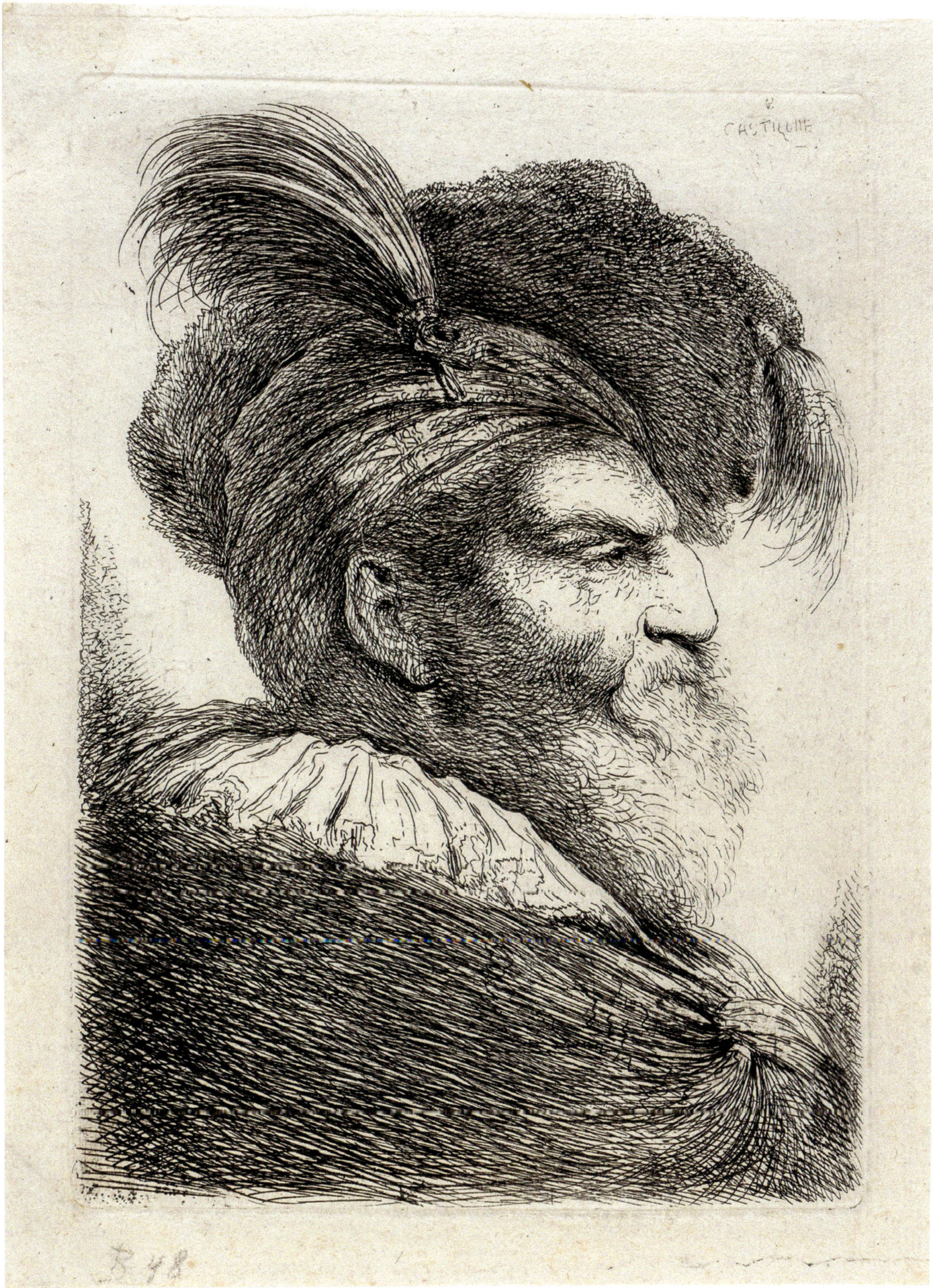

KAT. 108

Kopf eines Mannes mit Bart und Federhut (aus der Folge „Große Orientalenköpfe"),
späte 1640er Jahre
Radierung, 212 × 160 mm (Blatt), 188 × 136 mm (Platte)
TIB 4602.048, L. 6092, L. 345, Inv.-Nr. GS 11821

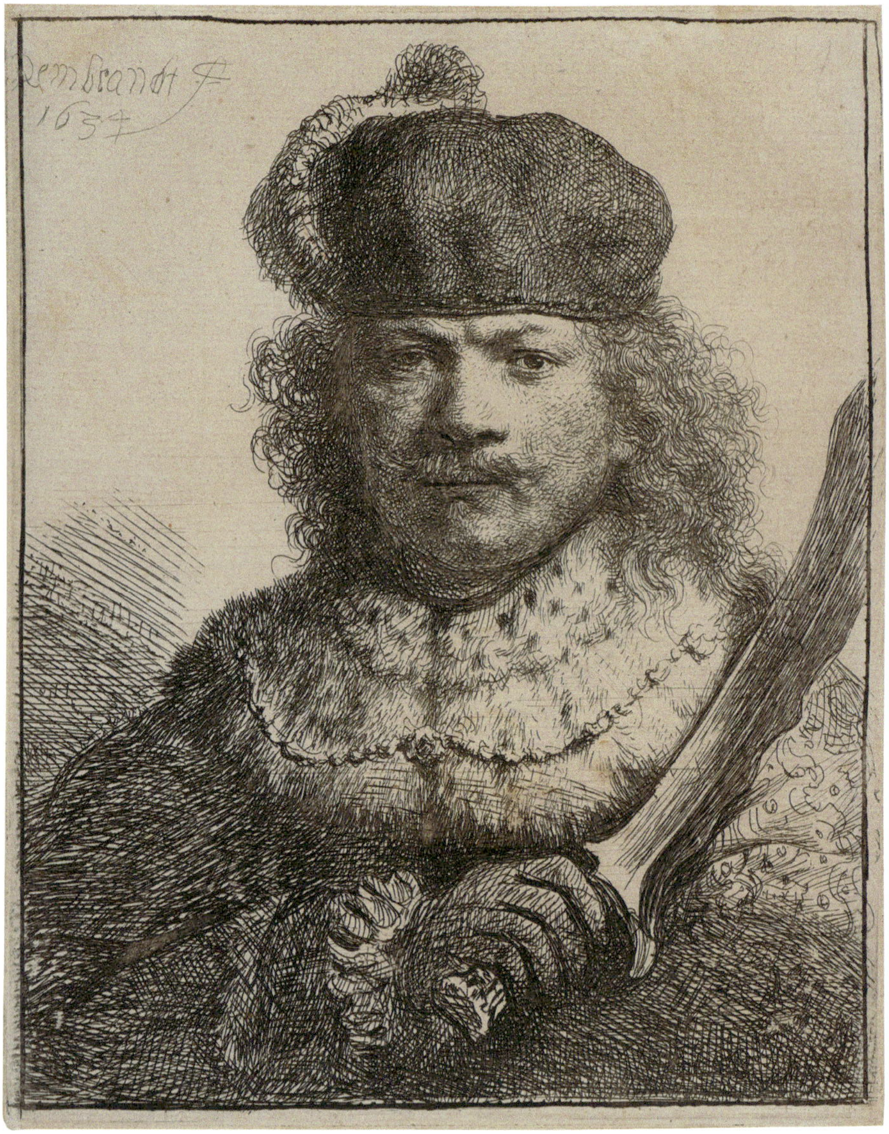

KAT. 109

REMBRANDT VAN RIJN

Selbstbildnis mit Säbel, 1634

Radierung (II. Zustand), 125 × 102 mm (Blatt), 124 × 102 mm (Platte)

New Hollstein 134, Kaiserslautern, Museum Pfalzgalerie, Inv.-Nr. 56/120

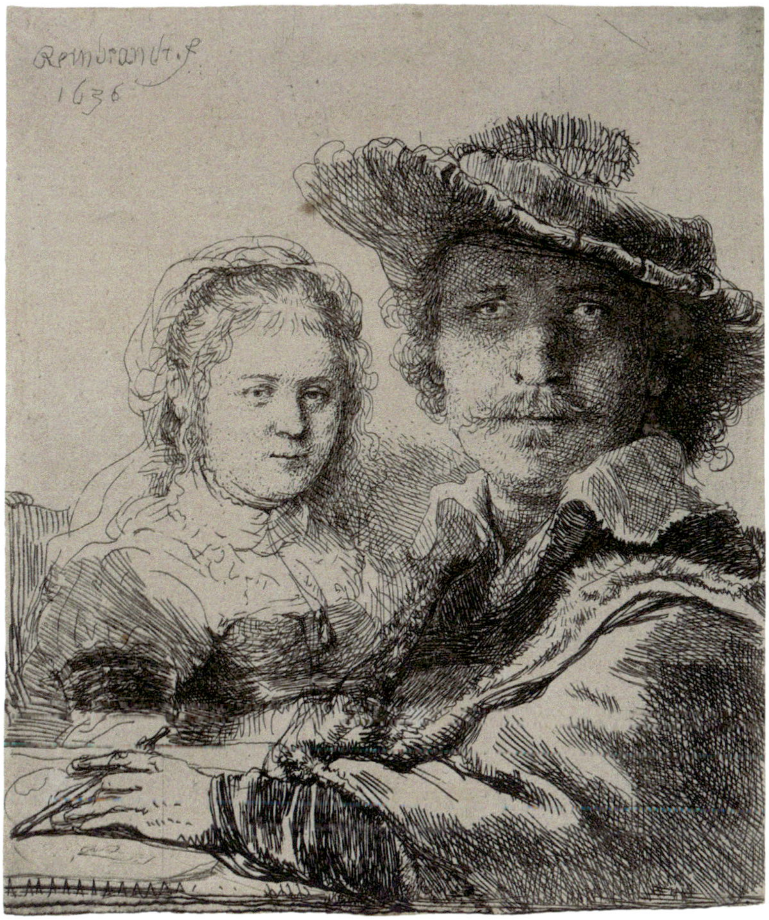

KAT. 110

Selbstbildnis mit Saskia, 1636
Radierung (II. Zustand), 104 × 95 mm (Blatt), 102 × 89 mm (Platte)
New Hollstein 158, Düsseldorf, Stiftung Museum Kunstpalast, Inv.-Nr. mkp.KA (FP) 3707 D

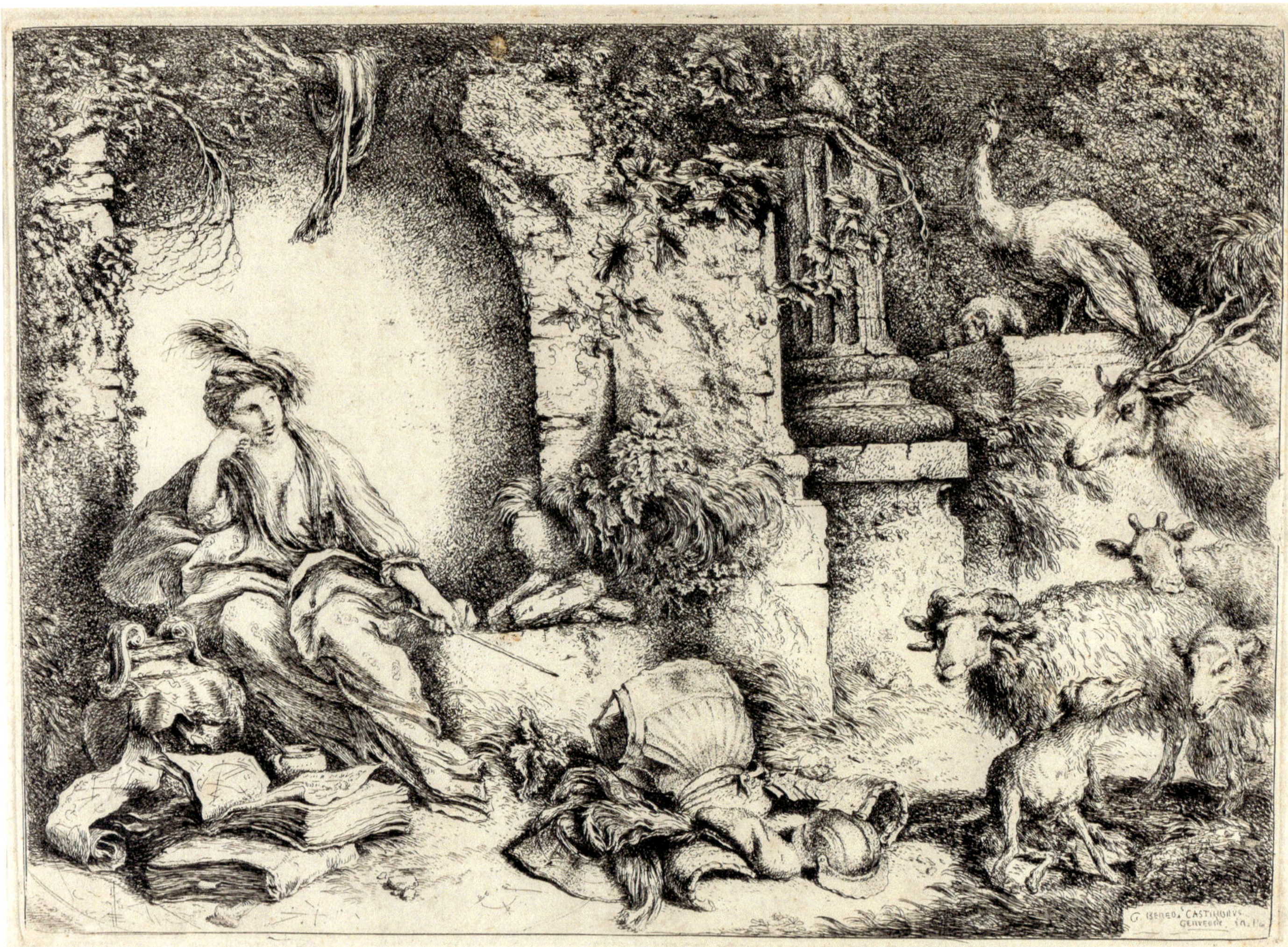

KAT. 111

GIOVANNI BENEDETTO CASTIGLIONE

Circe, 1650–51

Radierung, 292 × 387 mm (Blatt), 215 × 305 mm (Platte)

TIB 4602.022, L. 6092, Inv.-Nr. GS 11809

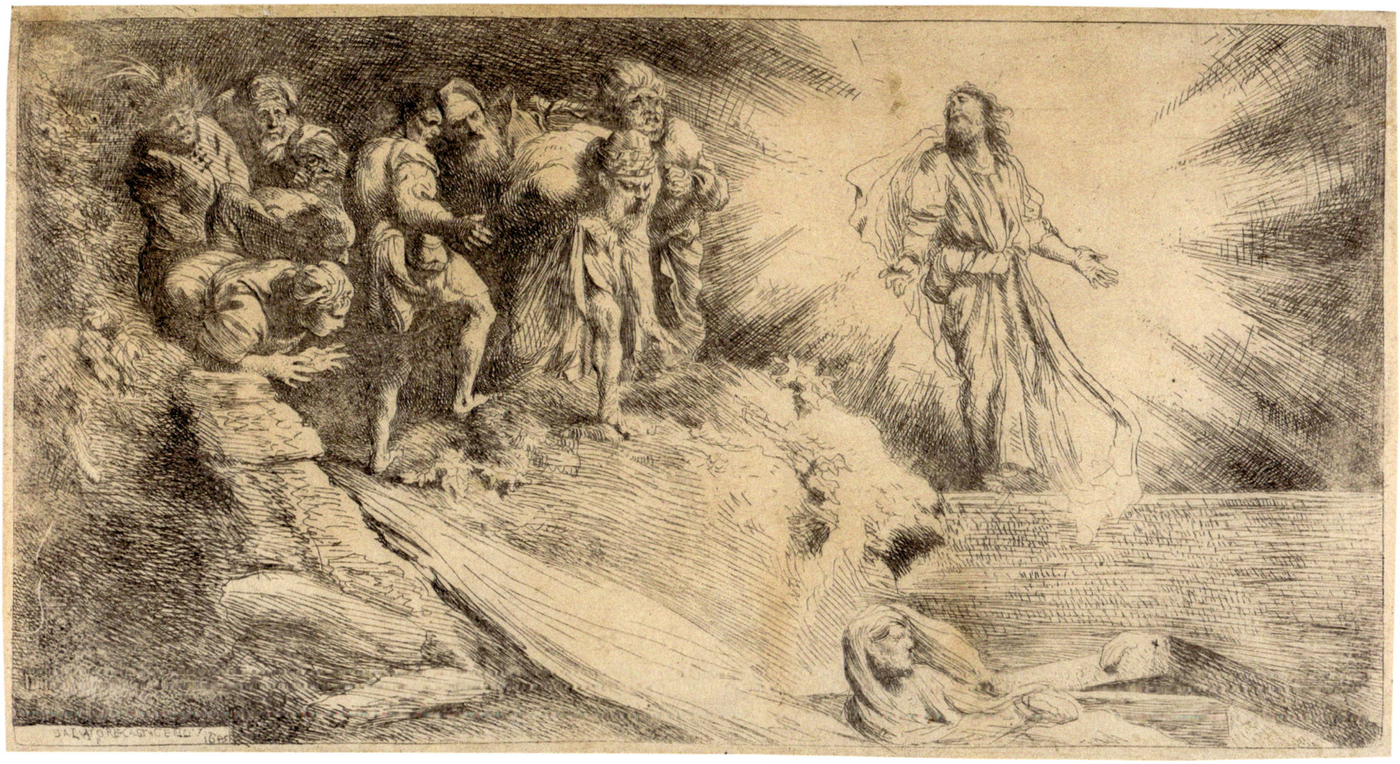

KAT. 112

SALVATORE CASTIGLIONE

Die Auferweckung des Lazarus, 1645

Radierung, 112 × 213 mm (Blatt/Platte)

TIB 4603.001, L. 6092, Inv.-Nr. GS 11831

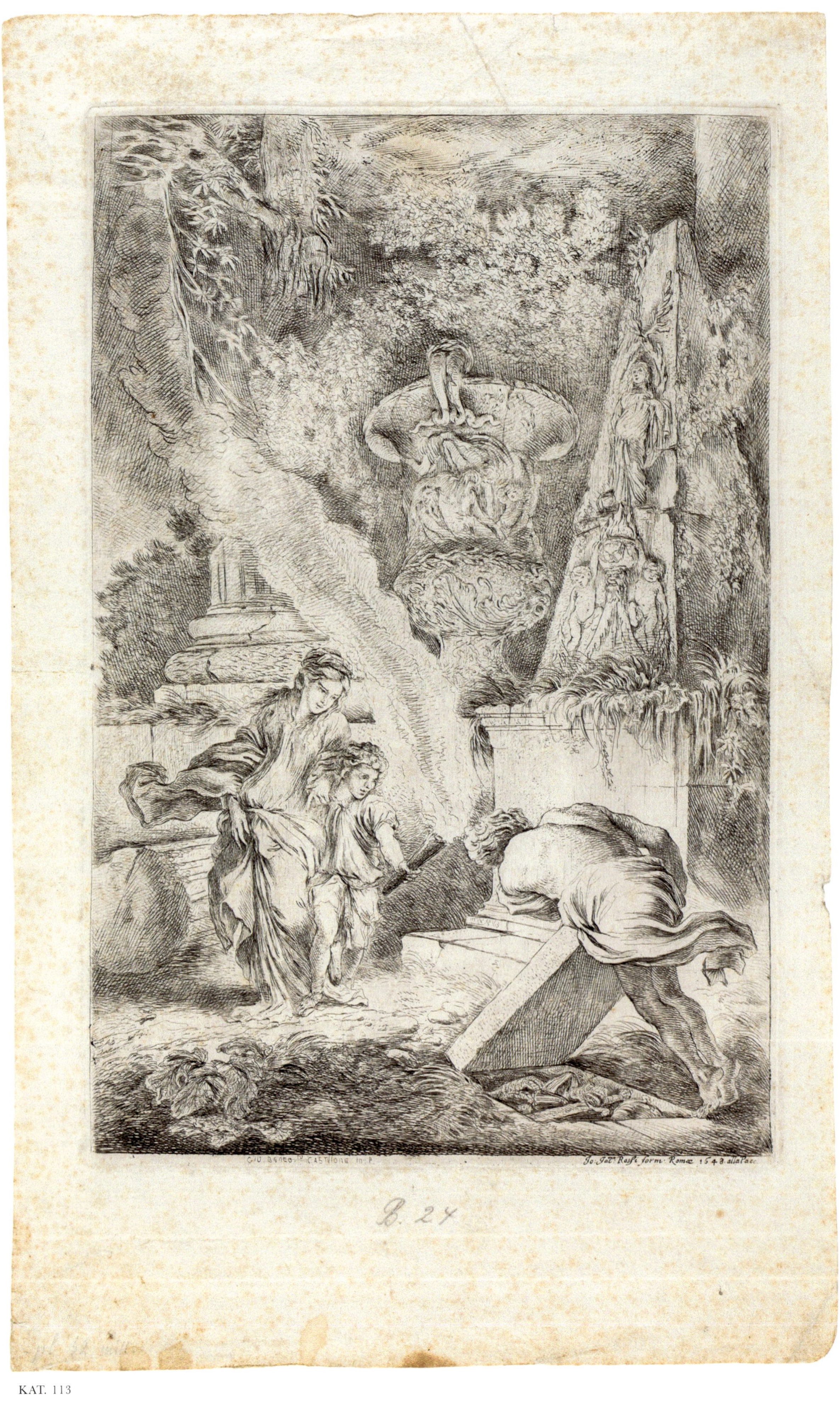
GIO. BENED.TO CASTIGLIONE in. F.
Jo: Iac.o Rossi form. Romæ 1648. alla Pace
B. 24

KAT. 113

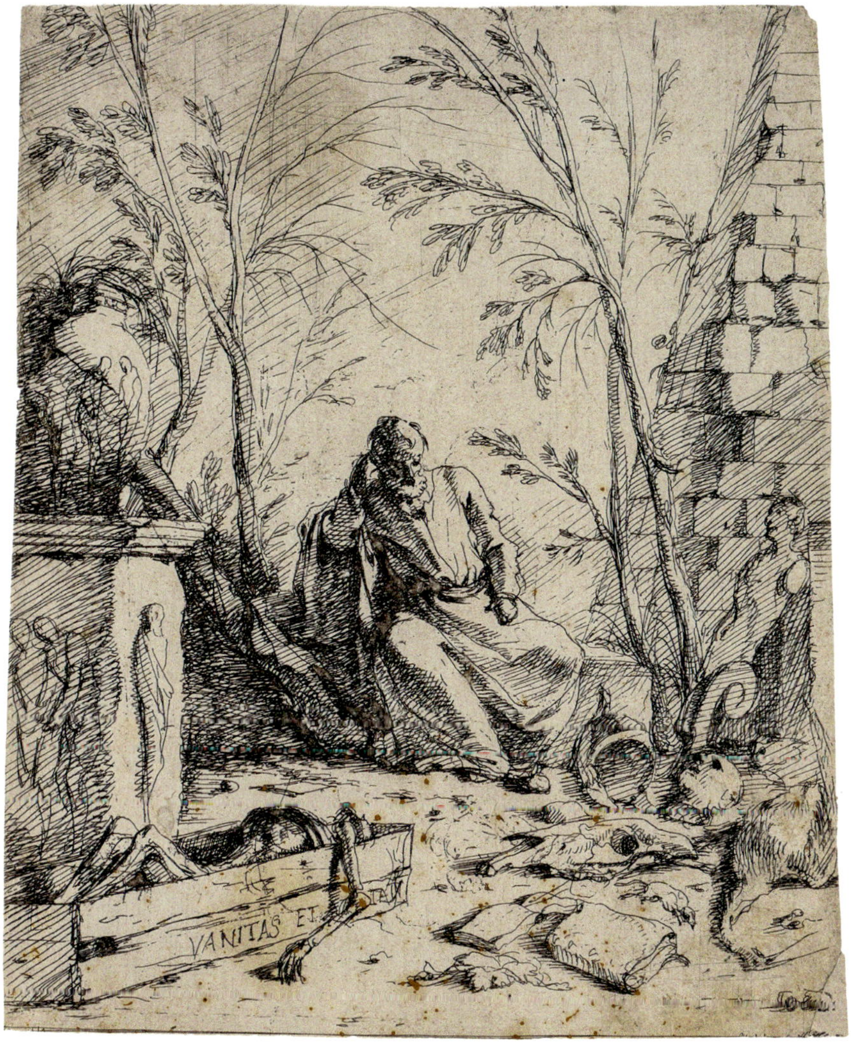

KAT. 114

JOHANN HEINRICH SCHÖNFELD (nach Salvator Rosa)
Der Philosoph Demokrit (Vanitas Et…), 1654
Radierung, 155 × 131 mm (Blatt/Platte)
Hollstein 17, Nagler 18, L. 6092, Inv.-Nr. GS 11874

LINKE SEITE GIOVANNI BENEDETTO CASTIGLIONE
Theseus findet die Waffen seines Vaters, um 1645
Radierung und Kupferstich (III. Zustand später Nachdruck), 388 × 245 mm (Blatt), 305 × 205 mm (Platte)
TIB 4602.024, L. 6092, Inv.-Nr. GS 11811

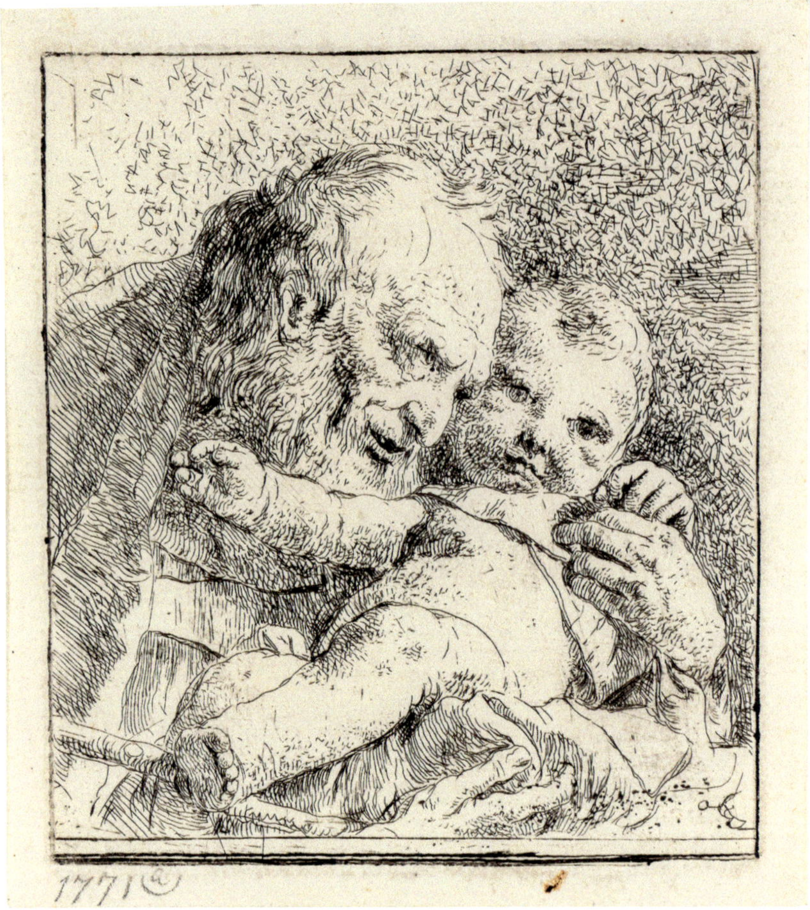

KAT. 118

GIOVANNI BATTISTA TIEPOLO
Der hl. Joseph mit dem Christuskind, 1741–45
Radierung (I. Zustand), 108 × 100 mm (Blatt), 96 × 88 mm (Platte)
Rizzi 28, L. 345, L. 6092, Inv.-Nr. GS 2020/35

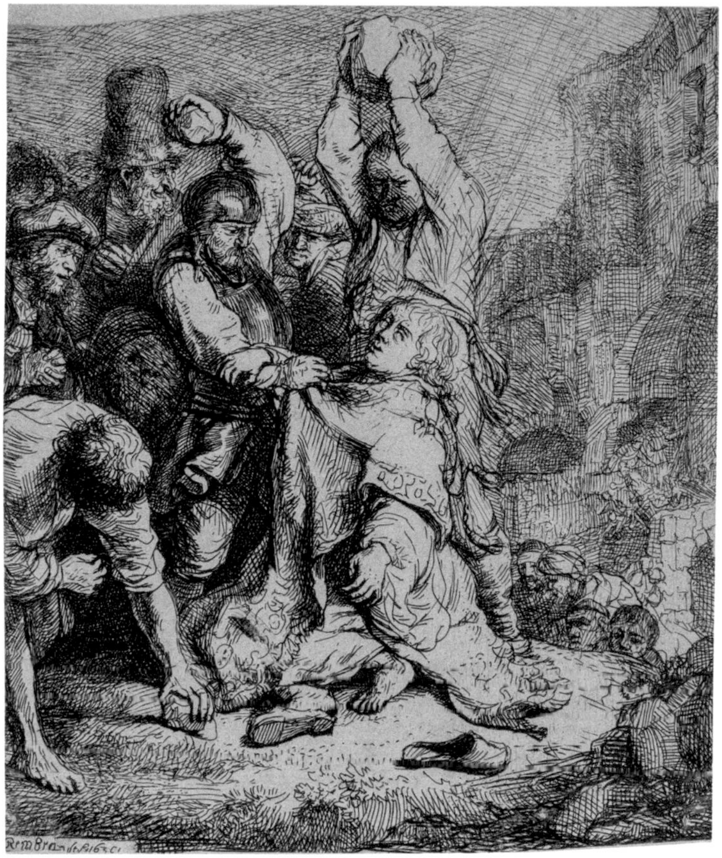

KAT. 119

REMBRANDT VAN RIJN

Die Steinigung des hl. Stephanus, 1635

Radierung (III. Zustand [?]), 94 × 81 mm (Blatt/Platte beschnitten)

Bartsch 97, New Hollstein 140, L. 1777b, Inv.-Nr. GS D 0/589

BIBLIOGRAPHIE

ALLGEMEINE LITERATUR

BALDINUCCI 1681
Filippo Baldinucci, *Vocabolario Toscano dell'Arte del Disegno*, Florenz 1681

BALDINUCCI 1686
Filippo Baldinucci, *Cominciamento e Progresso Dell'Arte Dell'Intagliare in Rame. Colle Vite. All'Illustrissimo Sig. Abate Marucelli in Firenze*, Florenz 1686

BALDINUCCI 1846
Filippo Baldinucci, *Notizie dei Professori del Disegno da Cimabue in qua. Con nuove annotazioni e supplementi per cura di F. Ranalli*, Bd. IV, Florenz 1846

BATTAGLIA 1962
Filippo Battaglia, *Grande Dizionario della Lingua Italiana*, Bd. II, Turin 1962

BAUDELAIRE 1885
Charles Baudelaire, *Peintres et Aqua-Fortistes*, in: *L'Art romantique* (*Œuvres complètes de Charles Baudelaire*, Bd. III), hg. von Calmann Lévy, 1885, S. 115–122

BERGER [1901] 1973
Ernst Berger, *Quellen für Maltechnik während der Renaissance und deren Folgezeit (XVI.–XVIII. Jahrhundert) in Italien, Spanien, den Niederlanden, Deutschland, Frankreich und England, nebst dem De Mayerne Manuskript* [München 1901], Nachdruck Walluf bei Wiesbaden 1973

BIRINGUCCIO [1540] 1959
Vannoccio Biringuccio, *The Pirotechnia of Vannoccio Biringuccio. The Classic Sixteenth-Century Treatise on Metals and Metallurgy*, übers. und hg. von Cyril Stanley Smith und Martha Teach Gnudi, [Venedig 1540], New York 1959

BERTELLI 1977
Carlo Bertelli, *L'Altra Metà della Stampa*, in: *Grafica, grafica* 1–4, 1977, S. 50–57

BEYER 2021
Jonas Beyer, *Wechselbeziehungen. Das Verhältnis von Radierung und Monotypie im Werk Castigliones*, in: Zürich 2021, S. 23–33

BÖRCKEL 1890
Alfred Börckel, *Mainzer Geschichtsbilder. Skizzen denkwürdiger Personen und Ereignisse. Von 1816 bis zur Gegenwart*, Mainz 1890

BONNEFOIT 1994
Regine Bonnefoit, *Stefano della Bella*, in: *Allgemeines Künstlerlexikon*, Bd. 8, München/Leipzig 1994, S. 424–426

BOSCH VAN ROSENTHAL 1995
Johan Bosch van Rosenthal, *Adriaen van Ostade's etched Copper Plates: The Property of the Heirs of the Late E. H. Kok*, Auktionskat., Christie's Amsterdam, 13. November 1995

BOSSE 1645
Abraham Bosse, *TRAICTÉ DES MANIERES DE GRAVER EN TAILLE DOVCE SVR L'AIRIN. Par le Moyen des Eaux Fortes, & des Vernix Durs & Mols. Ensemble de la façon d'en Imprimer les Planches & d'en Construire la Presse, & autres choses concernans lesdits Arts*, Paris 1645

BOSSE [1645] 1652
Abraham Bosse, *Kunstbüchlein handelt von der Radier- und Etzkunst/ Wie man nemlich mit Scheidwasser in Kupffer etzen/das Scheid- oder Etzwasser/ wie auch den harten und weichen Etzgrund machen solle/ beneben kurtzer Beschreibung/ wie man die Kupffer-Platten abdrucken/ die Truckerpreße machen/ und was sonsten bey dieser Kunst nöthig zu wissen/ in acht nehmen solle*, übers. von Georg-Andreas Böckler, Nürnberg 1652

BOWEN/IMHOF 2005
Karen L. Bowen/Dirk Imhof, *18,257 Impressions from a Plate*, in: *Print Quarterly* 22–3, 2005, S. 265–279

BRACKE/BASSENS 2022
Wouter Bracke/Maarten Bassens, *Koperplaatfragmenten van Gerard de Jode's kaart van Hongarije (1567) in der Koninklijke Bibliotheek van België*, in: Paula van Gestel-Van het Schip (Hg.), *Atlas Amicorum Peter van der Krogt*, Leiden/Boston 2022, S. 284–288

BROWNE 1669
Alexander Browne, *Ars Pictoria: or an Academy. Treating of Drawing, Limning, Painting and Etching […]*, London 1669

BRUWAERT 1914
Edmond Bruwaert, *Jacques Callot à Florence*, in: *Revue de Paris*, Mai 1914, S. 827–849

BURY 2001
Michael Bury, *The Print in Italy 1550–1620*, London 2001

BYAM SHAW 1963
James Byam Shaw, *A view of Cairo by Stefano della Bella*, in: *Master Drawings* 1–2, 1963, S. 47–48

CHONÉ 1992
Paulette Choné, *Biographie. Chronologie raisonnée*, in: Nancy 1992, S. 59–79

DENARO 1994
Furio Denaro (Hg.), *Domenico Tempesti e i discorsi sopra l'intaglio ed ogni sorte d'intagliare […]*, Florenz 1994

DEPLUVREZ 1992
Jean-Marc Depluvrez, *Breda ou l'art du siège*, in: Nancy 1992, S. 348–362

DIDEROT/D'ALEMBERT 1763
Denis Diderot/Jean Baptiste le Rond d'Alembert (Hgg.), *Encyclopédie, ou Dictionnaire raisonné des sciences, des arts et des métiers. Recueil de Planches, sur les Sciences, les Arts libéraux, et les Arts Méchaniques*, Bd. 3, Paris 1763

EHRLE 1908
Franz Ehrle, *Roma prima di Sisto V: la pianta di Roma du Pérac-Lafréry del 1577 riprodotta dall'esemplare esistente nel Museo Britannico*, Rom 1908

FOCILLON 1969
Henri Focillon, *Maîtres de L'Estampe*, Paris 1969

FOCILLON 1989
Henri Focillon, *The Life of Forms in Art*, New York 1989

FORTUNATI 2022
Vera Fortunati, *Lavinia Fontana al lavoro nella bottega del padre: un insolito, piccolo rame*, in: Lorenza Melli et al. (Hgg.), *„Aver disegno". Studi per Anna Forlani Tempesti*, Florenz 2022, S. 108–111

FRIEDLÄNDER 1921
Max J. Friedländer, *Die Radierung*, Berlin 1921

GRELLE IUSCO 2004
Anna Grelle Iusco, *Utilizzazione intensiva delle lastre*, in: Anna Grelle Iusco/Giuseppe Trassari Filippetto (Hgg.), *Matrici incise dal '500 al '900. Da strumento di produzione a bene storico artistico*, Rom 2004, S. 52–58

BIBLIOGRAPHIE

HELAS 2020
Philine Helas, *Krank, alt, blind. Zur Darstellung des Bettlers in der italienischen Malerei zwischen dem 14. und 18. Jahrhundert*, in: *Frühneuzeit-Info* 31, 2020, S. 29–53

HEUER 2007
Christopher P. Heuer, *A Copperplate for Hieronymus Cock*, in: *The Burlington Magazine* 149–1247, 2007, S. 96–99

HIND 1938
Arthur Mayger Hind, *Early Italian Engraving. A Critical Catalogue with Complete Reproduction of All the Prints Described*, Bd. 1, Vol. 1, New York/London 1938

HINTERDING 1993/94
Erik Hinterding, *The History of Rembrandt's Copperplates, with a Catalogue of Those That Survive*, in: *Simiolus: Netherlands Quarterly for the History of Art* 22–4, 1993/94, S. 253–315

HOFFMANN [1808/15] 2016
Ernst Theodor Wilhelm (E.T.A.) Hoffmann, *Fantasiestücke in Callots Manier. Blätter aus dem Tagebuche eines reisenden Enthusiasten*, hg. von Karl-Maria Guth, Berlin [1808/15] 2016

HOROVITZ 1998
Isabel Horovitz, *The Materials and Techniques of European Paintings on Copper Support*, in: Phoenix/Kansas City/Den Haag 1998, S. 63–92

ILG 2003
Ulrike Ilg, *Stefano della Bella and Melchior Lorck: the Practical Use of an Artists' Model Book*, in: *Master Drawings* 41–1, 2003, S. 30–43

JAFFÉ 1966
Michael Jaffé, *Van Dyck's Antwerp Sketchbook*, 2 Bde., London 1966

JANSSEN ET AL. 2010
Frans A. Janssen et al., *Adriaan Schoonebeek's Etching Manual (1698): Edition, Translation, Commentary*, in: *Quaerendo* 40, 2010, S. 87–165

JENKINS 2019
Catherine Jenkins, *A Painter's Medium: Etching in Verona and Venice*, in: New York/Wien 2019, S. 160–199

KEMP 1979
Wolfgang Kemp, *„Einen wahrhaft bildenden Zeichenunterricht überall einzuführen". Zeichnen und Zeichenunterricht der Laien 1500–1870. Ein Handbuch*, Frankfurt 1979

KOMANECKY/HOROVITZ/EASTAUGH 1998
Michael K. Komanecky/Isabel Horovitz/Nicholas Eastaugh, *Antwerp Artists and the Practice of Painting on Copper*, in: Ashok Roy/Perry Smith (Hgg.), *Painting Techniques. History, Materials and Studio Practice*, London 1998, S. 136–139

LANDAU/PARSHALL 1994
David Landau/Peter Parshall, *The Renaissance Print 1470–1550*, New Haven/London 1994

LEVI 1917/18
Samuel Levi, *Die städtische Kupferstichsammlung*, in: *Mainzer Zeitschrift* 12/13, 1917/18, S. 87–88

LINCOLN 2000
Evelyn Lincoln, *The Invention of the Italian Renaissance Printmaker*, New Haven/London 2000

LUIJTEN 2000
Ger Luijten, *Rembrandt the Printmaker: The Shaping of an Œuvre*, in: Amsterdam/London 2000, S. 11–22

LUMSDEN 1962
Ernest S. Lumsden, *The Art of Etching. A Complete & Fully Illustrated Description of Etching […]*, New York 1962

MACK-ANDRICK 2005
Jessica Mack-Andrick, *Hofkünstler wider Willen? Stefano della Bella zwischen fürstlicher Patronage und freiem Künstlertum*, in: Karlsruhe 2005, S. 29–40

MANFRINI 1977
Monica Manfrini, *Filippo Napoletano e Jacques Callot*, in: *Grafica, grafica* 1–4, 1977, S. 82–87

MARINI 2012
Giorgio Marini, *Stefano Della Bella tra disegno preliminare e traduzione incisoria*, in: Dominique Cordellier/Cordélia Hattori (Hgg.), *Dessiner pour graver, graver pour dessiner. Le dessin dans la révolution de l'estampe*, Bd. 1, Paris 2012, S. 103–113

MARINI 2022
Giorgio Marini, *La lastra come il foglio: intenzionalità e casualità nelle prove di punta dell'incisione su rame*, in: Rom/Paris 2022, S. 91–93

MAROT 1939
Pierre Marot, *Jacques Callot. D'après des documents inédits*, Nancy/Paris/Straßburg 1939

MAROT 1975
Pierre Marot, *Jacques Callot. Sa vie, son travail, ses éditions. Nouvelles recherches*, in: *Gazette des Beaux-Arts* 85, 1975, S. 1–38, 153–174

MAZZETTI DI PIETRALATA 2011
Cecilia Mazzetti di Pietralata, *Joachim von Sandrart (1606–1688). I disegni*, Mailand 2011

MCTIGHE 2020
Sheila McTighe, *Jacques Callot's Capricci di varie figure (1617): The Allusive Imagery of the Everyday, Represented 'from Life' and Emulating a Text*, in: Dies., *Representing from Life in Seventeenth-century Italy*, Amsterdam 2020

MEAUME 1860
Edouard Meaume, *Recherches sur la vie et les ouvrages de Jacques Callot*, Nancy 1860

MERRIFIELD [1849] 1967
Mary P. Merrifield, *Original Treatises Dating from the XIIth to XVIIIth Centuries on the Arts of Painting […]*, Nachdruck [London 1849], New York 1967

NICHOLS 2007
Tom Nichols, *The Art of Poverty. Irony and Ideal in Sixteenth-Century Beggar Imagery*, Manchester/New York 2007

ORENSTEIN 1992
Nadine Monica Orenstein, *Hendrik Hondius and the Business of Prints*, PhD-Thesis, New York University 1992

BIBLIOGRAPHIE

ORENSTEIN 2016
Nadine Monica Orenstein, *Segers and Rembrandt: Experiment and Influence*, in: Amsterdam/New York 2016, S. 98–109

OSIECKA-SAMSONOWICZ 2014
Hanna Osiecka-Samsonowicz, *Cerimonie e Feste Polacche nella Roma Barocca 1587–1696*, Rom 2014

PAPIRO 2009
Martina Papiro, *Vom Schauraum zur Bildtafel: die druckgraphische Inszenierung der Florentiner Festopern „La Flora" 1628 und „Le nozze degli dei" 1637*, in: *Basler Jahrbuch für historische Musikpraxis: eine Veröffentlichung der Schola Cantorum Basiliensis, Lehr- und Forschungsinstitut für Alte Musik an der Musik-Akademie der Stadt Basel* 33, 2009, 133–158

PAPIRO 2016
Martina Papiro, *Choreographie der Herrschaft: Stefano della Bellas Radierungen zu den Reiterfesten am Florentiner Hof 1637–1661*, Paderborn 2016

PENNINGTON 1982
Richard Pennington, *A Descriptive Catalogue of the Etched Work of Wenceslaus Hollar 1607–1677*, Cambridge 1982

PRÉAUD 1980
Maxime Préaud, *Inventaire du fonds français*, Bd. 8–I (*Graveurs du XVIIe siècle, Sébastien Leclerc*), Paris 1980

RIPA 1603
Cesare Ripa, *Iconologia overo Descrittione di diverse imagini cavate dall'antichità e di propria inventione*, Rom 1603

RUTGERS 2007
Jaco Rutgers, *De reis van Stefano della Bella (1610–1664) naar Holland*, in: *Incontri* 22–2, 2007, S. 131–138

SCHÄFER 2005
Dorit Schäfer, *Stefano della Bella. Ein Meister der Barockradierung*, in: Karlsruhe 2005, S. 15–26

SCHÄFER UND ALTSCHÄFER 2009
Bernd Schäfer und Martina AltSchäfer, *Mezzotinto – die Entwicklung der Technik von den Anfängen bis zur Gegenwart*, in: Mainz/Albstadt 2009, S. 49–90

SCHIRO 2014
Joseph Schiro, *The Discovery of a Rare Matteo Perez d'Aleccio Copperplate of the Great Siege of Malta*, in: *A Timeless Gentleman. Festschrift in Honour of Maurice de Giorgio*, Malta 2014, S. 169–180

SCHMIDT 1967
Johann Karl Schmidt, *Zu Vignolas Palazzo Bocchi in Bologna*, in: *Mitteilungen des Kunsthistorischen Institutes in Florenz* 13–1/2, 1967, S. 83–94

SGAMMINI 2004
Alessandra Sgammini, *Appendice: Marchi di fabbrica sui rovesci delle matrici incise dell'Istituto Nazionale per la Grafica*, in: Anna Grelle Iusco (Hg.), *La Calcoteca dell'Istituto Nazionale per la Grafica con un excursus sulla raccolta di matrici incise*, Rom 2004, S. 133–146

SLATKES 1998
Leonard J. Slatkes, *A Contribution to the Editions, Plates and Most Significant Copies of the Etchings of Adriaen van Ostade*, in: Peter van der Coelen (Hg.), *Everyday Life in Holland's Golden Age. The Complete Etchings of Adriaen van Ostade*, Amsterdam 1998, S. 55–60

SORS 2014
Anne-Katrin Sors, *Die Englische Manier. Technik – Geschichte – Provenienzen*, in: Göttingen 2014, S. 14–35

STIJNMAN 2004
Ad Stijnman, *Historische Übertragungstechniken für Tiefdruck: Von der Vorzeichnung zur Druckplatte*, in: *Beiträge zur Erhaltung von Kunst- und Kulturgut [VdR]* 2–2, 2004, S. 48–60

STIJNMAN 2012
Ad Stijnman, *Engraving and Etching 1400–2000. A History of the Development of Manual Intaglio Printmaking Processes*, Houten 2012

STIJNMAN 2016
Ad Stijnman, *Hercules Segers's Printmaking Techniques*, in: Amsterdam/New York 2016, S. 74–89

STIJNMAN 2017
Ad Stijnman, *Johannes Teyler and Dutch Colour Prints (The New Hollstein Dutch & Flemish Etchings, Engravings and Woodcuts 1450–1700)*, 4 Bde., hg. von Simon Turner, Ouderkerk aan den IJssel 2017

STIJNMAN/UPPER 2014
Ad Stijnman/Elizabeth Upper, *Color Prints before Erhard Ratdolt: Engraved Paper Instruments in Lazarus Beham's „Buch von der Astronomie" (Cologne: Nicolaus Götz, c. 1476)*, in: *Gutenberg-Jahrbuch* 89, 2014, S. 86–105

SUDECK 1931
Elisabeth Sudeck, *Bettlerdarstellungen vom Ende des XV. Jahrhunderts bis zu Rembrandt*, Straßburg 1931

TALBIERSKA 2001
Jolanta Talbierska, *Stefano della Bella (1610–1664). Etchings from the Collection of the Print Room of the Warsaw University Library*, Warschau 2001

TERNOIS 1962a
Daniel Ternois, *L'art de Jacques Callot*, Paris 1962

TERNOIS 1962b/1999
Daniel Ternois, *Jacques Callot. Catalogue complet de son œuvre dessiné*, 2 Bde. (Bd. 2 Supplement), Paris 1962/1999

TERNOIS 1993
Daniel Ternois (Hg.), *Jacques Callot (1592–1635). Actes du colloque organisé par le Service culturel du Musée du Louvre et la ville de Nancy à Paris et à Nancy les 25, 26 et 27 juin 1992*, Paris 1993

TRASSARI FILIPETTO 1992
Giuseppe Trassari Filipetto, *Itinerario tecnico di Callot incisore al „taglio dolce"*, in: Rom/Pisa/Neapel 1992, S. 51–68

WADUM 1998
Jørgen Wadum, *Antwerp Copper Plates*, in: Phoenix/Kansas City/Den Haag 1998, S. 93–116

BIBLIOGRAPHIE

WELSH REED 1993
Sue Welsh Reed, *Après Bellange et Callot. La diffusion du maniérisme lorrain chez les graveurs français du XVIIe siècle*, in: Ternois 1993, S. 511–520

WELSH REED/WALLACE 1989
Sue Welsh Reed/Richard Wallace (Hgg.), *Italian Etchers of the Renaissance & Baroque*, Boston 1989

WESTERMANN 1998
Ekkehard Westermann, *Copper Production, Trade and Use in Europe from the End of the Fifteenth Century to the End of the Eighteenth Century*, in: Phoenix/Kansas City/Den Haag 1998, S. 117–130

WOLFTHAL 1977
Diane Wolfthal, *Jacques Callot's Miseries of War*, in: *The Art Bulletin* 59, 1977, S. 222–233

WOLFTHAL 2013
Diane Wolfthal, *Paupers*, in: Houston 2013, S. 26–36

VAN DER COELEN/LEESBERG 2021
Peter van der Coelen/Marjolein Leesberg, *The De Jode Dynasty: additions to the work of Gerard de Jode, Pieter de Jode I, and Pieter de Jode II*, in: *Delineavit et Sculpsit* 49, 2021, S. 36–57

VASARI 1966–87
Giorgio Vasari, *Le vite de' più eccellenti pittori scultori et architettori nelle redazioni del 1550 e 1568*, 11 Bde., hg. von Rosanna Bettarini und Paola Barocchi, Florenz 1966–87

DE VESME 1906
Alexandre de Vesme, *Le peintre-graveur italien. Ouvrage faisant suite au Peintre-Graveur de Bartsch*, Mailand 1906

VIATTE/VITZTHUM 1970
Françoise Viatte/Walter Vitzthum, *Stefano della Bella nel Levante*, in: *Arte illustrata* 34/35, 1970, S. 66–73

ZONCA 1607
Vittorio Zonca, *Novo Teatro di Machine et Edificii per uarie et sicure operationi […]*, Padua 1607

ZURAWSKI 1988
Simone Zurawski, *New Sources for Jacques Callot's Map of the Siege of Breda*, in: *The Art Bulletin* 70, 1988, S. 621–663

AUSSTELLUNGS- UND BESTANDSKATALOGE

AMSTERDAM/LONDON 2000
Rembrandt the Printmaker, AK (Amsterdam, Rijksmuseum, 2000/London, British Museum, 2001), hg. von Erik Hinterding, Ger Luijten und Martin Royalton-Kisch, Amsterdam 2000

AMSTERDAM/NEW YORK 2016
Hercules Segers. Painter Etcher, AK (Amsterdam, Rijksmuseum, 2016–17/New York, The Metropolitan Museum, 2017), 2 Bde., hg. von Huigen Leeflang und Pieter Roelofs, Amsterdam 2016

BOSTON 1981
Printmaking in the Age of Rembrandt, AK (Boston, Museum of Fine Arts, 1981), hg. von Clifford S. Ackley, Boston (MA) 1981

BREMEN 2008
Mit der schnellen Nadel gezeichnet. Experiment Radierung im Jahrhundert Dürers, AK (Bremen, Kunsthalle Bremen, 2008), 2 Bde., hg. von Anne Röver-Kann, Bremen 2008

FLORENZ 1973
Mostra di Incisioni di Stefano della Bella, AK (Florenz, Gabinetto disegni e stampe degli Uffizi, 1973), hg. von Anna Forlani Tempesti, Florenz 1973

FLORENZ 2010
Stefano della Bella (1610–1664). Disegni della Biblioteca Marucelliana di Firenze, AK (Florenz, Biblioteca Marucelliana, 2010–11), hg. von Anna Forlani Tempesti, Florenz 2010

GÖTTINGEN 2014
Die Englische Manier. Mezzotinto als Medium druckgrafischer Reproduktion und Innovation, AK (Göttingen, Universitätssammlungen), hg. von Anne-Katrin Sors, Göttingen 2014

HAMBURG 2009
Stefano della Bella (1610–1664). Zeichnungen aus dem Kupferstichkabinett der Hamburger Kunsthalle, Kat. (Hamburg, Hamburger Kunsthalle), hg. und bearb. von David Klemm, Köln/Weimar/Wien 2009

HAMBURG 2013
Von der Schönheit der Linie. Stefano della Bella als Zeichner, AK (Hamburg, Hamburger Kunsthalle, 2013), hg. von David Klemm, Andreas Stolzenburg und Sabina Angela Zorn, Petersberg 2013

HOUSTON 2013
Princes and Paupers. The Art of Jacques Callot, AK (Houston, Museum of Fine Arts, 2013), hg. von Dena M. Woodall und Diane Wolfthal, New Haven/London 2013

KARLSRUHE 2005
Stefano della Bella. Ein Meister der Barockradierung, AK (Karlsruhe, Staatliche Kunsthalle Karlsruhe, 2005), Karlsruhe 2005

KÖLN/ZÜRICH/WIEN 1996
Das Capriccio als Kunstprinzip. Zur Vorgeschichte der Moderne von Arcimboldo und Callot bis zu Tiepolo und Goya. Malerei – Zeichnung – Graphik, AK (Köln, Wallraf-Richartz-Museum, 1996–97/Zürich, Kunsthaus Zürich, 1997/Wien, Kunsthistorisches Museum, 1997), hg. von Ekkehard Mai, Mailand 1996

BIBLIOGRAPHIE

MAINZ 1979
Schätze aus dem Graphischen Kabinett, AK (Mainz, Mittelrheinisches Landesmuseum, 1979), bearb. von Norbert Suhr, Mainz 1979

MAINZ 1995
Vor hundert Jahren. Die Gründung des Kupferstichkabinetts 1895, AK (Mainz, Landesmuseum Mainz, 1995–96), hg. und bearb. von Norbert Suhr, Frankfurt am Main 1995

MAINZ 2002
Italienische Druckgraphik des Barock, AK (Mainz, Landesmuseum Mainz, 2002), hg. und bearb. von Norbert Suhr, Mainz 2002

MAINZ 2014
Französische Graphik des Barocks und Rokokos, AK (Mainz, Landesmuseum Mainz, 2002), hg. und bearb. von Norbert Suhr, Mainz 2014

MAINZ/ALBSTADT 2009
„Die also genannte Schwarze Kunst in Kupfer zu arbeiten". Techniken und Entwicklung des Mezzotintos, AK (Mainz, Gutenberg-Museum und Landesmuseum Mainz – GDKE, 2009/Albstadt, Galerie, Städtische Kunstsammlungen, 2010), hg. von Eva-Maria Hanebutt-Benz und Isabella Fehle, Berlin/München 2009

MÜNCHEN/BERLIN 1986
Meister E.S. Ein Oberrheinischer Kupferstecher der Spätgotik, AK (München, Staatliche Graphische Sammlung München, 1986–87/Berlin, Kupferstichkabinett, 1987), bearb. von Holm Bevers, München 1986

NANCY 1992
Jacques Callot 1592–1635, AK (Nancy, Musée Historique Lorrain), hg. von Paulette Choné und Daniel Ternois, Paris 1992

NEW YORK 2011
Drawing and its Double. Selections from the Istituto Nazionale per la Grafica, AK (New York, The Drawing Center, 2011), hg. von Brett Littman, Ginevra Mariani und Antonella Renzitti, New York 2011

NEW YORK/WIEN 2019
The Renaissance of Etching, AK (New York, The Metropolitan Museum of Art, 2019–20/Wien, Albertina, 2020), hg. von Catherine Jenkins, Nadine M. Orenstein und Freyda Spira, New Haven/London 2019

PHILADELPHIA/SARASOTA/NORTHAMPTON 2006
The Early Modern Painter-Etcher, AK (Philadelphia, University of Pennsylvania, Arthur Ross Gallery, 2006/Sarasota, John and Mable Ringling Museum of Art, 2006/Northampton, Smith College Museum of Art, 2006), hg. von Michael Cole, University Park (PA) 2006

PHOENIX/KANSAS CITY/DEN HAAG 1998
Copper as Canvas. Two Centuries of Masterpiece Paintings on Copper, 1575–1775, AK (Phoenix, Art Museum, 1998/Kansas City, The Nelson-Atkins Museum, 1999/Den Haag, Mauritshuis, 1999), hg. von Michael K. Komanecky, New York/Oxford 1998

ROM/PARIS 2022
Scarabocchio. Da Leonardo da Vinci a Cy Twombly, AK (Rom, Villa Medici, 2022/Paris, Beaux-Arts de Paris, 2023), hg. von Francesca Alberti und Diane H. Bodart, Rom 2022

ROM/PISA/NEAPEL 1992
Le incisioni di Jacques Callot nelle collezioni italiane, AK (Rom, Istituto Centrale per la Grafica, Calcografia nazionale, 1992/Pisa, Museo Nazionale di San Matteo, 1992/Neapel, Istituto Italiano per gli Studi Filosofici, 1992), Mailand 1992

WASHINGTON D.C. 2021
Aquatint. From its Origins to Goya, AK (Washington D.C., National Gallery of Art, 2021–22), hg. von Rena M. Hoisington, Princeton 2021

ZÜRICH 2021
Barockes Feuer. Die Grafik des Giovanni Benedetto Castiglione, AK (Zürich, Kunsthaus Zürich, 2021–22), hg. von Jonas Beyer und Timothy J. Standring, Dresden 2021

BIBLIOGRAPHIE

FINDBÜCHER UND WERKVERZEICHNISSE

BLUM
André Blum, *L'œuvre gravé d'Abraham Bosse*, Paris 1924

CROPPER
Pietro Testa 1612–1650. Prints and Drawings, AK (Philadelphia, Museum of Art, 1988/Cambridge, Harvard, Arthur M. Sackler Museum, 1989), hg. von Elizabeth Cropper, Aldershot 1988

GERSAINT 1751
Edmé-François Gersaint, *Catalogue raisonnée de toutes les pièces qui forment l'œuvre de Rembrandt, composé par feu M. Gersaint & mis au jour, avec les Augmentations nécessaires par les Sieurs Helle & Glomy*, Paris 1751

HOLLSTEIN
Dutch and Flemish
Friedrich Wilhelm Heinrich Hollstein (Hg.), *Dutch and Flemish Engravings, Etchings, and Woodcuts ca. 1450–1700*, 72 Bde., Amsterdam/Rotterdam 1949–2010

HOLLSTEIN
German
Friedrich Wilhelm Heinrich Hollstein (Hg.), *German Engravings, Etchings, and Woodcuts ca. 1400–1700*, Bd. 1ff., Ouderkerk aan den IJssel et al. 1954ff.

JOMBERT 1772
Charles-Antoine Jombert, *Essai d'un catalogue de l'œuvre d'Etienne de la Belle, peintre et graveur florentin […]*, Paris 1772

L.
Fritz Lugt et al., *Les Marques de collections de dessins & d'estampes*, digitale Edition (http://www.marquesdecollections.fr/), 1921ff.

LIEURE 1924–29
Jules Lieure, *Jacques Callot*, Bd. I.I–II.IV, Paris 1924–1929

LIEURE 1969
Jules Lieure, *Jacques Callot*, Neuauflage, Bd. I–VIII, New York [1924–1929] 1969

LIEURE 1989
Jules Lieure, *Jacques Callot. Catalogue raisonnée de l'œuvre gravé*, 2., erweiterte Auflage, 2 Bde., San Francisco 1989

MONTAIGLON
Anatole de Montaiglon, *Catalogue raisonnée de l'œuvre de Claude Mellan d'Abbeville*, Abbeville 1856

NEW HOLLSTEIN
Dutch and Flemish
New Hollstein Dutch and Flemish Engravings, Etchings, and Woodcuts 1450–1700, Bd. Iff., Rotterdam 1993ff.

RIZZI
Aldo Rizzi, *L'opera grafica dei Tiepolo. Le acqueforti*, Mailand 1971

ROBERT-DUMESNIL
Alexandre Pierre François Robert-Dumesnil, *Le Peintre-graveur français: ou catalogue raisonnée des estampes gravées par les peintres et les dessinateurs de l'école française*, 11 Bde., Nachdruck Paris [1835–1871] 1967

TIB
The Illustrated Bartsch, begr. und anfänglich hg. von Walter L. Strauss, New York 1978ff.

DE VESME/MASSAR
Alexandre de Vesme/Phyllis Dearborn Massar, *Stefano della Bella. Catalogue Raisonné*, 2 Bde., New York 1971

INDEX

DANK

Krystle Attard Trevisan, Maarten Bassens, Anna Bianco, Stuart Denenberg, Stephanie Dickey, Bastian Eclercy, Sören Fischer, Gernot Frankhäuser, Peter Fuhring, Jamie Gabbarelli, Antoine Gallay, Joris van Grieken, Mechthild Haas, Daan van Heesch, Christian von Heusinger (†), Monika von Heusinger (†), Suzanne Karr Schmidt, David Klemm, Dagmar Korbacher, Marvin Menné, Dorothea Müller, Jonathan den Otter, Susanne Pollack, Giovanna Residori, Ulla Reske, Hole Rößler, Elizabeth Savage, Giovanna Scaloni, Anna Schütz, Vanessa Selbach, Norbert Suhr, Frank Teske, Simon Turner, Veronika Weingärtner, Kurt Zeitler

BILDNACHWEIS

EINFÜHRUNG ARESIN
Abb. 1 bpk / Herzog Anton Ulrich-Museum, Braunschweig

BEITRAG STIJNMAN
Abb. 1–5, 8–12 Rijksmuseum, Rijksprentenkabinet, Amsterdam
Abb. 6 bpk / Herzog Anton Ulrich-Museum, Braunschweig
Abb. 7 Ville de Nancy, P. Buren
Abb. 13 The Fitzwilliam Museum, Cambridge

BEITRAG HEISTERBERG
Abb. 1 bpk / Staatliche Museen zu Berlin, Kupferstichkabinett, Photo: Dietmar Katz
Abb. 2 Staatliche Museen zu Berlin, Kupferstichkabinett, Photo: Jörg P. Anders
Abb. 3–8, 11–12 Musée du Louvre, Dist. RMN-Grand Palais, Paris, Photo: Philippe Fuzeau
Abb. 9–10 National Gallery of Art, Washington D.C., CC0

BEITRAG MORÉT
Abb. 1 Kunsthalle Bremen – Der Kunstverein in Bremen, Photo: Die Kulturgutscanner
Abb. 2 Su concessione del Ministero della cultura, Italia
Abb. 3, 6 The Metropolitan Museum, New York, CC0
Abb. 5 Museumslandschaft Hessen Kassel
Abb. 4, 7–11 The Trustees of the British Museum, London, CC BY-NC-SA 4.0
Abb. 12 National Gallery of Art, Washington D.C., CC0

BEITRAG ARESIN
Abb. 1 Bibliothèque nationale de France, Paris
Abb. 2 The Hammer Museum, Los Angeles, UCLA
Abb. 3 Kunsthalle Bremen – Der Kunstverein in Bremen, Photo: Die Kulturgutscanner
Abb. 4 Bayerische Staatsbibliothek, München
Abb. 5, 6 Istituto Centrale per la Grafica, Su concessione del Ministero della cultura
Abb. 7 KBR, Belgien
Abb. 8 Wallraf-Richartz-Museum & Fondation Corboud, Köln
Abb. 9 Fondazione Museo Miniscalchi-Erizzo, Verona
Abb. 10 National Gallery of Art, Washington D.C.
Abb. 11 Hamburger Kunsthalle, Photo: Christoph Irrgang

Sämtliche Katalogabbildungen:
GDKE – Landesmuseum Mainz, Photo: Astrid Garth

Außer:
Kat. 1, 621 Staatliche Graphische Sammlung München
Kat. 15, 21, 33, 34, 59, 60, 72, 891 Hessisches Landesmuseum Darmstadt
Kat. 93, 1101 Kunstpalast, Düsseldorf – ARTOTHEK
Kat. 781 Kunstpalast, Düsseldorf – LVR-ZMB, Joshua Esthers – ARTOTHEK
Kat. 41, 44, 1091 Museum Pfalzgalerie Kaiserslautern, Photo: Tilman Holly/Andreas Kusch
Kat. 2, 4, 23–261 Gutenberg-Museum Mainz, Photo: Astrid Garth

DIE AUSSTELLUNG WURDE GEFÖRDERT DURCH:

TAVOLOZZA
FOUNDATION

KYTHERA
KULTUR-STIFTUNG
Düsseldorf

KARIN UND
UWE HOLLWEG
STIFTUNG

RUDOLF
AUGSTEIN
STIFTUNG

Rheinhessen
Sparkasse
Rheinhessen steht bei uns vorne.

MVB
Mainzer Volksbank

DAS PROGRAMM DER MUSEUMSPÄDAGOGIK WURDE UNTERSTÜTZT DURCH:

LOTTO STIFTUNG
RHEINLAND-PFALZ

DIE PUBLIKATION DES KATALOGS WURDE ERMÖGLICHT DURCH:

IMAF
INTERNATIONAL
MUSIC & ART
FOUNDATION

[illegible]

[illegible]

[illegible]

[illegible]

[illegible]

KATALOG UND KATALOG

[illegible]

[illegible]

FOTOGRAFIE, BILDBEARBEITUNG

[illegible]

[illegible]

AUSSTELLUNGSTEAM

[illegible]

VERMITTLUNG UND LEIHVERKEHR

[illegible]

MARKETING UND ÖFFENTLICHKEITSARBEIT

[illegible]

[illegible]

AUSSTELLUNGSGRAFIK
Sarah Nöthling, BUERO NORD, Berlin

ÜBERSETZUNG
Judith Rosenthal
English German Language Service

PRODUKTION
AUSSTELLUNGSGRAFIK
[illegible]

AUSSTELLUNGSFILM
Regie: Martin Mrosé
Künstlerische Leitung: Veronika Weingärtner
Grafik/Schrift: Svenja Dobert
Drehbuch/Text: Viviane Schür
In Kooperation mit der Hochschule Mainz

KÜNSTLERISCHE KOOPERATION/
GESTALTETES GÄSTEBUCH
[illegible]
[illegible], Hochschule Mainz
[illegible], Hochschule Mainz

ISBN 978-3-422-80113-4

KATALOG
Deutscher Kunstverlag

[illegible]

[illegible]

[illegible]

[illegible]

LEKTORAT
[illegible], München

UMSCHLAG
Sarah Nöthling, BUERO NORD, Berlin

DRUCK UND VERARBEITUNG
Grafisches Centrum Cuno GmbH & Co. KG,
Calbe (Saale)

Bibliografische Information der Deutschen Nationalbibliothek
Die Deutsche Nationalbibliothek verzeichnet diese Publikation in der Deutschen Nationalbibliografie; detaillierte bibliografische Daten sind im Internet über http://dnb.dnb.de abrufbar.

Ein Unternehmen der Walter de Gruyter GmbH Berlin Boston
www.deutscherkunstverlag.de
www.degruyter.com